Helmut Balzert
Christian Schäfer
Marion Schröder
Uwe Kern

Wissenschaftliches Arbeiten

Wissenschaft, Quellen, Artefakte,
Organisation, Präsentation

unter Mitwirkung von
Roman Bendisch
Klaus Zeppenfeld
Christina Stoica-Klüver
Jürgen Klüver
Jörn Schmidt

W3L-Verlag | Herdecke | Witten

Autoren:
Prof. Dr. Helmut Balzert, E-Mail: hb@W3L.de
Christian Schäfer, E-Mail: email@christian-schaefer.name
Marion Schröder, E-Mail: marions@marion-schroeder.de
Prof. Dr. Uwe Kern, E-Mail: mail@uwekern.de
Roman Bendisch, E-Mail: roman@bendisch.de
Prof. Dr. Klaus Zeppenfeld, E-Mail: zeppenfeld@fh-dortmund.de
Dr. Christina Stoica-Klüver, E-Mail: christina.stoica@uni-essen.de
Prof. Dr. Jürgen Klüver, E-Mail: juergen.kluever@uni-essen.de
Dr. Jörn Schmidt, joernschmidt@uni-essen.de

Bibliografische Information der Deutschen Bibliothek:
Die Deutsche Bibliothek verzeichnet diese Publikation in der Deutschen Nationalbibliografie. Detaillierte bibliografische Daten sind im Internet über http://dnb.ddb.de/ abrufbar.

Der Verlag und der Autor haben alle Sorgfalt walten lassen, um vollständige und akkurate Informationen in diesem Buch und den Programmen zu publizieren. Der Verlag übernimmt weder Garantie noch die juristische Verantwortung oder irgendeine Haftung für die Nutzung dieser Informationen, für deren Wirtschaftlichkeit oder fehlerfreie Funktion für einen bestimmten Zweck. Ferner kann der Verlag für Schäden, die auf einer Fehlfunktion von Programmen oder ähnliches zurückzuführen sind, nicht haftbar gemacht werden. Auch nicht für die Verletzung von Patent- und anderen Rechten Dritter, die daraus resultieren. Eine telefonische oder schriftliche Beratung durch den Verlag über den Einsatz der Programme ist nicht möglich. Der Verlag übernimmt keine Gewähr dafür, dass die beschriebenen Verfahren, Programme usw. frei von Schutzrechten Dritter sind. Die Wiedergabe von Gebrauchsnamen, Handelsnamen, Warenbezeichnungen usw. in diesem Buch berechtigt auch ohne besondere Kennzeichnung nicht zu der Annahme, dass solche Namen im Sinne der Warenzeichen- und Markenschutz-Gesetzgebung als frei zu betrachten wären und daher von jedermann benutzt werden dürften. Der Verlag hat sich bemüht, sämtliche Rechteinhaber von Abbildungen zu ermitteln. Sollte dem Verlag gegenüber dennoch der Nachweis der Rechtsinhaberschaft geführt werden, dann wird das branchenübliche Honorar gezahlt.

© 2008 W3L GmbH | Herdecke | Witten | ISBN 978-3-937137-59-9

Das Werk einschließlich aller seiner Teile ist urheberrechtlich geschützt. Jede Verwertung außerhalb der engen Grenzen des Urheberrechtsgesetzes ist ohne Zustimmung des Verlages unzulässig und strafbar. Das gilt insbesondere für Vervielfältigungen, Übersetzungen, Mikroverfilmungen und die Einspeicherung und Verarbeitung in elektronischen Systemen.

1. Auflage: Januar 2008
1. korrigierter Nachdruck: Juli 2008
2. korrigierter Nachdruck: November 2008

Gesamtgestaltung: Prof. Dr. Heide Balzert, Herdecke

Lektor: Prof. Dr. Helmut Balzert, Herdecke

Herstellung: M.Sc. Kerstin Kohl, Benjamin Ludwig, Witten

Satz: Das Buch wurde aus der E-Learning-Plattform W3L automatisch generiert. Der Satz erfolgte aus der Lucida, Lucida sans und Lucida casual.

Druck und Verarbeitung: bücher buch dd ag, Birkach

Vorwort

Die Techniken wissenschaftlichen Arbeitens gehören zum wichtigsten formalen Repertoire akademischer Ausbildung. Von der Dissertation bis zur Hausarbeit sind Regeln zu beachten, die der wissenschaftlichen Kultur und Sorgfalt Rechnung tragen. Dieses Handwerkszeug sollten Studierende und Promovierende heute ab dem ersten Semester beherrschen, weil die Anteile selbst zu erstellender Texte und Präsentationen gerade in den modernen Bachelor- und Masterstudiengängen im Prüfungsbereich deutlich ansteigen.

Dabei müssen nicht nur wissenschaftliche Texte formal korrekt angefertigt und als eigenständiges Projekt beherrscht werden, zunehmend sind Erkenntnisse wissenschaftlichen Arbeitens auch zu präsentieren. Das Handwerkszeug des wissenschaftlichen Präsentierens ist also ebenso wichtig geworden.

Dieses Buch richtet sich an Studierende von Universitäten und Fachhochschulen und möchte verständlich und umfassend das Erlernen dieser Techniken unterstützen. Ergänzend zu diesem Buch wird der Inhalt auch als E-Learning-Kurs angeboten (siehe Hinweise des Verlags, übernächste Seite). Hier können durch eine hohe Interaktivität der Lernprozess optimiert und über eine Abschlussprüfung die erlernten Fähigkeiten dokumentiert werden.

Erlernen Sie jetzt auf einfache Weise die Techniken wissenschaftlichen Arbeitens, um souverän entsprechende Prüfungsleistungen zu erbringen und stellen Sie damit – in meist ohnehin knappen Prüfungsphasen – eine volle Konzentration auf die inhaltliche Seite der wissenschaftlichen Arbeit sicher.

Mit der ersten wissenschaftlichen Hausarbeit sollten die hier vermittelten Inhalte beherrscht werden.

Das vorliegende Buch ist *keine* wissenschaftliche Arbeit, sondern ein Lehrbuch. Ein Lehrbuch hat das Ziel, Ihnen das Lernen durch einen guten didaktischen Aufbau, durch Tipps, Hinweise und Checklisten zu erleichtern. Einige der Gestaltungselemente und Formulierungen, die in Lehrbüchern der Didaktik dienen, sind in wissenschaftlichen Arbeiten *nicht* erwünscht, beispielsweise eine direkte Anrede des

Lehrbuch

Lesers wie »Beachten Sie bitte...«. An den entsprechenden Stellen in diesem Buch wird auf die Unterschiede hingewiesen.

Dank   Für das Korrekturlesen sowie die Beschreibung des Projektplanungssystems OpenProj danken wir Herrn Dipl.-Inform. Mutlu Özdemir, wissenschaftlicher Mitarbeiter am Lehrstuhl für Softwaretechnik der Ruhr-Universität Bochum. Für die Fotos und Videoclips der Fallstudie »Seminarvortrag« hat sich Frau M. A. Andrea Krengel, Mitarbeiterin der W3L GmbH, dankenswerterweise zur Verfügung gestellt. Zu einigen rechtlichen Aspekten (Urheberrecht, Klein- vs. Großzitat) haben uns die Rechtsanwälte Dr. Axel Sodtalbers, Heidelberg, und Andreas Heise, Göttingen, mit Rat und Tat zur Seite gestanden. Danke.

Jedes Buch kann noch verbessert werden. Daher freuen wir uns über Kritik und Anregungen: *»nobody is perfect«*. Senden Sie Ihre Kommentare an info@w3l.de, Betreff: Wissenschaftliches Arbeiten.

Forum   Auch das vorliegende Buch kann nicht alle Fragen zum Thema »Wissenschaftliches Arbeiten« beantworten. Der W3L-Verlag hat daher ein Forum *Living Books* eingerichtet, auf dem die Autoren dieses Buches, das Expertennetzwerk von W3L und Leser-Experten Ihre Fragen beantworten: www.W3L-LivingBooks.de.

Und nun wünscht Ihnen das Autorenteam viel Erfolg bei Ihrem Einstieg in das wissenschaftliche Arbeiten. Leisten Sie einen Beitrag zum wissenschaftlichen Fortschritt!

Hinweise des Verlags

Dieses Buch besteht aus **Kapiteln** und **Unterkapiteln**. Jedes Unterkapitel ist im **Zeitungsstil** geschrieben. Am Anfang steht die Essenz, d. h. das Wesentliche. Es kann Ihnen zur Orientierung dienen – aber auch zur Wiederholung. Anschließend kommen die Details. Die **Essenz** ist grau hervorgehoben.

zum Aufbau des Buches

Jedes Kapitel und Unterkapitel ist nach einem **Sternesystem** gekennzeichnet:

Sternesystem

* = Grundlagenwissen
** = Vertiefungswissen
*** = Spezialwissen
**** = Expertenwissen

Dieses Sternesystem hilft Ihnen, sich am Anfang auf die wesentlichen Inhalte zu konzentrieren (1 und 2 Sterne) und sich vielleicht erst später mit speziellen Themen (3 und 4 Sterne) zu befassen.

Übungen ermöglichen eine Selbstkontrolle und Vertiefung des Stoffs. Sie sind durch ein Piktogramm in der Marginalspalte gekennzeichnet. Tests einschließlich automatischer Korrekturen finden Sie in dem zugehörigen (kostenpflichtigen) E-Learning-Zertifikatskurs.

Beispiele helfen Sachverhalte zu verdeutlichen. Sie sind in der Marginalspalte mit »Beispiel« gekennzeichnet. Der Beispieltext ist mit einem Grauraster unterlegt.

Beispiel

Hilfreiche **Tipps**, **Empfehlungen** und **Hinweise** sind durch eine graue Linie vom restlichen Text getrennt.

Tipps / Hinweise

Glossarbegriffe sind fett gesetzt, **wichtige Begriffe grau** hervorgehoben. Ein vollständiges Glossarverzeichnis finden Sie am Buchende.

Glossar

In den meisten Lehrbüchern wird »die Welt« so erklärt wie sie ist – ohne dem Leser vorher die Möglichkeit gegeben zu haben, über »die Welt« nachzudenken. In einigen Kapiteln werden Ihnen Fragen gestellt. Diese Fragen sollen Sie dazu anregen, über ein Thema nachzudenken. Erst nach dem Nachdenken sollten Sie weiter lesen. (Vielleicht sollten Sie

Frage & Antwort

die Antwort nach der Frage zunächst durch ein Papier abde-cken).

englische
Begriffe *kursiv*

Für viele Begriffe – insbesondere in Spezialgebieten – gibt es keine oder noch keine geeigneten oder üblichen deutschen Begriffe. Gibt es noch keinen eingebürgerten deutschen Begriff, dann wird der englische Originalbegriff verwendet. Englische Bezeichnungen sind immer *kursiv* gesetzt, so dass sie sofort ins Auge fallen.

Querverweise

Damit Sie referenzierte Seiten schnell finden, enthalten alle Querverweise absolute Seitenzahlen.

kostenloser
E-Learning-Kurs

Ergänzend zu diesem Buch gibt es den kostenlosen E-Learning-Kurs »Aufbau wissenschaftlicher Arbeiten«, der einige Tests enthält, mit denen Sie Ihr Wissen überprüfen können. Außerdem enthält er Schablonen für wissenschaftliche Arbeiten, mit denen Sie sofort »loslegen« können. Sie finden den Kurs auf der Website www.W3L.de unter Akademie/Online-Kurse. Gehen Sie bei Erst-Kunde? auf den Link Zur W3L-Registrierung. Gehen Sie nach der Registrierung auf TAN einlösen und geben Sie folgende Transaktionsnummer (TAN) ein: 2267851130.

kosten-
pflichtiger
E-Learning-Kurs

Zusätzlich gibt es zu diesem Buch einen umfassenden, gleichnamigen Online-Kurs mit Mentorunterstützung, der zusätzlich zahlreiche Tests, Videoclips, Projektplanungs-schablonen sowie Erklärungen zu Programmen enthält, und der mit einem qualifizierten Zertifikat abschließt. Sie finden ihn ebenfalls unter www.W3L.de.

kostenlose
PowerPoint-
Folien

Für Dozenten gibt es auf www.W3L-Bildung.de kostenlose PowerPoint-Folien zum Buch zum Herunterladen.

Viel Freude beim Lesen und viel Erfolg bei Ihrer wissen-schaftlichen Arbeit wünscht Ihnen

Ihr W3L-Verlag

Inhalt

1 Aufbau und Gliederung *

Lesehinweise

Dieses Buch behandelt das Thema »Wissenschaftliches Arbeiten« in vier Buchteilen vom Allgemeinen zum Speziellen. Der erste Teil behandelt die Themen, die jeder Studierende an einer Hochschule wissen muss. Im zweiten Teil werden die unterschiedlichen Formen wissenschaftlicher Arbeiten unterschieden. Wenn Sie beispielsweise gerade Ihre Bachelorarbeit vorbereiten, dann können Sie sich auf das entsprechende Kapitel konzentrieren. Wenn Sie jedoch am Anfang Ihres Studiums stehen und einen Überblick über die verschiedenen Arbeiten erhalten wollen, dann lesen Sie bitte alle entsprechenden Unterkapitel. Im dritten Teil geht es um den Erstellungsprozess Ihrer Arbeit. Wenn Sie die Ergebnisse Ihrer Arbeit präsentieren müssen, dann gibt Ihnen der vierte Teil Hinweise und Tipps dazu. Müssen Sie die Ergebnisse *nicht* in einem Vortrag vorstellen, dann können Sie diesen Buchteil überspringen.

Der Titel dieses Buches lautet »Wissenschaftliches Arbeiten«. Damit ist der Prozess, d. h. die Tätigkeit gemeint, die zu dem Ergebnis bzw. dem Produkt »Wissenschaftliche Arbeit« führt. In diesem Buch werden beide Aspekte behandelt.

Prozess vs. Produkt

Jeder, der wissenschaftlich arbeiten will, muss zunächst wissen, was unter »Wissenschaft«, »Wissenschaftlichkeit« und »Forschung« zu verstehen ist. Jede wissenschaftliche Tätigkeit muss sich an Qualitätskriterien messen lassen. Die wissenschaftlichen Methoden des jeweiligen Fachgebietes müssen bekannt sein und beherrscht werden. Forschung basiert auf diesen Methoden. Ein weiteres Merkmal von Wissenschaft ist, dass auf dem Wissen vieler anderer aufgesetzt wird. Wissenschaftliche Publikationen müssen gesichtet und auf die Bedeutung für die eigene Arbeit hin »abgeklopft« werden. Ideen anderer, auf denen man aufbaut oder die man diskutiert, müssen sorgfältig zitiert und belegt werden. Unabhängig von der Art der zu erstellenden wissenschaftlichen Arbeit, müssen Quellen gefunden und benutztes Material entsprechend einem gewählten oder vorgegebenen Zitierschema aufgeführt werden:

Teil I

- »Wissenschaftliches Arbeiten – Worauf kommt es an?«, S. 3

Teil II   Aufbau, Umfang, Grad der Selbständigkeit, formale Anforderungen unterscheiden sich in Abhängigkeit von der Art der wissenschaftlichen Arbeit – oft wissenschaftliche **Artefakte** genannt. Konzentrieren Sie sich im folgenden Teil II daher auf die wissenschaftliche Arbeit, die Sie erstellen wollen. Natürlich können Sie auch den gesamten Buchteil lesen, wenn Sie einen Überblick über die verschiedenen wissenschaftlichen Artefakte und ihre Besonderheiten erhalten wollen:

■ »Wissenschaftliche Artefakte«, S. 151

Teil III   Das Erstellen einer wissenschaftlichen Arbeit erfordert nicht nur Kreativität und Ideen, sondern auch systematisches und sorgfältiges Arbeiten. Da wissenschaftliche Arbeiten in der Regel in einem festgelegten Zeithorizont fertiggestellt werden müssen, ist Zeit- und Selbstorganisation erforderlich, um Abgabetermine einzuhalten. Deshalb sollten Sie auch so früh wie möglich mit dem Schreiben beginnen. Dabei kommt es darauf an, die eigenen Inhalte verständlich, nachvollziehbar und leserfreundlich aufzubereiten. Sie können sich an bewährten Stilregeln orientieren und Techniken nutzen, die Ihnen helfen, Schreibblockaden zu überwinden. Bei der Abschlusskorrektur vor der Veröffentlichung Ihrer Arbeit haben Sie noch einmal Gelegenheit, die Qualität zu prüfen:

■ »Der Erstellungsprozess«, S. 209

Teil IV   Die Ergebnisse einer wissenschaftlichen Arbeit müssen präsentiert und verteidigt werden. Dazu ist es notwendig, dass Sie eine Präsentation gut vorbereiten und rhetorisch überzeugend darbieten:

■ »Präsentation der Ergebnisse«, S. 261

Um Sie bei der Vorbereitung einer Präsentation optimal zu unterstützen, wird an Hand einer Fallstudie »Seminarvortrag« schrittweise gezeigt, wie Sie systematisch einen Vortrag vorbereiten, ausarbeiten und halten. Wenn Sie sich intensiver mit dem Thema Rhetorik befassen wollen – was jedem Studierenden nur empfohlen werden kann –, dann sollten Sie das Buch »Besser und erfolgreicher kommunizieren!« lesen und den gleichnamigen Online-Kurs durcharbeiten.

Teil I Wissenschaftliches Arbeiten – Worauf kommt es an? *

Grundlegend wichtig für die Qualität wissenschaftlicher Arbeit ist die Beachtung international anerkannter Spielregeln und Qualitätskriterien. Die sorgfältige Einhaltung der wissenschaftlichen Konventionen erleichtert es, neue Erkenntnisse zu gewinnen und macht Wissen weltweit nutzbar.

Sie haben sich für ein Studium entschieden und damit ein Tor zum wertvollsten Wissen Ihres gewählten Fachgebietes aufgestoßen: Schritt für Schritt können Sie sich immer mehr Kenntnisse und nützliche Fertigkeiten aneignen. Grundlegend wichtig ist dabei die Einhaltung der »Spielregeln des wissenschaftlichen Arbeitens«.

Deren Beherrschung ist die Voraussetzung für ein erfolgreiches Studium und vorteilhaft für Ihr berufliches Fortkommen. Die Spielregeln und Methoden des wissenschaftlichen Arbeitens sind sozusagen ab sofort Ihr »geistiges Handwerkszeug«.

Mit diesem Handwerkszeug können Sie

- Ihre Gedanken ordnen,
- Ihr Material strukturieren,
- leichter zu eigenen Erkenntnissen gelangen,
- kleine oder auch epochemachende Problemlösungen hervorbringen,
- diese nachvollziehbar beschreiben, begründen und
- für die Öffentlichkeit überzeugend darstellen.

Die Anwendung der Spielregeln und Methoden des wissenschaftlichen Arbeitens sichert die Qualität Ihrer Arbeit und erleichtert Ihnen die Entwicklung Ihrer wissenschaftlichen **Artefakte**, wie z. B. Haus- und Seminararbeiten, Präsentationen und die Abschlussarbeit (Bachelorarbeit, Masterarbeit, Diplomarbeit, Dissertation). Zugleich erwerben Sie Fähigkeiten, die Ihnen dauerhaft in Studium und Beruf von Nutzen sind.

In diesem Buch

- lernen Sie die Qualitätskriterien für wissenschaftliche Werke und Arbeitsprodukte kennen,
- lernen Sie, Ihre Arbeit gut zu organisieren und die bewährten Methoden wissenschaftlichen Arbeitens nutzbringend einzusetzen,
- erhalten Sie eine Menge Tipps, Mustervorlagen und Arbeitshilfen für die Erstellung eigener wissenschaftlicher Artefakte.

In diesem Buchteil I werden folgende Themen behandelt:

2 Was ist Wissenschaft? *

In der Wissenschaft wird Wissen in organisierter Form gesammelt, erweitert und veröffentlicht. Dabei findet ein reger Austauschprozess statt, häufig weltweit und interdisziplinär. Wer wissenschaftlich arbeitet, muss die Qualität der eigenen Arbeit sichern und für die Verständlichkeit der Inhalte eigener Veröffentlichungen sorgen. Ziel ist es dabei, die eigenen Erkenntnisse und Ergebnisse für andere Wissensarbeiter nutzbar zu machen.

Wissen in organisierter Form erwerben, vermehren, weitergeben

»Wissenschaft« – »wissenschaftliches Arbeiten«
Was ist das? Worauf kommt es an?
Eine kurze Definition lautet:

Was ist Wissenschaft?

> Die **Wissenschaft** ist eine »(organisierte) Form der Erforschung, Sammlung und Auswertung von Kenntnissen« [Pfei95, S. 1575].

Definition

Durch wissenschaftliche Arbeit machen Sie sich mit den Wissensschätzen in Ihrem Fachgebiet vertraut. Darauf aufbauend können Sie neues **Wissen** und neue Produkte schaffen (Wissenschaft: Wissen-schaffen / sich mit Wissen beschäftigen).

Zugleich trainieren Sie eine Reihe von Fertigkeiten:

- Informationen **sammeln**: Zusammentragen, auswählen, ordnen, verdichten, strukturieren, systematisieren, anreichern.
- Gegenstandsbereiche **erforschen** und durchdringen: Suchfragen stellen, untersuchen, analysieren, experimentieren, **Hypothesen** und **Theorien** bilden und prüfen.
- Material **auswerten**, erweitern, weitergeben: Konzepte und Entwürfe entwickeln, Lösungsstrategien anwenden, Ergebnisse beschreiben, begründen, diskutieren und veröffentlichen.

Um sich die Arbeit zu erleichtern und die Qualität der eigenen Arbeitsprodukte zu sichern, sollten Sie in organisierter

Form vorgehen: strukturiert und systematisch, nach vorgegebenen Qualitätskriterien und einem selbst erstellten Ablaufplan.

Diese Aussagen erlauben folgende Definition:

Definition

Wissenschaftliches Arbeiten ist planvoll geordnetes Vorgehen mit dem Ziel, neue Erkenntnisse und neues Wissen zu gewinnen sowie Praxisprobleme zu lösen. Dies kann ohne oder mit konkreten Verwertungsabsichten geschehen, im eigenen Fachgebiet oder interdisziplinär. Zur wissenschaftlichen Arbeit gehört es, an das weltweit gesammelte und wissenschaftlich erworbene Wissen anzuknüpfen, vorhandene Wissensbestände zu analysieren und zu überprüfen und sich über den aktuellen Stand der wissenschaftlichen Diskussion im eigenen Sachgebiet kundig zu machen. Wissenschaftliches Arbeiten ist zugleich ein kommunikativer Prozess. Die eigenständig und im Austausch mit anderen gewonnenen Erkenntnisse sowie die systematisch und kreativ entwickelten Lösungen werden veröffentlicht und müssen für andere nachvollziehbar, überprüfbar und nutzbar sein. Damit dies gelingt, gibt es wissenschaftliche Methoden und international anerkannte Qualitätskriterien für gutes wissenschaftliches Arbeiten. Jeder, der eine wissenschaftliche Arbeit anfertigt, muss sich daran orientieren und kann auf diese Weise die Qualität seiner Arbeit für sich und andere sichern und dazu beitragen, den Wissensschatz der Welt zu erweitern.

Zum wissenschaftlichen Arbeiten gehört demnach

- der Zugriff auf einen bereits vorhandenen Wissensschatz, die Verknüpfung von eigenem und fremden Wissen und die Suche nach neuen Erkenntnissen,
- eine Auseinandersetzung mit dem gewonnenen Material in einem analytischen und kreativen Prozess sowie
- die Entwicklung von Arbeitsprodukten, deren Präsentation und Veröffentlichung in nachvollziehbarer und verständlicher Form.

Voneinander lernen – weltweiter Austausch

In der Wissenschaft wird Wissen erworben, vermehrt und weitergegeben. Wissen wird transportiert – von einem Kopf zum anderen – interdisziplinär, interkulturell, international. Wissenschaftlich arbeiten bedeutet: **Lernen, Konstruieren, Fortschreiten.** Dabei ist es wichtig, die international anerkannten, wissenschaftlichen Spielregeln und »Qualitätskriterien«, S. 9, zu beachten. Denn **nur wertvolles und nach wissenschaftlichen Kriterien geprüftes Wissen soll nutzbar gemacht werden.**

»An jedem Ort der Welt sind die Regeln, wie man vernünftig wissenschaftlich arbeitet, insgesamt gesehen dieselben, gleichgültig, auf welchem Niveau man arbeitet oder wie kompliziert die Angelegenheit ist« [Eco05, S. IX].

Zitat

Nutzen stiften

Die von Ihnen erstellten wissenschaftlichen **Artefakte** sollen Ihnen und anderen von Nutzen sein! Sie können später bei Bedarf auf Ihre selbst erstellten Werke zugreifen und langfristig die erlernten wissenschaftlichen Methoden, Denk- und Handlungsstrategien anwenden.

Artefakt: Das durch menschliches Können Geschaffene

»Eine solche Arbeit schreiben, bedeutet also zu lernen, in die eigenen Gedanken Ordnung zu bringen und Angaben zu ordnen: es ist das Erfahren der methodischen Arbeit; d. h. es geht darum, einen »Gegenstand« zu erarbeiten, der im Prinzip auch für andere nützlich sein kann. Und darum ist das Thema der Arbeit weniger wichtig, als die Erfahrung, die sie mit sich bringt« [Eco05, S. 12].

Zitat

Dies ist Ihre Chance, zur Vermehrung des Wissens in Ihrem Sachgebiet beizutragen. Ihre Kommilitonen und andere interessierte Personen sollen aus Ihren Arbeiten lernen können. Auch die Industrie und die Öffentlichkeit können von Ihren Werken (schriftliche Hausarbeiten, Abschlussarbeiten, Konzepte, Entwürfe, Softwareprogramme) profitieren.

»Wissenschaft ist – wie Kunst – in erster Linie ein Kulturgut, ein Ausdruck der menschlichen Geistestätigkeit und schöpferischen Phantasie; sie ist ein so wichtiges Kulturgut, dass ihr Schutz ins Grundgesetz aufgenommen wurde« [Cram88, S. 113].

Zitat

3 Wissenschaftlichkeit: Qualitätskriterien *

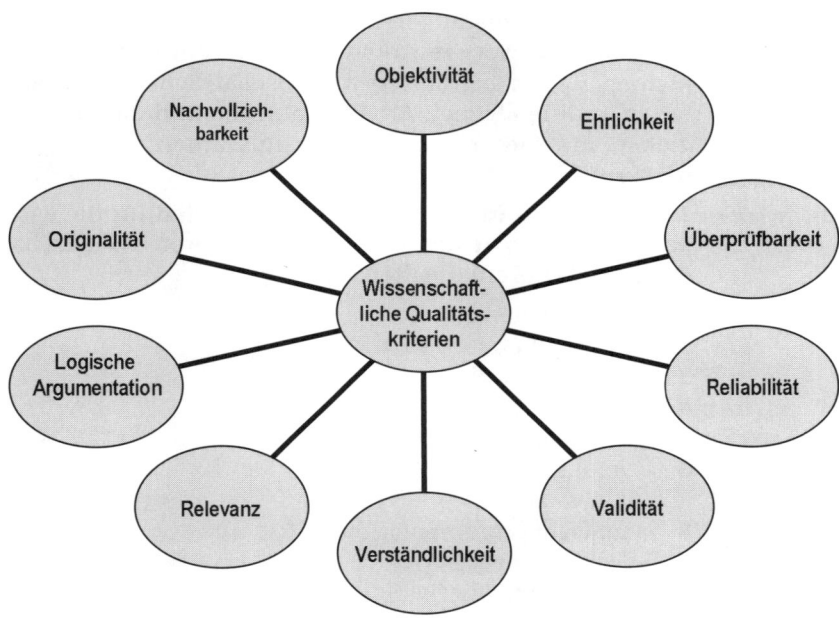

Die Wissenschaft stellt einen riesigen Schatz an systematisch geordnetem Wissen bereit. Weltweit kann man darauf zugreifen, daraus lernen und neue Erkenntnisse gewinnen. Man kann mit anderen, wissenschaftlich arbeitenden Menschen kommunizieren und gemeinsam das Wissen der Menschheit weiter entwickeln.

Damit nur hochwertiges Wissen erzeugt und als Grundlage für weitere Arbeiten nutzbar gemacht wird, gibt es internationale Standards für wissenschaftliche Qualität.

geprüftes, hochwertiges Wissen weitergeben

In Deutschland achtet die Deutsche Forschungsgemeinschaft e.V. (DFG) auf die Einhaltung der Spielregeln. Dies soll dazu beitragen, Täuschungen und Scharlatanerie, Irrtümer und wissenschaftliche Fehlleistungen zu verhindern. Die Kommission »Selbstkontrolle in der Wissenschaft« der

DFG hat 1998 sechzehn Empfehlungen zur Sicherung guter wissenschaftlicher Praxis veröffentlicht [DFG98].

Machen Sie sich im Folgenden mit den wissenschaftlichen Standards vertraut, um zu erkennen, wie schlechte Ergebnisse und Fehlleistungen zu Stande kommen und zu lernen, wie man hochwertige Arbeiten entwickeln kann. Ab sofort können Sie die bewährten wissenschaftlichen Qualitätskriterien an Ihre eigenen Arbeiten anlegen und daraus Nutzen ziehen: im Studium, bei der Abschlussarbeit und langfristig im Beruf.

Wissenschaft-
lichkeit

10 grundlegende Qualitätskriterien sind für die wissenschaftliche Arbeit und die Erstellung Ihrer wissenschaftlichen Artefakte einzuhalten:

1 »Ehrlichkeit«, S. 10
2 »Objektivität«, S. 13
3 »Überprüfbarkeit«, S. 16
4 »Reliabilität«, S. 22
5 »Validität«, S. 23
6 »Verständlichkeit«, S. 26
7 »Relevanz«, S. 29
8 »Logische Argumentation«, S. 31
9 »Originalität«, S. 37
10 »Nachvollziehbarkeit«, S. 40

3.1   Ehrlichkeit *

Wer wissenschaftlich arbeitet, muss seine Beobachtungen und Erkenntnisse wahrheitsgemäß wiedergeben. Plagiate, Täuschungen, Datenmanipulationen und die Erfindung von Ergebnissen sind betrügerische Delikte, welche die eigene Glaubwürdigkeit zerstören und Folgeschäden verursachen.

Ehrlichkeit macht glaubwürdig

Eine Reihe von Anforderungen ist zu erfüllen, damit eine Arbeitsweise oder ein Artefakt als wissenschaftlich bezeichnet werden kann. Zu den grundlegenden Normen zählt die Ehrlichkeit.

Zitat

»Wissenschaftliche Arbeit beruht auf Grundprinzipien, die in allen Ländern und in allen wissenschaftlichen Disziplinen gleich sind. Allen voran steht die Ehrlichkeit gegenüber sich selbst und anderen« [DFG98].

Verantwortung übernehmen

Auf Ihre Ehrlichkeit kommt es an! Ihren Beschreibungen und Ergebnissen muss man trauen können. Andere Menschen wollen Ihre Ergebnisse weiter verwenden und sie als Ausgangsbasis für nachfolgende Arbeiten nutzen. Auch der größte Ehrgeiz rechtfertigt daher keine Täuschungen.

Ergebnisse nutzbar machen

Wer wissenschaftlich arbeitet, ist verantwortlich für die Inhalte seiner Artefakte. Täuschungen und ungerechtfertigte »Datenanpassungen« verursachen Schäden: Es erfordert oft wochenlange Prüfungen, bis Fehler und Manipulationen nachgewiesen werden. Andere Menschen, die ihre Arbeiten in der Zwischenzeit auf erfundenen Daten aufbauen, verschwenden ihre Kraft und ihre Zeit. Je nachdem, für welche Zwecke die manipulierten Ergebnisse nutzbar gemacht werden, kann es zu massiven Folgeschäden kommen. Der Einzelne und auch ganze Teams werden dafür zur Rechenschaft gezogen.

Abschlusszertifikate, Auszeichnungen und Doktortitel werden aberkannt und müssen zurückgegeben werden.

Irrtum

Dabei liegt nicht immer eine Täuschung vor. Menschen können sich auch irren.

Zu Beginn des letzten Jahrhunderts verursachte der Physiker René Blondlot großes Aufsehen. Er glaubte fest daran, eine bis dahin unbekannte Strahlung entdeckt zu haben. Sie erhielt den Namen »N-Strahlung«. Blondlot veröffentlichte zahlreiche Forschungsergebnisse (z. B. zum Einfluss der Strahlung auf Metalle und geometrische Körper). Andere Wissenschaftler schlossen sich begeistert an und beschrieben ihrerseits die Reaktionen der neuen Strahlung. Es kam zu einer Reihe von Veröffentlichungen. Allerdings gab es auch kritische Stimmen aus dem Wissenschaftsbereich: Viele Wissenschaftler, die eine Menge Zeit in die Nachbildung der Versuche investierten, konnten die Beobachtungen Blondlots *nicht* bestätigen. Diesen

Beispiel

> Stimmen schenkte man zunächst kaum Aufmerksamkeit. Doch dann wurde immer offensichtlicher, dass die neue Strahlung tatsächlich überhaupt nicht existierte. Sie entpuppte sich als eine subjektive Wahrnehmung Blondlots, als ein persönlicher »Irrtum.«

Erstaunlich war, dass sich andere Personen angeschlossen und ergänzende Beiträge zu Blonlots Beobachtungen geliefert hatten. Persönlicher Ehrgeiz rechtfertigt keine Unehrlichkeit. Wer falsche Ergebnisse veröffentlicht oder ungeprüft weitergibt, handelt nachlässig, schadet seinem Ruf (und seiner Karriere) und verletzt die wissenschaftlichen Spielregeln.

neu erzeugtes Wissen kritisch überprüfen

Die kritische Überprüfung des menschlichen Wissens steht im Zentrum der Wissenschaft:

- Kern der Wissenschaftlichkeit ist die sorgfältige Überprüfung von neuen (und auch alten) Erkenntnissen und Ergebnissen.
- Möglichst frühzeitig soll der Wahrheitsgehalt festgestellt werden. Nur gesichertes Wissen soll weitergegeben werden!
- Wissenschaftliche Methoden dienen vor allem auch der Überprüfung und Sicherung des neu generierten Wissens.

Zitat

»Wissenschaft ist eine Sammlung von Methoden, um sich bei der Prüfung von Vermutungen nicht zu täuschen« [Börd02, S. 19].

Plagiate nachweisen

Ehrlichkeit gilt als eine Selbstverständlichkeit bei wissenschaftlicher Arbeit. Dies gilt natürlich auch für die Beachtung der urheberrechtlichen Bestimmungen. Mit Hilfe von Softwareprogrammen kann man heute Plagiate sehr schnell nachweisen. Bei einer Untersuchung (http://plagiat.fhtw-berlin.de/software/) von 14 Plagiaterkennungsprogrammen an der Fachhochschule für Technik und Wirtschaft in Berlin erzielten die Programme Ephorus (http://www.ephorus.de/) und Docol©c (http://www.docoloc.de/) die höchsten Punktzahlen. Das Programm JPlag (https://www.ipd.uni-karlsruhe.de/jplag/) erlaubt es, Quellprogramme der Programmiersprachen Java, C#, C, C++ und Scheme auf Plagiate zu prüfen.

Ehrlichkeit schafft Glaubwürdigkeit und ist grundlegend für die Qualität Ihrer wissenschaftlichen Artefakte und Ihren persönlichen Erfolg. Ehrlichkeit – sich selbst und anderen gegenüber – gilt nicht nur für die Ersteller von Artefakten. Ehrlichkeit wird auch von Prüfern und Begutachtern erwartet.

»Ehrlichkeit gegenüber sich selbst und anderen ist eine Grundbedingung dafür, dass neue Erkenntnisse – als vorläufig gesicherte Ausgangsbasis für weitere Fragen überhaupt zustande kommen können. [...] Forschung im idealisierten Sinne ist eine Suche nach Wahrheit. Wahrheit ist unlauteren Methoden kategorial entgegengesetzt« [DFG98, S. 23].

Zitat

1   Bin ich ehrlich in meinen Beschreibungen und Darstellungen?
2   Wie gehe ich mit Statistiken um?
3   Bin ich ehrlich bei der Wiedergabe und Präsentation meiner Arbeitsergebnisse?

3.2   Objektivität *

Die Inhalte von wissenschaftlichen Artefakten sollen sachlich, vorurteilsfrei und so neutral wie möglich sein. Persönliche Gemütsregungen und Vorlieben des Erstellers werden nicht einbezogen. Denn die neutrale Haltung ist eine Voraussetzung dafür, dass sich andere Menschen mit den Inhalten der Arbeit ungehindert und ohne Angst vor Manipulationen beschäftigen können.

Objektivität erfordert Selbstkontrolle

Wenn Sie ein wissenschaftliches Artefakt erstellen, dann müssen Ihre Ergebnisse unabhängig sein von Ihren persönlichen Vorlieben und Gemütsregungen, auch frei von politischen Zielen. (Nicht unabhängig von Ihrem Geist und Ihrem Fachwissen.)

Der Leser/Begutachter soll nicht bedrängt oder durch Manipulation überredet werden, sondern sich ein eigenes Urteil bilden können. **Objektivität** erfordert **Selbstkontrolle**. Formulieren Sie Ihre Beschreibungen sachlich und neutral.

persönliche Vorlieben zurückstellen

Beispiel

Nicht so: »Ich habe mit viel Mühe festgestellt, ...«, »Ich meine aber schon lange, ...«,
sondern so weit wie möglich unabhängig von Ihrer Person und auf der Grundlage von Belegen und logischen Schlussfolgerungen:
»Wie das Beispiel zeigt, ...«,
»Hier kann man beobachten, dass ...«,
»Daraus ergibt sich, ...«

Der Leser/Begutachter eines Artefakts soll Schritt für Schritt Ihrer Argumentation folgen können und zugleich frei darüber nachdenken und ungehindert auch gegenteilige Überlegungen anstellen. Sie überzeugen ihn durch die Relevanz Ihres Themas (siehe »Relevanz«, S. 29), die Auswahl Ihrer Daten, eine logische Argumentation (siehe »Logische Argumentation«, S. 31) und nachvollziehbare sowie überprüfbare Ergebnisse (siehe »Nachvollziehbarkeit«, S. 40 und »Überprüfbarkeit«, S. 16).

Was kann die Objektivität behindern?

Schwachstellen erkennen

Was kann die eigene Objektivität behindern? Zum Beispiel Vorlieben, Vorurteile, Ressentiments, übergroßer Ehrgeiz, Hoffnungen und ein eingeschränkter Blickwinkel. Erhöhte Vorsicht ist geboten, wenn Sie der Meinung sind, dass Sie andere Menschen unbedingt von Ihren guten Vorstellungen überzeugen wollen oder wenn Sie schon vor der Erstellung eines wissenschaftlichen Werkes glauben, das Endergebnis detailgenau zu kennen.

Zitat

»Hat der menschliche Verstand einmal eine Meinung angenommen (sei es, dass es die herrschende ist, sei es, dass sie ihm sonstwie angenehm ist), dann interpretiert er alle anderen Dinge so, dass sie diese Meinung stützen und mit ihr übereinstimmen« [Salm83, S. 173].

Mögliche Fehlerquellen sind:

- Der Autor bringt sich immer wieder selbst ins Spiel.
- Emotionale Formulierungen und eine unklare, vorurteilsbeladene Darstellung.
- Eine bestimmte Denkrichtung ist nötig, damit man die Inhalte nachvollziehen kann.

- Auslassen, was nicht ins Konzept passt; unerwünschte Beobachtungen oder Expertisen ignorieren; unvollständige Darstellung unliebsamer Beobachtungen.
- Unvollständiges Zitieren; unrichtige Wiedergaben.
- Nur Freunde dürfen mitmachen.
- Manipulierte Ergebnisse; ungenau messende Instrumente; unbegründete, den eigenen Wünschen entsprechende Schlussfolgerungen; in eine gewünschte Zielrichtung interpretieren; persönliche und vorschnelle Wertungen ohne Belege.

Was können Sie tun?

für Objektivität sorgen

- Die Inhalte neutral und vorurteilsfrei darstellen; die Problemsituation sachlich und klar beschreiben.
- Möglichst unvoreingenommen die Quellen auswählen; Einwände berücksichtigen; auch gegenteilige Meinungen einbeziehen.
- Richtig und vollständig zitieren.
- Für unabhängige Interviewer oder Beobachter sorgen.
- Eine repräsentative Auswahl an Testpersonen oder Untersuchungsobjekten treffen; eine ausreichend große Stichprobe vornehmen.
- Geeignete Methoden und Instrumente einsetzen.
- Korrekte Datenauswertungen; Interpretationen und Schlussfolgerungen; ehrliche Ergebnisbeschreibung.

Überzeugen Sie die Leser/Betrachter Ihrer Artefakte durch eine gute wissenschaftliche Qualität. Vermeiden Sie alle Arten der Manipulation und geben Sie den Menschen genügend Raum für eigene Gedanken. Wo sich eine persönliche, wertende Stellungnahme nicht vermeiden lässt (oder vielleicht sogar erforderlich ist), machen Sie bitte deutlich, dass es sich um eine persönliche Wertung handelt.

Wissenschaftliches Arbeiten ist eine Suche nach Wahrheiten und gesicherten Erkenntnissen. **Objektivität beschreibt den Grad der Unabhängigkeit**

- **vom Ersteller einer wissenschaftlichen Arbeit**:
  Ein hohes Maß an Objektivität liegt vor, wenn Ihre Erkenntnisse und Ergebnisse auch unabhängig von Ihrer Person zustande kommen. Das bedeutet, dass andere Menschen an anderen Orten auf dem gleichen Wege zu den gleichen Resultaten kommen können.

Ein schwerer Mangel an Objektivität läge vor, wenn nur Sie allein auf der Welt zu diesen Ergebnissen kommen könnten.

- **vom Auswerter/Gutachter**:

Ein hohes Maß an Objektivität liegt vor, wenn die Beurteilung der Qualität Ihrer Arbeit unabhängig von der Person des Auswerters/Gutachters ist. Das bedeutet, mehrere Gutachter kommen zu der gleichen Beurteilung.

Ein schwerer Mangel an Objektivität läge vor, wenn nur ein bestimmter Gutachter die Qualität Ihrer Ergebnisse bestätigen könnte.

Einwand am Schluss: Ist Objektivität tatsächlich möglich? Kann man als Ersteller eines Artefakts tatsächlich neutral und wertfrei denken und argumentieren? Schließlich arbeitet man mit Leidenschaft und hegt Wünsche und Ziele im eigenen Fachgebiet. Da erscheint die Forderung nach Wertfreiheit und Neutralität geradezu paradox. Was ist realistisch? Auf jeden Fall können Sie **sich um einen möglichst hohen Grad an Objektivität bemühen** und auf diese Weise Ihrer wissenschaftlichen Arbeit Qualität und Glaubwürdigkeit verleihen. Sorgen Sie dafür, dass Ihre Aussagen sachlich und nachprüfbar, sorgfältig dokumentiert und nachvollziehbar sind. Das wird funktionieren.

1   Sind meine Ausführungen so weit wie möglich objektiv, vorurteilsfrei und sachlich?
2   Bleibt meine Haltung neutral?
3   Inwieweit sind die Ergebnisse von mir ganz persönlich beeinflusst?
4   Wie gehe ich mit Widersprüchen und gegenteiligen Erkenntnissen um?
5   Können auch andere Personen zu den Ergebnissen meiner Arbeit kommen?

3.3   Überprüfbarkeit *

Was verifiziert werden kann, gilt als vorläufig gesichert. Was nicht falsifizierbar und keiner Kritik zugänglich ist, hat keine wissenschaftliche Relevanz. Kritik und Widerlegungsversuche ermöglichen Fehlerkorrekturen. Wiederholte Überprüfungen, die mit Änderungen und Verbesserungen einhergehen, führen schrittweise zu hochwertigen Lösungen.

Wissenschaftliches Arbeiten ist eine Suche nach gesicherten Erkenntnissen. Die Überprüfbarkeit ist daher ein zentrales wissenschaftliches Qualitätskriterium. Wer ein wissenschaftliches Artefakt erstellt, muss seine Hypothesen begründen, sein Vorgehen verständlich und nachvollziehbar beschreiben und die Herkunft seiner verwendeten Materialien einwandfrei belegen.

Überprüfbarkeit ist zentral

Wissenschaftliche Aussagen müssen belegt werden. Als wahr oder gesichert gelten Erkenntnisse erst dann, wenn sie von anderen Personen (Gutachtern/Wissenschaftlern) überprüft und bestätigt (verifiziert) worden sind. Zur Überprüfung gehören

- die Nachbildung von Experimenten und Lösungswegen,
- die Betrachtung der Herkunft des verwendeten Materials,
- die Feststellung des Wahrheits- und Informationsgehaltes von Aussagen,
- die Kontrolle von logischen Schlussfolgerungen,
- die Kontrolle von Quellen,
- die Kontrolle von Zwischen- und Endergebnissen.

Dies hilft, Irrtümer und Fehler rechtzeitig zu erkennen und falsche Aussagen zu widerlegen (falsifizieren). Was untauglich ist, wird verworfen. Man kann weitersuchen, bis eine Lösung gefunden wird, die man verifizieren (bestätigen) kann.

falsifizieren, verifizieren

Werden Ergebnisse nicht oder nicht ausreichend geprüft, kommt es zu wissenschaftlichen Fehlleistungen und massiven Folgeschäden.

Conterganskandal: Das Medikament Contergan wurde Schwangeren in den 60er Jahren des letzten Jahrhunderts als Beruhigungsmittel empfohlen. Doch es verursachte bei Tausenden von Kindern schwere körperliche Fehlbildungen. Die Fehlleistung war, dass man die Wirkung des Medikaments vor der Markteinführung nicht sorgfältig genug geprüft hatte.

Beispiel

Wissenschaftlich – Unwissenschaftlich

Überprüfbarkeit als Voraussetzung

Wissenschaftliche Aussagen und Ergebnisse müssen überprüfbar sein. Was nicht überprüfbar ist, kann man nicht bestätigen. Was nicht überprüfbar ist, kann man auch nicht widerlegen (falsifizieren). Was nicht überprüfbar ist, gilt als »nicht-wissenschaftlich.«

Beispiel

> Stellen Sie sich vor: Ein Kommilitone erzählt Ihnen, in Australien gäbe es Kängurus mit Leuchtdioden in den Ohren und blau-weiß gestreiften Ringelschwänzen. Sie würden Boxer-Shorts tragen und da sie sehr scheu seien, könne man sie nicht sehen, nicht hören, nicht anfassen; man könne sie auch nicht durch Hilfsmittel nachweisen. Aber es gäbe die Tiere, das stehe fest. – Dies ist vielleicht eine faszinierende Behauptung. Wenn sie mögen, können Sie diese glauben. Aber die Aussage ist nicht überprüfbar: Man kann ihre Richtigkeit nicht belegen und bestätigen. Man kann die Aussage auch nicht widerlegen. Daher ist sie *nicht wissenschaftlich.*

Dogmen, unüberprüfbare Gefühlsäußerungen und irrationale Aussagen sind wissenschaftlich nicht relevant.

Theorien und Lehren, die sich der Kritik und Überprüfung entziehen, und damit den wissenschaftlichen Qualitätsanforderungen nicht genügen, sind *nicht-wissenschaftlich.* Wird ihnen dennoch ein wissenschaftlicher Anstrich gegeben, spricht man von »Pseudowissenschaften«.

widerlegen können

Wissenschaftliche Aussagen muss man widerlegen können. Die Aussage »Alle Sterne heilen kranke Menschen« ist keine wissenschaftliche Aussage. Man möchte diese Aussage vielleicht gern glauben. Aber belegen kann man sie nicht. Man kann natürlich grundsätzlich jede Gesundung dem guten Einfluss der Sterne zuordnen: Jedes Mal wenn jemand gesund wird, gilt die Theorie dann als bestätigt. Aber es könnte auch niemand den Gegenbeweis bringen (zumal es sich auch noch um eine All-Aussage, d. h. eine allgemeine Aussage handelt).

Für wissenschaftliche Aussagen gilt die Regel: **Wissenschaftliche Theorien müssen an der Erfahrung scheitern können.**

Karl Popper hat die **Methode der Falsifikation** als grundlegend für die wissenschaftliche Arbeit beschrieben: Durch Falsifikationsversuche/Widerlegungsversuche wird der Gehalt von wissenschaftlichen Theorien sorgfältig überprüft. Man muss kritisieren und prüfen und damit auch widerlegen können, um zu gesicherten Erkenntnissen zu gelangen. Man muss Fehler, Täuschungen und Irrtümer aufdecken können, um Folgeschäden zu vermeiden und die Qualität des neu generierten Wissens für die weitere Nutzung zu sichern.

falsifizieren können

»Was die wissenschaftliche Einstellung und die wissenschaftliche Methode von der vorwissenschaftlichen Einstellung unterscheidet, das ist die Methode der *Falsifikationsversuche*. Jeder Lösungsversuch, jede Theorie, wird so streng, wie es uns nur möglich ist, überprüft. [...] Die Überprüfung einer Theorie ist also ein Versuch, die Theorie zu widerlegen oder zu *falsifizieren*« [Popp04, S. 26].

Zitat

Vorläufige Wahrheiten

Die Wissenschaft sichert die Qualität ihrer Arbeit, indem sie den Wahrheitsanspruch von Aussagen, Theorien und Ergebnissen sehr sorgfältig prüft. Durch zahlreiche Widerlegungsversuche gelangt man zu vorläufig gesicherten, wissenschaftlichen Ergebnissen:

sich schrittweise der Lösung annähern

- Was der Prüfung *nicht* standhält, wird verworfen oder geändert.
- Was der Prüfung standhält, gilt als »vorläufig gesichert« (vorläufige Wahrheit), d. h. es könnte im Prinzip irgendwann doch noch widerlegt werden.

»Das bedeutet, dass keine wissenschaftliche Hypothese jemals vollständig als absolut wahr erwiesen ist. Wie sorgfältig und umfassend man eine Hypothese auch überprüft, es besteht immer die Möglichkeit, dass sie später aufgrund neuer Erfahrungen als widerlegt aufgegeben werden muss« [Salm83, S. 236].

Zitat

Kritische Überprüfungen, Fehlerkorrekturen

Was hat das mit Ihnen und Ihren Artefakten zu tun?

aus der Kritik lernen

- Es gilt die Spielregel: **Wer behauptet, muss Beweise bringen.** »Die Beweispflicht liegt beim Behauptenden« [Börd02, S. 18]. Sparen Sie also nicht an der falschen Stelle mit Begründungen, Nachweisen und Belegen, wenn Sie die Qualität Ihrer wissenschaftlichen Arbeit sichern wollen.

- Die Anforderung, **die eigenen Ergebnisse am Ende einer wissenschaftlichen Arbeit kritisch** zu **kommentieren**, zwingt Sie zu einer Änderung des Blickwinkels. Überlegen Sie dabei: Was könnten Kritiker zu Ihren Erkenntnissen sagen? Wie werden Sie selbst dazu Stellung beziehen?

- Gelegentlich kann man die gewonnenen Ergebnisse kurz vor der Fertigstellung der Arbeit einem ausgewählten Studentenkreis präsentieren. Auch hier helfen Ihnen kritische Anmerkungen, bislang übersehene Schwächen und Unstimmigkeiten der Arbeit zu erkennen. So können Sie **aus der Kritik lernen** und die Qualität Ihrer wissenschaftlichen Artefakte vor der Abgabe noch verbessern.

- Nachdem Sie Ihre Arbeit anhand der wissenschaftlichen Qualitätskriterien noch einmal gründlich überprüft und verbessert haben, werden Sie auf ein **Abschlussgespräch** nach der Abgabe gut vorbereitet sein. Bei der Verteidigung Ihres Werkes können Sie noch einmal feststellen, ob die eigenen Hypothesen, Schlussfolgerungen und Ergebnisse den Zweifeln und Widerlegungsversuchen standhalten.

Fehler sind ein Teil des Fortschritts.

Zitat   »Die Fehlerkorrektur ist die wichtigste Methode der Technologie und des Lernens überhaupt. In der biologischen Evolution scheint sie die einzige Methode des Fortschritts zu sein. Man spricht mit Recht von der Methode, von Versuch und Irrtum, aber man unterschätzt dabei die Wichtigkeit des Irrtums oder des Fehlers – des fehlerhaften Versuchs« [Popp04, S. 256].

Auch alte Theorien unter die Lupe nehmen

Auch alte Theorien können Sie im Rahmen von wissenschaftlichen Arbeiten unter die Lupe nehmen und mit neuem Wissen verbinden. Fragen Sie sich dabei:

- Was ist an den Werken und Ergebnissen der Vergangenheit noch zeitgemäß?
- Was ist dabei für die Zukunft besonders relevant?
- Was sollte man beibehalten?
- Was muss man verwerfen oder an den Entwicklungsstand des Fachgebietes anpassen?
- Welche Lösungswege sind denkbar?

»Bei dem Studieren der Wissenschaften, besonders derer, welche die Natur behandeln, ist die Untersuchung so nötig als schwer: ob das, was uns von altersher überliefert und von unsern Vorfahren für gültig geachtet worden, auch wirklich gegründet und zuverlässig sei, in dem Grade, dass man darauf fernerhin sicher fortbauen möge« [Goet1829, S. 1195]. *Zitat*

Der Wissensschatz der Wissenschaft wird für uns und die nachfolgenden Generationen ständig überprüft, erweitert und aufgefrischt. Sie haben kostbares Material in Arbeit.

»Denn einige von uns versuchen, bewusst aus unseren Fehlern zu lernen. Das tun zum Beispiel alle Wissenschaftler und Technologen und Techniker, oder wenn sie es nicht tun, so sollten sie es tun; denn genau darin liegt ihre berufliche Kompetenz« [Popp04, S. 256 f.]. *Zitat*

Überprüfbarkeit herstellen

Wissenschaftliche Aussagen, Schlussfolgerungen und Ergebnisse müssen überprüfbar sein. Überprüfbarkeit können Sie in Ihren wissenschaftlichen Artefakten herstellen, durch

- eine prinzipielle widerlegbare Formulierung der Kernaussagen (Hypothesen),
- eine sorgfältige Dokumentation und Begründung der Vorgehensweise,
- eine genaue und übersichtliche Darstellung der Zwischen- und Endergebnisse,
- die Beschreibung der eingesetzten Messinstrumente, Hilfsmittel und verwendeten Methoden,
- vollständige Quellenangaben und Belege über die Herkunft der zugrunde liegenden Daten und
- Grafiken und Strukturbilder, Übersichten und Tabellen, die es dem Leser/Gutachter erleichtern, die Inhalte zu verstehen und den Prozess der Lösungsfindung nachzu-

vollziehen (siehe »Komplexe Inhalte anschaulich visualisieren«, S. 251).

Zitat
»Nicht das *Aufstellen* von Vermutungen ist das Wesentliche der Wissenschaft, sondern deren *Prüfung*« [Börd02, S. 19].

1   Sind die Aussagen und Ergebnisse meiner wissenschaftlichen Arbeit überprüfbar?
2   Ist es möglich, meine Aussagen zu widerlegen?
3   Ist es möglich, meine Aussagen zu bestätigen?

3.4   Reliabilität *

Ein hoher Grad an Reliabilität bedeutet, dass die Messinstrumente höchst zuverlässig messen und dass die gewonnenen Messergebnisse stabil sind. Bei einer Wiederholung der Untersuchung mit den gleichen Geräten und Methoden müssen andere Personen zu den gleichen Ergebnissen kommen.

Beispiel 1

Stellen Sie sich vor: Sie argumentieren in Ihrer wissenschaftlichen Arbeit ehrlich und objektiv. Sie verwenden bestes Datenmaterial. Sie gestalten Ihre Inhalte nachvollziehbar und überprüfbar. Dennoch kommen Sie zu keinen brauchbaren Ergebnissen. Bei jeder Wiederholung erhalten Sie andere Resultate.
Woran kann das liegen?
Möglicherweise taugen Ihre Instrumente nichts (technische Geräte, Mikroskope, Computerprogramme). Sie rechnen nicht genau oder messen unzuverlässig, weil sie z. B. verunreinigt, veraltet, fehlerhaft oder einfach ungeeignet sind.

Beispiel 2

Stellen Sie sich vor: Sie sollen einem sehr beleibten Menschen den Bauchumfang messen. Zwei gleich lange Instrumente stehen Ihnen dazu zur Verfügung: ein Gummi-Maßband und ein Zollstock. Mit welchem Instrument erreichen Sie einen höheren Grad an Messgenauigkeit?

Messgenauigkeit

Auf Messgenauigkeit kommt es an. Reliabilität ist ein entscheidendes Kriterium für die Qualität Ihrer Arbeit. Täuschungen und falsche Ergebnisse sollen vermieden werden. Alte, verkratzte optische Linsen liefern z. B. andere Bilder als einwandfrei gereinigte. Beachten Sie bitte: Fehlerhafte Instrumente können auch Resultate vortäuschen.

Ein hoher Grad an Reliabilität bedeutet, dass die Messergebnisse zuverlässig und stabil sind. Bei einer Wiederholung der Untersuchung (mit den gleichen Geräten und Methoden und unter gleichen Bedingungen) sollen andere Personen zu den gleichen Ergebnissen kommen. Was können Sie tun?

Zuverlässigkeit

- Wählen Sie geeignete und **passgenaue Instrumente** für Ihre Arbeiten aus.
- Sorgen Sie dafür, dass die Instrumente funktionieren und **exakt messen**.
- Überlegen Sie sorgfältig, welche **Methoden wirklich angemessen** und geeignet sind, um stabile, zuverlässige und wiederholbare Ergebnisse zu erhalten.

1   Messen die ausgewählten Instrumente genau?
2   Arbeiten sie fehlerfrei?
3   Sind die ausgewählten Methoden für diesen speziellen Zweck geeignet?
4   Sind die Ergebnisse stabil und zuverlässig, so dass man bei einer Wiederholung der Verfahren zu den gleichen Ergebnissen kommt?

3.5   Validität *

Validität steht für den Grad der Genauigkeit, mit der ein zu prüfendes Merkmal tatsächlich geprüft wird.

Eine wichtige Frage zur Beurteilung der Qualität einer wissenschaftlichen Arbeit lautet: **Wird gemessen, was gemessen werden sollte?**

Gültigkeit

Stellen Sie sich vor, Sie schreiben an einer Hochschule eine Klausur. In den vorangehenden Vorlesungen erhielten Sie ein Skript mit allen wichtigen Inhalten und Lernzielen. Dieser Lernstoff ist für Ihren Studienabschnitt vorgesehen und wurde in den Vorlesungen auch behandelt. Die Klausur am Ende soll zeigen, ob Sie den Lernstoff beherrschen. So jedenfalls hat man es Ihnen mitgeteilt. Sie sitzen nun vor der Klausur und sind entrüstet, weil ein Drittel der Klausurfragen sich auf fremde Wissensgebiete beziehen, die weder im Skript noch in den Vorlesungen

Beispiel

bearbeitet wurden. (Vermutlich handelt es sich bei der Klausur um ein altes Schätzchen aus einem vergangenen Studiengang.) Obendrein wird in den Aufgaben wiederholt gefordert, passende Zeichnungen anzulegen, was Sie nie zuvor geübt haben.

Nun fragen Sie sich vielleicht: »Was wird hier eigentlich geprüft?« »Wird tatsächlich die Leistung geprüft, die geprüft werden sollte?« »In wie weit stimmt der Klausurstoff mit dem Lernzielkatalog des Curriculums überein?« Also frei übersetzt: Wie hoch ist die Validität?

Eigentlich hätte die Klausur zeigen sollen, in welchem Ausmaß die Prüflinge den behandelten Wissensstoff abrufen und transferieren können, um neue Probleme zu lösen. Nun aber wurde zu einem großen Teil geprüft,

1 ob sich die Prüflinge in Wissensgebieten auskennen, die sie nicht bearbeitet hatten,

2 ob die Prüflinge relativ unbekanntes Wissen in Bilder übertragen können.

Mindestens ein Drittel der Klausur liefert keine Ergebnisse zu den Themen, die tatsächlich abgeprüft werden sollten. Damit ist die Klausur zu einem großen Teil inhaltlich nicht gültig bzw. nicht valide.

Fehlerquellen

Urteil: nicht valide

Ursachen für wenig valide, nicht inhaltsgültige und deshalb minderwertige Ergebnisse in wissenschaftlichen Arbeiten sind:

- Suchfragen in »Befragungen«, S. 59, die zu große **Antwortspielräume** lassen.

  Wenn Sie zum Beispiel die Qualität einer Software mit Hilfe einer Befragung überprüfen wollen, dann sollten Sie sich auf wichtige Anforderungen konzentrieren und relevante Merkmalsausprägungen abfragen. Also fragen Sie nicht: »Was halten Sie von der Software?« Sondern fragen Sie eher: »In welchem Ausmaß können Sie Ihre Aufgaben mit der Software erledigen?« »Welche Rückmeldungen der Software sind für Sie schlecht verständlich?«

»Wie gut unterstützt Sie die Software bei der Fehlerdiagnose?«

Noch besser kann es sein, zu beobachten, in welchem Umfang die Mitarbeiter die Software wirklich benutzen.

- Eine zu kleine **Stichprobe**, so dass die Auswahl nicht repräsentativ ist.

  Kleiner Witz: »Ein Psychiater schrieb einmal, die ganze Menschheit sei verrückt. Gefragt, wie er zu dieser Meinung käme, sagte er: Sehen Sie sich doch die Leute an, die in meiner Praxis sind [...]« [Kräm00, S. 97].

- Auch eine falsche Stichprobenauswahl kann die Ursache für einen Mangel an Validität sein.

1936 wurden in Amerika 10 Millionen Menschen per Briefwahl befragt, wer ihrer Meinung nach gewählt werden würde: Roosevelt oder Landon. Mehr als 2 Millionen Briefe kamen zurück; die meisten der befragten Rücksender meinten, dass Landon die Wahl gewinnen würde. Aufgrund dieser enorm großen Stichprobe schien die Rückmeldung repräsentativ zu sein.

Doch die Wahl ging anders aus. Was war die Ursache für die Fehlprognose? Es stellte sich heraus, dass die Briefadressen überwiegend aus Telefonbüchern und Datenbanken mit zugelassenen Kraftfahrzeugen entnommen worden waren. Befragt hatte man also lediglich eine vermögende gesellschaftliche Klasse. Sie wünschte (das hätte man wissen können) die Wahl von Landon. Die Befragung war also keineswegs repräsentativ für die gesamte Bevölkerung und damit wenig valide (nicht inhaltsgültig), insgesamt von schlechter Qualität (vgl. [Salm83, S. 174]).

Beispiel

Inhaltsgültige Ergebnisse erzielen

Was können Sie nun tun, damit Ihre wissenschaftlichen Arbeiten einen ausreichend hohen Grad an Validität erreichen?

Validität erzeugen

+ Achten Sie sehr sorgfältig darauf, dass Sie wirklich **die richtigen Inhaltsbereiche bearbeiten**, die für Ihre Problemstellung relevant sind.

+ Formulieren Sie Ihre **Fragen passgenau**, so dass sich die Antworten exakt auf Ihre Frage beziehen.

+ Um Irritationen zu vermeiden, sollten Sie wichtige **Begriffe definieren**.
+ Achten Sie darauf, dass die **Stichprobe repräsentativ und groß genug** ist.

1 Wird tatsächlich das gemessen, was gemessen werden sollte?
2 Sind die Suchfragen klar und richtig formuliert?
3 Bei einer Stichprobe: Ist sie groß genug und ist die Auswahl wirklich repräsentativ?
4 Wie aussagekräftig sind die einzelnen Ergebnisse?
5 Wie hoch ist die Validität?

3.6 Verständlichkeit *

Leser sollen schnell eine Übersicht gewinnen und die Inhalte der Arbeit problemlos verstehen können. Standardisierte Bestandteile wie die Gliederung, Verzeichnisse und Anhänge erleichtern dem Nutzer die Navigation und liefern hilfreiche Zusatzinformationen. Eine gute Schriftgestaltung und ein ansprechendes Layout ermöglichen es, den Aufbau der Arbeit schnell zu erfassen. Die Inhalte sollen zweckmäßig und folgerichtig sein.

»Kommunikation besteht aus interpersonellen Wahrnehmungen und symbolischen Interaktionen und zwar dergestalt, dass sich implizite Herrschaftsverhältnisse wiederholt in spontanen Aktionen manifestieren.« Wie soll man das verstehen?

Inhalte verständlich aufbereiten Wissenschaftliche Artefakte werden veröffentlicht, damit andere Menschen sich informieren und das neue Wissen prüfen und nutzen können. Daher ist es wichtig, dass Sie die Inhalte Ihrer Arbeiten verständlich aufbereiten. Dazu gehören

1 die Vollständigkeit der Bestandteile,
2 eine gute Schriftgestaltung und ein ansprechendes Layout,
3 eine folgerichtige inhaltliche Struktur und
4 die zweckmäßige, sprachliche Aufbereitung der Texte.

Vollständigkeit der Bestandteile

Zunächst einmal gibt es standardisierte Anforderungen für den Aufbau Ihrer wissenschaftlichen Artefakte (siehe »Formaler Aufbau wissenschaftlicher Artefakte«, S. 171). Eine Reihe von Bestandteilen, die alle dazu beitragen sollen, Ihre Arbeit schnell und problemlos zu verstehen, müssen vorhanden sein. Zu einer wissenschaftlichen Arbeit gehören z. B. das Titelblatt, der Haupttext, eine eidesstattliche Versicherung, Anhänge und eine Reihe von Verzeichnissen (Inhalts-, Abkürzungs-, Literatur-, Abbildungs-, Tabellen- und Stichwortverzeichnis). Der Leser erwartet, dass er auf diese Elemente schnell zugreifen kann. Sie erleichtern ihm die Navigation und die Nutzung des Werks.

auf Vollständigkeit achten

Erscheinungsbild beachten

Auch ein ansprechendes und übersichtliches Seitenlayout trägt zur Überschaubarkeit der Inhalte bei. Durch eine gute Schriftgestaltung (siehe »Textgestaltung«, S. 180) kann der Leser die Texte schnell und problemlos aufnehmen.

für Lesbarkeit & Übersichtlichkeit sorgen

Folgerichtige inhaltliche Struktur

Natürlich kommt es vor allem auf die Inhalte an. Ein systematischer, zweckmäßiger und folgerichtiger Aufbau macht Ihre Inhalte erfassbar und Ihr Vorgehen verständlich.

Der Arbeitsablauf ist auch bei Arbeiten aus unterschiedlichen Fachgebieten vergleichbar:

- Am Anfang beschreiben Sie das **Ausgangsproblem** und seine **Bedeutung** für das Fachgebiet. Sie grenzen Ihr Thema ab, zeigen den Problemzusammenhang und das **Ziel** Ihrer Arbeit. Sie geben den aktuellen **Forschungsstand** wieder und stellen **Hypothesen** auf.
- Sie dokumentieren exakt das weitere **Vorgehen**, den **Methodeneinsatz** sowie die Zwischen- und **Endergebnisse**.
- Am Ende fassen Sie die wesentlichen Erkenntnisse zusammen. Sie ziehen **Schlussfolgerungen**, nehmen kritisch Stellung, zeigen den **Nutzen Ihrer Ergebnisse** auf und geben einen **Ausblick**

Wichtig ist, dass Ihre Arbeitsschritte folgerichtig aufeinander aufbauen. Wichtig ist außerdem, dass Sie Ihr Vorgehen so präzise und sorgfältig beschreiben, dass andere es prüfen und ggf. auch wiederholen können.

Zweckmäßige sprachliche Aufbereitung

leserorientiert schreiben

Ein wesentliches Kriterium für die Verständlichkeit Ihrer Inhalte ist eine eindeutige und klare Sprache.

- Natürlich müssen Sie die Rechtschreib- und Grammatikregeln beachten.
- Wichtige und den Lesern/Zuhörern nicht bekannte Begriffe bitte definieren.
- Präzise sprachliche Formulierungen verhindern Missverständnisse. Auch Wort- und Satzlängen, der Satzaufbau und andere sprachliche Faktoren behindern oder unterstützen die Verständlichkeit Ihrer Texte (siehe »Die schriftliche Ausarbeitung«, S. 235).
- Schulz von Thun beschreibt vier bedeutende »Verständlichmacher« [Schu81]:
  - ☐ Einfachheit (Gegenteil: Kompliziertheit),
  - ☐ Gliederung/Ordnung (Gegenteil: Unübersichtlichkeit),
  - ☐ Kürze/Prägnanz (Gegenteil: Weitschweifigkeit) und
  - ☐ zusätzliche Stimulanz (Gegenteil: keine anregenden Zusätze).

Wahrnehmungshilfen geben

Schwierige und komplexe Inhalte brauchen Wahrnehmungshilfen (siehe »Komplexe Inhalte anschaulich visualisieren«, S. 251): Dazu zählen Überschriften, Auszeichnungen, Bilder, Symbole und Strukturbilder, Tabellen und Diagramme, Fotos und multimediale Elemente.

Praxistest

Schließlich können Sie auch Ihren Betreuer, einen Freund oder eine Freundin bitten, Ihre Arbeit zu lesen und zu prüfen, ob Ihre Texte verständlich und präzise sind und ausreichend Raum für Rückfragen bieten.

Zitat

»*Benützt den Betreuer als Versuchskaninchen.* Ihr müsst es fertigbringen, dass der Betreuer die ersten Kapitel (und dann nach und nach auch alles andere) lange vor der Ablieferung der Arbeit liest. Seine Reaktionen können euch helfen. Wenn er zu beschäftigt (oder zu faul) ist, wendet euch an einen Freund. Prüft, ob ein anderer versteht, was ihr schreibt. Spielt nicht das einsame Genie« [Eco05, S. 190].

1 Sind alle wichtigen Bestandteile vorhanden?
2 Ist der Aufbau der Arbeit übersichtlich, zweckmäßig und logisch nachvollziehbar?
3 Stimmt die Typographie und das Seitenlayout?
4 Ist die sprachliche Gestaltung einwandfrei?
5 Führe ich Begründungen für meine Argumente an?
6 Ziehe ich korrekte logische Schlussfolgerungen?
7 Gibt es zusätzliche Wahrnehmungshilfen in meinen Texten?

3.7 Relevanz *

Relevant ist, was im Fachgebiet neues Wissen schafft. Relevant ist zugleich, was zum wissenschaftlichen Fortschritt beiträgt. Relevant sind Inhalte, die einen hohen Informationswert haben. Wichtig und belangvoll sind außerdem Untersuchungen und wissenschaftliche Artefakte, die helfen Praxisprobleme zu lösen.

Wenn Sie eine wissenschaftlichen Arbeit erstellen, werden Sie sich bald fragen: »Welches Thema soll ich wählen, und was ist dabei von wissenschaftlichem Wert?« »Welche Daten sollte ich heranziehen, welche Statistiken präsentieren?« »Welche zentralen Fragen sind in meiner wissenschaftlichen Arbeit von Bedeutung?« Kurz gesagt: Was ist **relevant**?

Für Ihre wissenschaftlichen Arbeiten ist relevant (wichtig/belangvoll),

- was zum wissenschaftlichen Fortschritt beiträgt,
- was im eigenen Fachgebiet neues Wissen schafft und
- was hilft, Praxisprobleme zu lösen (z. B. Entwurf einer Softwarelösung für ein Praxisproblem).

Bei der Suche nach einem Thema für Ihre wissenschaftliche Arbeit sollten Sie auch überlegen, welches Thema für Sie persönlich von Bedeutung ist. Durch die intensive Auseinandersetzung mit dem Wissen eines ausgewählten Studiengebietes verschaffen Sie sich neue Kenntnisse und Fertigkeiten, die Ihnen langfristig von großem Nutzen sind. Besonders relevant sind Themen, die Ihre persönlichen Entwicklungsziele und Ihre fachlichen Interessen mit dem aktuellen Forschungsstand und den fachspezifischen Diskussionen der *Scientific Community* in Verbindung bringen.

persönliche Entwicklungsziele

Informieren Sie sich, was auf den Fachkonferenzen die Top-Themen sind. Erfolgversprechend können für Sie auch jene Themen sein, deren Erforschung derzeit mit öffentlichen Geldern und Zuschüssen aus der Wirtschaft gefördert werden.

Materialien mit Informationswert

Relevant ist, was einen hohen Informationswert hat: Verwenden Sie bei der Informationsbeschaffung möglichst hochwertige Quellen. Von Vorteil sind Daten, die zum Beispiel aus wissenschaftlichen Fachzeitschriften stammen, da hier das Material schon von Experten geprüft wurde. Natürlich werden Sie auch andere Quellen nutzen. Aber immer sparen Sie Zeit und Aufwand, wenn Sie auf gut geprüftes Wissen zugreifen: Dabei ist die Fehlerquote geringer, Täuschungen sind unwahrscheinlicher und das wirkt sich positiv auf die Qualität Ihrer Arbeit aus.

Überprüfbarkeit

Wissenschaftlich relevant/bedeutungsvoll sind Informationen und Ergebnisse, die überprüfbar sind. Nur jene Informationen und Aussagen haben wissenschaftlichen Wert, die Sie belegen und begründen können. Relevant ist nicht nur, was Ihre Aussagen bestätigt: auch die Darstellung von Gegenpositionen ist gegebenenfalls wichtig.

Praxisrelevanz

Gutachter und auch Nicht-Fachleute werden sich fragen, wie bedeutsam die Ausführungen und Ergebnisse Ihrer wissenschaftlichen Arbeit für die Praxis sind. Dabei ist relevant, was dazu beiträgt, berufliche Aufgaben besser zu bewältigen und Problemstellungen aus der Praxis leichter zu lösen.

frühzeitig relevantes Material sammeln

Halten Sie während Ihres Studiums die Augen offen und sammeln Sie schon vor der Arbeit Materialien, die für Ihre Ziele und bevorzugten Studienschwerpunkte einen besonderem Informationswert haben. Fragen Sie sich schon frühzeitig: Welches Material könnte für meine wissenschaftlichen Arbeiten und besonders für die Abschlussarbeit von Relevanz sein?

Zitat

»Zettel: Verehrter Herr Professor, ich verstehe das alles nicht. Sie wollen eine Theorie der Falten in einem Kopfkissen machen. Mir genügt doch das Kopfkissen selber. ... Falten? Na ja, vielleicht kann man daraus erkennen, ob die Thisbe mit ihrem Allerwertesten pyramusisch draufgelegen hat.
Lichtenberg: Genau das ist es, Meister Zettel. Ein glattes, ordentlich aufgeschütteltes, hausfraulich einwandfreies Kopf-

kissen ist ohne jeden höheren Informationswert. Erst die Falten bringen uns der Wahrheit näher, [...]« [Cram88, S. 14].

1   Welchen Informationswert haben die von mir verwendeten Materialien?
2   Welchen Informationswert haben meine eigenen Aussagen und Ergebnisse für das Fachgebiet?
3   Sind meine Erkenntnisse und Ergebnisse geeignet, das Wissen im Fachgebiet zu erweitern?
4   Tragen meine Erkenntnisse und Ergebnisse dazu bei, Praxisprobleme zu lösen?

3.8   Logische Argumentation *

Logisch richtig zu argumentieren bedeutet: folgerichtig zu denken, die eigenen Argumente ausreichend zu begründen und korrekte Schlussfolgerungen zu ziehen. Durch die Überprüfung der Argumente gelingt es, Fehlschlüsse zu erkennen.

Wenn Sie eine wissenschaftliche Arbeit schreiben, sollten Sie aussagekräftige und überprüfbare Gründe für Ihre Argumente anführen. Aber Achtung: Was im ersten Moment logisch klingt, muss nicht logisch sein.

Logisch argumentieren

Nach den Regeln der Logik

■   besteht **ein Argument** aus mehreren Aussagen:
□   Diese Aussagen sind im Wesentlichen Begründungen (Prämissen),
□   die eine Schlussfolgerung (Konklusion) stützen:

Argument
Aussage 1 (Prämisse)
Aussage 2 (Prämisse)
Aussage 3 (Prämisse)
Schlussfolgerung (Konklusion)

Um zu prüfen, ob ein Argument widerspruchsfrei ist, betrachtet man die Beziehungen zwischen den Prämissen (vor-

Argumente prüfen

gebrachten Begründungen) und der Konklusion (Schlussfolgerung). Gefragt wird:

1 »Welche Aussagen sind gültig, welche nicht?«
2 »Stimmt dann die Schlussfolgerung?«

Beispiel 1

Stellen Sie sich vor, Sie sagen:

Prämisse 1:	Lee besucht eine Fachhochschule.
Schlussfolgerung/ Konklusion:	Also ist er hochintelligent.

Das funktioniert leider nicht: Sie liefern eine Aussage und ziehen gleich einen Schluss, der aber noch nicht ausreichend begründet ist!

Beispiel 2

Nun sagen Sie:

Prämisse 1:	Lee besucht eine Fachhochschule.
Prämisse 2:	Wer Bestnoten im Intelligenztest bei der Aufnahmeprüfung erzielt, gilt als hochintelligent.
Prämisse 3:	Lee hat den Intelligenztest mit Bestnoten bestanden.
Schlussfolgerung/ Konklusion:	Dann muss er ein hochintelligenter Student sein.

Nun stimmt die Beziehung zwischen den Prämissen (Begründungen) und der Konklusion.

Aufgabe der Logik

Mit Hilfe von Regeln und Methoden der Logik können Sie

- **Fehlschlüsse erkennen,**
- **Argumente prüfen,**
- ☐ dabei Schlussfolgerungen kritisch analysieren und
- ☐ die Beziehung zwischen den vorgebrachten Begründungen (Prämissen) und der Schlussfolgerung (Konklusion) offenlegen.

Zugleich fragen Sie:

- ○ »Sind die Aussagen untereinander stimmig?«
- ○ »Welche Aussagen sind gültig, welche nicht?«
- ○ »Stützen die Aussagen des Arguments die Schlussfolgerung?«

○ »Reichen die Begründungen aus, so dass die Konklusion korrekt ist?«

Aber Achtung: Sie prüfen hier die logische Folgerichtigkeit. Sie prüfen hier *nicht*, ob die Begründungen wahr oder erlogen sind. Um das festzustellen, müssen Sie ihren Sachverstand und Ihr Fachwissen einsetzen (oder Experten zu Rate ziehen).

logisch folgerichtig?

Bei der Prüfung der logischen Argumentation setzen Sie voraus, dass die Inhalte wahr sind und Sie fragen: »Vorausgesetzt, dass die Prämissen (Gründe/Begründungen) inhaltlich wahr sind, führen sie dann folgerichtig zu diesem Schluss?«

Beispiel

Prämisse 1:	Unsere Abteilungsleiterin Fanny Freundlich hat die meisten Mitarbeiter.
Prämisse 2:	Wer die meisten Mitarbeiter hat, erhält Zuschüsse.
Schlussfolgerung/ Konklusion:	Dann muss Fanny Freundlich Zuschüsse erhalten.

Die logische Schlussfolgerung ist korrekt! Fanny Freundlich freut sich schon – leider vergeblich: Denn die erste Aussage ist eine Lüge. Man kann auch sagen: Das logisch richtige Argument hat (leider) eine falsche Prämisse.

Ohne ausreichendes Fachwissen kommen Sie also nicht über die Runden. Mit Hilfe der Logik können Sie die Qualität der Argumentation prüfen (und feststellen, ob Aussageketten zu den richtigen Schlussfolgerungen führen). Ist die Argumentation nicht korrekt, kommt es zu Fehlschlüssen.

Qualität der Argumentation

Fehlschlüsse

Ein Fehlschluss kann dadurch entstehen, dass bei Ereignissen, die gleichzeitig stattfinden oder zeitlich dicht aufeinanderfolgen, eine kausale (wenn..., dann...) Verbindung angenommen wird (siehe auch [Salm83, S. 207]):

Beispiel 1: kausaler Fehlschluss

Prämisse 1:	Elvira war krank und hatte hohes Fieber.
Prämisse 2:	Till schenkte ihr ein sündhaft teures Handy der Marke Tillar.

Schlussfolgerung/ Konklusion:	Da verschwand das Fieber und Elvira ging es von Tag zu Tag besser.

Nun kann man fragen: War das Geschenk die Ursache dafür, dass Elviras Fieber verschwand? (Spannend wäre dann auch die Frage: Was lernt Elvira jetzt daraus? Wenn..., dann...)

Es ist allerdings eher anzunehmen, dass hier zwei Ereignisse zufällig zusammentrafen und möglicherweise falsch – weil unzureichend geprüft –, kausal miteinander verknüpft werden. Mit Hilfe wissenschaftlicher Methoden, z. B. in einem Experiment, könnte man die Situation mit Versuchspersonen nachbilden und die Stärke der Korrelation (des gegenseitigen Einflusses) ermitteln.

Ein **kausaler Fehlschluss** kann durch einen falsche Ursache-Wirkungs-Annahme zustande kommen.

Beispiel 2: kausaler Fehlschluss

Zitat

Wesley C. Salmon führt ein Beispiel aus dem Studienalltag an:

»Eine junge Frau, die sich auf einen Magistergrad vorbereitete, las in einer wissenschaftlichen Arbeit über das Sexualverhalten, dass Intellektuelle es im Allgemeinen vorziehen, während des Sexualverkehrs das Licht anzulassen, während die Nichtintellektuellen es lieber haben, wenn das Licht ausgeschaltet ist. Da ihre Prüfungen kurz bevorstanden, verlangte sie von da an, dass das Licht angeschaltet blieb, in der Hoffnung, dass dies ihre Aussichten, die Prüfung zu bestehen, verbessern würde« [Salm83, S. 212].

Überlegungen der jungen Frau:

Prämisse 1:	Intellektuelle lassen während des Sexualverkehrs das Licht an (Nichtintellektuelle nicht).
Prämisse 2:	Intellektuelle bestehen Prüfungen.
Prämisse 3:	Ich will meine Prüfung bestehen.
Schlussfolgerung/ Konklusion:	Wenn ich das Licht anlasse, dann kann ich meine Prüfung bestehen.

Werden die Begründungen und die Schlussfolgerung der jungen Frau näher analysiert, stellt sich heraus, dass sie Ursache und Wirkung offensichtlich verwechselt hat. Sie gelangte zu einem Fehlschluss.

Fehlschlüsse entstehen auch aufgrund eines übertriebenen Autoritätsglaubens: Aussagen von berühmten Personen, die es in einem Fachgebiet zu beachtlichen Leistungen gebracht haben, werden auch in anderen, oft weit entfernt liegenden Lebens- und Fachbereichen, als stützende Begründung bei der Argumentation angeführt. Was Albert Einstein irgendwann einmal gesagt haben soll, wird zum Beispiel in unzähligen Kontexten zitiert (meistens ohne exakte Quellenangabe oder aus der Sekundärliteratur). *(Autoritätsbeweis)*

Der Fehlschluss liegt darin, zu glauben, dass Menschen, die ausgewiesene Experten in bestimmten Fachgebieten sind, zugleich auch in allen anderen Kontexten kompetente Urteile abgeben können. Achten Sie deshalb darauf, welche Quellen Sie zur Unterstützung Ihrer Argumente verwenden.

Vorsicht ist bei Analogieschlüssen geboten: Hierbei werden Sachverhalte aus unterschiedlichen Lebens- und Fachbereichen verglichen, Ähnlichkeiten festgestellt und Erkenntnisse und Verfahren von einem Bereich auf den anderen übertragen. Fehlschlüsse und falsche Ergebnisse kommen zustande, wenn die Übertragung vorschnell und ohne ausreichende Prüfung geschieht. *(Analogieschlüsse)*

Prämisse 1:	Harko, unser Hund, ist seit Tagen schlecht gelaunt.	Beispiel: falscher Analogieschluss
Prämisse 2:	Als Gerald schlecht gelaunt war, hat ihm Früchtetee geholfen.	
Schlussfolgerung/ Konklusion:	Harko bekommt ab sofort Früchtetee.	

Deduktive und induktive Argumente

Wenn Sie Schlussfolgerungen verstärkt analysieren und Fehlschlüsse exakt benennen wollen, sollten Sie sich intensiver mit den Regeln und Methoden der Logik befassen. (Hier haben Sie erste Anregungen erhalten.)

Wichtig ist es, zwei Arten von Argumenten zu unterscheiden: deduktive und induktive Argumente. Sie sind grundlegend wichtig für die logische Argumentation in wissenschaftlichen Arbeiten.

Deduktive Argumente

- Der Schluss ergibt sich logisch aus den Begründungen.
- Die Schlussfolgerung ist auf jeden Fall wahr, wenn die Prämissen wahr sind.
- Der Informationsgehalt und das Schwergewicht liegt hier vorrangig in den Prämissen, die Schlussfolgerung ist quasi zwingend. Wahrheitsbeweise dieser Art findet man vor allem in der Mathematik.
- Typisch für die Konklusion ist die Formulierung: »..., **muss dann ... sein.**«

Beispiel

Prämisse 1:	Laubbäume werfen im Winter ihre Blätter ab.
Prämisse 2:	Linden zählen zu den Laubbäumen.
Schlussfolgerung/ Konklusion:	Dann muss diese Linde im Winter auch ihre Blätter abwerfen[1].

Induktive Argumente

- Man schließt von Einzelfallbeobachtungen auf das Ganze.
- Die Schlussfolgerung ist nur mit einer gewissen Wahrscheinlichkeit wahr.
- Typisch für die Konklusion ist die Formulierung: » ..., **dann ... wahrscheinlich ...**«.

Beispiel

Prämisse 1:	Jede Biene, die wir bisher untersucht haben, hatte Flügel.
Schlussfolgerung/ Konklusion:	Dann haben wahrscheinlich alle Bienen Flügel[2].

- Hier geht man von vielen Einzelfällen aus und versucht so verlässlich wie möglich auf das Ganze zu schließen. Bewährte wissenschaftliche Methoden (Befragungen, Experimente, statistische Verfahren) helfen, den Zusammenhang zwischen Prämissen und der Konklusion zu prüfen und den Wahrscheinlichkeitsgrad für die Inhalte der Konklusion zu bestimmen.
- Bei diesem Prozess entsteht **neues Wissen** – kritisch geprüftes und vorläufig gesichertes (bis es eines Tages

---

[1] vgl. [Salm83, S. 33].
[2] vgl. [Salm83, S. 33].

durch neue Erkenntnisse und eine gute logische Argumentation widerlegt werden kann).

»Zunächst einmal ist ein Hund doch nicht verrückt. O.K.? Nun ist es eindeutig so: Ein Hund knurrt, wenn er zornig ist, und wedelt mit dem Schwanz, wenn er sich freut. Die Katze dagegen schnurrt, wenn sie sich freut und wedelt mit dem Schwanz, wenn sie zornig ist. Folglich ist sie verrückt. Ich fand das logisch einwandfrei und konnte es nicht widerlegen. Was sagen Sie, Herr Professor?« [Cram88, S. 54].

logisch
einwandfrei?
Zitat

1   Führe ich Gründe für meine Aussagen an?
2   Sind meine Aussagen untereinander und in Bezug auf die Schlussfolgerung widerspruchsfrei?
3   Reichen die von mir angeführten Begründungen aus, um zu dieser Schlussfolgerung zu gelangen?
4   Vermeide ich Fehlschlüsse?

3.9   Originalität *

Wer eine wissenschaftliche Arbeit schreibt, muss eine eigenständige und zugleich originelle Leistung liefern.

Eigenständiges Arbeiten erfordert eigenständiges Denken. Durch eine eigenständige und zugleich **originelle** Arbeit können Sie zur Weiterentwicklung der Wissenschaft und Ihres wissenschaftlichen Fachgebiets beitragen.

Die originelle Leistung kann ein neues Konzept sein, ein Entwurf, ein neues Modell, ein neuer Lösungsvorschlag oder Lösungsweg. Auch eine Text- oder eine Datenanalyse können neuartig sein, wenn sie diese unter einem neuen Aspekt betrachten oder unter einem ungewohnten Blickwinkel durchführen.

die eigene
Leistung

Quantität versus Qualität

Für die Güte eines wissenschaftlichen Artefakts ist der Umfang *nicht* das oberste Kriterium (wenngleich ein bestimmter Mindestumfang in der Regel gefordert wird). Maßgeblich ist die Qualität und die Originalität des Werks.

Qualität &
Originalität

»Hochschulen und Forschungseinrichtungen sollen bei Prüfungen, bei der Verleihung akademischer Grade, Einstellungen und Berufungen Originalität und Qualität stets Vorrang vor Quantität geben« [DFG98, S. 7].

Einzigartige Möglichkeiten

Chancen nutzen   Das Schreiben einer wissenschaftlichen Arbeit eröffnet Ihnen besondere Möglichkeiten:

+ Sie können sich intensiv mit dem Wissens- und Erfahrungsschatz des Fachgebietes auseinandersetzen.
+ Sie erwerben zeitgemäßes Know-how.
+ Sie können neues Wissen mit persönlichen Interessen, Studien- und Arbeitsschwerpunkten verbinden.
+ Sie können eigene, originelle Lösungsvorschläge entwickeln und der Öffentlichkeit präsentieren.

Zitat   »Wir sind es, die unser Wissen von der Welt erschaffen. Wir sind es, die die Welt aktiv erforschen; und die Forschung ist eine schöpferische Kunst« [Popp84, S. 145].

Wissen verknüpfen

Viele interessante und auch bahnbrechende wissenschaftliche Entdeckungen kommen durch die Verknüpfung von Wissen und Erfahrungen aus unterschiedlichen Lebens- und Wissensbereichen zustande.

Beispiel   Die Mitarbeiter des »Max-Planck-Instituts für Dynamik und Selbstorganisation« nutzten z. B. ein amerikanisches Internetspiel, um ein mathematisches Modell zur Vorhersage der Ausbreitungswege gefährlicher Seuchen zu entwickeln. In diesem Spiel kennzeichnen und registrieren die Mitspieler ihre Dollarnoten. Anschließend können sie diese verfolgen und erfahren, an welche Orte das Geld gelangt und welche Wege es nimmt [Gehr07].

Folgenabschätzung

kritisch bleiben   Zur Überprüfung Ihrer originellen, wissenschaftlichen Erkenntnisse gehört auch eine Folgenabschätzung. Die Folgen und Risiken eigener Lösungsvorschläge sind zu betrachten und richtig darzustellen.

Zitat   »Der Mittelweg besteht darin, wach und kritisch zu bleiben und gleichzeitig Kompromisse zu suchen, sich ein möglichst umfassendes Wissen zu erarbeiten und dennoch der Verfüh-

rung durch dessen schrankenlose Anwendung nicht zu er-
liegen, [...]« [Cram88, S. 113].

Hilfreiche Methoden

Zur Ideenfindung und Verknüpfung von Wissen und Erfahrungen aus unterschiedlichen Lebensbereichen gibt es
hilfreiche Verfahren. Bewährte Kreativitätsmethoden (Abb.
3.9-1) unterstützen Sie dabei, die eigenen Denkgrenzen zu
überwinden, neues und relevantes Wissen zu verknüpfen,
Übersicht zu schaffen und hochwertige Lösungen zu entwickeln.

*Denk-
Werkzeuge
einsetzen*

Abb. 3.9-1: Kreativitätsmethoden.

Sie lernen hier wissenschaftlich zu arbeiten. Dies wird Ihnen
langfristig von Nutzen sein. Denn Ihre gewonnenen Erkenntnisse und Ihre originellen Ideen können Sie auch nach dem
Studium noch weiter entwickeln und zu neuen Praxislösun-
gen ausarbeiten.

*eigene Ideen
weiterverfolgen
und ausbauen*

1   Habe ich eine eigenständige Leistung erbracht?
2   Was ist originell an meiner Arbeit?
3   Was macht die Besonderheit meines Themas aus?
4   Worin unterscheidet es sich von anderen? Was zeige ich
     neu?

3.10   Nachvollziehbarkeit *

Die Inhalte wissenschaftlicher Arbeiten müssen für andere Personen nachvollziehbar sein. Ob dies gelingt, hängt davon ab, in welchem Ausmaß grundlegende Qualitätskriterien erfüllt werden.

Definition

> **Nachvollziehbarkeit** bedeutet, dass sich die Inhalte und das Vorgehen in wissenschaftlichen Arbeiten den Lesern oder Zuhörern erschließen.

Würde dies nicht gelingen, wäre alle Mühe vergeblich: Die Öffentlichkeit hätte keinen Anteil an Ihrem Werk und wissenschaftlich könnte man es auch nicht mehr nennen.

Was kann man tun, um die Inhalte für andere Personen nachvollziehbar aufzubereiten?

Bemühen Sie sich, die grundlegenden wissenschaftlichen Qualitätsanforderungen so gut wie möglich zu erfüllen. Dabei stellt sich die Nachvollziehbarkeit Ihrer Inhalte quasi automatisch ein.

Nachfolgend wird gezeigt, wie das Kriterium mit anderen Qualitätskriterien zusammenhängt. Mit Hilfe der Kontrollfragen aus den Kapiteln können Sie die Güte Ihrer Artefakte sichern und eine gute Nachvollziehbarkeit der Inhalte für Ihre Leser schrittweise herstellen.

Objektivität & Nachvollziehbarkeit

Durch eine objektive, neutrale Darbietung Ihrer Inhalte, die auch Gegenpositionen achtet und widersprechende Erkenntnisse aufnimmt, können Ihnen auch Personen folgen, die bislang nicht hinter Ihren fachlichen Ansichten standen.

1   Sind meine Ausführungen objektiv (vorurteilsfrei und sachlich)?

2   Bleibt meine Haltung neutral?

3   Inwieweit sind die Ergebnisse von mir ganz persönlich beeinflusst?

4   Wie gehe ich mit Widersprüchen und gegenteiligen Erkenntnissen um?

5   Können auch andere Personen zu den Ergebnissen meiner Arbeit kommen (oder nur ich allein)?

Überprüfbarkeit & Nachvollziehbarkeit

Durch Belege und Zusatzmaterialen im Anhang, durch Transparenz in der Vorgehensweise und exakte Angaben zur Lösungsentwicklung können Ihre Leser/Gutachter Ihre Erkenntnisse und Ergebnisse weitgehend nachprüfen, ggf. auch wiederholen, und auf diesem Wege schrittweise nachvollziehen.

1   Sind die Aussagen und Ergebnisse meiner wissenschaftlichen Arbeit überprüfbar?
2   Ist es möglich, meine Aussagen zu widerlegen?
3   Ist es möglich, meine Aussagen zu bestätigen?

Reliabilität & Nachvollziehbarkeit

Eine hohe Reliabilität (durch zuverlässige Methoden und Instrumente) verbessert die Nachvollziehbarkeit Ihrer Inhalte. Andere Menschen können Ihr Vorgehen reproduzieren und zu gleichen (oder sehr ähnlichen) Ergebnissen kommen.

1   Messen die ausgewählten Instrumente genau?
2   Arbeiten sie fehlerfrei?
3   Sind die ausgewählten Methoden für diesen speziellen Zweck geeignet?
4   Erhalte ich stabile, zuverlässige Ergebnisse?
5   Kommen auch andere Personen bei einer Wiederholung der Verfahren zu den gleichen Ergebnissen?

Validität & Nachvollziehbarkeit

Nur passgenaue Fragestellungen liefern Ihnen die Antworten und Lösungsergebnisse, die Sie suchen. Unklare Fragen, schwammige Beschreibungen und unzureichend kommentierte Ergebnisse verwirren die Leser/Gutachter.

1   Wird tatsächlich das gemessen, was gemessen werden sollte?
2   Sind die Suchfragen klar und richtig formuliert?
3   Bei einer Stichprobe: Ist sie groß genug?
4   Ist die Stichprobenauswahl auch wirklich repräsentativ?
5   Wie aussagekräftig sind die einzelnen Ergebnisse?
6   Wie hoch schätze ich die Validität ein?

Verständlichkeit & Nachvollziehbarkeit

Je verständlicher Sie Ihre Inhalte aufbereiten, um so leichter erschließen sie sich den Lesern/Gutachtern.

1   Sind alle wichtigen Bestandteile vorhanden?
2   Ist der Aufbau der Arbeit übersichtlich, zweckmäßig und logisch nachvollziehbar?
3   Stimmt die Typographie und das Seitenlayout?
4   Ist die sprachliche Gestaltung präzise und einwandfrei?
5   Führe ich Begründungen für meine Argumente an?
6   Gibt es zusätzliche Wahrnehmungshilfen in meinen Texten?

Relevanz & Nachvollziehbarkeit

Inhalte mit einem hohen Informationswert motivieren die Leser/Gutachter, Ihnen zu folgen. Wenn Ihre Inhalte einen starken Praxisbezug haben, können andere Personen Ihre Erkenntnisse mit den eigenen Erfahrungen vergleichen. Das erleichtert die Nachvollziehbarkeit des Dargestellten ganz beträchtlich.

1   Welchen Informationswert haben meine Aussagen und Ergebnisse für das Fachgebiet?
2   Welche Qualität haben die von mir verwendeten Quellen?
3   Sind meine Aussagen belegt und überprüfbar?
4   Sind meine Erkenntnisse und Ergebnisse geeignet, das Wissen im Fachgebiet zu erweitern?
5   Tragen meine Erkenntnisse und Ergebnisse dazu bei, Praxisprobleme leichter zu lösen?

Logische Argumentation & Nachvollziehbarkeit

Ein guter logischer Aufbau der Arbeit und logisch begründete Argumente sind Voraussetzungen für die Nachvollziehbarkeit Ihrer Darlegungen.

1   Führe ich Gründe für meine Aussagen an?
2   Sind meine Aussagen untereinander und in Bezug auf die Schlussfolgerung widerspruchsfrei?
3   Reichen die von mir angeführten Begründungen aus, um zu dieser Schlussfolgerung zu gelangen?
4   Vermeide ich Fehlschlüsse?

4 Forschen – aber wie? *

Forschung dient dazu, neue und originäre Erkenntnisse in einer Wissenschaftsdisziplin zu gewinnen. In Abhängigkeit von der jeweiligen Wissenschaftsdisziplin werden verschiedene Forschungsmethoden einzeln oder in Kombination eingesetzt. Ein allgemeiner Forschungsprozess legt die grundlegenden Schritte fest, wie beim Forschen vorgegangen wird – er muss jeweils individuell angepasst werden.

Forschung

In Abhängigkeit von dem von Ihnen zu erstellendem Artefakt müssen Sie »forschen«. In der Brockhaus-Enzyklopädie (vgl. [Broc88, S. 468], [Broc08, Stichwort Forschung, abgerufen am 2.1.08]) wird Forschung wie folgt definiert:

Forschung i.e.S. ist die von einzelnen oder mehreren Personen betriebene planmäßige und zielgerichtete Suche nach neuen Erkenntnissen in einem Wissensgebiet, einschließlich der Suche nach Möglichkeiten zu deren Prüfung.

Definition 1

Forschung i.w.S. ist die Gesamtheit der in allen Bereichen der Wissenschaften erfolgenden methodisch-systematischen, schöpferisch-geistigen Bemühungen (einschließlich der dabei verwendeten Methoden und Techniken), die das Gewinnen neuer, allgemeiner nachprüfbarer Erkenntnisse sowie das Ermitteln ihrer Gesetzmöglichkeiten ermöglichen.

Definition 2

Forschung unterscheidet sich von anderen wissenschaftlichen und technischen Tätigkeiten durch **Neuheit** und **Originalität** (neue Erkenntnisse, neues Wissen, neue Wissensordnung, neue Anwendungen) (vgl. [F&E07, S. 3]).

In Abhängigkeit vom Forschungszweck werden die Grundlagenforschung, die angewandte Forschung und die experimentelle Entwicklung unterschieden – zusammengefasst oft als F&E (Forschung und Entwicklung) bezeichnet:

■ Ziel der **Grundlagenforschung** – auch reine oder zweckfreie Forschung genannt – ist es, die Erkenntnisgrundlagen und Theorien einer Wissenschaft originär auszuweiten, zu vervollkommnen und zu überprüfen – ohne Ausrichtung auf ein spezifisches praktisches Ziel.

- Ziel der **angewandten Forschung** – auch Zweckforschung genannt – ist es, an der originären Lösung einzelner, oft praktischer Anliegen durch zielgerichtete Ausweitung und Anwendung von Forschungsergebnissen zu arbeiten.

- Ziel der **experimentellen Entwicklung** ist es, neue oder wesentlich verbesserte Materialien, Vorrichtungen, Produkte, Verfahren oder Systeme durch den systematischen Einsatz des Wissens hervorzubringen (vgl. [F&E07, S. 3], [Fras02, S. 30]).

Abgrenzung
Zitat

»Als bewährte Regel, insbesondere zur Abgrenzung der experimentellen Entwicklung von Produktionstätigkeiten, kann gelten, dass alle Tätigkeiten, deren primäres Ziel die weitere **technische** Verbesserung des Produktes oder des Verfahrens ist, der F&E zuzuordnen sind. Sind hingegen das Produkt oder das Verfahren im Wesentlichen festgelegt und ist das primäre Ziel der weiteren Arbeiten die Marktentwicklung oder soll durch diese Arbeiten das Produktionssystem zum reibungslosen Funktionieren gebracht werden, dann können diese Tätigkeiten nicht mehr der F&E zugerechnet werden. Dieser Regel entsprechend sind demnach die Konstruktion und Erprobung von Prototypen und deren Weiterentwicklung bis zur Produktionsreife der F&E zuzuordnen« [F&E07, S. 3].

Beispiel
Zitat

»Softwareentwicklung gilt nur dann als F&E, wenn sie zu Problemlösungen beiträgt, die einen wissenschaftlichen und/oder technologischen Fortschritt darstellen. Das Ziel des Projekts muss in der Klärung bzw. Beseitigung einer wissenschaftlichen und/oder technologischen Unsicherheit bestehen und dieses Ziel muss auf systematischer wissenschaftlicher Basis verfolgt werden. Typischerweise wird a priori eine gewisse Unsicherheit über den Erfolg des Projektes bestehen.
Die routinemäßige Herstellung von Software (Standard- und Individualsoftware) stellt keine F&E dar. Der Einsatz von Software für eine neue Anwendung bzw. einen neuen Zweck ist als solcher gleichfalls nicht der F&E zuzuord-

nen. Nur wenn eine derartige Anwendung signifikant von bisherigen Lösungen abweicht und ein Problem von allgemeiner Relevanz löst, kann eine Zuordnung zu F&E erfolgen« [F&E07, S. 4] (siehe auch [Fras02, S. 46]).

Beispiele für Softwareentwicklungen, die der F&E zugerechnet werden können:

○ Entwicklung neuer Lehrsätze oder Algorithmen auf dem Gebiet der theoretischen Informatik.
○ Entwicklung von Betriebssystemen, Programmiersprachen, Datenmanagementsystemen, Kommunikationssoftware, Zugangstechniken und Werkzeugen zur Softwareentwicklung.
○ Entwicklung von Internet-Techniken.
○ Forschung zu Methoden der Entwicklung, Anwendung, Schutz und Speicherung von Software.
○ Softwareentwicklungen, die allgemeine Fortschritte auf dem Gebiet der Erfassung, Übertragung, Speicherung, Abrufbarkeit, Verarbeitung, Integration, Schutz und Darstellung von Daten bewirken.
○ Experimentelle Entwicklung, die darauf ausgerichtet ist, technologische Wissenslücken bei der Erarbeitung von Softwareprogrammen oder -systemen zu schließen.
○ F&E zu Software-Werkzeugen oder Software-Techniken in spezialisierten Einsatzbereichen (Bildbearbeitung, Präsentation geografischer und anderer Daten, Zeichenerkennung, künstliche Intelligenz, Visualisierung, Integration von Telemetrie- und Sensorikdaten, Aggregation und Disaggregation zur Weiterverarbeitung, Simulation und andere Gebiete).

Nicht als F&E zu werten sind:

○ Entwicklung von standardisierter Anwendungssoftware und von Informationssystemen, die bekannte Methoden und bereits existierende Software-Werkzeuge verwenden.
○ Support bereits existierender Systeme.
○ Funktionserweiterungen bei Anwendungssystemen.
○ Debugging von Systemen.
○ Adaption existierender Software.

○ Vorbereitung von Nutzerhandbüchern und Dokumen-
   tationen
[a. a. O.]

Einteilung der Wissenschaften

Die Wissenschaften können nach unterschiedlichen Ge-
sichtspunkten eingeteilt werden. Eine grobe Einteilung gliedert die Wissenschaften in folgende Gebiete:

▪ **Naturwissenschaften**: Forschungsgegenstand ist die
  unbelebte und belebte Natur. Die drei klassischen Naturwissenschaften sind Physik, Chemie und Biologie.

▪ **Geisteswissenschaften**: Forschungsgegenstand sind
  kulturell-geistige Themen.

▪ **Sozialwissenschaften**: Forschungsgegenstand sind die
  Phänomene des gesellschaftlichen Zusammenlebens der
  Menschen.

▪ **Ingenieurwissenschaften**:   Forschungsgegenstand
  sind materielle Produkte und deren Entwicklung und
  Konstruktion. Die drei klassischen Ingenieurwissenschaften sind das Bauingenieurwesen, der Maschinenbau
  und die Elektrotechnik.

▪ **Strukturwissenschaften**: Forschungsgegenstände sind
  von Menschen geschaffene immaterielle Systeme und
  Strukturen. Zu den Strukturwissenschaften zählen die
  Mathematik und die Informatik.

Die Geistes- und Sozialwissenschaften werden oft unter dem Oberbegriff **Humanwissenschaften** zusammengefasst. Viele Wissenschaften sind heute disziplinübergrei-
fend.

Zitat »Die I. (Ingenieurwissenschaften, *Anmerkung der Autoren*)
lassen sich [...] durch vier typ. Merkmale charakterisieren,
die für die Naturwissenschaften nur sehr bedingt zutreffen:
1) Das Ergebnis ingenieurwissenschaftl. Arbeitens ist i.d.R.
ein konkretes, funktionsfähiges Artefakt, das neben techn.
auch außertechn. Kriterien (Sozial- und Umweltverträglich-
keit, Wirtschaftlichkeit u. a.) genügen muß.
2) Kreative Leistungen sind neue Verfahren zur Herstellung
von Artefakten oder zur Durchführung von Prozessen (Erfin-
dungen, Konstruktionen).

3) Die Beurteilung ingenieurwissschaftl. Leistungen bezieht sich durchweg auf die konkrete Funktionserfüllung, die sehr unterschiedl., häufig einander widersprechenden und sich ändernden humanen, sozialen, ökolog., ökonom., rechtl. Kriterien genügen muß.
4) Techn. Weiterentwicklungen führen zur fortschreitenden Erweiterung der I. und erschweren die Theoriebildung einer allgemeinen Technologie« [Broc88, S. 504].

Forschungsmethoden

> Forschungsmethoden sind planmäßig und systematisch angewandte, begründete Vorgehensweisen zur Gewinnung wissenschaftlicher Erkenntnisse. Sie stellen sicher, dass Wissenschaftler das Zustandekommen der Ergebnisse nachvollziehen können.

Definition

Die Anwendung einer Methode bedeutet, *nicht* sprunghaft und planlos, sondern zielgerichtet, systematisch, überlegt und *mitteilbar* etwas zu tun. Das bedeutet aber nicht, dass Methoden eine starre Abfolge von Handlungen vorschreiben, die Schritt für Schritt erledigt werden müssen (in solchen Fällen spricht von Verfahren). Im Gegenteil: Forschungsmethoden sind immer wieder den Bedingungen anzupassen (sie sind *adaptiv*), die Handlungsschritte sind immer wieder neu zu bewerten (sie sind *regulativ*) und sie selbst sind immer wieder neu in Frage zu stellen (sie sind *reflexiv*).

»In den Erfahrungswissenschaften stellen Beobachtung, Experiment und Messung die grundlegenden Methoden der F. [Forschung, *Anmerkung der Autoren*] dar.

Zitat

Unter den Naturwissenschaftlern besteht ein weitgehender Konsens darüber, wie beim Forschen (wiss. Arbeiten) methodisch vorzugehen ist: Die aus Beobachtungen, Experimenten und Messungen als den Quellen der wiss. Erkenntnis gewonnenen empir. Daten müssen reproduzierbar und allg. nachprüfbar sein. Im nächsten Schritt wird dann versucht, induktiv verallgemeinernde Interpretationen abzuleiten, aus denen sich Prognosen für andere Einzelfälle ergeben. Verlaufen alle Überprüfungen erfolgreich, so kann man einen solchen Verallgemeinerungsversuch als eine wissenschaftlich fundierte Hypothese, im Falle einer umfassenderen Gültigkeit als Theorie bezeichnen.

Während sich das Ziel des Forschens in den Erfahrungswissenschaften als Erklären, in den Formalwissenschaften als Beweisen kennzeichnen läßt, wollen die Geisteswissenschaften verstehen (oder begreifen). Ihre Methode ist die → Hermeneutik, wobei über die Tatsachen hinausgehend moralisch-wertende, ästhet. Momente sowie histor. Interpretation eine Rolle spielen« [Broc88, S. 469].

Viele Wissenschaften benutzen eine oder mehrere der folgenden allgemeinen Methoden – jeweils für sich oder auch in Kombination:

▪ Induktion und/oder Deduktion
▪ Quantitative und/oder qualitative Methoden
▪ Primäre und/oder sekundäre Methoden

Induktion vs. Deduktion

Zur Gewinnung wissenschaftlicher Erkenntnisse werden häufig die zwei konkurrierenden, häufig aber auch gemeinsam benutzten Methoden Induktion (auch Bottom-Up-Methode genannt) und Deduktion (auch Top-Down-Methode genannt) verwendet (Abb. 4.0-1).

Bei der **Induktion** wird aus einer möglichst großen Anzahl von Einzelerkenntnissen über das Erkennen eines Musters und der Formulierung einer vorläufigen Hypothese eine Theorie entwickelt (Entdeckung von Merkmalen). Die Grundidee der Induktion besteht darin, dass die wiederholte Beobachtung eines Sachverhaltes die Wahrscheinlichkeit steigen lässt, dass die entsprechende allgemeine Theorie wahr ist. In der Praxis ist es meist unmöglich, eine Forschung zu beginnen ohne eine Idee für eine Theorie oder erwartete Ergebnisse zu haben.

Beispiel

In der Softwaretechnik wurden 1995 sogenannte objektorientierte Entwurfsmuster veröffentlicht, die verschiedene Entwickler vorher immer implizit benutzt haben [GHJ+96]. Aus Einzelbeobachtungen wurden durch Abstraktion wiederverwendbare Muster entwickelt und beschrieben. Die Idee wurde aus der Architektur übernommen. Dort haben insbesondere Christopher Alexander

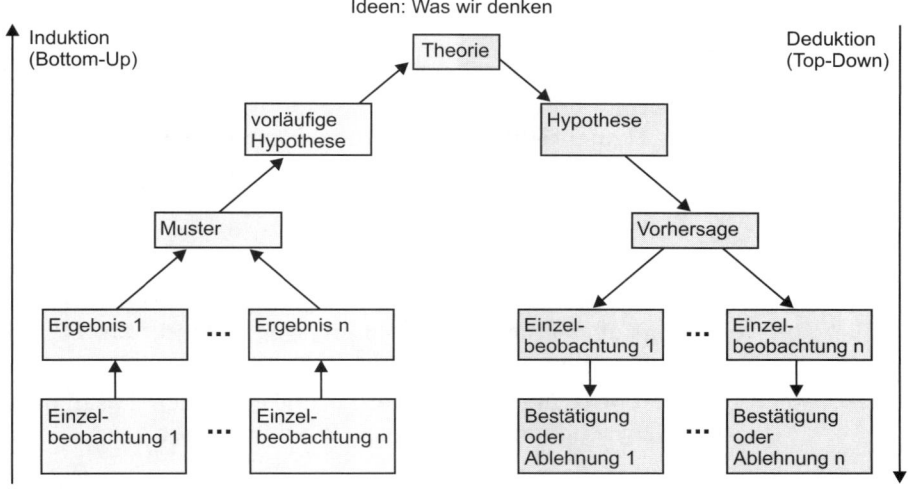

Abb. 4.0-1: Die Forschungsmethoden Induktion und Deduktion.

und seine Mitarbeiter Mustersprachen als Mittel zur Konstruktion von Gebäuden und Städten vorgeschlagen.

Ausgangspunkt bei der **Deduktion** ist eine Theorie, aus der Hypothesen und Vorhersagen abgeleitet werden, die durch möglichst viele Einzelbeobachtungen bestätigt oder widerlegt wird (Getrieben durch Erkenntnisse) (siehe auch »Logische Argumentation«, S. 31). Die Deduktion geht davon aus, dass allgemeine Sätze nicht bestätigt, sondern nur widerlegt werden können (Falsifikation). Eine Hypothese, die viele Widerlegungsversuche überstanden hat, heißt bewährt. Besonders bewährte Hypothesen werden als derzeit gültige Theorie akzeptiert. Es genügt jedoch eine einzige Falsifizierung, um die Theorie ungültig zu machen.

In der Informatik gibt es die Theorie, dass ein allgemeiner Sortieralgorithmus nicht schneller als $n \cdot \log_2 n$ sein kann. Bisher wurde diese Theorie nicht widerlegt. Erfindet ein Forscher dagegen nur *einen* schnelleren Sortieral-   Beispiel gorithmus, dann ist die Theorie widerlegt und nicht mehr gültig.

Die Formulierung neuer Forschungsfragen enthält normalerweise Elemente beider Forschungsmethoden. Die reale Welt regt die Neugier an. Die Neuformulierung von Fragen geschieht dagegen mehr deduktiv, meist basierend auf der Arbeit anderer Forscher.

Terminologie Eine **Theorie** besteht aus einem Netz zusammengehöriger, logisch widerspruchsfreier Aussagen (gut bewährter Hypothesen) über einen Untersuchungsgegenstand, das zusammengenommen weitreichende Erklärungskraft hat.

Eine **Hypothese** ist eine Vermutung über den Zusammenhang zwischen mindestens zwei Sachverhalten.

Quantitativ vs. Qualitativ

Quantitative Forschungsmethoden stammen ursprünglich aus den Naturwissenschaften, werden heute aber auch in den Sozialwissenschaften eingesetzt. Sie verwenden numerisch verarbeitbare Daten (Daten in der Form von Zahlen). Es wird sich auf das Messen von Phänomenen konzentriert. Der Forschungsentwurf ist am Anfang schwierig. Die Methode ist sehr detailliert und strukturiert. Die Ergebnisse können leicht gesammelt und statistisch ausgewertet werden.

Beispiel Um die Attraktivität einer Website zu beurteilen, werden die Anzahl der Besucher einer Website sowie ihre Besuchsdauer aufgezeichnet. Es wird registriert, über welche Webseiten der Einstieg und der Ausstieg erfolgt. Die Aufzeichnungen erfolgen für verschiedene Varianten der Website-Gestaltung. Forschungsziel ist es, herauszufinden, von welchen Parametern die Attraktivität einer Website abhängt.

Qualitative Forschungsmethoden wurden in den Sozialwissenschaften entwickelt, um soziale und kulturelle Phänomene zu studieren. Sie verwenden Daten, die sich *nicht* numerisch diskretisieren lassen. Beispiele sind Interviewdaten mit offenen Fragen (Fragen nach Einstellungen, Werten, Auffassungen), Beobachtungen und Dokumente. Bei der Interpretation qualitativer Daten kann nicht die Objektivität erreicht werden, wie bei der Auswertung quantitativer Daten.

> Es soll herausgefunden werden, wovon es abhängt, ob eine Person Online-Banking nutzt oder ablehnt. Dazu werden offene Interviews geführt, um den Motiven auf die Spur zu kommen.

Beispiel

Primär vs. sekundär

Vor allem in der Marktforschung und in der medizinischen Forschung wird zwischen primären und sekundären Methoden unterschieden:

Bei einer **primären Methode** werden Daten, die es bisher noch nicht gibt, unmittelbar für einen Untersuchungszweck von dem jeweiligen Forscher selbst erhoben.

Bei der **sekundären Methode** werden bereits vorhandene Daten und Erhebungen anderer Forscher systematisch zusammengetragen, verglichen, überprüft, zusammengefasst, klassifiziert, interpretiert und bewertet.

Entsprechend dieser unterschiedlichen Methoden wird auch zwischen Primärquellen und Sekundärquellen unterschieden (siehe »Anforderungen an die Quellen«, S. 76).

Forschungsprozess

Ziel jedes Forschungsprozesses ist es, neue Erkenntnisse zu gewinnen. Grundlegend lassen sich drei Forschungsprozesse unterscheiden – wobei die Abgrenzungen zwischen ihnen nicht scharf sind:

- Explorative Forschung: Strukturiert und identifiziert neue Probleme.
- Konstruktive Forschung: Entwickelt Lösungen zu einem Problem.
- Empirische Forschung: Testet die Durchführbarkeit einer Lösung durch empirische Beweise.

Der Forschungsprozess lässt sich allgemeingültig nur grob beschreiben, da er sehr davon abhängt, um welchen Wissenschaftsbereich es sich handelt, welche Art von Forschung durchgeführt werden soll und welche Forschungsmethoden eingesetzt werden sollen. Folgende allgemeine Schritte lassen sich identifizieren:

Schritt 1: Formulierung und Begründung des Forschungsziels

Ausgehend von einem Forschungsproblem ist das Forschungsziel möglichst genau zu beschreiben und zu begründen (siehe auch »Das eigene Thema finden«, S. 236). Ein Forschungsziel kann wie folgt begründet werden:

- Die bekannten Erkenntnisse sind für das Problem unzureichend oder untauglich.
- Es gibt sich widersprechende Ergebnisse von unterschiedlichen Forschern.
- Neue Erkenntnisse sollen die bisher bekannten Erkenntnisse erweitern.

Schritt 2: Abgrenzung des Forschungsziels

Beschreibung des Stands der Forschung und der Praxis rund um das gewählte Forschungsziel. Beziehungen und Abgrenzungen zu vorhandenen Erkenntnissen vornehmen. Begründung, warum die bekannten Lösungen das gewählte Forschungsproblem nicht lösen. Anders herum: Was ist an dem Forschungsziel neu bzw. wodurch unterscheidet es sich von den bisherigen, bekannten Problemlösungen?

Schritt 3: Auswahl und Begründung der anzuwendenden Forschungsmethode(n)

In Abhängigkeit vom Forschungsziel sind geeignete Forschungsmethoden auszuwählen. Sie bestimmen ganz wesentlich, wie das weitere Vorgehen aussieht (siehe »Exkurs 1: Methoden in den Humanwissenschaften«, S. 55 und »Exkurs 2: Methoden der Wirtschaftsinformatik«, S. 71).

Schritt 4: Konzeption des Forschungsvorhabens

Das Konzept für das Forschungsvorhaben wird entwickelt und aufgestellt (siehe auch »Projektplan erstellen«, S. 211).

Beispiel 1a | Bei einem empirischen Forschungsprozess werden folgende Aktivitäten unterschieden (vgl. [Nill04]):

- Bildung einer Hypothese oder Theorie
- Eindeutige Begriffsklärung und Auswahl von Indikatoren für die Begriffe
- Festlegung eines Untersuchungsansatzes bzw. einer Untersuchungsform
- Auswahl der Untersuchungsobjekte (Merkmalsträger, Grundgesamtheit oder Stichprobe)
- Festlegung der Datenerhebung (primär oder sekundär)
- Festlegung der Datenerfassung (Strukturierung, Speicherungsform)
- Art der Datenanalyse (quantitative oder qualitative Auswertung)

Für einen konstruktiven Forschungsprozess werden folgende Aktivitäten unterschieden: Beispiel 2a

- Auswahl eines geeigneten Prozess- und Qualitätsmodells (siehe auch [Balz08]).
- Auswahl und Festlegung benötigter Ressourcen (Software, Material, Geräte usw.).

Schritt 5: Durchführung des Forschungsvorhabens

Das konzipierte Forschungsvorhaben wird durchgeführt.

- Durchführung der Datenerhebung   Beispiel 1b
- Durchführung der Datenerfassung
- Daten analysieren und Ergebnisse interpretieren

- Durchführung anhand des gewählten Prozess- und Qualitätsmodell unter Einsatz der benötigten Ressourcen.   Beispiel 2b

Schritt 6: Auswertung und Präsentation der Forschungsergebnisse

- Daten analysieren und Ergebnisse interpretieren   Beispiel 1c

- Erprobung der gefundenen Lösung.   Beispiel 2c

Schritt 7: Validation der Forschungsergebnisse

Überprüfung der Ergebnisse bezogen auf das Forschungsziel: Was wurde erreicht? Was wurde nicht erreicht? Was ist noch zu tun?

Beispiel 1d

○ Überprüfung der Hypothese oder der Theorie.

Beispiel 2d

○ Überprüfung, ob mit der gefundenen Lösung das Forschungsziel erreicht wird.

Tipp

Zur Forschung gehört Kreativität, das Querdenken, das Verlassen eingetretener Pfade. Zu empfehlen ist das Buch mit Online-Kurs »Heureka, ich hab's gefunden – Kreativitätstechniken, Problemlösung & Ideenfindung« von Marion Schröder, Mitautorin dieses Buches.

5 Exkurs 1: Methoden in den Humanwissenschaften ***

Wenn Sie in Ihrer wissenschaftlichen Arbeit Situationen beschreiben und Prozesse analysieren wollen, an denen Menschen beteiligt sind, wenn Sie die Meinungen, Interessen
oder Verhaltensweisen ausgewählter Personengruppen untersuchen wollen, dann ist meistens eine Forschungsmetho-
de aus den Humanwissenschaften (klassische Geistes- und
Sozialwissenschaften, Medizin, Humanbiologie) der richtige
Weg zum Ziel. Zu den bewährten Methoden gehören:

- die »Schriftliche Befragung«, S. 55
- das »Interview«, S. 57
- die »Gruppendiskussion«, S. 62
- die »Beobachtung«, S. 64
- das »Experiment«, S. 66
- die »Inhaltsanalyse«, S. 68

5.1 Schriftliche Befragung ***

**Eine Befragung kann schriftlich oder mündlich als persönli-
ches Interview durchgeführt werden. Mit stark strukturierten Fragebogen gelangt man zu vergleichbaren Ergebnissen. Befragungen liefern quantitative und qualitative Daten.**

Bereits am Anfang Ihrer wissenschaftlichen Arbeit stellen Sie eine Schlüsselfrage (bezogen auf Ihr spezielles
Erkenntnis-/Untersuchungsinteresse).

Wer fragt, der führt

Diese zentrale Frage (verbunden mit der Problembeschrei-
bung und der Ableitung von **Hypothesen**) ist der Ausgangspunkt Ihrer Methodenwahl. Ihre Methoden sind der Weg zum
Ziel: Am Ende Ihrer wissenschaftlichen Arbeit sollten Sie die
Frage auf der Basis Ihrer gewonnenen Ergebnisse beantworten können.

1 Die zentrale Frage formulieren, Problem beschreiben
und Ihre Hypothesen (noch unbewiesene Annahmen) ableiten.

2 Davon ausgehend die Untersuchungs-Methode(n) wählen. Nicht umgekehrt!

Methoden sind Wege zum Ziel

Die zentrale Fragestellung wirft gewöhnlich weitere Fragen auf. Man kann sie in einem **Fragenkatalog** sammeln. Wer aber liefert die gesuchten Antworten? Wie und woher erhält man brauchbare Informationen?

- ▨ Brauchbare Informationen gewinnen Sie bereits durch eine gute Recherche (siehe »Quellen recherchieren, bewerten und richtig zitieren«, S. 75).

Betroffene berichten Experten-befragung

- ▨ Konkrete, praxisbezogene Antworten auf Ihre Fragen liefert Ihnen die Befragung betroffener Personen. Wünschen Sie Auskünfte von Personen, die in Ihrem Fachbereich über besondere Kompetenzen verfügen, handelt es sich um eine Expertenbefragung.

schriftliche Befragung

Zu den beliebten und häufig genutzten Methoden in den Humanwissenschaften gehören schriftliche Befragungen. Man kann sie durchführen

Varianten

- ☐ per Briefpost,
- ☐ per E-Mail oder
- ☐ als Online-Befragung.

Wenn Sie einen Fragebogen erstellen (siehe »Fragebögen und Interview-Leitfäden«, S. 59) und dabei die Inhalte stark strukturieren und für eine Computerauswertung standardisieren, gewinnen Sie **vergleichbare Daten**. Eine quantitative Analyse wirkt sich positiv auf die Reliabilität (siehe »Reliabilität«, S. 22) Ihrer Arbeitsergebnisse aus.

Frage

Was spricht für schriftliche Befragungen?

Antwort

- + Unabhängigkeit: Kein Interviewer kann die Situation durch sein Verhalten beeinflussen.
- + Zeit zum Nachdenken: Die Befragten können sich intensiv mit den Fragen beschäftigen.
- + Viele Teilnehmer: Sehr viele Personen, die sich an unterschiedlichen Orten befinden, können beteiligt werden.
- + Anonymität: Die Befragten können ihre Erfahrungen und Meinungen äußern, ohne ihre Namen anzugeben.
- + Messergebnisse: Fragebögen kann man standardisieren und für quantitative Analysen von Computerprogrammen auswerten lassen.
- + Geringer Aufwand: Im Verhältnis zu persönlichen Interviews ist der Aufwand gering, dies vor allem auch, wenn die Befragung mit homogenen Gruppen durchgeführt

wird (z. B. Mitarbeiter in der Abteilung eines Unternehmens).

Was spricht gegen schriftliche Befragungen?   Frage

-   Unzureichende Rücklaufquote: Wenn viele Fragebögen   Antwort
    unvollständig ausgefüllt werden und der Rücklauf gering
    ist, kann es passieren, dass die Ergebnisse bei der Aus-
    wertung verzerrt werden. Von Vorteil sind hier interakti-
    ve Online-Fragebögen, bei denen die befragten Personen
    ihr bearbeitetes Dokument nur absenden können, wenn
    alle Felder ausgefüllt sind.
-   Verständnisschwierigkeiten: Bei schriftlichen Befragun-
    gen ist der Fragebogenersteller *nicht* anwesend. Ver-
    ständnisfragen können von ihm nicht beantwortet wer-
    den. Die Konsequenz ist daher: Beschreiben Sie in einer
    schriftlichen Befragung Ihre Inhalte so verständlich wie
    möglich!
-   Beteiligte Personen: Bei schriftlichen Befragungen ist
    nicht feststellbar, wie viele Personen an der Beantwor-
    tung eines Fragebogens tatsächlich mitgewirkt haben.

5.2   Interview ***

**Offene Interviews liefern sehr persönliche Beiträge der Be-
fragten, auch emotionale Äußerungen und bislang zurück-
gehaltene Informationen. Um die Vergleichbarkeit der Ergebnisse zu erhöhen, kann man vorab einen Interview-Leitfaden mit einem festen Frageschema erstellen und diesen
bei der Befragung einsetzen. Kontrollfragen und die Kombination des Interviews mit anderen wissenschaftlichen Methoden verbessern die Zuverlässigkeit der Ergebnisse.**

Eine Alternative zu schriftlichen Befragungen sind persönli-   Varianten
che Interviews. Interviews können Sie

- [ ] telefonisch durchführen oder
- [ ] als direktes Gespräch ausführen, bei dem sich der Be-
      fragte und der Interviewer am gleichen Ort befinden.

Auch Interviews können Sie so gestalten, dass Sie die Ergeb-   Interview-
nisse später vergleichen können. Entwickeln Sie dazu ein   Leitfaden
festes Frageschema als Interview-Leitfaden (siehe »Frage-   entwickeln
bögen und Interview-Leitfäden«, S. 59). Wichtig ist natürlich,

dass Sie sich später während des Interviews auch an dieses Frageschema halten.

Frage Was spricht für Interviews?

Antwort + Verständlichkeit: Der anwesende Interviewer kann Verständnisfragen sofort beantworten und Missverständnisse klären.

+ Emotionen einbeziehen: In qualitativen Interviews kann man auch die Stimmung und sehr persönliche Wahrnehmungen der Befragten erfassen und Gefühlsäußerungen aufnehmen. Individuelle Gewohnheiten und persönliche Vorlieben werden in offenen Interviews eher beschrieben als in zugesandten Fragebögen. Qualitative Interviews spielen daher in der Marktforschung und in vielen Marketing-Prozessen eine wichtige Rolle.

+ Gesprächsauslöser: Während des Interviews können Sie Produkte und andere Reizobjekte einsetzen, um den Befragten den Bezug zum Thema zu erleichtern und um originelle Beiträge auszulösen.

+ Reliabilität: Durch feste Interviewleitfäden, die geschlossene Fragen (Ja-/Nein-Antworten) enthalten und Fragen mit vorgegebenen Antwortalternativen (*Multiple-Choice*) können Sie eine Vergleichbarkeit der Ergebnisse herstellen. Audioprotokolle verbessern zusätzlich die Reliabilität (siehe »Reliabilität«, S. 22).

Frage Was spricht gegen Interviews?

Antwort − Beeinflussung: Durch die Anwesenheit des Interviewers können die Befragten beeinflusst werden.

− Aufwand: Die Auswertung von Interviews erfordert gewöhnlich einen höheren Aufwand als die Auswertung einer schriftlichen Befragung.

− Mangelnde Vergleichbarkeit bei offenen Interviews: Je offener Interviews durchgeführt werden (ohne Leitfaden, spontane Fragen), umso geringer ist die Vergleichbarkeit der Ergebnisse. Offene Interviews eröffnen große Interpretationsspielräume, die einen ungünstigen Einfluss auf die Auswertungsobjektivität haben.

Was Menschen denken und was sie sagen, ist häufig nicht das Gleiche. Was Menschen sagen und wie sie sich tatsächlich verhalten, ebenfalls nicht. Deshalb ist die Zuverlässigkeit der Ergebnisse bei schriftlichen und mündlichen Befragungen eingeschränkt. Damit Ihre Befragungen hinreichend reliabel sind, können Sie aber **Kontrollfragen** einbauen. Dies bedeutet, dass Sie eine Frage mit vergleichbarem Inhalt zu einem späteren Zeitpunkt im Interview zusätzlich stellen. Oder sie wiederholen die gleiche Frage im Laufe des Interviews und vergleichen später (beim Abhören des Audioprotokolls) die Antworten.

Außerdem können Sie die Zuverlässigkeit Ihrer Ergebnisse erhöhen, wenn Sie Ihre **Befragung mit weiteren Methoden kombinieren** (z. B. kontrollierte »Beobachtung«, S. 64).

5.3 Fragebögen und Interview-Leitfäden ***

Wer einen Fragebogen oder einen Interview-Leitfaden erstellt, der muss geeignete Fragetypen auswählen und auch jeweils die richtige Formulierung finden. Wichtig ist es, sich dabei in die Rolle des Befragten zu versetzen. Selbst die Reihenfolge, in der die Fragen gestellt werden, hat einen Einfluss auf die Beantwortung.

Worauf sollte man achten, wenn man einen guten Fragebogen oder Interview-Leitfaden erstellen will?

Fragen geben Antwortmöglichkeiten vor

- ▦ Es kommt darauf an, dass Sie die *richtigen* Fragen stellen: Wählen Sie den richtigen Fragetyp!
- ☐ Wählen Sie eine *offene* Frage, wenn Sie den Befragten einen großen Antwort-Spielraum ermöglichen wollen. Offene Fragen beginnen zum Beispiel mit:
  »Wie möchten Sie ...?«
  »Woran kann es liegen, dass ...?«
  »Was halten Sie von ...?«
- ☐ Stellen Sie eine *geschlossene* Frage mit einer Ja-/Nein-Antwortmöglichkeit oder mehreren vorgegebenen Antwortalternativen, wenn Sie eine klare, vergleichbare Antwort wünschen.
- ▦ Es kommt darauf an, dass Sie die Fragen *richtig* stellen: Versuchen Sie bei der Frageformulierung herauszufinden, wie die Worte auf den Befragten wirken und welche Antworten zu erwarten sind.

Fragen richtig formulieren

Beispiele

○ Frage 1: »Haben Sie Weiterbildungskurse im letzten Jahr besucht?« Dies ist eine geschlossene Frage. Hier gewinnen Sie die Antworten »Ja« oder »Nein«.

○ Frage 2: »Wie viele Weiterbildungskurse haben Sie im letzten Jahr besucht?« Dies ist ebenfalls eine geschlossene Frage. Hier gewinnen Sie Zahlen, die Sie später vergleichen können. Diese Frage könnte auf Frage 1 folgen.

○ Frage 3: »Wie groß ist Ihr Interesse an Weiterbildungskursen?« Hier gewinnen Sie Antworten wie: »Sehr groß.« »Weiß nicht, jedenfalls größer als das meiner Kollegen.« »So groß wie der Mount Everest.« Es ist *keine* gute Frage. Wie sollen die Befragten die Größe ausdrücken? Wie wollen Sie die Beiträge vergleichen und auswerten?

Im Prinzip können Sie hier natürlich auch ein Profil erstellen (»sehr groß«, »groß«, »mittel«, »gering«, »kein Interesse«) und die Befragten bitten, sich einzuordnen. Aber Achtung: Es ist unklar, was z. B. mehrere Befragte unter einem mittelgroßen Interesse an Weiterbildungskursen verstehen. Um so schlimmer, wenn sich auch noch die meisten Befragten hier einordnen! Der Informationsgehalt ist gering – eine verschenkte Frage für Ihre Auswertung. Fragen Sie also konkreter.

○ Frage 4: »Welche Vorteile hat der Besuch von Weiterbildungskursen?« Dies ist eine offene Frage, auf die Sie vermutlich äußerst viele und sehr unterschiedliche Antworten erhalten. Häufig ist es besser, für die Themenstellung relevante Antwortmöglichkeiten in einem Fragebogen vorzugeben. Dies funktioniert allerdings nur, wenn Sie die Beschränkung auf die vorgegebenen Antwortmöglichkeiten auch begründen.

○ Frage 5: »Wer sich weiterbildet, gehört zu den Gewinnern. Besuchen Sie Weiterbildungskurse?« Diese Frage ist suggestiv. Wer mag sich zu den Verlierern zählen?

○ Frage 6: »Welchen persönlichen Nutzen ziehen Sie aus dem Besuch von Weiterbildungskursen?« Diese Frage ist besser als Frage 4. Zu Frage 4 können Ihnen die Befragten unüberschaubar viele Antworten geben. Dabei müssen die Antworten nicht unbedingt etwas mit den Befragten zu tun haben. Denn Frage 4 ist so allgemein formuliert, dass alles angeführt werden kann, was irgendwie vorteilhaft erscheint. Frage 6 dagegen ist viel konkreter formuliert. Sie erfassen hier den für die Befragten spürbaren, tatsächlich vorhandenen Nutzen. Die Antworten können Sie sammeln, strukturieren, als *Mind Map* (siehe »Exkurs: Mind Maps «, S. 148) oder Tabelle visualisieren und ggf. Ihre Argumentation in den nachfolgenden Arbeitsschritten darauf aufbauen.

- Formulieren Sie Ihre Fragen so *verständlich* wie möglich:
- ☐ Prüfen Sie Ihre Fragen vor dem Interview aus der **Sicht der Befragten**: Sind die Fragen wirklich optimal verständlich? Werden Mehrdeutigkeiten vermieden und Negationen, die zu Missverständnissen führen können? Was lösen Ihre Fragen aus?
- ☐ Wichtig ist es, dass Sie bei der Frageformulierung das **Sprachniveau** der Befragten und das Vorwissen berücksichtigen. Wählen Sie einen angemessenen **Schwierigkeitsgrad**. Die Fragen dürfen die Interview-Teilnehmer nicht überfordern, sollen aber auch nicht so einfach sein, dass sie die Lust lähmen, eine Antwort zu geben. Beachten Sie: Schwierige Fragen erfordern oft zusätzliche **Kontrollfragen** (an anderer Stelle gleiche Fragen, inhaltlich vergleichbare Fragen und Fragen, die das zuvor Behauptete überprüfen).
- ☐ Schließlich können Sie gezielt **an die Erfahrungs- und Denkwelten der Befragten anknüpfen,** um ihnen die Bedeutung Ihrer Fragen nahezubringen und zugleich die Motivation, Antworten zu liefern, zu erhöhen.
- Die Reihenfolge der Fragen beachten: Berücksichtigen Sie, dass die bereits gegebenen Antworten Auswirkungen auf die Beantwortung der nachfolgenden Fragen haben. Prüfen Sie deshalb sorgfältig, in welcher Reihenfolge Sie die Fragen stellen.

Teilnehmern das Antworten erleichtern

Denkprozess steuern

Die Verständlichkeit und Brauchbarkeit Ihres Fragebogens oder Interview-Leitfadens können Sie vor der Befragung/dem Interview mit Hilfe von Testpersonen prüfen. Nach einem solchen *Pretest* wissen Sie, welche Änderungen noch nötig sind, damit Ihr Fragebogen/Ihr Interview-

Tipp

Leitfaden bei der Befragung funktioniert und verwertbare
Ergebnisse liefert.

5.4 Gruppendiskussion ***

Mit Hilfe einer Gruppendiskussion kann man Informationen über eine Zielgruppe gewinnen und das Problemfeld erkunden. Während des Gesprächs zeigen sich auch gruppendynamische Effekte, die zu Erkenntnissen über den Untersuchungsbereich führen.

Die Gruppendiskussion liefert keine mengen- oder größenbezogenen Messdaten, sondern *qualitative* Ergebnisse. Sie ist ein gutes Verfahren,

- um eine Zielgruppe auf eine Untersuchung einzustimmen,
- um erste Informationen über die Einstellungen und Interessen von Betroffenen im Hinblick auf Ihr wissenschaftliches Thema zu sammeln und
- um (neben anderen Untersuchungsverfahren) zusätzliche Informationen über eine Zielgruppe zu gewinnen.

Sorgen Sie vorab dafür, dass die richtigen **Teilnehmer** an der Diskussion beteiligt werden. Überlegen Sie bei der Vorbereitung sorgfältig, wie das **Thema** der Diskussion lauten soll. Formulieren Sie **Leitfragen**, die Gespräche auslösen und die Diskussion auf Trab halten.

Während der Gruppendiskussion können Sie **das Gespräch moderieren. Visualisieren Sie dabei die Ergebnisse** der Diskussion auf einem Pinwand-Plakat (z. B. als *Mind Map* oder als Metaplan-Kartenabfrage).

Nach der Diskussion werten Sie die gewonnenen Ergebnisse aus. Häufig lassen sich dabei **Schlüsselfragen ableiten**, deren Beantwortung nötig ist, um zur gesuchten Lösung zu gelangen.

Frage Was spricht für eine Gruppendiskussion als wissenschaftliche Methode?

Antwort + Grundlegende Informationen: Gut geeignet zur Problemfeld-Erkundung.

+ Beobachtung von Gruppenprozessen: Abhängigkeiten werden sichtbar. Die gegenseitige Beeinflussung bei der Meinungsbildung, Orientierungsmuster und Deutungsrahmen der Gruppenmitglieder zeigen sich. Die Rollenverteilung und die Kommunikationswege treten zu Tage (Wer fragt immer wen? Wer liefert meistens die Antworten? ...). Auch Strategien der Konfliktbewältigung treten hervor. Es geht hier also weniger um die Erfassung individueller Meinungen (wie bei der Befragung), sondern eher um das Erkennen von Gruppeneffekten in einem Prozess der Meinungsbildung.
+ Kombinierbar: Gut geeignet als Ergänzung zu anderen Methoden (Teilnehmende »Beobachtung«, S. 64, schriftliche »Befragung«, S. 55, »Interview«, S. 57).
+ Verbesserbare Reliabilität: Durch eine starke Strukturierung des Gesprächsverlaufs und die Kombination der Gruppendiskussion mit anderen Methoden können Sie eine höhere Reliabilität erzielen. Außerdem können Sie die Auswertung der Ergebnisse erleichtern, indem Sie die Diskussion per Audio oder Video aufzeichnen.

Was spricht gegen eine Gruppendiskussion? Frage

– Mangelnde Repräsentativität: Die Ergebnisse sind nicht repräsentativ. Antwort
– Ungleiche Beteiligung: Die einzelnen Gruppenmitglieder beteiligen sich in unterschiedlichem Ausmaß.
– Schweiger: Verhalten der »Schweiger« kann fehlinterpretiert werden.
– Abhängigkeiten: Beiträge hängen vom Verlauf der Diskussion und von der Gruppenzusammensetzung ab.
– Beeinflussung: Die Befragten orientieren sich in ihren Antworten daran, was andere gerade gesagt haben.

Eine Gruppendiskussion kann man auch *online* durchführen! Auch hier benötigen Sie einen Moderator, der Anreize für das Gespräch liefert und die Diskussion neutral und zielgerichet steuert. Tipp

5.5 Beobachtung ***

Freie, teilnehmende Beobachtungen sind nützlich, um erste Daten über ein Problemfeld zu gewinnen. Wer Beobachtungen unter kontrollierten Bedingungen durchführt, kann seine Annahmen und Hypothesen mit Hilfe der Methode auch falsifizieren oder verifizieren.

Die freie, teilnehmende Beobachtung

Beispiel

Sie wollen herausfinden, wie Mitarbeiter in einem Unternehmen eine Software handhaben. Sie gehen hin, stellen sich vor und beobachten, was passiert. Wie wird sich Ihre Anwesenheit auf das Verhalten der Mitarbeiter und die Ergebnisse auswirken und welche Daten werden Sie auswerten?

Freiheitsgrade der Beobachtung

Eines steht fest: Eine freie Beobachtung, an der Sie selbst teilnehmen, ist **nicht sehr objektiv.** Das Verhalten der beobachteten Personen wird durch Ihre Anwesenheit beeinflusst. Die beobachteten Personen verhalten sich dann häufig, wie sie glauben, dass man es von ihnen erwartet. Außerdem reagieren sie auf die Aktionen des Beobachters.

Hinzu kommt, dass die Beobachtungsergebnisse bei der Interpretation leicht durch die persönliche »Beobachtungsbrille« gefärbt werden.

Beobachtung unter kontrollierten Bedingungen

Oft ist es besser, Beobachtungen unter kontrollierten Bedingungen von mehreren Personen ausführen zu lassen. Um kontrollierte Bedingungen herzustellen, müssen Sie zunächst **analysieren, was Sie zuverlässig beobachten können.** Dabei stellen sich folgende Fragen:

Beobachtungskriterien bestimmen

1 Welche beobachtbaren Verhaltensweisen sind konstant und wiederkehrend?
2 Welche Verhaltensmuster sind überschaubar und exakt beschreibbar?

Anschließend kann man die zentralen Beobachtungskriterien definieren. Indikatoren für das zu beobachtende Verhalten werden abgeleitet, beschrieben und begründet.

Es bewährt sich, ein **Beobachtungsschema** zu erstellen, das die **Beurteilungskriterien** verbindlich vorgibt. Die Brauchbarkeit der Kriterien und Indikatoren kann man in einem Testlauf vor der Untersuchung prüfen *(Pretest)*. Während der Untersuchung erleichtert das Beobachtungsschema die Protokollierung relevanter Verhaltensweisen.

Beobachtungs-
schema
erstellen

Was spricht für Beobachtungen?

Frage

+ Grundlegende Arbeitsweise: Viele Abläufe und die Besonderheiten vieler Prozesse kann man nur durch Beobachtung erkennen. Zudem gehört die Beobachtung zu den grundlegenden Lernstrategien des Menschen (Lernen am Modell).

Antwort

+ Verbesserbare Reliabilität: Die Reliabilität einer Beobachtung kann man durch kontrollierte Bedingungen verbessern (mehrere Beobachter, deren Anwesenheit nicht bemerkt wird, klare Beobachtungskriterien, Beobachter-Leitfäden und -Schulungen, Beobachtungsintervalle und die Dokumentation durch Videoaufnahmen).

+ Quantifizierbarkeit: Bei kontrollierten Beobachtungen können Beobachtungsbestandteile auch quantifiziert werden. Wer leistet wie viele Beiträge? Wer spricht wie oft wen an? Wie viel Zeit und wie viele Handgriffe benötigen die Mitarbeiter für bestimmte Arbeitsabläufe?

+ Kombinierbar: Beobachtungen kann man ergänzend zu anderen Methoden einsetzen (z. B. eine Video-Beobachtung zu einem Interview).

Was spricht gegen Beobachtungen?

Frage

− Probleme bei der Objektivität (siehe »Objektivität«, S. 13) und der Reliabilität (siehe »Reliabilität«, S. 22): Freien Beobachtungen mangelt es an Objektivität und Reliabilität.

Antwort

− Aufwand: Hoher Aufwand bei kontrollierten Beobachtungen (Zeit, Beobachterschulungen, Datencodierung).

− Beeinflussbarkeit: Teilnehmende Beobachter gliedern sich leicht in die zu beobachtende Situation ein und übernehmen, je länger sie beteiligt sind, zunehmend die Sichtweisen, selektiven Wahrnehmungen und Deutungsmuster ihrer beobachteten Personen. Um dies zu vermeiden, können sich mehrere Beobachter die Arbeit teilen.

Eine besonders wichtige, kontrollierte Form der Beobachtung ist das Experiment (siehe »Experiment«, S. 66).

5.6 Experiment ***

Ein Experiment ist ein grundlegendes wissenschaftliches Verfahren. Es gibt Feldexperimente und Laborexperimente. Unter vollständig kontrollierten Bedingungen im Laborexperiment kann man einen hohen Grad an Objektivität, Validität und Reliabilität erreichen und exakte, aussagekräftige Messergebnisse erzielen.

Varianten

Ein Experiment kann man als **Feldexperiment** (in der natürlichen Situation, auch Störfaktoren ausgesetzt) oder als **Laborexperiment** (vollständig kontrollierte, geschützte Situation) durchführen.

Auch beim Experiment steht am Anfang eine zentrale Fragestellung. Es folgt die Erkundung des Problemfelds und die Ableitung von Arbeitshypothesen. Zur Überprüfung der **Hypothesen** werden Experimente durchgeführt.

Auswirkungen prüfen & erproben

Es können Experimente sein, die in erster Linie an **Apparaturen** stattfinden. Bei kontrollierten Laborexperimenten werden unabhängige und abhängige Variablen bestimmt. Man verändert unabhängige Variablen und misst die Auswirkungen auf die abhängigen Variablen. In diesem Rahmen kann man auch noch nicht beobachtete Vorgänge erzeugen und messen.

Testpersonen & Kontrollgruppen

Wenn Sie Menschen in die Untersuchung einbeziehen wollen, müssen Sie **Testpersonen** finden und gegebenenfalls auch **Kontrollgruppen** einrichten. Wenn Sie Experimente im Rahmen einer **empirischen Untersuchung** durchführen, müssen Sie repräsentative Personengruppen finden und natürlich auch den erforderlichen Stichprobenumfang ermitteln!

Die **Messbarkeit** der Ergebnisse, die **Wiederholbarkeit** und **Überprüfbarkeit** der Experimente sind wesentliche Qualitätskriterien des Verfahrens. Das Experiment ist eine grundlegende wissenschaftliche Methode.

In den Naturwissenschaften haben Experimente oft *kausale Ausrichtungen*: Ursache-Wirkungs-Zusammenhänge werden erforscht. In den Ingenieurwissenschaften haben Experimente oft *finale Ausrichtungen*. Gefragt wird: Welche Mittel sollte man einsetzen, um bestimmte Ziele zu erreichen?

Was spricht für Experimente?   Frage

+ Reliabilität: Mehrere Versuchsleiter, Kontrollgruppen   Antwort
und die Wiederholung der Experimente sorgen für eine
hohe Reliabilität.

+ Objektivität und Validität: Unter vollständig kontrollierten Bedingungen im Laborexperiment kann man einen hohen Grad an Objektivität, Validität und Reliabilität erreichen und exakte, aussagekräftige Messergebnisse erzielen.

+ Nutzbarkeit der Ergebnisse: Sowohl gelungene als auch misslungene Experimente werden genau dokumentiert. Unter geänderten Bedingungen und unter Einbezug neuen Wissens können sie zu einem späteren Zeitpunkt wiederholt werden, so dass man auf der Basis des vorhandenen Datenmaterials zu neuen Erkenntnissen gelangt.

Was spricht gegen Experimente?   Frage

− Aufwand: Hoher Aufwand.   Antwort
− Mehrere Versuchsleiter nötig: Bei nur einem Versuchsleiter kann es zur Beeinflussung der Ergebnisse kommen.
− Laborbedingungen: Laborbedingungen entsprechen nicht unbedingt der tatsächlichen Situation.
− Validitätsproblem: Menschen verhalten sich in Versuchssituationen anders als in der Realität.

1924 und 1932 wurden in Chicago (USA) in der Hawthorne-Fabrik der Western Electric Company Experimente zur Untersuchung der menschlichen Arbeitsleistung durchgeführt. Geprüft werden sollte, welchen Einfluss die Verbesserung der Lichtverhältnisse in den Arbeitsräumen auf die Arbeitsleistung der Mitarbeiter haben würde. Es stellte sich heraus, dass sich die Arbeitsleistungen tatsächlich verbesserten, in den Versuchsgruppen und erstaunlicherweise auch in den Kontrollgruppen, obgleich in deren Räumen gar keine Veränderung der Lichtverhältnisse stattgefunden hatte. Mehrere Prüfphasen führten zu den gleichen Ergebnissen. So zeigte sich, dass offensichtlich schon die Aufmerksamkeit und die Wertschätzung, wel-   Beispiel: Hawthorne-Effekt che die Mitarbeiter im Rahmen der Experimente erhielten, zur Verbesserung der Arbeitsleistung führte.

5.7 Inhaltsanalyse ***

Ausgehend von zentralen Fragen, die im Rahmen einer wissenschaftlichen Arbeit beantwortet werden sollen, werden bei einer Inhaltsanalyse ausgewählte Texte detailliert untersucht. Dabei kann man Beiträge verschiedener Autoren vergleichen. Auch ein einzelner Text kann unter einem neuen Blickwinkel bearbeitet werden. Um die Reliabilität zu erhöhen, wird das Material codiert und am Computer ausgewertet.

Arbeitsschritte Eine Inhaltsanalyse umfasst folgende Arbeitsschritte:

1 Zu Beginn legen Sie fest, welches **Problem** Sie untersuchen wollen. Sie können es ggf. zerlegen. Dabei kristallisieren sich eine oder mehrere **zentrale Fragestellungen** heraus. Sie informieren sich in diesem Rahmen über den aktuellen Stand der Forschung, Sie formulieren Ihr **Erkenntnisinteresse** und bilden **Hypothesen**, die Sie in Ihrer Arbeit überprüfen wollen.

2 Dann legen Sie fest, welchen **Problembereich** Sie mit Hilfe der Inhaltsanalyse untersuchen. Sie wählen **geeignete Materialien** aus: Bücher, Zeitschriften, ggf. auch Audio-Berichte oder Filme.

3 Was wollen Sie erfassen? Welche Inhalte sind zur Beantwortung Ihrer Fragen relevant? Bilden Sie **Kategorien und Ausprägungen**. Diese Kategorien müssen Sie genau beschreiben und das Kategoriensystem in Ihrer Arbeit aufführen. Im Laufe der Inhaltsanalyse können Sie dann wichtige Textstellen den Kategorien zuordnen.

4 Anschließend folgt die **detaillierte Analyse der Inhalte**: Dabei können Sie die wichtigen **Textstellen codieren** (in ein Zeichensystem überführen). Sie weisen ausgewählten Elementen Zahlen oder Buchstaben-Codes zu. Diese Codes kann man in einer **Codierliste** aufführen. Man kann Texte in Analyse-Einheiten zerlegen und ggf. mehrere Personen an der Codierung beteiligen.

5 Zur **Auswertung der gewonnenen Daten** verwenden Sie am besten einen Computer. Erkundigen Sie sich, wel-

che **Software-Anwendungen** in Ihrem Arbeitsbereich für statistische Rechnungen zur Datenauswertung zur Verfügung stehen. Ein Beispiel im sozialwissenschaftlichen Bereich ist die Analyse-Software SPSS *(Statistical Product and Service Solutions)*. Aber auch Open-Source-Software ist hier gebräuchlich.

6 Schließlich können Sie die gewonnenen **Ergebnisse beschreiben und interpretieren.**

Was spricht für Inhaltsanalysen?   Frage

+ Viele Anwendungsbereiche: Texte zu wirtschaftlichen,   Antwort
   technischen oder sozialen Themen können mit Hilfe dieser Methode analysiert und beschrieben werden.
+ Überschaubarer Aufwand.
+ Zugang zum Material: Buchhandel, Bibliotheken, Archive usw.
+ Überprüfbarkeit: Jeder Schritt während der Inhaltsanalyse wird sorgfältig beschrieben und belegt.
+ Ergebnisse: Die Methode liefert quantitative und qualitative Ergebnisse. Quantitative Ergebnisse erzielen Sie, wenn Sie z. B. prüfen, wie häufig problemrelevante Wörter in speziellen Zusammenhängen vorkommen (Frequenzanalyse). Qualitative Ergebnisse erzielen Sie, wenn Sie z. B. Motive und Intentionen der Autoren zum Gegenstand der Analyse machen und schrittweise offenlegen.

Was spricht gegen Inhaltsanalysen?   Frage

− Mangel an Objektivität: Weitgehend subjektive Textaus-   Antwort
   wahl und Textinterpretation. Um eine höhere Aussagekraft der Ergebnisse zu erzielen, kann man zusätzliche Methoden einsetzen.

6 Exkurs 2: Methoden der Wirtschaftsinformatik ****

Als ein Beispiel, welche Methoden bei der Forschung in einem Wissenschaftsbereich eingesetzt werden, wird im Folgenden eine empirische Untersuchung zur Wirtschaftsinformatik vorgestellt [WiHe07]. Eine explorative Inhaltsanalyse von 296 referierten Artikeln der Zeitschrift »Wirtschaftsinformatik« im Zeitraum von 1996 bis 2006 ergab ein Methodenprofil, das die Tab. 6.0-1 zeigt.

Methode	Beschreibung
Formal-/ konzeptionell- & argumentativ-deduktive Analyse	Logisch-deduktives Schließen kann auf verschiedenen Formalisierungsstufen stattfinden: entweder im Rahmen mathematisch-formaler Modelle, in semiformalen Modellen (konzeptionell, z. B. Petri-Netze) oder rein sprachlich (argumentativ, z. B. die nichtformale Prinzipal-Agenten-Theorie).
Simulation	Sie bildet das Verhalten des zu untersuchenden Systems formal in einem Modell ab und stellt Umweltzustände durch bestimmte Belegungen der Modellparameter nach. Sowohl durch die Modellkonstruktion als auch durch die Beobachtung der endogenen Modellgrößen lassen sich Erkenntnisse gewinnen.
Referenzmodellierung	Erstellt induktiv oder deduktiv meist vereinfachte und optimierte Abbildungen (Idealkonzepte) von Systemen, um so bestehende Erkenntnisse zu vertiefen und daraus Gestaltungsvorlagen zu generieren.
Aktionsforschung	Es wird ein Praxisproblem durch einen gemischten Kreis aus Wissenschaft und Praxis gelöst. Hierbei werden mehrere Zyklen aus Analyse-, Aktions- und Evaluationsschritten durchlaufen, die jeweils gering strukturierte Instrumente wie Gruppendiskussionen oder Planspiele vorsehen.
Prototyping	Es wird eine Vorabversion eines Anwendungssystems entwickelt und evaluiert. Beide Schritte können neue Erkenntnisse generieren.

Methode	Beschreibung
Ethnographie	Möchte durch partizipierende Beobachtung Erkenntnisse generieren. Der Unterschied zur Fallstudie liegt in dem sehr hohen Umfang, in dem sich der Forscher in das untersuchte soziale Umfeld integriert. Eine objektive Distanz ist kaum vorhanden.
Fallstudie	Untersucht in der Regel komplexe, schwer abgrenzbare Phänomene in ihrem natürlichen Kontext. Sie stellt eine spezielle Form der qualitativ-empirischen Methodik dar, die wenige Merkmalsträger intensiv untersucht. Es steht entweder die möglichst objektive Untersuchung von Thesen (verhaltenswissenschaftilicher Zugang) oder die Interpretation von Verhaltensmustern als Phänotypen der von den Probanden konstruierten Realitäten (konstruktionsorientierter Zugang) im Mittelpunkt.
Grounded Theory	Die *Grounded Theory* (»gegenstandsverankerte Theoriebildung«) zielt auf die induktive Gewinnung neuer Theorien durch intensive Beobachtung des Untersuchungsgegenstandes im Feld. Die verschiedenen Vorgehensweisen zu Codierung und Auswertung der vorwiegend qualitativen Daten sind exakt spezifiziert.
Qualitative/ Quantitative Querschnittanalyse	Diese beiden Methoden fassen Erhebungstechniken wie Fragebögen, Interviews, Delphi-Methode, Inhaltsanalysen etc. zu zwei Aggregaten zusammen. Sie umfassen eine einmalige Erhebung über mehrere Individuen hinweg, die anschließend quantitativ oder qualitativ codiert und ausgewertet wird. Ergebnis ist ein Querschnittsbild über die Stichprobenteilnehmer hinweg, welches üblicherweise Rückschlüsse auf die Grundgesamtheit zulässt.
Labor-/Feldexperiment	Das Experiment untersucht Kausalzusammenhänge in kontrollierter Umgebung, indem eine Experimentalvariable auf wiederholbare Weise manipuliert und die Wirkung der Manipulation gemessen wird. Der Untersuchungsgegenstand wird entweder in seiner natürlichen Umgebung (im »Feld«) oder in künstlicher Umgebung (im »Labor«) untersucht, wodurch wesentlich die Möglichkeiten der Umgebungskontrolle beeinflusst werden.

Tab. 6.0-1: Methodenspektrum der Wirtschaftsinformatik.

Wie häufig die Methoden der Stichprobe eingesetzt werden, zeigt die Abb. 6.0-1.

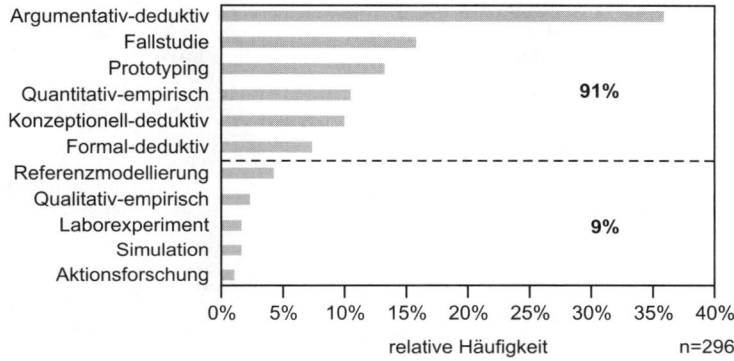

Abb. 6.0-1: Einsatzhäufigkeit der Methoden in der Stichprobe.

Die Abbildung zeigt, dass sechs Kernmethoden in der Wirtschaftsinformatik dominieren. Die Abb. 6.0-2 zeigt die Einordnung der Methoden in ein Portfolio.

Der rechte untere Quadrant zeigt deutlich, dass die Wirtschaftsinformatik ihren Schwerpunkt im konstruktiv-qualitativen Bereich hat.

Methoden angeben   Empfehlung
Wenn Sie eine wissenschaftliche Arbeit in der Wirtschaftsinformatik anfertigen, dann sollten Sie die eingesetzten Methoden kennen, sich bewusst für eine oder mehrere Methoden entscheiden und diese in Ihrer Arbeit auch benennen.

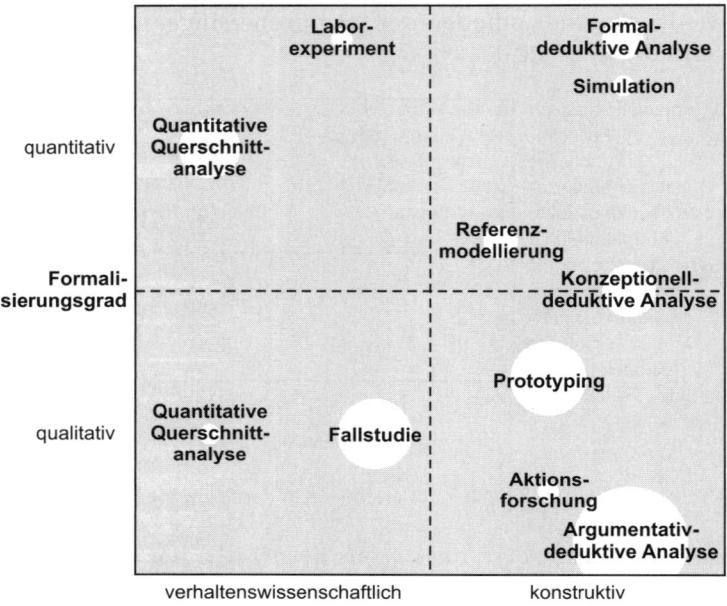

Abb. 6.0-2: Empirisch gestütztes Methodenprofil der Wirtschaftsinformatik.

7 Quellen recherchieren, bewerten und richtig zitieren *

Einer der ersten Schritte bei der Anfertigung einer wissenschaftlichen Arbeit ist die umfangreiche Literaturrecherche. Hierfür bieten sich zunächst Bibliotheken von Hochschulen ebenso an, wie die Recherche über moderne Medien wie das Internet. Sind potenziell verwertbare Quellen identifiziert, müssen diese noch beschafft und gesichtet werden.

Literatur-recherche

Zur Verwendung verwertbarer fremder Inhalte in eigenen Arbeiten ist auf die korrekte Einhaltung einer gewählten Zitierweise zu achten, um sich nicht des Vorwurfs des Diebstahls fremden Gedankenguts auszusetzen. Hierfür muss die Art des Zitats, also direktes, indirektes, fremdsprachliches, sekundäres Zitat und die Art der Lang- oder Kurzzitierweise berücksichtigt werden.

Zitierweise

Ebenfalls wichtig ist die Veröffentlichungsform, aus der das Zitat entnommen wurde. Hierbei wird zwischen Monografien, Fachzeitschriften, Sammelwerken, Internetquellen, Gesetzestexten und Urteilen, Konferenzbeiträgen und Herstellerinformationen unterschieden, um nur die wesentlichen Möglichkeiten zu nennen.

Veröffent-lichungs-formen

Die Veröffentlichungsart bestimmt Aufbau und Inhalt des Eintrags der Quelle im entsprechenden Literatur- und Quellenverzeichnis.

Literatur-verzeichnis

In diesem Kapitel werden folgende Themen behandelt:

- ▪ »Anforderungen an die Quellen«, S. 76
- ▪ »Materialsuche für wissenschaftliche Arbeiten«, S. 86
- ▪ »Zitieren fremder Quellen«, S. 95
- ▪ »Kurzzitierweisen«, S. 113
- ▪ »Quellenangaben im Literatur- und Quellenverzeichnis«, S. 120 (im Anhang)
- ▪ »Arten der Veröffentlichung«, S. 125
- ▪ »Tabellen zur Zitierweise«, S. 331

7.1   Anforderungen an die Quellen *

Nicht alle Quellen eignen sich für die Verwendung in wissenschaftlichen Arbeiten. So kommt es bei der Verwendung vor allem auf die Zitierfähigkeit und Zitierwürdigkeit eines Dokuments an. Auch darf in den meisten Fällen nur aus primären Quellen zitiert werden. Das Zitieren aus sekundären Quellen ist nur in ganz bestimmten Ausnahmefällen erlaubt.

Eine wesentliche Herausforderung für Sie als Autor einer wissenschaftlichen Arbeit ist die Sichtung, Auswahl und Verwertung der Materialien, welche in der zu erstellenden Arbeit verwendet werden sollen.

Anforderungen an die Quellen

An Quellen werden im wissenschaftlichen Bereich einige Anforderungen gestellt, welche die Frage nach der Verwertbarkeit für eine wissenschaftliche Arbeit wesentlich beeinflussen können.

Zitierfähigkeit

[Thei06] nennt drei wesentliche Aspekte für die Zitierfähigkeit von Quellen:

Zitierfähigkeit von Quellen

1   Eine Quelle muss veröffentlicht worden sein.
2   Die Quelle muss nachvollziehbar sein.
3   Das Material muss kontrollierbar sein.

Diese Forderungen und ihre Bedeutung für die Verwendbarkeit von fremden Quellen werden im weiteren Verlauf ausführlicher betrachtet.

Veröffentlichung

Publikation durch einen Verlag

Zitierfähig sind ausschließlich veröffentlichte Werke. Unter einer Veröffentlichung wird im Allgemeinen verstanden, dass eine Schrift der Öffentlichkeit zugänglich gemacht wird. Dies wird bei traditionellen Werken in der Regel durch das Publizieren eines Verlages erreicht, welcher die Verwertungsrechte vom Autor erwirbt und sich fortan um Produktion, Marketing und Vertrieb des Werkes bemüht.

eigene Publikation

Eine Veröffentlichung kann jedoch auch im sog. »Selbstverlag«, also ohne Einbeziehung eines Verlegers, erfolgen. Hierbei gibt der Autor eine begrenzte Stückzahl von zumeist wenigen Exemplaren seines Werkes bei einer Druckerei in Auftrag, deren Auflage er selbst finanziert und auch Marketing und Vertrieb seines Werkes persönlich übernimmt. Aufgaben, welche traditionell einem Verlag zufallen. Zusatzdienstleistungen, wie die Vergabe einer ISBN (Internationale Standardbuchnummer) und die Auflistung beim Buch-Großhandel, gehören ebenfalls zum (zu bezahlenden) Repertoire entsprechender Anbieter.

Möglich und insbesondere bei geringer erwarteter Nachfrage oftmals günstiger, kann auch eine Veröffentlichung eines Werkes als *Book-on-Demand* sein. Dabei wird das eigentliche Produkt (das Buch) erst nach Bestellung durch einen Käufer produziert und versandt. Hierbei setzt sich der Selbstverleger einem geringeren Risiko aus, auf produzierten Büchern »sitzen zu bleiben«, was jedoch deutlich höhere Stückkosten im Vergleich zu einer großen Auflage bedeuten kann. *Book-on-Demand*

Aus der Anforderung nach Veröffentlichung ergibt sich, dass Diplomarbeiten sowie Bachelor- und Masterarbeiten nicht generell zitiert werden dürfen, da diese üblicherweise nicht veröffentlicht werden. Ähnliches gilt für Skripte von Dozenten. Auch wenn diese an der Hochschule zur Verfügung gestellt werden, erfüllen sie die Anforderung an eine Veröffentlichung nicht (siehe »Graue Literatur«, S. 137). Hinweis

Identifizierbarkeit

Erfüllt eine Quelle die Anforderungen an eine Veröffentlichung, so muss sie auch eindeutig identifizierbar sein. Die Identifizierbarkeit ist in der Regel durch Kenntnis der Informationen über Autor, Titel, Verlag, Ort und Zeitpunkt der Veröffentlichung und auch einer ISBN gegeben. Anforderungen

Auf die Informationen, welche erforderlich sind, um eine Quelle eindeutig zu identifizieren, muss darüber hinaus an jeder Stelle eines wissenschaftlichen Artefakts, an der fremde Inhalte verarbeitet oder verwendet wurden, verwiesen werden. Quellenverweis

Die Angaben, welche zur eindeutigen Identifikation einer Quelle erforderlich sind, werden im Literatur- und Quellenverzeichnis eines wissenschaftlichen Artefakts aufgeführt. Literatur- & Quellenverzeichnis

Hinweis

Das Fehlen von Angaben zu einer Quelle, beispielsweise des Autors oder des Erscheinungsjahrs, führen *nicht* automatisch zu einer mangelnden Zitierfähigkeit. So kann auch ein unbekannter Autor zitiert werden, dessen Werk die Anforderungen an Zitierwürdigkeit erfüllt, dessen Name aber nicht überliefert ist. Wichtig ist in diesem Fall, soviel Angaben zu machen, wie erforderlich sind, um die Quelle dennoch eindeutig identifizieren zu können.

Kontrollierbarkeit

Vergleich mit dem Original

Quellen, welche in einer wissenschaftlichen Arbeit Verwendung finden, müssen kontrolliert werden können. Neben der eindeutigen Identifikation muss der Leser also auch die Möglichkeit haben, die zitierten Inhalte mit der Originalquelle vergleichen zu können.

Beschaffung der Originale

Das bedeutet nicht, dass die verwendeten Originale als Anhang der eigenen Arbeit beizufügen sind, aber ein Leser muss sich diese Werke zumindest beschaffen und einsehen können. Dies geschieht in den meisten Fällen über den Besuch einer Bibliothek oder die Nutzung anderer Angebote, wie beispielsweise der Fernleihe.

Deutsche Nationalbibliothek

Für vergriffene Auflagen eines Werkes gibt es in vielen Ländern Nationalbibliotheken, die den Fortbestand der im jeweiligen Einflussgebiet veröffentlichten Literatur bewahren. Die Deutsche Nationalbibliothek in Frankfurt am Main und Leipzig erhält laut Gesetz von jeder Veröffentlichung zwei Pflichtexemplare, die sie katalogisiert und archiviert. Dort sind auch ansonsten schwer zu beschaffende Werke aus dem deutschen Sprachraum einsehbar.

elektronische Dokumente

Die Kontrollierbarkeit einer Quelle stellt jedoch besondere Herausforderungen an elektronische Dokumente, da sich diese jederzeit ändern können, einer beschränkten zeitlichen Verfügbarkeit unterliegen können und auch das Wiederfinden der Dokumente durch veränderte **URLs** nicht auf Dauer gewährleistet ist.

Kontrollierbarkeit von Internet-Quellen

Eine den Nationalbibliotheken der Länder vergleichbare Institution für Internetquellen gibt es (noch) nicht. Das bedeutet letztlich, dass der Autor, welcher eine Internetquelle zitiert, für die Kontrollierbarkeit der gegebenen Informationen Sorge zu tragen hat.

Dies kann durch Archivierung der für ein wissenschaftliches Artefakt genutzten fremden Inhalte in elektronischer Form und Bereitstellung auf Nachfrage ermöglicht werden. Bei prüfungsrelevanten Arbeiten wird dies insbesondere den Betreuer betreffen. So ist denkbar, die verwendeten Dokumente gleich bei Abgabe der Arbeit auf einem Datenträger, z. B. einer CD-ROM, mit einzureichen.

Archivierung digitaler Medien

Die Archivierung von einfachen Webseiten kann auch durch das Erzeugen eines PDF-Dokuments oder einen *Screenshot* erreicht werden, welche im Anhang der Arbeit untergebracht werden können und so zum festen Bestandteil der Arbeit werden.

Anhang der Arbeit

Stellen Sie in jedem Fall die Kontrollierbarkeit von elektronischen Quellen aus dem Internet oder anderen Medien sicher. Ansonsten können im ungünstigsten Fall Teile Ihrer Arbeit und Argumentation nicht nachvollzogen werden, was schwere Konsequenzen für die Bewertung Ihrer Arbeit nach sich ziehen kann!

Empfehlung

Zitierwürdigkeit

Ist die Zitierfähigkeit einer Quelle gegeben, so muss auch deren Zitierwürdigkeit untersucht werden. Ein wesentlicher Aspekt bei der Frage nach der Zitierwürdigkeit ist die Betrachtung der entsprechenden Zielgruppe einer Veröffentlichung.

So kann zwischen Publikumsliteratur und Fachliteratur und bei letzterer zwischen wissenschaftlicher und nicht-wissenschaftlicher Fachliteratur unterschieden werden. Publikumsliteratur wie die Bild-Zeitung oder andere Tageszeitungen sind ebenso wenig zitierwürdig, wie nicht-wissenschaftliche Fachzeitschriften.

Publikums- & Fachliteratur

Auch wenn eine Quelle sich mit wissenschaftlichen Themen auseinandersetzt, ist sie dennoch nicht automatisch zitierwürdig, wenn sie sich vornehmlich an den wissenschaftlichen Laien richtet. Entsprechende Publikationen werden als populärwissenschaftlich bezeichnet und finden bei wissenschaftlichen Arbeiten *keine* Beachtung.

Anforderungen Im wissenschaftlichen Bereich werden an eine Veröffentlichung deutlich höhere Anforderungen gestellt. So wird üblicherweise die Publikation durch einen auf wissenschaftliche Fachbücher professionalisierten Verlag vorausgesetzt, welcher die Arbeiten zunächst im Rahmen eines *Peer-Review* von anderen Wissenschaftlern auf Korrektheit und Zuverlässigkeit prüfen lässt. Dieser Vorgang kann mit einer erheblichen Verzögerung der Publikation verbunden sein.

mangelnde Zitierwürdigkeit Quellen, welche diese Prozedur nicht durchlaufen haben, werden häufig als nicht zitierwürdig angesehen, das gilt insbesondere, wenn der Autor kein entsprechendes Renommee vorweisen kann und kein bekannter wissenschaftlicher Verlag hinter der Publikation steht.

Bücher im Eigenverlag oder Veröffentlichungen auf eigenen Webseiten sind daher besonders auf die Zitierwürdigkeit zu prüfen. Renommierte Autoren aus dem wissenschaftlichen Bereich oder Fachbereiche von Hochschulen veröffentlichen jedoch auch zuweilen in dieser Form und können durchaus als zitierfähig gelten!

Tipp Jedes zitierfähige Werk ist in einem weiteren Schritt auf seine Zitierwürdigkeit hin zu prüfen. Eine erste Einschätzung der Zitierwürdigkeit kann durch die äußeren Gegebenheiten (Autor, Verlag, Lektorat, *Peer-Review* etc.) vorgenommen werden, sollte jedoch in jedem Fall sorgfältig überprüft werden! Ein pauschales und vorschnelles Ausschließen der Zitierwürdigkeit auf Grund fehlender äußerer Eigenschaften ist ebenso unwissenschaftlich, wie das Zitieren aus nicht zitierwürdigen Werken.

Verwendung aus aktuellem Anlass Als zitierwürdig dürfen auch Publikationen angesehen werden, welche dem nicht-wissenschaftlichen Bereich zuzuordnen sind, sich eine Notwendigkeit des Zitierens jedoch aus aktuellem Anlass oder dem speziellem Inhalt ergibt. Dies gilt insbesondere, wenn entsprechende wissenschaftliche Fachliteratur zum behandelten Thema fehlt.

Beispiel Wenn eine neue Technologie in einem System eines kommerziellen Herstellers Anwendung findet, so kann über dieses Ereignis durchaus aus dem Pressebericht des Herstellers zitiert werden, auch wenn dieser selbst nicht wissenschaftlichen Anforderungen genügt.

Eine Ausnahme ist auch dann möglich, wenn die Publikationsform selbst Betrachtungsgegenstand der Arbeit ist. Wer eine »Untersuchung über die Lokalisierung fremdsprachlicher Fachbegriffe in Publikationen der Informationstechnologie« erarbeitet, kann darin auch eine Computer-Zeitung als Beispiel zitieren und untersuchen.

Publikations-form als Betrachtungs-gegenstand

Bei jeder fremden Quelle ist grundsätzlich die Notwendigkeit der Verwendung zu prüfen. Ist eine Quelle nachvollziehbar und sinnvoll für die eigene Arbeit anzusehen, so darf auch aus ihr zitiert werden.

Tipp

Primär- und Sekundärquellen

Bei der Auswahl der verwertbaren Quellen ist auch die Prüfung, ob es sich um eine primäre oder sekundäre Quelle handelt, erforderlich.

Primärquellen sind eigenständige wissenschaftliche Arbeiten, welche einen konkreten Betrachtungsgegenstand haben und zum Zeitpunkt der Veröffentlichung neue Erkenntnisse über diesen liefern.

Primärquellen

Wissenschaftliche Arbeiten, welche selbst eine Primärquelle als Gegenstand der Betrachtung haben, werden als Sekundärquellen bezeichnet. Bei einer Sekundärquelle werden die Inhalte einer anderen wissenschaftlichen Arbeit untersucht, wiedergegeben oder weiterverwendet.

Sekundär-quellen

Bei der Auswahl der Literatur für eine wissenschaftliche Arbeit ist es daher wichtig, sich auf Primärquellen zu fokussieren. Die Verwendung von Sekundärquellen ist grundsätzlich *nicht* erlaubt.

Wenn eine Arbeit des Autors Altmann in einer wissenschaftlichen Arbeit verwendet werden soll, dann ist es nicht ausreichend, dessen Erkenntnisse aus einem Buch des Autors Neumann zu übernehmen, da es sich dabei nur um eine sekundäre Weiterverarbeitung der Arbeit von

Beispiel

Altmann handelt. Es ist in diesem Fall die originale Primärliteratur zu verwenden.

Sekundärquellen als eigene Primärquellen

Eine Ausnahme von dieser Regel ist dann möglich, wenn eine Sekundärliteratur wesentliche neue Erkenntnisse über den Betrachtungsgegenstand einer Primärliteratur bringt, diesen aus einem anderen Blickwinkel betrachtet oder zu anderen Schlussfolgerungen als der Erstautor kommt. In diesem Fall wird die Sekundärliteratur wieder zu einer eigenständigen Primärquelle.

unverhältnismäßig großer Aufwand

Sekundäre Literatur darf auch in dem seltenen Fall verwendet werden, wenn die primäre Literatur nicht oder nur unter unverhältnismäßig großem Aufwand zu beschaffen ist.

nicht aus Abschlussarbeiten zitieren

Oftmals wird man als Betreuer mit der Frage konfrontiert, ob aus der Abschlussarbeit eines Dritten zitiert werden darf. Diese Frage ist in der Regel mit »Nein« zu beantworten, da Abschlussarbeiten regelmäßig die Anforderungen an Zitierfähigkeit und Zitierwürdigkeit nicht erfüllen. Im Gegensatz zu Dissertationen gibt es für Abschlussarbeiten keine Veröffentlichungspflicht, weshalb die Frage nach Veröffentlichung, Nachvollziehbarkeit und Kontrollierbarkeit für den Einzelfall geklärt werden müssen (siehe »Graue Literatur«, S. 137).

Da Abschlussarbeiten darüber hinaus üblicherweise nicht originär sind, also eine Form der Sekundärliteratur darstellen, ist auch die Zitierwürdigkeit in der Regel nicht gegeben.

Dissertationen

Bei der Anfertigung von Dissertationen werden Teilaspekte oft in Form von Diplom- oder Masterarbeiten untersucht. Der Promovend sollte sein Konzept in einem »Internen Papier« beschreiben und dieses interne Papier als Basis für die Diplom- oder Masterarbeit machen. In der Diplom- oder Masterarbeit muss dieses Papier dann referenziert werden. Umgekehrt muss die Diplom- oder Masterarbeit in der Dissertation aufgeführt werden.

Besondere Betrachtung elektronischer Quellen

In zunehmendem Maße muss zwischen traditionellen Werken, wie Büchern, Zeitschriften und Sammelwerken auf der einen und elektronischen Medien, wie Webseiten, PDFs und anderen digitalen Dokumentformaten auf der anderen Seite unterschieden werden.

Insbesondere beim Zitieren elektronischer Quellen haben sich noch keine allgemein gültigen Standards herausgebildet. Manche Dozenten raten von der Verwendung entsprechender Quellen eher ab oder lassen diese erst gar nicht für die Verarbeitung in wissenschaftlichen Artefakten zu.

Dabei wird häufig außer acht gelassen, dass die wesentlichen Voraussetzungen für die Zitierfähigkeit und Zitierwürdigkeit von Literatur durchaus auch von elektronischen Medien erfüllt werden können.

Zitierweise

Wesentlich für die Verwertbarkeit eines Dokuments ist nicht die Veröffentlichungsform, sondern der wissenschaftliche Wert der Veröffentlichung. Sind darüber hinaus die Anforderungen an Nachvollziehbarkeit und Kontrollierbarkeit der Quelle gegeben, so steht der Verwendung in eigenen Arbeiten nichts entgegen.

Tipp

Viele Abschlussarbeiten und Dissertationen werden heutzutage im Internet als Download zur Verfügung gestellt. Ist dieses Dokument öffentlich einsehbar, so kann die Frage nach der **Veröffentlichung** bejaht werden. Dadurch, dass digitale Dokumente in nahezu unbegrenztem Maß vervielfältigt werden können, ist ein über das Internet veröffentlichtes Dokument theoretisch mehr Nutzern zugänglich, als eine Publikation bei einem traditionellen Verlag in geringer Auflage.

Voraussetzungen

Die **Nachvollziehbarkeit** eines im Internet veröffentlichten elektronischen Dokuments ist über entsprechende Angaben zu Server, Pfad und Dokumentenname sicherzustellen. Ändert sich im Nachhinein die **URL** des Dokuments, z. B. durch einen neuen Domainnamen, so ist dieses nicht mehr nachvollziehbar und ohne Angabe einer neuen Internetadresse nicht mehr zitierfähig.

Die **Kontrollierbarkeit** eines im Internet veröffentlichten Objekts ist nur dann gegeben, wenn es noch auffindbar und einsehbar ist. Wichtig ist demnach, dass bei digitalen Medien die dauerhafte Erreichbarkeit sichergestellt werden kann, da die nur zeitweise Bereitstellung des Dokuments die Anforderungen an Nachvollziehbarkeit und Kontrollierbarkeit nicht erfüllt.

Verantwortung des Autors

Da die Verwendung nicht zitierfähiger Quellen dem Autor einer wissenschaftlichen Arbeit anzurechnen ist, dieser in der Regel jedoch keinen Einfluss auf die Erreichbarkeit elektronischer Dokumente hat, ist die Verwendung von Dokumenten aus dem Internet besonders zu prüfen. Hierbei ist insbesondere zu hinterfragen, wie dauerhaft die Informationen abrufbar sind.

Tipp

Unabhängig von der separat zu prüfenden Zitierwürdigkeit ist die dauerhafte Verfügbarkeit beispielsweise einer Diplomarbeit auf einer privaten Website durchaus fraglich und sollte vom Autor überdacht werden. Die Verwendung einer **DOI** (siehe »Internetquellen«, S. 129) kann hingegen einer Nachvollziehbarkeit des Dokuments auch über Jahre hinweg sicherstellen.

Skepsis gegenüber dem Internet

Manche Dozenten stehen dem Internet noch eher skeptisch gegenüber, nicht zuletzt, da die Qualität der verfügbaren Inhalte sehr stark variieren kann. Dies trifft jedoch auch auf traditionelle Veröffentlichungen zu, deren Qualität ebenfalls nicht durch das Vorhandensein eines gedruckten Einbands garantiert wird. Durch die Veröffentlichung bei einem renommierten Verlag und die vorherige Prüfung eines Lektors oder in Form des *Peer-Reviews* wird die Wahrscheinlichkeit für die enthaltene Qualität zwar erhöht, dies entbindet jedoch nicht von einer eigenständigen und sorgfältigen Prüfung.

Unterschied gedruckt vs. digital

Dabei sollte bedacht werden, dass der Unterschied zwischen einem gedruckten und einem elektronischen Dokument im Wesentlichen in der Präsentationsform und nicht zwangsläufig im Inhalt zu suchen ist. Darüber hinaus handelt es sich in diesem Zusammenhang bei dem Internet vornehmlich um ein Transportmedium. Der gewagte Vergleich, ein wissenschaftliches Werk pauschal als nicht zitierfähig oder -würdig zu bezeichnen, nur weil es einen vermeintlich falschen Einband trägt und der Transport nicht mittels Briefpost geschah, welche auch Publikumsliteratur befördert, erscheint in diesem Zusammenhang als absurd.

Die Verwendung von Internetquellen polarisiert die wissenschaftliche Gemeinschaft. Informieren Sie sich vor der Verwendung in eigenen Arbeiten bei Ihrem Betreuer, wie er zu dieser Art der Informationsquelle steht.

Tipp

Keine Beschränkung auf eine Veröffentlichungsform

Bei der Quellenrecherche und späteren Verwendung in eigenen Arbeiten sollte stets bedacht werden, dass für eine umfassende Darstellung des aktuellen wissenschaftlichen Stands die Beschränkung auf eine einzige Quellenart nicht empfehlenswert ist.

Eine Arbeit, deren Quellenverweise ausschließlich auf Internetquellen referenzieren ist ebenso fraglich, wie eine ausschließliche Verwendung von traditionellen Veröffentlichungen ohne die Einbindung aktuellster wissenschaftlicher Erkenntnisse, welche oftmals nur durch die Recherche im Internet oder das Lesen von wissenschaftlichen Fachzeitschriften ermöglicht werden kann.

Beschränken Sie sich nicht auf die Verwendung nur einer oder weniger Veröffentlichungsformen. Verwenden Sie ein ausgewogenes Verhältnis von Monografien, Sammelwerken, Artikeln in Fachzeitschriften und von Internetquellen. Vermeiden Sie insbesondere eine ausschließliche Beschränkung auf elektronische Medien, da zum jetzigen Zeitpunkt nicht davon ausgegangen werden kann, dass das vollständige Spektrum der Wissenschaft in elektronischer Form verfügbar ist!

Tipp

Forschungsergebnisse können ohne zeitliche Verzögerung im Internet veröffentlicht werden. Die Veröffentlichung in Fachzeitschriften dauert bereits Monate, in Büchern noch länger. Mit der Qualität und der Verlässlichkeit der Informationen verhält es sich jedoch oftmals umgekehrt: je schneller die Informationen veröffentlicht werden, umso weniger verlässlich sind sie.

Verlässlichkeit & Aktualität

Verwenden Sie vornehmlich Monografien für grundlegende und gefestigte Erkenntnisse, Artikel aus Fachzeit-

Tipp

schriften für aktuelle wissenschaftliche Erkenntnisse und Internetquellen für hochaktuelle Ergebnisse.

7.2 Materialsuche für wissenschaftliche Arbeiten *

Eine fundierte und umfassende Literaturbasis ist eine wesentliche Voraussetzung für die wissenschaftliche Arbeitsweise. Da entsprechende Quellen nicht immer bereits zur Verfügung stehen, müssen sie identifiziert und beschafft werden. Neben der traditionellen Möglichkeit, Literatur aus Bibliotheken zu entleihen, sind in den Zeiten des Internet auch eine Vielzahl weiterer Optionen, wie Suchmaschinen und Online-Kataloge, einsetzbar. Doch nicht jede Quelle ist für eine wissenschaftliche Arbeit geeignet. Insbesondere ist auf die besonderen Eigenschaften von Primärquellen zu achten.

Für die Auswahl und die Beschaffung geeigneter Literatur für wissenschaftliche Arbeiten gibt es eine Vielzahl von Möglichkeiten, von denen einige an dieser Stelle näher erläutert werden sollen. Die Abb. 7.2-1 zeigt die Möglichkeiten einer Materialsuche.

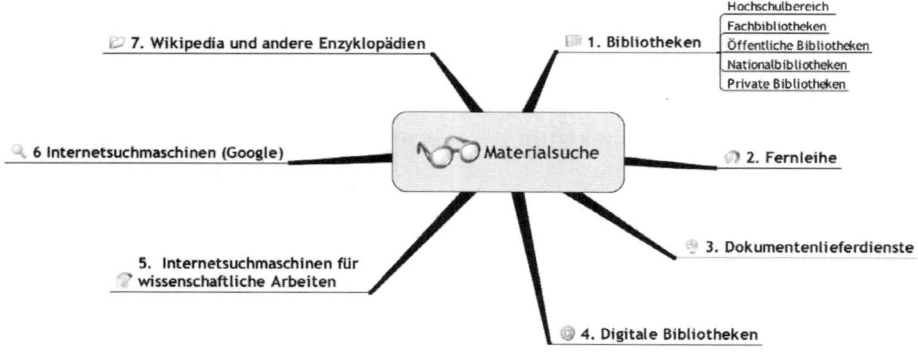

Abb. 7.2-1: Materialsuche für wissenschaftliche Arbeiten.

Bibliotheken

Bibliotheken bieten eine gute Möglichkeit zur Einsicht und Ausleihe von wissenschaftlicher Literatur zu allen Themenbereichen. Die wichtigsten Formen der Bibliotheken sind:

- Hochschulbibliotheken an Universitäten und Fachhochschulen,
- Fachbibliotheken in den jeweiligen Fachbereichen einer Hochschule,
- öffentliche Bibliotheken wie Stadtbüchereien und Jugendbibliotheken,
- Nationalbibliotheken, wie die Deutsche Nationalbibliothek (DNB) und
- private Bibliotheken, hierzu zählen Bibliotheken von Unternehmen und Institutionen.

Für das wissenschaftliche Arbeiten sind vornehmlich die wissenschaftlichen Bibliotheken, wie Fach-, Hochschul- und Nationalbibliothek verwendbar.

wissenschaftliche Bibliotheken

Die in einer Bibliothek verfügbaren Quellen lassen sich in den nur einsehbaren Präsenzbestand und den zusätzlich ausleihbaren Leihbestand unterteilen. Letzterer kann für einen bestimmten Zeitraum auch außerhalb der Räume der Bibliothek genutzt werden.

Präsenz- & Leihbestand

Bibliotheken verwalten ihren Bestand in Bibliothekskatalogen, welche in den meisten Fällen auch als elektronisches Medium vorliegen. Teilweise kann auf die entsprechenden Daten auch über das Internet zugegriffen werden.

Bibliothekskataloge

Mittels der Bibliothekskataloge können Bücher und Fachzeitschriften anhand typischer Charakteristika wie Titel, Autor, ISBN, Verlag oder Schlagworte gesucht und gefunden werden. Neben der Möglichkeit zur Einsicht und Ausleihe von Quellen bieten die meisten Bibliotheken auch die Möglichkeit, Fotokopien einzelner Seiten oder ganzer Aufsätze gegen Gebühr zu erstellen.

Fernleihe

Ist ein gewünschtes wissenschaftliches Werk nicht in der Bibliothek verfügbar, so kann dies in der Regel über den Weg der Fernleihe bezogen werden. Die Bibliothek vor Ort bemüht sich dann, das Werk von einer anderen Bibliothek auf dem Versandweg zur Ausleihe an den Nutzer zu beschaffen. Dies geschieht kostenlos oder gegen eine geringe Gebühr.

Dokumentenlieferdienste

Da eine Beschaffung über die Fernleihe zwar kostengünstig, aber mit zeitlichen Verzögerungen verbunden ist, kann auch auf die kostenpflichtige Dienstleistung eines Dokumenten-lieferdienstes zurückgegriffen werden. In diesem Fall wird das gewünschte Dokument gegen Gebühr direkt auf dem Postweg oder auf elektronischem Wege wie E-Mail zum Empfänger gesendet.

Zu den bekannteren Anbietern der Dokumentenlieferung zählt das Angebot Subito (http://www.subito-doc.de/) wissenschaftlicher Bibliotheken aus Deutschland, Österreich und der Schweiz.

Digitale Bibliotheken

Der Bestand von Online-Bibliotheken liegt in elektronischer Form vor. Zumeist handelt es sich dabei um Printmedien, welche mittels Scannern digitalisiert wurden und damit um die folgenden Möglichkeiten erweitert wurden:

- Weltweite Verfügbarkeit durch Internetportal,
- Volltextsuche über den gesamten Inhalt der Veröffentlichung,
- Echtzeit-Zugriff auf alle Literaturbestände,
- elektronische Bereitstellung von Teilen oder des gesamten Werke und
- unbegrenzte Reproduktion, daher sind alle Werke stets verfügbar.

Google Books   Das derzeit bekannteste Angebot einer digitalen Bibliothek ist Google Books (http://books.google.de/), welches im Laufe der kommenden Jahre die Digitalisierung der Universitätsbibliotheken von Harvard, Stanford, Oxford, Michigan und der New York Public Library plant. Die Abb. 7.2-2 zeigt das Suchfenster von Google Books.

Ebenso wie die Dokumentenlieferdienste sehen sich digitale Bibliotheken einer urheberrechtlich begründeten Auseinandersetzung mit traditionellen Buchverlagen ausgesetzt.

Abb. 7.2-2: Erweiterte Buchsuche bei Google Books.

Internetsuchmaschinen für wissenschaftliche Arbeiten

Für die Suche nach wissenschaftlichen Veröffentlichungen stehen spezielle Suchmaschinen zur Verfügung. Diese durchsuchen insbesondere die Server wissenschaftlicher Institutionen nach Veröffentlichungen und stellen diese bei entsprechender Übereinstimmung der Suchkriterien zur Verfügung.

Bekannte Suchmaschinen für wissenschaftliche Arbeiten sind Google Scholar (http://scholar.google.com/) und die Bielefeld Academic Search Engine (http://www.base-search.net/). Die Abb. 7.2-3 zeigt den Webauftritt von Base.

Google Scholar & BASE

Vorteile dieser Suchmaschinen gegenüber einer digitalen Bibliothek bestehen darin, dass auch Publikationen gefunden werden können, welche nicht in Buchform vorliegen und nicht in Bibliotheken verfügbar sind.

Abb. 7.2-3: Ergebnisseite von BASE zum Begriff »Wirtschaftsinformatik«.

Internetsuchmaschinen

Auch reine Internetsuchmaschinen wie Google (http://www.google.de/) können sich bei der Suche nach Informationen zu wissenschaftlichen Arbeiten als nützlich erweisen. Die Vorgehensweise von Suchmaschinen beinhaltet die folgenden Schritte:

- ■ Durchsuchen und Indizieren von Dokumenten im Web.
- ■ Annahme und Durchführung von Suchanfragen des Internetnutzers.
- ■ Zusammenstellung und Präsentation der Ergebnisse in einer Übersicht.

Die Abb. 7.2-4 zeigt eine Liste von Suchergebnissen in Google.

Suchanfragen werden bei Google in das entsprechende Eingabefeld eingetragen. Über eine Reihe von Zusatzoptionen

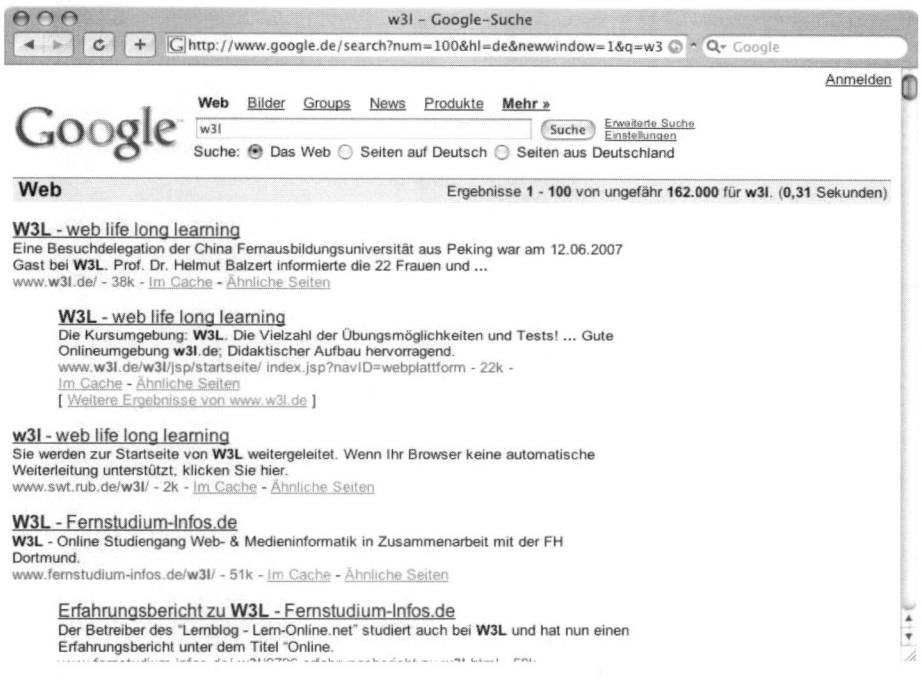

Abb. 7.2-4: Google Suchergebnisse.

kann die Suche verfeinert und das Suchergebnis eingegrenzt werden. Eine Übersicht über die wichtigsten Parameter ist in der Tab. 7.2-1 zusammengefasst.

Der Suchbefehl   Beispiel

```
+Linux -Windows +"Red Hat" site:de filetype:pdf
```

findet nur PDF-Dateien auf Webseiten mit der Endung ».de« (Deutschland), welche die Begriffe »Linux« und »Red Hat« (exakt so), nicht aber den Begriff »Windows« enthalten.

Wikipedia und andere Enzyklopädien

Bei der Anfertigung wissenschaftlicher Arbeiten werden in einigen Fällen auch Artikel der Wikipedia (http://de. wikipedia.org/) oder anderer im Internet oder in gedruckter

Parameter	Bedeutung
Boolesche Operatoren	Mittels »UND« (auch: »+«) und »ODER« werden Seiten gefunden, welche alle oder einen der angegebenen Begriffe enthalten
Ausschlusskriterien	Durch ein vorangestelltes »−« können Seiten, welche diesen Begriff enthalten, ignoriert werden
Exakte Phrasen	Begriffe in Anführungszeichen werden in exakt dieser Schreibweise gefunden
Definitionen	Durch den Suchparameter »define:« werden Definitionen des dahinter folgenden Begriffs gefunden
Dateitypen	Die Option »filetype:« findet nur Dateitypen im dahinter angegebenen Format
Beschränkung auf Sites	Mittels »site:« wird nur die dahinter angegebene Website durchsucht
Verweisende Seiten	Mit Angabe von »link:« werden nur Seiten gefunden, welche auf den dahinter angegebenen Link verweisen
Ähnliche Seiten	Durch die Option »related:« werden nur Seiten gefunden, welche ähnlich der dahinter angegebenen URL sind

Tab. 7.2-1: Suchparameter bei Google.

Form verfügbarer Enzyklopädien verwendet. Die Abb. 7.2-5 zeigt die Startseite der deutschsprachigen Wikipedia.

Zitierproblematik von Wikipedia

Die Verwendung von Wikipedia ist nicht unbedenklich, wie die negativen Erfahrung einiger Autoren zeigen, deren Arbeiten wegen der Verwendung entsprechender Quellen abgewertet oder komplett als mangelhaft bewertet wurden.

Verwendung von Wikipedia verbieten?

Manche Betreuer verbieten ihren Studierenden die Verwendung von Wikipedia gänzlich mit dem Hinweis, dass die Zitierwürdigkeit der enthaltenen Artikel *nicht* gegeben ist.

genauere Betrachtung

Bei genauerer Betrachtung der Thematik lässt sich zunächst einmal feststellen, dass Online-Enzyklopädien die gleichen Anforderungen erfüllen müssen, wie sie für andere elektronische Quellen gelten. Im Falle der Zitierfähigkeit kann diese unter Beachtung der im Unterkapitel »Anforderungen an die Quellen«, S. 76, genannten Einschränkungen zur Archivierung elektronischer Medien bejaht werden.

Darüber hinaus verfügt die Wikipedia über eine eigene Archivierungsfunktion, welche es erlaubt, auch vorherige Ver-

Abb. 7.2-5: Deutschsprachige Startseite der Wikipedia.

sionen und die vorgenommenen Änderungen der Artikel nachzuvollziehen.

Die Zitierwürdigkeit von entsprechenden Artikeln ist hingegen fraglich und muss prinzipiell für jeden Artikel separat überprüft werden.

Die Prüfung einer Enzyklopädie auf ihre Eigenschaft als Primärquelle muss hingegen in allen Fällen verneint werden. Was grundsätzlich für alle Formen von Enzyklopädien gilt, lässt sich am Beispiel der Wikipedia besonders deutlich feststellen. Dort ist eine Nutzung der Enzyklopädie für unveröffentlichte Materialien strikt untersagt (http://en.wikipedia.org/wiki/Wikipedia:Five_pillars).

Wikipedia als Primärquelle

Dieses Verbot der Erstveröffentlichung gilt vom Grundsatz für jede Form von Enzyklopädien, da es ihrem Wesen entspricht, bestehendes Wissen zusammenzutragen und verständlich zu präsentieren und nicht neues Wissen zu veröffentlichen.

Hinweis

Diese Regel gilt nicht für den Fall, indem die Enzyklopädie selbst Betrachtungsgegenstand einer wissenschaftlichen Arbeit ist.

Enzyklopädien sind Tertiärliteratur

Da Enzyklopädien als Tertiärliteratur anzusehen sind, ist von einer Verwendung in wissenschaftlichen Arbeiten grundsätzlich abzuraten. Dennoch kann eine Enzyklopädie eine gute Hilfe für Sie sein, wenn Sie sich schnell einen Einstieg in bestimmte Thematiken verschaffen wollen, beispielsweise bei der Suche nach der Bedeutung eines Stichworts oder bei der ersten Sichtung von Themenstellungen.

Verwendung ausschließlich von Primärquellen

Alle weiterführenden Informationen sollten dann, ggf. auf dem Umweg über Sekundärquellen, in den jeweiligen Primärquellen gesucht werden. Diese erfüllen die Anforderungen an die Verwendung in wissenschaftlichen Arbeiten zumindest formal.

Schneeballsystem

Ausgangspunkt für die Literatursuche ist bekannte Literatur. Die Literaturverzeichnisse dieser Quellen werden genutzt, um weitere Literatur zu ermitteln. Dieses Verfahren – Schneeballsystem, Lawinensystem oder Methode der konzentrischen Kreise genannt – wird auf die neu erfasste Literatur rekursiv angewandt, d. h. Sie durchforsten deren Literaturverzeichnisse nach allen Verweisen. In sehr kurzer Zeit haben Sie dann eine große Menge Literatur ermittelt. Wird auf eine Quelle mehrfach verwiesen, dann haben Sie eine grundlegende und/oder wichtige Quelle zu Ihrem Thema gefunden. Ein Nachteil dieser Methode ist, dass keine Quellen gefunden werden, die neuer sind als die Ursprungsdokumente. Außerdem kann nicht sichergestellt werden, dass die zeitlich vor den Ausgangsdokumenten veröffentlichten Quellen vollständig erfasst werden.

Tipp

Als Einstieg in die Literatursuche eignen sich Online-Enzyklopädien wie z. B. Wikipedia, die auch Quellenangaben enthalten, die oft sehr aktuell sind.

7.3 Zitieren fremder Quellen *

Zitieren ist das A und O einer jeden wissenschaftlichen Arbeit. Ohne intensive Auseinandersetzung mit fremden Arbeiten zu einem behandelten Themengebiet ist eine wissenschaftliche Auseinandersetzung nicht möglich. Um die fremden Inhalte auch in einer eigenen Arbeit wissenschaftlich verwenden zu können, ist die durchgängige Einhaltung einer einmal gewählten Zitierweise erforderlich. Unterschiedliche Zitierweisen stellen unterschiedliche Anforderungen an Inhalt und Aufbau der jeweiligen Kurzverweise und haben unterschiedliche Vor- und Nachteile.

Bei der Anfertigung wissenschaftlicher Arbeiten wird das Rad nicht jedes Mal neu erfunden. Insbesondere bei Seminar- und Abschlussarbeiten wird eine Vielzahl an fremden Materialien verwendet. Dies geschieht in Form von wörtlichen oder sinngemäßen Zitaten, aber auch durch die Übernahme von Grafiken, Fotos, Schaubildern und Tabellen.

Das Zitieren fremder Quellen ist die wesentliche Grundlage von wissenschaftlichen Abschlussarbeiten. Ohne korrekte Zitierweise kann eine solche Leistung nicht zufriedenstellend erbracht werden. Die Verwendung fremder Materialien setzt voraus, dass Grundregeln wissenschaftlicher Methoden streng eingehalten werden. Bei der Vielzahl der verfügbaren Quellen zu wissenschaftlichen Themen, in Buchform oder insbesondere im Internet, kann ein Autor ansonsten leicht der Versuchung unterliegen, sich mit fremden Federn zu schmücken und Erkenntnisse Anderer als die eigenen auszugeben.

Grundlage wissenschaftlicher Arbeiten

Umgangssprachlich wird dies als »Abschreiben« bezeichnet, in einer Zeit des »Copy & Paste« ist für den Diebstahl fremden Gedankenguts allerdings nicht einmal mehr das erforderlich. Aber auch die Identifikation und der Nachweis eines solchen Verstoßes sind einfacher geworden und lassen sich für einen Gutachter mittels voll- oder teilautomatisierter Prozesse erledigen.

Wer nicht fremdes Gedankengut stehlen möchte, läuft dennoch durch Unachtsamkeit schnell Gefahr, sich dem Vorwurf des Plagiats auszusetzen und damit den Erfolg seiner wissenschaftlichen Arbeit aufs Spiel zu setzen. Eine kurze übernommene Textpassage oder eine Illustration, versehentlich

Umgang mit fremden Gedankengut

ohne Angabe der Originalquelle, können da schon ausreichen.

Um die unzulässige Aneignung fremden geistigen Eigentums zu vermeiden und wissenschaftlichen Anforderungen an das Zitieren gerecht zu werden, müssen insbesondere die folgenden drei Regeln beachtet werden:

1   Fremdes Gedankengut muss für den Leser einer wissenschaftlichen Arbeit klar als solches kenntlich gemacht werden und erkennbar sein. Dies erfolgt z. B. durch Anführungszeichen bei einem wörtlichen Zitat.

2   Die Quelle des verwendeten Materials muss für den Leser auffindbar und überprüfbar sein. Dies geschieht durch Angabe eindeutiger Quellen- und Seitenangaben zu jedem verwendeten fremden Inhalt und Nennung der verwendeten Quelle im Literatur- und Quellenverzeichnis.

3   Die einmal gewählte Zitierweise muss durchgängig eingehalten werden. Das bedeutet, dass alle Verweise auf fremde Quellen den gleichen Aufbau vorweisen müssen.

wissen-
schaftliche
Zitierweise

Um die Anforderungen an die wissenschaftliche Zitierweise in einer eigenen Arbeit korrekt umzusetzen, gibt es eine Vielzahl von Zitierregeln, welche sich teilweise von Hochschule zu Hochschule und sogar zwischen zwei Lehrstühlen derselben Hochschule unterscheiden können.

Langzitierweise

Bei der Langzitierweise werden sämtliche für die Identifizierung der Quelle erforderlichen Informationen direkt bei der Zitatstelle in Form einer Fußnote genannt. Der Inhalt dieser Fußnote entspricht vom Informationsgehalt dem Eintrag der Quelle im ebenfalls vorhandenen Literatur- und Quellenverzeichnis.

Nachteil dieser Form ist insbesondere der Umfang der Einträge, welcher die Größe einer Fußnote stark anwachsen lässt. Bei mehreren Zitaten auf nur einer Seite läuft der Autor Gefahr, einen Großteil der Seite mit Quellenangaben in den Fußnoten zu belegen, was kaum noch Raum für den Text der Arbeit lässt.

Die Langzitierweise findet sich häufig bei kurzen Aufsätzen, welche über kein eigenes Literatur- und Quellenverzeichnis verfügen, z. B. bei Artikeln in Fachzeitschriften. Die entsprechenden Quellen werden dabei in komplettem Umfang im laufenden Text oder in den Fußnoten aufgeführt.

»Unter der besonderen Berücksichtigung der Anforderungen und Herausforderungen elektronischen Datenverkehrs ist eine entsprechende Verwendung als im Bereich des Möglichen anzusehen.«[23]

Beispiel: Langzitierweise mit Verweis in der Fußnote

---

[23] Mustermann, Manfred: Grundlagen der Informationstechnologie: Eine Einführung für Studenten der Wirtschaftsinformatik, 6. Auflage, Musterverlag, München 2003, Seite 132

Kurzzitierweise

Bei der Kurzzitierweise wird lediglich ein Verweis auf den entsprechenden Eintrag im Literatur- und Quellenverzeichnis gegeben, was deutlich platzsparender ist. Wie dieser Verweis aufgebaut ist, hängt von der jeweiligen Form der Kurzzitierweise ab.

»Unter der besonderen Berücksichtigung der Anforderungen und Herausforderungen elektronischen Datenverkehrs ist eine entsprechende Verwendung als im Bereich des Möglichen anzusehen.«[23]

Beispiel: Kurzzitierweise mit Verweis in der Fußnote

---

[23] Mustermann (2003), Seite 132

Generell lässt sich feststellen, dass sich in den letzten Jahren die Kurzzitierweise gegenüber der Langzitierweise durchgesetzt hat.

Im Kapitel »Kurzzitierweisen«, S. 113, werden fünf gängige Verfahren für die Kurzzitierweise vorgestellt:

- Klassische Harvard-Zitierweise
- Modifizierte Harvard-Zitierweise
- Autor-Stichwort-Jahr-Zitierweise
- Zitierweise mit Namenskürzel
- Zitierweise mit numerischem Index

Kurzzitierformen

Vorgehensweise

Allen Formen der Zitierweise ist die folgende Vorgehensweise gemein:

- Die fremde Quelle, aus welcher zitiert werden soll, wird
  in das Literatur- und Quellenverzeichnis eingetragen.
- Zum Quelleneintrag im Literatur- und Quellenverzeichnis wird ein Kurzverweis entsprechend der gewählten
  Form der Zitierweise erstellt und den Quellenangaben
  vorangestellt.
- Das Zitat wird in die eigenen Ausführungen eingebunden, z. B. als wörtliches oder sinngemäßes Zitat, Abbildung oder Tabelle.
- An der Textstelle wird ein Verweis auf die verwendete
  Quelle gegeben. Je nach Methode erfolgt dieser Verweis
  im laufenden Text oder in einer Fußnote.
- Um die genaue Position der zitierten Stelle in der Originalquelle zu identifizieren wird der Kurzverweis (und
  nur der Verweis, nicht der Eintrag im Literatur- und Quellenverzeichnis) mit der entsprechenden Seitenangabe ergänzt.

 In jedem Fall ist zu beachten, dass im Literatur- und Quellenverzeichnis nur Quellen eingetragen werden, welche auch
tatsächlich verwendet und zitiert wurden.

Kurzverweis

Der Kurzverweis auf die Quelle im Literatur- und Quellenverzeichnis hat bei unterschiedlichen Formen der Kurzzitierweise einen unterschiedlichen Aufbau. Unterschiede bestehen insbesondere

- in der Position des Verweises
- ☐ im laufenden Text
- ☐ innerhalb einer Fußnote
- im Aufbau des Verweises an der Zitatstelle
- im Aufbau des Eintrags im Literatur- und Quellenverzeichnis

Beim Zitieren fremder Quellen sind eine ganze Reihe von
Besonderheiten zu beachten. Sie werden in diesem Kapitel
näher behandelt:

- »Direktes Zitat«, S. 99
- »Indirektes Zitat«, S. 102
- »Sekundäres Zitat«, S. 103
- »Zitat im Zitat«, S. 103
- »Fremdsprachliche Zitate«, S. 104
- »Auf Quellen verweisen«, S. 106
- »Seitenangaben zu den Quellen«, S. 106
- »Passim«, S. 108
- »»Derselbe«, »Ebenda«, »a.a.O.««, S. 109
- »Kleinzitat vs. Großzitat«, S. 110
- »Grafiken, Tabellen und Fotos«, S. 111

7.3.1   Direktes Zitat *

Direkte Zitate sind die wortgenaue Übernahme von Texten fremder Autoren. Diese sind als solche kenntlich zu machen. Ist eine Anpassung oder Ergänzung erforderlich oder werden Worte weggelassen, so ist dies besonders zu kennzeichnen. In jedem Fall muss auf die Herkunft des Zitats verwiesen werden.

Sollen Aussagen eines fremden Autors im originalen Wortlaut und ohne Änderung übernommen werden, so wird hierfür das direkte oder auch wörtliche Zitat verwendet. Ein direktes Zitat wird über Anführungszeichen kenntlich gemacht.

wörtliches Zitat

> »Die Informationstechnologie ist einem stetigen Wandel unterworfen, ich wies bereits in Kapitel 7 darauf hin, ungünstigerweise bedeutet dies, dass man sich eigentlich niemals auf seine hart erworbenen Kenntnisse verlassen darf.«[23]
>
> ---
>
> [23] Mustermann (2007), Seite 154

Beispiel nach modifizierter Harvard-Zitierweise

Wörtliche Zitate sind ohne Veränderung zu übernehmen, dies gilt auch, wenn sich die Rechtschreibung im Laufe der Jahre geändert hat und sogar, wenn der Verfasser grammatikalische oder Rechtschreibfehler gemacht hat. Auch diese sind in ihrer Originalform zu übernehmen. Der Autor kann jedoch durch ein »[sic!]« im Zitat darauf hinweisen, dass er

exakte Übernahme

sich der Fehler durchaus bewusst ist, diese jedoch unverändert übernommen hat (siehe unten).

Zitatkürzung Wörtliche Zitate dürfen in besonderen Fällen gekürzt werden, falls dies sinnvoll oder notwendig ist. Voraussetzung für die Kürzung eines wörtlichen Zitats ist, dass dabei *nicht* die eigentliche Aussage des Autors verändert wird. Das Zitat im obigen Beispiel bietet sich für eine Kürzung an, da der Verweis auf Kapitel 7 eines fremden Werkes in den eigenen Ausführungen als wenig hilfreich erachtet werden kann und eine Kürzung in keiner Weise den Sinn verfälscht oder die eigentliche Aussage reduziert.

Entfernen von Wörtern Wird bei einem wörtlichen Zitat ein einzelnes Wort entfernt, so wird dies besonders gekennzeichnet. Hierfür werden die folgenden Kennzeichen verwendet:

- »[..]« falls ein einzelnes Wort fehlt
- »[...]« falls mehrere Wörter oder ganze Sätze fehlen

Beispiel nach modifizierter Harvard-Zitierweise

»Die Informationstechnologie ist einem stetigen Wandel unterworfen, [...] ungünstigerweise bedeutet dies, dass man sich eigentlich niemals auf seine hart erworbenen Kenntnisse verlassen darf.«[23]

[23] Mustermann (2007), Seite 154

Anpassen von Zitaten Wenn ein Zitat wörtlich in die eigenen Ausführungen einfließt, so müssen oftmals, z. B. aus grammatikalischen Gründen, einzelne oder mehrere Wörter angepasst, weggelassen oder eingefügt werden. Dies geschieht ebenfalls mit eckigen Klammern.

Beispiel nach modifizierter Harvard-Zitierweise

Bereits Mustermann erkannte, dass »die Informationstechnologie [..] einem stetigen Wandel unterworfen [ist]«[23].

[23] Mustermann (2007), Seite 154

Anmerkungen Falls direkt in einem wörtlichen Zitat eine Anmerkung erforderlich ist, so wird diese mit dem Hinweis »Anmerkung des Autors« als nicht der Originalquelle zuzuordnen gekennzeichnet.

Manfred Mustermann beschreibt seine ersten Erfahrungen mit dem neuen Betriebssystem wie folgt:

»Diese CD [gemeint ist die Installations-CD des Betriebssystems, Anm. d. Autors] kann gleich über die Sammelbehälter der Entsorgungsbetriebe entsorgt werden und ist nach Herstellerangaben zu 100 % recyclebar.«[27]

———————
[27] Mustermann (2007), Seite 183

Beispiel nach modifizierter Harvard-Zitierweise

Dies gilt nur für Anmerkungen direkt in einem fremden Zitat. Bei vom Autor gemachten Anmerkungen im eigenen Text werden diese nicht besonders gekennzeichnet.

Fraglich ist, warum diese (vom Hersteller günstig zu produzierende) CD nicht ohnehin Bestandteil des Buches ist, sondern einzeln erworben werden muss.

Beispiel

Über die genannten Ausnahmen hinaus ist ein direktes Zitat wortwörtlich, buchstaben- und zeichengenau zu übernehmen. Dies gilt auch für vom Autor nicht vertretene Besonderheiten in der Schreibweise, der Zeichensetzung und im Satzbau.

wortwörtliche Verwendung

Der Autor hat hierbei die Möglichkeit, auf diese Besonderheiten hinzuweisen. Dies geschieht mit dem lateinischen Hinweis

Hinweis auf Besonderheiten

■ »[sic]« für wörtlich: »so«.

Oftmals wird dem [sic] auch ein »!« oder ein »?« zur besonderen Betonung hinzugefügt.

Mittels des Hinweises »[sic!]« deutet der Autor an, dass das Zitat genau so und ohne Änderung des Autors übernommen wurde und dem Autor bewusst ist, dass es sich hier um eine Besonderheit handelt, z.B. eine heutzutage nicht mehr genutzte Formulierung, einen förmlichen oder inhaltlichen Fehler oder auch um eine besonders wichtige Stelle im Text.

»I believe OS/2 is destined to be the most important operating system, and possibly program, of all time [sic!]. As the successor to DOS, which has over 10,000,000 systems in use, it creates incredible opportunities for everyone involved with PCs.«

Beispiel

(Bill Gates: Foreword, in: Lacobucci, E.: OS/2 Programmer's Guide, McGraw Hill Inc., Columbus, OH 1988)

Unklarheiten kennzeichnen

Die Form »[sic?]« verwendet ein Autor in einem Manuskript, wenn er sich über die genaue Schreibweise eines Namens nicht sicher ist und seinen Korrektor darauf hinweisen möchte. In der fertigen Form der Arbeit ist dieser Hinweis zu entfernen.

7.3.2 Indirektes Zitat *

Neben der wörtlichen Übernahme fremden Gedankenguts in Form eines direkten Zitats, können fremde Inhalte auch sinngemäß und zusammengefasst wiedergegeben werden. Auf ein entsprechendes indirektes Zitat wird mit dem Hinweis »Vergleiche« hingewiesen.

Mittels eines indirekten Zitats können fremde Gedanken und Erkenntnisse in eigene Ausführungen einfließen und werden dabei nicht wörtlich sondern sinngemäß übernommen.

Beispiel

Bereits Mustermann verwies auf den stetigen Wandel der Informationstechnologie und die damit verbundene Unzuverlässigkeit erworbener Kenntnisse[23].

---

[23]Vgl. Mustermann (2007), Seite 154

Dem Verweis auf die Quelle wird bei einem indirekten Zitat der Zusatz »Vgl.« für »Vergleiche« vorangestellt.

Umfang indirekter Zitate

Indirekte Zitate geben die Aussagen fremder Quellen mit eigenen Worten wieder, und dürfen durchaus mehrere Seiten oder ein ganzes Kapitel zusammenfassen. Es ist durchaus legitim, nur das Fazit einer wissenschaftlichen Arbeit für eigene Zwecke zu verwenden und auf das fremde Werk als Ganzes zu verweisen.

Da indirekte Zitate nicht ohne weiteres als solche erkennbar sind, gilt hier eine entsprechend große Sorgfalt für den Verweis auf das fremde Gedankengut, um sich nicht dem Vorwurf des Plagiats auszusetzen.

7.3.3   Sekundäres Zitat *

Wird aus einer sekundären Quelle zitiert, so ist diese neben der Originalquelle als Ursprung zu nennen. Beide Werke sind in das Literaturverzeichnis aufzunehmen.

Sekundärzitate sind grundsätzlich unzulässig und nur dann ausnahmsweise gestattet, falls es nicht möglich ist, die Primärquelle zu beschaffen. Ein Sekundärzitat gibt im Kurzverweis die nicht überprüfbare Originalquelle an und fügt den Hinweis »zitiert nach:« plus den Verweis auf die Quelle wieder, aus der dieses Zitat entnommen wurde.

Altmann verwies bereits im 17. Jahrhundert auf die besondere Bedeutung der Verifikation von Informationsquellen[17].

Beispiel nach modifizierter Harvard-Zitierweise

---

[17] Vgl. Altmann (1637), Seite 54 f., zitiert nach: Neumann (2007), Seite 151

Das Buch von Altmann taucht im Literatur- und Quellenverzeichnis ebenfalls mit dem Zusatz »zitiert nach: [...]« auf. Das Buch von Neumann ist als weiterer Eintrag im Literatur- und Quellenverzeichnis aufzuführen.

Eintrag im Literatur-verzeichnis

Literatur- und Quellenverzeichnis

Literatur-verzeichnis bei modifizierter Harvard-Zitierweise

Altmann (1637)	Altmann, Arnd: Über das neue Wissen, ohne Verlagsangaben, München 1637, zitiert nach: Neumann, Norbert: Informatik der Frühzeit: Historische Betrachtungen informationeller Selbstbestimmung, Musterverlag, München 2007
Neumann (2007)	Neumann, Norbert: Informatik der Frühzeit: Historische Betrachtungen informationeller Selbstbestimmung, Musterverlag, München 2007

Verwenden Sie das sekundäre Zitat wirklich nur da, wo es nicht möglich ist, an die Originalquelle zu kommen!

Empfehlung

7.3.4   Zitat im Zitat **

Bei direkten Zitaten kann es vorkommen, dass innerhalb des wörtlichen Zitats der Urheber selbst ein wörtliches Zitat untergebracht hat. In diesem Fall müssen die verwendeten Anführungszeichen in eine andere Form gebracht wer-

den, um dem Leser die Unterscheidung zwischen den verschiedenen Zitaten zu ermöglichen.

Sollte sich in einem zitierten Text ein weiteres Zitat befinden, weil die zitierte Quelle wiederum eine andere Quelle zitiert, so werden die Anführungszeichen im Zitat zu halben Anführungszeichen (‚ und ') gewandelt, um das Zitat als solches kenntlich zu machen.

Werden als normale Anführungszeichen französische Spitzklammern (Guillemets genannt) verwendet »« (wie in diesem Buch), dann sollte ein Zitat im Zitat mit einfachen Guillemets (› und ‹) gekennzeichnet werden.

Beispiel nach modifizierter Harvard-Zitierweise

So bezeichnete Mustermann seinerseits die entsprechenden Veröffentlichungen des Miesmann als »das Pamphlet eines ›pseudowissenschaftlichen und selbsternannten Moralapostels‹ der Informationsgesellschaft ohne Wesensgehalt«[56], was zur Klage des Miesmann auf Unterlassung führte.

[56]Mustermann (2007), Seite 154

Tipp

Damit Ihre Arbeit typografisch professionell aussieht, sollten Sie darauf achten, Anführungszeichen nicht in dieser Form "...", sondern die sogenannten Anführungs- und Abführungszeichen zu verwenden: „...". Textsysteme wandeln Ihre eingegebenen normalen Anführungszeichen in der Regel in die typographisch korrekten und eleganteren An- und Abführungszeichen um.

7.3.5 Fremdsprachliche Zitate ***

Bei der Verwendung fremdsprachlicher Zitate muss in besonderem Maße auf die jeweiligen Fähigkeiten der Zielgruppe, also derjenigen, welche die Ausarbeitung zukünftig lesen werden, geachtet werden. Im Zweifelsfall sollte die entsprechende Textstelle an die Landessprache angepasst werden.

Manchmal kommt es vor, dass aus einem Werk zitiert werden soll, welches in einer fremden Sprache verfasst ist. Solche fremdsprachlichen Zitate dürfen in ihrer Originalform verwendet werden, wenn davon auszugehen ist, dass der Betreuer diese Sprache beherrscht. Dies trifft im deutschsprachigen Raum üblicherweise auf Englisch verfasste Quellen und mitunter auf Französisch zu.

Ist der Betreuer selbst in einem fremdsprachigen Land geboren und aufgewachsen, so kann davon ausgegangen werden, dass entsprechende Zitate aus heimatsprachlicher Literatur ebenso verstanden werden.

fremd-sprachlicher Betreuer

Ihr betreuender Dozent ist gebürtiger Franzose und hat dort auch gelebt. In diesem Fall können Sie beruhigt davon ausgehen, dass er seine Muttersprache versteht und können entsprechende fremdsprachliche Zitate ohne Übersetzung verwenden.

Beispiel

Falls Sie beabsichtigen, Ihre wissenschaftliche Arbeit zu veröffentlichen und damit einer größeren Zielgruppe zugänglich zu machen, dann sollten Sie auch deren zu erwartende Fremdsprachenkenntnisse in Ihre Überlegungen einbeziehen.

Tipp

Entscheiden Sie sich für eine Übersetzung, dann ist eine mögliche Vorgehensweise, das Zitat so präzise wie möglich zu übersetzen oder übersetzen zu lassen und in seiner Originalform als Fußnote dem eigenen Text beizufügen. Dabei muss zwingend der Übersetzer mit genannt werden.

Zitat-übersetzung

»Ich glaube, OS/2 ist dazu bestimmt, das wichtigste Betriebssystem und vielleicht Programm aller Zeiten zu sein.«[53]

deutsche Übersetzung eines englischen Zitats

---

[53] »I believe OS/2 is destined to be the most important operating system, and possibly program, of all time« übersetzt von Norbert Neumann, nach Gates (1988)

Auf Deutsch erschienene Literatur fremdsprachiger Autoren kann aus der deutschen Veröffentlichung zitiert werden, der Übersetzer ist jedoch als solcher im Literatur- und Quellenverzeichnis zu benennen.

deutsch-sprachige Ausgaben

7.3.6 Auf Quellen verweisen *

Bei der Erstellung einer wissenschaftlichen Arbeit ist jegliches fremde Material, also Texte, Abbildungen, Fotos und auch Gedankengänge, welche nicht vom Autor selbst stammen, entsprechend zu kennzeichnen. Dies geschieht mittels eines Quellenverweises, welcher entweder in einer Fußnote oder direkt im laufenden Text eingebracht wird.

Je nach verwendeter Zitierweise muss der Ursprung des Zitats entweder direkt im Text oder durch Hinzufügen einer Fußnote kenntlich gemacht werden. Der Aufbau des Verweises ist von der jeweiligen Form der Zitierweise abhängig und soll hier nicht näher betrachtet werden.

Verweis auf die Originalquelle

Die folgenden Beispiele zeigen, wie ein entsprechender Verweis auf die Originalquelle im laufenden Text oder in einer Fußnote bei verschiedenen Formen der Kurzzitierweise aussehen kann.

Beispiel nach modifizierter Harvard-Zitierweise

Bereits Mustermann verwies auf den stetigen Wandel der Informationstechnologie und die damit verbundene Unzuverlässigkeit erworbener Kenntnisse[23].

[23] Vgl. Mustermann (2007), Seite 154 f.

Falls auf die Verwendung von Fußnoten verzichtet werden soll, bietet sich eine Zitierweise an, bei welcher der jeweilige Verweis direkt an der betroffenen Stelle im Text gegeben wird.

Zitierweise mit numerischem Index im laufenden Text

Bereits Mustermann verwies auf den stetigen Wandel der Informationstechnologie und die damit verbundene Unzuverlässigkeit erworbener Kenntnisse (vgl. [Must99, S. 154 f.]).

7.3.7 Seitenangaben zu den Quellen *

Bei der Angabe einer Originalquelle ist ebenfalls die genaue Position der verwendeten Inhalte im Originalwerk anzugeben. Dies geschieht mittels entsprechenden Seitenangaben. Für deren genaue Kennzeichnung sind bestimmte Regeln einzuhalten.

Für das Auffinden der Zitatstelle in der Quelle ist in der Regel die Angabe der entsprechenden Seitennummer ausreichend. Sollte die entsprechende Zitatstelle vom Autor der Quelle über Kapitel- und Seitennummer hinausgehend detaillierter gegliedert sein, so kann auch diese Angabe zum schnelleren Auffinden der Zitatstelle genannt werden.

So wird bei juristischer Literatur häufig mit Randnummerngearbeitet, welche einer noch präziseren Kennzeichnung von Textstellen dienen.

Wird bei einem (wegen der Größe zumeist indirekten) Zitat auch auf die Folgeseite referenziert, so wird der folgende Zusatz hinzugefügt:

eine Folgeseite

- »f.« für »folgend«

Folgen dem Zitat zwei oder mehr Seiten, so wird mittels des Verweises auch darauf hingewiesen. Verwenden Sie in diesem Fall den folgenden Zusatz für Ihre Seitenangabe:

zwei Folgeseiten

- »ff.« für »fortlaufend folgend«

Alternativ können die Seiten auch genau als Serie nach dem hier gezeigten Schema angeben:

Menge von Seiten

- »Seite x bis y«

Möchten Sie auf mehrere, nicht fortlaufende Seiten verweisen, können Sie die hier dargestellten Methoden auch kombinieren, wie im letzten Eintrag der Tab. 7.3-1 gezeigt.

Sammlung von Seiten

Seitenangabe	Bedeutung
S. 123	Zitiert wird nur die Seite 123
S. 123 f.	Zitiert werden die Seiten 123 und 124
S. 123 ff.	Zitiert wird die Seite 123 und mindestens die zwei folgenden Seiten
S. 123 bis 126	Zitiert werden die Seiten 123 bis 126
S. 123, 125 u. 134 bis 145	Zitiert werden die Seiten 123, 125 und 134 bis 145

Tab. 7.3-1: Beispiele für Seitenangaben.

Diese Methoden für die Seitenangaben sind für alle Zitierweisen anwendbar.

Tipp

7.3.8 Passim ****

In manchen Fällen referenziert der Autor auf ein Werk in seiner Gesamtheit oder auf viele einzelne Stellen, deren konkrete Auflistung nicht sinnvoll erscheint. In diesem Fall ist die Referenz mit dem Hinweis »passim« zu kennzeichnen. Dies gilt nicht, wenn die genaue Zitatstelle lediglich unbekannt ist und der Autor sich die Suche ersparen will.

Wird sich bei der Verwendung eines fremden Werkes nicht auf einzelne oder mehrere zusammenhängende Seiten bezogen, sondern auf das gesamte Werk oder eine Vielzahl von Stellen referenziert, so ist eine Angabe von Seitennummern nicht sinnvoll möglich.

In diesem Fall wird die Seitenangabe durch den Hinweis »passim« ersetzt, welcher soviel bedeutet wie »durchgängig«.

Beispiel nach modifizierter Harvard-Zitierweise

Mustermann betont an verschiedenen Stellen die besondere Bedeutung der Informationstechnologie für die menschliche Evolution[33].

---
[33] Mustermann (2007), passim

Ein zusätzlicher Verweis auf besonders relevante Seiten ist in Ergänzung ebenfalls möglich.

Beispiel nach modifizierter Harvard-Zitierweise

Entsprechende Passagen tauchen in den Werken von Mustermann wiederholt auf[34].

---
[34] Mustermann (2007), passim, insbesondere S. 18 ff.

Die Form »passim« darf in keinem Fall verwendet werden, um ein Buch zu zitieren, welches nur oberflächlich oder gar nicht gelesen wurde und wo die genaue Textstelle unbekannt ist. Ein Zitat ohne Verifikationsmöglichkeit ist ein schwerer Verstoß gegen die wissenschaftliche Arbeitsweise!

Beispiel: so in keinem Fall!

Mustermann gibt in seinem Buch nur an einer Stelle ein konkretes Beispiel für »mentale Überforderung durch moderne Informationstechnologie«[37].

---
[37] Mustermann (2007), passim

Prüfen Sie vor der Verwendung der Form »passim«, ob Sie sich wirklich auf das Werk als Ganzes beziehen, da Sie eine vorschnelle oder übermäßige Verwendung dieser Zitierweise dem Vorwurf der Fahrlässigkeit oder der Politik des »Laissez-faire« aussetzen kann.

Tipp

7.3.9 »Derselbe«, »Ebenda«, »a. a. O.« **

Werden Quellen eines Autors mehrfach verwendet, so ist es nicht nötig, an jeder Zitatstelle die vollständigen Quellenverweise zu geben. Alternativ können die Hinweise »Ebenda« und »Derselbe« verwendet werden, wo dies sinnvoll erscheint.

Falls auf einer Seite wiederholt auf denselben Autor verwiesen wird, so kann der Kurzverweis mit dem Hinweis »Dies.« oder »Ders.« für »Dieselbe« oder »Derselbe« den Namen des Autors ersetzen.

gleicher Autor

Wird zusätzlich auf das gleiche Werk des Autors verwiesen, so kann das Kürzel »ebd.« für »ebenda« (= wie vorgenannt) verwendet werden, z. B. (ebd., S. 125).

gleiches Werk

Für wiederholte Quellenverweise wird alternativ zu »ebenda« auch die Abkürzung »a. a. O.« (für »am angegebenen Ort«) benutzt, z. B. (a. a. O., S. 125).

alternativ

In einer Veröffentlichung entweder »ebd.« oder »a. a. O.« verwenden – aber nicht beides.

Tipp

In Zeiten moderner Textverarbeitung ergibt sich aus der Verwendung dieser Abkürzungen jedoch das Problem, dass durch sich ändernde Seitenumbrüche die abgekürzten Verweise vom jeweiligen Erstverweis getrennt werden können und sich beide Einträge dann auf separaten Seiten befinden können.

Problem moderner Textverarbeitung

Beim Einsatz eines Textverarbeitungssystems sollte auf diese Form von Verweisen verzichtet werden, zumal der Spareffekt bei einer Kurzzitierweise durchaus begrenzt ist.

Tipp

7.3.10   Kleinzitat vs. Großzitat ***

Für die Länge von Zitaten gelten gewisse Regeln und Grundsätze rechtlicher wie wissenschaftlicher Art. Insbesondere darf nicht beliebiger Inhalt in beliebigem Umfang zitiert werden.

Das deutsche Urheberrechtsgesetz erlaubt Zitate aus urheberrechtlich geschützten Werken nur, wenn diese »in einem durch den Zweck gebotenen Umfang« erfolgen [UrHG07, §51].

Kleinzitat | Daraus lässt sich ableiten, dass die Verwendung direkter Zitate, welche über den Umfang eines Satzes oder weniger Sätze hinausgehen, bereits aus rechtlicher Sicht bedenklich ist. Man spricht in diesem Zusammenhang auch von einem **Kleinzitat**. Der Inhalt mehrerer Absätze, Seiten oder gar ganzer Kapitel sollte in jedem Fall vom Zitierenden in eigenen Worten zusammengefasst wiedergegeben werden.

Großzitat | Anders sieht die Situation bei wissenschaftlichen Werken aus: »Zulässig ist die Vervielfältigung, Verbreitung und öffentliche Wiedergabe, wenn in einem durch den Zweck gebotenen Umfang [...] einzelne Werke nach dem Erscheinen in ein selbständiges wissenschaftliches Werk zur Erläuterung des Inhalts aufgenommen werden« [UrHG07, §51]. Liegt also ein wissenschaftliches Werk vor, dann ist ein sogenanntes »Großzitat« erlaubt. Eine Obergrenze des zulässigen Zitatumfangs ist nicht festgelegt.

Damit stellt sich die Frage, ob jedes wissenschaftliche Artefakt auch ein wissenschaftliches Werk ist, für das ein Großzitat erlaubt ist. In einem der führenden Kommentare zum Urheberrechtsgesetz[1] ist zur Frage der Wissenschaftlichkeit zu lesen:

Zitat | »Wissenschaft kann [...] als die ernsthafte, methodisch geordnete Suche nach Erkenntnis definiert werden; wissenschaftlich sind Werke, die solche Erkenntnisse erarbeiten oder sich mit ihr auseinandersetzen oder sie verbreiten. [...] Als wissenschaftlich ist ein Werk anzusehen, das nach Rahmen, Form und Gehalt durch eine eigene Geistestätigkeit die Wissenschaft durch Vermittlung von Erkenntnissen fördern will [...]«

[1] G. Schricker, UrhG, 3. Aufl. 2006, § 51 UrhG Rn. 31

Dissertationen fallen in jedem Fall unter diese Definition. Bei Bachelor-, Master- und Diplomarbeiten hängt die Wissenschaftlichkeit davon ab, was in den Prüfungsordnungen steht und ob dort eine gewisse Wissenschaftlichkeit gefordert wird oder nicht.

Bei allen anderen wissenschaftlichen Artefakten – also Praktikumsberichte, Seminarausarbeitungen, Hausarbeiten und Projektarbeiten – ist *nicht* automatisch von einem wissenschaftlichen Werk auszugehen und daher ein Großzitat dann nicht erlaubt! Dieser Unterschied hat insbesondere Auswirkungen auf die Verwendung von Bildern, Fotos, Grafiken und Tabellen.

7.3.11 Grafiken, Tabellen und Fotos *

Grafiken, Tabellen und Fotos, die aus einer fremden Quelle übernommen wurden, müssen mit einem entsprechenden Verweis auf den Ursprung versehen werden. Eigenerstellte Inhalte werden nicht explizit gekennzeichnet.

Neben der Verarbeitung von Texten können auch andere Inhalte für eigene Arbeiten Verwendung finden, beispielsweise Grafiken, Tabellen und/oder Fotos.

Sollen Grafiken aus einer Fremdquelle übernommen werden, so ergeben sich hierfür generell zwei Möglichkeiten:

- Das Einscannen oder Kopieren von Grafiken aus der Originalquelle und Verwenden in eigenen Arbeiten oder
- das eigenständige Erstellen einer Grafik in Anlehnung an die Originalquelle.

Aus qualitativen Gründen ist dem eigenständigen Erstellen von Grafiken grundsätzlich Vorrang zu gewähren.   Tipp

In Anlehnung an eigenerstellte Darstellungen

Bei dieser Vorgehensweise erstellt man die Darstellung neu und berücksichtigt dabei eigene Designvorgaben, um ein einheitliches Layout und Erscheinungsbild für die gesamte Arbeit zu erreichen.

Die so neu erstellte Grafik wird mit dem Hinweis »in Anlehnung an:« und dem entsprechenden Literaturverweis des

Originals in die eigene Arbeit eingebaut. Dieser Hinweis wird direkt unter die Grafik noch vor dem darunter stehenden Titel der Grafik platziert. Alternativ kann der Verweis auch hinter der Abbildungsbezeichnung in Klammern stehen.

Beispiel einer Grafik-darstellung

- Internet Explorer
- Firefox
- Safari
- Opera
- Sonstige

In Anlehnung an: Mustermann et al. (2007), S. 143
Abbildung 12: Marktanteile von Internetbrowsern weltweit

Fremderstellte Darstellungen

Die unveränderte Übernahme fremder Bilder, Grafiken und Tabellen ist nur unter folgenden Voraussetzungen erlaubt:

- Es handelt sich bei der Arbeit, in die die fremde Darstellung übernommen werden soll, um ein selbstständiges **wissenschaftliches Werk** (siehe »Kleinzitat vs. Großzitat«, S. 110),
- die übernommene Darstellung hat die Funktion eines **Beleges** für Aussagen in der Arbeit,
- die Darstellung wird nur in dem für diesen Beleg **notwendigen Umfang** übernommen und
- es wird die **Quelle** angegeben (die Angabe einer Internetadresse, die sich ständig ändern kann, genügt nicht; Quelle meint: Bezeichnung des Urhebers und Titel des Werkes oder andere identifizierende Bezeichnung).

Sämtliche dieser Voraussetzungen sind einzuhalten. Handelt es sich *nicht* um ein wissenschaftliches Werk, dann dürfen nur kleine Teile (Kleinzitat) eines Werkes zitiert werden.

Wird eine Grafik in unveränderter Form mittels Einscannen oder Kopieren aus einem elektronischen Dokument übernommen, so ist der Hinweis »Entnommen aus:« vor dem Verweis zu nennen.

Bei anderen grafischen Abbildungen wie Fotos oder Screenshots ist analog zu verfahren. Diese Objekte werden ebenfalls in unveränderter Form übernommen.

Tabellen sollten neu erstellt werden, wobei die Inhalte aus der fremden Quelle übernommen werden. Entsprechend werden die Tabelleninhalte mit dem Hinweis »Quelle:« unter der Tabelle als von fremden Ursprungs gekennzeichnet. Der Titel von Tabellen steht im Gegensatz zu Grafiken oberhalb der Tabelle. Alternativ kann er aber auch unter der Tabelle stehen.

Tabelle 17: Umsatzentwicklung von 2004 bis 2007 in €

2004	2005	2006	2007
1.234.574	1.573.234	1.784.472	2.463.234

Quelle: Mustermann AG, München

Beispiel einer Tabelle mit Quellenangabe

Es gehört zum guten wissenschaftlichen Stil, die Urheber der Bilder, Fotos oder Grafiken um Erlaubnis zu bitten und auf die vorgesehene Verwendung hinzuweisen.

Empfehlung

Gänzlich eigenerstellte Inhalte

Sofern selbsterstellte Inhalte, wie Tabellen, Grafiken oder Fotos verwendet werden, ist auf einen Quellenverweis zu verzichten. Also nicht: »Quelle: eigene Darstellung«. Alles, was in einer Arbeit nicht als fremdes Gedankengut gekennzeichnet ist, ist dem Autor der Arbeit zuzurechnen, also insbesondere alle Abbildungen und Tabellen ohne Quellenangaben. Wissenschaftliche Gespräche sind zu zitieren (siehe »Persönliche Mitteilung«, S. 139).

7.4   Kurzzitierweisen *

Diehier aufgeführten Formen der Zitierweise orientieren sich an wissenschaftlichen Standards und sind in unterschiedlichen Zweigen der Wissenschaft anzutreffen. Keine der dargestellten Zitierweise kann für sich den Anspruch erheben, anderen Formen überlegen oder gar die optimale Vorgehensweise zu sein. Die Wahl der jeweils bevorzugten Zitierweise liegt im Auge des Betrachters und hängt von mehreren Faktoren, wie Kompaktheit, Informationsgehalt und vor allem Vertrautheit ab.

Vorgaben der
Hochschule In jedem Fall gilt, dass die in einer wissenschaftlichen Arbeit verwendete Form der Zitierweise den Vorgaben der jeweiligen Hochschule entsprechen muss und mit dem Betreuer abzustimmen ist. Haben Hochschule und Betreuer keine zwingenden Vorgaben an die Art und Weise des Zitierens, so kann eine der hier dargestellten Zitierweisen zwischen den Beteiligten vereinbart werden.

 Folgende Themen werden in diesem Kapitel behandelt:

- »Klassische Harvard-Zitierweise«, S. 114
- »Modifizierte Harvard-Zitierweise«, S. 115
- »Autor-Stichwort-Jahr-Zitierweise«, S. 116
- »Kurzzitierweise mit Namenskürzel«, S. 117
- »Kurzzitierweise mit numerischem Index«, S. 119

7.4.1 Klassische Harvard-Zitierweise **

Die klassische Harvard-Zitierweise ist eine im US-amerikanischen Bereich gebräuchliche Form des Kurzzitats. Quellenverweise werden in verkürzter Form unmittelbar an der Zitatstelle, also im laufenden Text, eingebracht und nennen Autor und Jahreszahl des zitierten Werks.

Die im angloamerikanischen Bereich weit verbreiteten »Harvard Citation Rules« stellen eine Form der Kurzzitierweise im laufenden Text einer wissenschaftlichen Arbeit ohne die Verwendung von Fußnoten[2] dar.

geringe Störung
des Leseflusses
Wesentliches Argument für die Harvard-Zitierweise ist die geringere Störung des Leseflusses durch die Literaturverweise, da das Auge nicht die Zitatstelle verlassen und auf die zugehörige Fußnote springen muss.

Beispiel
Bereits Mustermann verwies auf den stetigen Wandel der Informationstechnologie und die damit verbundene Unzuverlässigkeit erworbener Kenntnisse (vgl. Mustermann 2007b, S. 154 f.). Schlussfolgernd ergibt sich daraus eine Notwendigkeit, seine Kenntnisse regelmäßig auf den neuesten Stand zu bringen.

---

[2]Die Verwendung von Fußnoten ist jedoch auch im US-amerikanischen Hochschulsektor üblich, beispielsweise bei der sog. *Oxford Citation*.

Der Kurzverweis ist aus dem Namen von bis zu zwei Autoren, der Jahreszahl der Veröffentlichung und der entsprechenden Seitenangabe des Zitats aufgebaut.

Aufbau des Kurzverweises

Bei mehr als zwei Autoren wird lediglich der Name des zuerst aufgeführten Autors genannt und das Kürzel »et al.« (für »et alteri«, »et alii« bzw. »et alterae«, »et aliae« oder »et altera«, »et alia«) hinzugefügt, was dem männlichen, weiblichen und sachlichen Plural von »und Andere« entspricht.

mehr als zwei Autoren

Bei mehr als einer zitierten Veröffentlichung des gleichen Autors im selben Jahr werden die Jahresangaben mit einem zusätzlichen Index der Form »a, b, c..., z« versehen.

mehrere Veröffentlichungen in einem Jahr

Dieser Aufbau ist auch unter der deutschen Bezeichnung »Autor-Jahr-System« bekannt, wobei damit zumeist eine leicht abgewandelte und lokalisierte Form der Harvard-Zitierweise gemeint ist.

Autor-Jahr-System

7.4.2 Modifizierte Harvard-Zitierweise **

Die modifizierte Harvard-Zitierweise stellt eine Anpassung der klassischen US-amerikanischen Form an die Bedürfnisse und Gewohnheiten deutscher Wissenschaftler dar. Hierbei wird der grundlegende Aufbau der klassischen Harvard-Zitierweise beibehalten, der Verweis jedoch in der Fußnote platziert.

In vielen wissenschaftlichen Arbeiten kann nicht gänzlich auf den Einsatz von Fußnoten verzichtet werden, da oftmals weitere Anmerkungen, wie Hinweise und Zusatzinformationen, zu den getätigten Aussagen erforderlich sind.

Einsatz von Fußnoten

Der grundlegende Aufbau der Harvard-Zitierweise wurde insbesondere an die Verwendung von Fußnoten angepasst.

Aufbau der Harvard-Zitierweise

Bereits Mustermann verwies auf den stetigen Wandel der Informationstechnologie und die damit verbundene Unzuverlässigkeit erworbener Kenntnisse[23].

Beispiel nach modifizierter Harvard-Zitierweise

---

[23] Vgl. Mustermann (2007b), Seite 154 f.

Verwendung von Fußnoten

Der Kurzverweis auf die Originalquelle wird hier nicht im laufenden Text, sondern in einer Fußnote angegeben. Im laufenden Text findet sich lediglich die entsprechende Fußnotennummer. Der Name des Autors und die Seitenangabe werden abweichend von der US-amerikanischen Form außerhalb der Klammern genannt.

mehr als eine Veröffentlichung in einem Jahr

Ist mehr als eine Veröffentlichung eines Autors aus demselben Jahr verwendet worden, so wird die Jahreszahl ebenfalls um einen Index in der Form »a, b, c...z« ergänzt.

mehr als zwei Autoren

Bei mehr als zwei Autoren wird wie bei der modifizierten Harvard-Zitierweise lediglich der Name des zuerst aufgeführten Autors genannt und das Kürzel »et al.« hinzugefügt.

Beispiel nach modifizierter Harvard-Zitierweise

> Es ist insbesondere auffällig, dass die drei Autoren alle diese Meinung vertreten und keinerlei kritische Äußerung zu vernehmen ist[47].
>
> ---
> [47] Vgl. Mustermann et al. (2004), passim

7.4.3 Autor-Stichwort-Jahr-Zitierweise ***

Die Autor-Stichwort-Jahr-Zitierweise ergänzt das Autor-Jahr-System um die Nennung eines prägnanten Begriffs, welcher geeignet ist, dem Leser die Zuordnung des Kurzverweises zu einer Originalquelle auch ohne wiederholtes Nachschlagen im Literatur- und Quellenverzeichnis zu ermöglichen.

Nachteil des Autor-Jahr-Systems

Ein Nachteil der Zitierweise nach dem Autor-Jahr-System ist, dass selbst der Leser, der mit den Werken der genannten Autoren vertraut ist, aus der Kurzzitierweise nicht ohne Prüfung des Literatur- und Quellenverzeichnisses auf den Titel und damit den Inhalt der zitierten Quelle schließen kann, sofern er nicht alle Veröffentlichungszeiträume im Kopf hat.

Verwendung eines Stichworts

Hilfreich kann da die Ergänzung des Kurzverweises um ein prägnantes Stichwort sein, welches im Kontext zum Titel der Arbeit steht. Kurze und prägnante Stichworte wie »Shopping Portale« für das Buch »Shopping Portale als besondere Herausforderung der Wirtschaftsinformatik«, also eine verkürzte Form des Titels, erfüllen eine Zuordnungsfunktion und halten bereits weitere Informationen über das Thema für den Leser bereit, ohne dass dieser im Literatur- und Quellenverzeichnis nachschlagen muss.

Ein weiterer positiver Aspekt dieses Autor-Stichwort-Jahr-Systems ist, dass auf die Indizierung der Jahreszahl beim Kurzverweis verzichtet werden kann, da es weitestgehend vermeidbar ist, dass die Stichworte zweier Veröffentlichungen desselben Autors im gleichen Jahr identisch sind.

- Nachteilig bei dieser Form der Zitierweise ist hingegen, dass der durch die Kurzzitierweise geschaffene Spareffekt durch das Hinzufügen eines weiteren Eintrags wieder relativiert wird.   Nachteile

- Ebenso nachteilig ist, dass der Autor über die Wahl des Stichworts entscheidet, welches dem Leser bei ungünstiger Wahl (versehentlich oder vorsätzlich) ein falsches Verständnis vom Inhalt des zitierten Werks vermitteln kann.

Bereits Mustermann verwies auf den stetigen Wandel der Informationstechnologie und die damit verbundene Unzuverlässigkeit erworbener Kenntnisse[23].   Beispiel

---

[23] Vgl. Mustermann (IT-Grundlagen 2007), Seite 154 f.

7.4.4 Kurzzitierweise mit Namenskürzel *

Die Kurzzitierweise mit Namenskürzel enthält nur einige wenige Buchstaben des Autorennamens und eine Jahreszahl. Wegen des geringen Umfangs kann der Verweis direkt im laufenden Text oder wahlweise in einer Fußnote gegeben werden. Die Angabe der Seitennummer des Zitats in der Originalquelle ist ebenfalls erforderlich.

Eine weitere Möglichkeit des Zitierens ist die Kurzzitierweise mit Namenskürzel. Bei dieser wird auf einen Eintrag im Literatur- und Quellenverzeichnis durch eine Kombination aus abgekürzten Autorennamen und Veröffentlichungsjahr im Rahmen einer Fußnote oder direkt im laufenden Text verwiesen.

Namenskürzel	Für das Namenskürzel werden bei einem Autor die ersten vier Anfangsbuchstaben des Nachnamens verwendet und die letzten zwei Zahlen des Erscheinungsjahres angehängt.
Beispiel für einen Autor	Ein Werk von Mustermann aus dem Jahr 2001 wird als [Must01] abgekürzt.
zwei Autoren	Haben zwei Autoren an einem Werk mitgewirkt, so werden die ersten zwei Anfangsbuchstaben der Nachnamen beider Autoren für die Abkürzung verwendet.
Beispiel für zwei Autoren	Eine Veröffentlichung der beiden Autoren Mustermann und Neumann aus dem Jahr 1997 wird als [MuNe97] abgekürzt.
drei Autoren	Bei drei Autoren werden jeweils die ersten Anfangsbuchstaben des Nachnamens verwendet, wobei die Anfangsbuchstaben in großen Buchstaben dargestellt werden.
Beispiel für drei Autoren	Auf eine Arbeit von Mustermann, Neumann und Obermeier aus 2005 wird mit [MNO05] verwiesen.
vier oder mehr Autoren	Bei vier oder mehr Autoren wird den Anfangsbuchstaben der ersten drei genannten Autoren der Zusatz »+« hinzugefügt.
Beispiel für vier und mehr Autoren	Die Veröffentlichung von Mustermann, Neumann, Obermeier und Quatermain aus 2007 wird mit [MNO+07] abgekürzt.
unbekannter Autor	Ist der Autor unbekannt, so wird er unter dem Namen »Anonymous« im Literatur- und Quellenverzeichnis eingetragen. Hierbei wird in Abweichung anderer Zitierweisen *nicht* der Zusatz »o. V.« verwendet.
Beispiel für unbekannten Autor	Auf das Werk eines unbekannten Autors aus dem Jahr 1976 wird mit [Anon76] verwiesen.
Verwendung in Fußnoten	Zum Auffinden der entsprechenden Zitatstelle in der Originalquelle wird der Verweis mit der Seitenangabe ergänzt. Dabei wird an Stelle von »Seite« oft »S.« geschrieben.
Beispiel mit Fußnote	Bereits Mustermann verwies auf den stetigen Wandel der Informationstechnologie und die damit verbundene Un-

zuverlässigkeit erworbener Kenntnisse[23].

Beispiel mit
Fußnote

---

[23] Vgl. [Must07, S. 154 f.]

Bereits Mustermann verwies auf den stetigen Wandel der Informationstechnologie und die damit verbundene Unzuverlässigkeit erworbener Kenntnisse (vgl. [Must07, S. 154 f.]).

Beispiel ohne
Fußnote

Sind mehrere Veröffentlichungen eines Autors im gleichen Jahr erschienen, so wird die Jahreszahl auch bei dieser Kurzzitierweise um einen Index der Form »a, b, c..., z« ergänzt.

mehrere
Veröffent-
lichungen in
einem Jahr

+ Bei einem Verweis im laufenden Text wird der Lesefluss weniger gestört als bei Varianten der Harvard-Zitierweise.

Vorteile

+ Wird Blocksatz verwendet, dann entstehen durch die kompakte Darstellung weniger Leerräume in einer Zeile.

− Der Aufbau des Verweises lässt nur wenige Informationen über den Autor und das Werk erkennen, was ein Nachschlagen im Literatur- und Quellenverzeichnis nötig macht.

Nachteil

In diesem Buch wird die hier beschriebene Kurzzitierweise verwendet.

Hinweis

7.4.5 Kurzzitierweise mit numerischem Index *

Bei der Kurzzitierweise mit numerischem Index werden sämtliche Literaturquellen aufsteigend durchnummeriert und mittels ihrer jeweiligen Index-Nummer im laufenden Text oder in der Fußnote gekennzeichnet. Dies ist sehr effizient, gibt jedoch ohne Blick ins Quellenverzeichnis keinerlei Informationen über den Autor oder das Werk preis.

Vorwiegend in den Naturwissenschaften wird eine einfache Form der Zitierweise verwendet, bei der sämtliche verwendeten Quellen in alphabetischer Reihenfolge sortiert und nummeriert werden.

Der Verweis auf die Originalquelle kann dabei innerhalb einer Fußnote oder im laufenden Text gegeben werden.

Beispiel ohne
Fußnote

> Bereits Mustermann verwies auf den stetigen Wandel der Informationstechnologie und die damit verbundene Unzuverlässigkeit erworbener Kenntnisse (vgl. [18], S. 154 f.). Schlussfolgernd ergibt sich daraus eine Notwendigkeit, seine Kenntnisse regelmäßig auf den neuesten Stand zu bringen.
>
> Der entsprechende Eintrag im Literatur- und Quellenverzeichnis sieht wie folgt aus:
>
> [18]   Mustermann, Manfred: Grundlagen der Informationstechnologie: Eine Einführung für Studenten der Wirtschaftsinformatik, 6. Auflage, Musterverlag, München 2007

Vorteil + Diese Form der Kurzzitierweise benötigt den geringsten Platz an der Zitatstelle, was sie zur effizientesten Methode macht.

Nachteile − Die Nachteile der Kurzzitierweise mit Namenskürzel gelten hier verstärkt, da der numerische Index keinerlei Informationen über Autor, Werk und Veröffentlichungszeitraum erkennen lässt.

− Schwierig zu erstellen, da die Nummern den alphabetisch sortierten Quellen im Literaturverzeichnis zugeordnet werden. Wird im Laufe der Arbeit eine weitere Quelle hinzugefügt, dann müssen alphabetisch nachfolgende Quellen mit einer geänderten Nummer versehen werden. Einige Textsysteme erledigen dies automatisch.

7.5 Quellenangaben im Literatur- und Quellenverzeichnis *

Das Literatur- und Quellenverzeichnis führt sämtliche in einer wissenschaftlichen Arbeit verwendeten Quellen auf. Für die Zuordnung eines fremden Inhalts zu einer Originalquelle sind Angaben wie der Name des Autors, eines Herausgebers, eines Verlags und weitere Informationen erforderlich.

Das Literatur- und Quellenverzeichnis enthält Angaben zu sämtlichen in einer wissenschaftlichen Arbeit verwendeten Quellen.

Aufbau und Form der Einträge im Literatur- und Quellen- *DIN 1505*
verzeichnis, wie sie hier und in den Tabellen zur Zitierweise (siehe »Tabellen zur Zitierweise«, S. 331) verwendet werden, orientieren sich an der DIN 1505 und ergänzen diese,
wo notwendig. Beispielsweise geht die Norm aus dem Jahre
1984 nicht auf elektronische Dokumente und Internetquellen ein. Die für einen Verweis notwendigen Angaben sind bis
heute nicht standardisiert. In den Tabellen zur Zitierweise
werden daher Möglichkeiten gezeigt, einen entsprechenden
Verweis vorzunehmen und dabei die Anforderungen an wissenschaftliches Arbeiten einzuhalten.

Autoren

Der Autor (lat. auctor: »Schöpfer«) oder Verfasser ist der
geistige Urheber eines Werkes.

Oftmals kann eine verwendete Literaturquelle mehreren Au- *Zuordnung von*
toren zugeordnet werden. Alle Personen, welche als Autoren *Literaturquellen*
eines Werkes genannt sind, müssen beim Eintrag der Quelle
im Literatur- und Quellenverzeichnis auch aufgeführt werden.

Akademische Titel oder Grade wie »Prof. Dr.« oder »Dipl.- *Verzicht auf*
Inform.« werden weder in den Verweisen noch im Litera- *Zusätze*
tur- und Quellenverzeichnis genannt. Eine Ausnahme bilden
lediglich Adelsprädikate wie »von« und »zu«, welche nach
dem Vornamen genannt werden.

Aus »Prof. Dr.-Ing. habil. Dr. h.c. mult. Dr. med. Man- *Beispiel*
fred Mustermann« wird schlicht und einfach »Mustermann, M.«, während der »Graf von Monte Christo« seine Adelsprädikate als »Monte Christo, Graf von« behalten
darf.

Prof. Dr. Manfred Mustermann hat ein Buch über Grundlagen der Informationstechnologie veröffentlicht. Der entsprechende Eintrag im Literaturverzeichnis sieht wie folgt
aus:

Mustermann, Manfred: Grundlagen der Informationstechnologie: Eine Einführung für Studenten der Wirtschaftsinformatik, 6. Auflage, Musterverlag, München 2003

fehlende Verfasserangaben

Ist für eine Quelle kein Autor bekannt, so wird darauf im Literatur- und Quellenverzeichnis mit dem Hinweis »o. V.« für »ohne Verfasserangaben« (oder »Anonymous«, je nach Zitierweise) hingewiesen. Ist ein Herausgeber oder eine herausgebende Institution bekannt, so ersetzt der Hinweis auf diese die fehlende Autorenangabe.

Beispiel

Es wird aus einem Buch aus dem 17. Jahrhundert zitiert, dessen Verfasser nicht überliefert ist. Der entsprechende Eintrag im Literaturverzeichnis sieht wie folgt aus:

o. V.: Von dem Schreiben mit Federkielen, Mittelalterverlag, Köln 1643

Autoren gleichen Namens

Werden in einer wissenschaftlichen Arbeit Werke von mehreren Autoren gleichen Namens verwendet, so ist anhand des Eintrags im Literatur- und Quellenverzeichnis und auch anhand des jeweiligen Verweises der Kurzzitierweise nicht erkennbar, dass es sich um verschiedene Personen handelt. Auf diese Besonderheit können Sie den Leser direkt im Text mittels einer Fußnote oder einer Anmerkung hinweisen. In jedem Fall muss der Kurzverweis eindeutig dem entsprechenden Eintrag im Quellenverzeichnis zuzuordnen sein, um Verwechslungen auszuschließen.

Herausgeber

Wurde die Quelle nicht von dem eigentlichen Autor, sondern einer anderen Person für die Veröffentlichung vorbereitet und herausgegeben, so wird dessen Name versehen mit dem Kürzel »(Hrsg.)« für »Herausgeber« hinter dem Namen des Autors im Literatur- und Quellenverzeichnis genannt.

Beispiel

Mustermann, Manfred; Neumann, Norbert; Obermeier, Otto (Hrsg.): New Economy: Wenn die Blase platzt, Musterverlag, München 2004

Mitarbeiter

Haben an der Erstellung einer Monografie noch weitere Personen mitgewirkt, welche jedoch weder Herausgeber noch Autor sind, so finden diese mit dem Zusatz »(Mitarb.)« für »Mitarbeiter« ihre entsprechende Würdigung im Literatur- und Quellenverzeichnis.

Mustermann, Manfred; Neumann, Norbert (Hrsg.); Becker, Bernd (Mitarb.): Globalisierung aus Sicht des elektronischen Handels, 2. Auflage, Musterverlag, München 2007   *Beispiel*

Institutionen

In manchen Fällen ist kein Autor bekannt, weil das zitierte Dokument von einer Institution veröffentlicht wurde. In diesem Fall ist, anstelle des unbekannten Autors, die Institution als Herausgeber, mit dem Kürzel »(Hrsg.)« versehen, zu nennen.

Universität Musterhausen (Hrsg.): Diplom-Prüfungsordnung für den Studiengang Wirtschaftsinformatik, Musterhausen 19.12.1997   *Beispiel*

Bearbeiter

Waren an der Veröffentlichung eines Werkes darüber hinaus weitere, aber weniger wichtige Personen beteiligt und sollen diese auch Erwähnung finden, so werden deren Namen mit einem entsprechenden Zusatz wie »(Bearb.)« für »Bearbeiter« oder »(Übers.)« für »Übersetzer« versehen und an entsprechender Stelle im Literatur- und Quellenverzeichnis genannt.

Mustermann, Manfred: Fundamentals of Information Technology: A brief introduction for students, O'Neill, R. (Übers.), 2. Auflage, Example Press, New York 2007   *Beispiel*

Verlag

In einem Literaturverzeichnis sind ebenfalls der jeweilige Verlag und der Verlagsort aufzuführen, bei welchem das zitierte Werk erschienen ist. Ist kein Verleger bekannt, so ist dem entsprechenden Eintrag der Hinweis »ohne Verlagsangaben« hinzuzufügen.

Mustermann, Manfred: Das Tier im Frack: Artgerechte Pinguin-Haltung im Kühlhaus, ohne Verlagsangaben, 2007   *Beispiel*

ISB- und ISS-Nummern

Die »International Standard Book Number« ist eine ehemals 10-, seit 01.01.2007 13-stellige Identifikationsnummer für Bücher und andere veröffentlichte Medien. Jede ISBN identifiziert eine Veröffentlichung eindeutig und wird nie ein zweites Mal vergeben.

Auch wenn nicht alle Veröffentlichungen mit einer ISBN versehen werden, so ist sie dennoch für die Suche nach Literatur sehr hilfreich. Ist die ISBN einer Quelle bekannt, dann sollte sie in das Literatur- und Quellenverzeichnis eingetragen werden.

Beispiel

Mustermann, Manfred: Grundlagen der Informationstechnologie: Eine Einführung für Studenten der Wirtschaftsinformatik, 6. Auflage, Musterverlag, München 2003, ISBN 978–3-827400–65–9

Analog wie für Bücher gibt es für Zeitschriften und Schriftenreihen eine ISS-Nummer *(International Standard Serial Number)*. Eine ISSN besteht aus acht Ziffern, die durch einen Bindestrich in zwei Gruppen zu je vier Ziffern unterteilt ist. Ist sie bekannt, sollte sie bei Zeitschriftenquellen mit aufgeführt werden.

Internetquelle mit URL

Bei elektronischen Dokumenten, welche im Internet verfügbar sind, kann zusätzlich die entsprechende **URL** *(Uniform Resource Locator)* angegeben werden. Ist das Dokument ausschließlich auf diesem Wege zu beschaffen, so wird nur die URL als Hinweis zum Auffinden des Dokuments angegeben.

Beispiel

Mustermann, Manfred / Neumann, Norbert: Spamfighting: Vom einsamen Kampf gegen die E-Mailflut, 12.02.2005, http://www.servername.com/mustermann/blog/ 2005_02_12.html (14.07.2007, 12:34)

Internetquelle mit DOI-Nummer

Vergleichbar mit der ISBN für Bücher ist die **DOI** *(digital object identifier)* für digitale Objekte. Sie wird z.Z. im Wesentlichen für Online-Artikel von wissenschaftlichen Fachzeitschriften verwendet.

Internetquellen werden in der Regel über eine **URL** *(uniform resource locator)* identifiziert. Die URL kennzeichnet den physikalischen Ort auf einem Computersystem, auf dem sich ein Dokument befindet. Wird das Dokument auf ein anderes Computersystem gelegt, dann wird die URL ungültig.

Problem URL

Eine Lösung bietet DOI an. Es wird *nicht* der physikalische Speicherort, sondern ein Objekt, z. B. ein Dokument, identifiziert. Die DOI-Stiftung verwaltet den Bezug zwischen der DOI und der URL. In das DOI-Eingabefenster (siehe Resolve a DOI (`http://dx.doi.org/`)) gibt man die DOI ein und wird dann auf die richtige Webseite geführt.

Lösung

Um das Aufsuchen der DOI-Website zu vermeiden, sollte die DOI um die URL der DOI-Website wie folgt ergänzt werden: `http://dx.doi.org/gewünschteDOI`. Dieser Link führt dann direkt zum gewünschten Dokument.

Die Angabe des DOI-Links
`http://dx.doi.org/10.1007/s002870050051`
führt direkt zu einem Zeitschriftenbeitrag in der Zeitschrift »Informatik-Spektrum« (siehe SpringerLink – Zeitschriftenbeitrag (`http://www.springerlink.com/content/tnukh894kw1t3jxg/`)).

Beispiel

Ist für das elektronische Dokument eine **DOI-Nummer** bekannt, so wird diese mit vorangestellten `http://dx.doi.org/` angegeben.

Tipp

7.6 Arten der Veröffentlichung *

Je nach Art der Veröffentlichung sind unterschiedliche Angaben im Literatur- und Quellenverzeichnis erforderlich, welche es dem Leser ermöglichen, den Ursprung zitierter oder verwendeter Inhalte ausfindig zu machen, zu überprüfen und weiterführende Informationen zu finden.

Zu den wichtigsten Veröffentlichungsarten gehören:

- »Monografien«, S. 126
- »Fachzeitschriften«, S. 127

- »Sammelwerke«, S. 128
- »Internetquellen«, S. 129
- »Gesetzestexte«, S. 132
- »Gerichtsurteile«, S. 134
- »Konferenzbeiträge«, S. 135
- »Herstellerinformationen«, S. 136
- »Graue Literatur«, S. 137
- »Persönliche Mitteilung«, S. 139

7.6.1   Monografien *

Monografien zählen zu den häufigsten zitierten Werken in wissenschaftlichen Arbeiten. Es gibt einige Besonderheiten, welche Angaben für das Zitieren einer Monografie erforderlich sind, hierzu zählen unter anderem die Nummer der Auflage, der Erscheinungsort und ggf. die ISBN.

Monografien sind »Einzelschriften«, welche sich thematisch abgeschlossen mit einem einzigen Gegenstand beschäftigen. Im Gegensatz hierzu thematisieren Sammelbände mehrere Gegenstände aus einem einzelnen Themengebiet.

Wird auf eine Monografie, z. B. auf ein wissenschaftliches Fachbuch verwiesen, so finden in Abhängigkeit zur Zitierweise die folgenden Angaben einen Eintrag im Literatur- und Quellenverzeichnis:

Aufbau des Eintrags

- Name des Autors oder der Autoren.
- Name des Herausgebers oder der herausgebenden Institution.
- Namen von Mitarbeitern und Bearbeitern der Quelle.
- Titel und Untertitel des Werkes.
- Nummer der Auflage (nur falls mehrere Auflagen erschienen sind).
- Verlag und Verlagsort, bei dem das Werk erschienen ist.
- Jahresangabe, wann das Werk erschienen ist.
- ISBN zur eindeutigen Identifikation, falls vorhanden.

Beispiel für eine Monografie

Mustermann, Manfred: Grundlagen der Informationstechnologie: Eine Einführung für Studenten der Wirtschaftsinformatik, 6. Auflage, Musterverlag, München 2003

Aktualität des Zitats

Generell sollten nur die neuesten Auflagen eines Werkes zitiert werden, da zum wissenschaftlichen Arbeiten insbesondere die Verwertung neuester wissenschaftlicher Erkenntnisse gehört. Aber auch dafür gibt es Ausnahmen.

Diese Regel gilt beispielsweise nicht, wenn Inhalte zitiert werden sollen, welche in neueren Ausgaben eines Werkes nicht mehr enthalten sind oder ein Vergleich zwischen den Ausprägungen oder Auffassungen früherer Ausgaben und der aktuellen Version gezogen werden soll.

Im Literatur- und Quellenverzeichnis wird in jedem Fall nur auf die Quelle an sich verwiesen, nicht auf die genaue Zitatstelle. Die Zitatstelle mit Seitenangabe findet sich nur in den Verweisen an der Stelle wieder, an der das Zitat verwendet wurde.

keine Seitenangaben

7.6.2 Fachzeitschriften *

Wissenschaftliche Artikel erscheinen häufig in Fachzeitschriften, welche sich einem speziellen Themengebiet oder generellen wissenschaftlichen Disziplinen widmen. Neben den Angaben zu Autor und Artikelnamen sind auch Angaben zur Fachzeitschrift, wie die Heftnummer, der Verlag und die genaue Seitenangabe, auf der der jeweilige Artikel zu finden ist, erforderlich.

Neben Monografien können auch Artikel aus Fachzeitschriften zitiert werden. Generell wird dabei nur auf den jeweiligen Artikel, *nicht* auf die gesamte Ausgabe einer Zeitschrift verwiesen.

Der entsprechende Verweis auf den Artikel einer Fachzeitschrift wird im Quellenverzeichnis entsprechend mit den folgenden Angaben aufgeführt:

- Name des Autors oder der Autoren.
- Titel und Untertitel des Artikels.
- Name der Fachzeitschrift, in welcher der Artikel erschienen ist.
- Jahrgang, Band, Heftnummer oder Datum des Erscheinungszeitpunkts.
- Erste und letzte Seite des Artikels.

Aufbau des Eintrags

Mustermann, Manfred: Eine Zeitreise durch die Betriebssysteme, in: Computer-Geschichte, 2004, Ausgabe 04, S. 112 bis 114

Beispiel für eine Fachzeitschrift

Da nur auf den entsprechenden Artikel und nicht auf die gesamte Ausgabe verwiesen wird, wird in diesem Fall auch im Quellenverzeichnis eine Seitenangabe hinzugefügt, welche den Anfang und das Ende des gesamten Artikels kennzeichnet.

7.6.3 Sammelwerke *

Sammelwerke fassen eine Vielzahl von Einzelschriften zu einem bestimmten Fachgebiet thematisch zusammen. Beim Zitieren aus entsprechenden Werken sind nicht nur Angaben zu einem bestimmten Aufsatz zu nennen, sondern auch zur Sammelschrift, in welchem dieser veröffentlicht wurde.

Wird aus Sammelwerken zitiert, so muss im Quellenverzeichnis sowohl auf den zitierten Aufsatz als auch auf das Sammelwerk, in welchem der Aufsatz enthalten ist, verwiesen werden.

zwei erforderliche Einträge

Der Verweis im Literatur- und Quellenverzeichnis setzt sich somit aus zwei Einträgen zusammen, einem Eintrag für den Aufsatz mit Herkunftsangabe und einem weiteren Eintrag des Sammelwerks, in welchem der Aufsatz erschienen ist.

Der Aufbau des Eintrags für den Aufsatz mit Herkunftsangaben entspricht der hier dargestellten Form:

Aufbau des ersten Eintrags.

- Name des Autors oder der Autoren.
- Titel und Untertitel des Aufsatzes.
- Autor oder Herausgeber des Sammelwerkes.
- Titel und Untertitel des Sammelwerkes.
- Nummer der Auflage (bei mehreren Auflagen).
- Verlag und Verlagsort, bei dem das Werk erschienen ist.
- Jahresangabe, wann das Werk erschienen ist.
- Erste und letzte Seite des Aufsatzes.

zweiter Eintrag

Der Eintrag für das Sammelwerk entspricht einem Eintrag für Monografien (siehe »Monografien«, S. 126).

Beispiel für ein Sammelwerk

Ein Artikel des Manfred Mustermann ist in einem Sammelband des Norbert Neumann erschienen. Wird aus dem Aufsatz des Mustermann zitiert, so werden dem Literatur- und Quellenverzeichnis die folgenden zwei Einträge hinzugefügt:

Mustermann, Manfred: Moderne Mikroprozessoren: Aufbau und Verwendung, in: Neumann, Norbert: Aufsätze zur Architektur von Rechnersystemen: Vom 8088 zum Pentium, Musterverlag, München 2005, S. 56–65

und

Neumann, Norbert: Aufsätze zur Architektur von Rechnersystemen: Vom 8088 zum Pentium, Musterverlag, München 2005

Erstellen Sie die beiden erforderlichen Einträge für den Aufsatz und das Sammelwerk gleich zusammen, um nicht einen zu vergessen!

Tipp

Wird auf das Sammelwerk als Ganzes und nicht auf einzelne Aufsätze darin verwiesen, wird nur ein Eintrag für das Sammelwerk im Literatur- und Quellenverzeichnis erstellt.

nur ein Eintrag

7.6.4 Internetquellen *

Durch das Internet ist die Veröffentlichung und Verbreitung von wissenschaftlichen Materialien so einfach und unkompliziert, wie nie zuvor. Sollen entsprechende Quellen in einer eigenen wissenschaftlichen Arbeit verwendet werden, so sind besondere Vorgehensweisen beim Beleg der Originalquelle notwendig. Zu unterscheiden ist zwischen rein elektronischen Quellen und digitalen Versionen von traditionellen Werken.

Bei der Verwendung digitaler Quellen aus dem Internet muss berücksichtigt werden, dass sich deren Inhalte jederzeit ändern können und dass manche Dokumente auch gänzlich verschwinden können. Dementsprechend ist es unerlässlich, den Zeitpunkt, zu welchem der Zugriff auf die entsprechenden Informationen stattgefunden hat, unter Angabe des Datums, der Uhrzeit und ggf. der jeweiligen Zeitzone, von welcher aus die Informationen abgerufen wurden, zu dokumentieren.

Zugriffszeitpunkt

Die Angabe der Zeitzone ist nur erforderlich, wenn der Zugriff auf die Quelle von einem Ort aus erfolgte, welcher in einer anderen Zeitzone liegt, als der spätere Ort

Tipp

der Veröffentlichung oder Einreichung der wissenschaftlichen Arbeit. Erfolgen alle Internetzugriffe aus der gleichen Zeitzone, in der auch der Verlag oder die Hochschule liegt, für welche die Arbeit erstellt wird, so kann auf eine explizite Angabe der Zeitzone verzichtet werden.

Verifizierbarkeit

Zur Verifizierbarkeit dieser Angaben muss in jedem Fall eine Kopie der zitierten Dokumente vorgehalten werden. Dies geschieht bei reinen Internetseiten entweder durch einen Screenshot, eine Speicherung der Webseite(n) oder besser durch ein PDF-Dokument.

Elektronische Dokumente, die aus dem Internet geladen werden (z. B. PDFs oder Word-Dokumente), sind komplett zu archivieren. Alle diese Dokumente sollten sicher aufbewahrt werden. Nur so ist die Echtheit der zitierten Quellen nachweisbar, falls die Originalquelle nicht mehr im Internet verfügbar ist.

prüfungsrelevante Arbeiten

Bei prüfungsrelevanten Arbeiten ist es ggf. unerlässlich, diese Dokumentation der verwendeten elektronischen Quellen auf einem Datenträger wie CD-ROM oder DVD zusammen mit der wissenschaftlichen Arbeit dem Betreuer einzureichen, damit dieser die verwendeten Inhalte verifizieren kann.

Werden nur wenige elektronische Quellen, wie einzelne Internetseiten und kurze Dokumente zitiert, so sind diese gedruckt als Referenz im Anhang der Arbeit unterzubringen. In diesem Fall kann auf eine Archivierung mittels Datenträger verzichtet werden.

Elektronische Formate traditioneller Veröffentlichungen

Soll aus einem elektronischen Dokument zitiert werden, welches auch in Buchform erschienen ist, so entsprechen die Inhalte des Eintrags denen für Monografien, welche durch die entsprechende Internetadresse und den Zugriffszeitpunkt ergänzt werden:

zusätzliche Angaben für elektronische Dokumente

- Zugriffsprotokoll (zumeist http:// oder ftp://)
- Serveradresse und Pfad zum Dokument

- Name des elektronischen Dokuments inkl. Suffix, z. B. .pdf oder .html
- Datum und Uhrzeit des Zugriffs

Mustermann, Manfred; Neumann, Norbert: Der digitale Underdog: Administratoren im Unternehmensumfeld, Musterverlag, München 2007, http://www.servername.com/mustermann/buecher/underdog.pdf (16.09.2007, 01:23)

Beispiel

Für Fachzeitschriften und Sammelwerke wird analog verfahren, der Eintrag wird jedoch entsprechend der jeweiligen Form angepasst.

Anpassung an Veröffentlichungsform

Reine Internetquellen

Sind die verarbeiteten Informationen ausschließlich über das Internet verfügbar, so sind die folgenden Angaben erforderlich:

- Name des Autors oder der Autoren.
- Namen von Mitarbeitern und Bearbeitern der Quelle.
- Titel und Untertitel des Werkes.
- Falls vorhanden ein Erscheinungsdatum oder einer Versionsnummer.
- Zugriffsprotokoll (zumeist http:// oder ftp://).
- Serveradresse und Pfad zum Dokument.
- Name des elektronischen Dokuments (inkl. Suffix).
- Datum und Uhrzeit des Zugriffs.

Angaben für reine Internetquellen

Mustermann, Manfred / Neumann, Norbert: Spamfighting: Vom einsamen Kampf gegen die E-Mailflut, 12.02.2005, http://www.servername.com/mustermann/blog/ 2005_02_12.html (14.07.2007, 12:34)

Beispiel

Internetquellen mit DOI-Nummer

Bei Vorhandensein einer DOI ist diese, analog zu ISBN, im Literatur- und Quellenverzeichnis aufzuführen (siehe auch »Quellenangaben im Literatur- und Quellenverzeichnis«, S. 120). Die Angabe, wann auf das Dokument zugegriffen wurde, entfällt.

Beispiel

> Mustermann, Manfred: Grundlagen der Informationstech-
> nologie: Eine Einführung für Studenten der Wirtschaftsin-
> formatik, 6. Auflage, Musterverlag, München 2003, DOI:
> 12.3456.7890123

Auf das Dokument einer DOI kann auch direkt verwiesen werden, indem der DOI-Nummer der Zusatz »http://
dx.doi.org/« vorangesetzt wird.

Beispiel

> Mustermann, Manfred: Grundlagen der Informationstech-
> nologie: Eine Einführung für Studenten der Wirtschaftsin-
> formatik, 6. Auflage, Musterverlag, München 2003, DOI:
> http://dx.doi.org/12.3456.7890123

7.6.5 Gesetzestexte **

**Wenn aus Gesetzestexten zitiert werden soll, ist auf die ge-
naue Angabe des zitierten Gesetzbuchs und der entsprechenden Angaben zu Paragraph, Absatz, Nummer etc. zu
achten.**

Verweise auf Gesetzestexte werden in einem separaten
Rechtsquellenverzeichnis aufgeführt. Dies gilt auch bei der
Verwendung eines zusammengefassten Literatur- und Quel-
lenverzeichnisses.

Für jeden Eintrag im Rechtsquellenverzeichnis werden die
folgenden Angaben benötigt:

Aufbau des
Eintrags

- Genaue Bezeichnung des Gesetzes.
- Datum der zitierten Fassung.
- Letztes Änderungsdatum der zitierten Fassung.
- Jeweilige Fundstellen.

Beispiel für
einen Gesetzes-
text

> Bürgerliches Gesetzbuch i. d. F. der Bekanntmachung vom
> 2. Januar 2002 (BGBl. I S. 42, 2909; 2003 I S. 738), zuletzt
> geändert durch Artikel 3 des Gesetzes vom 23. November
> 2007 (BGBl. I S. 3631)

Die erforderlichen Informationen finden sich jeweils zu Beginn des Gesetzbuchs, noch vor dem Inhaltsverzeichnis. Die
jeweils aktuellen Fassungen deutscher Bundesgesetze kön-

nen auf der Website des Bundesministerium der Justiz (http:
//bundesrecht.juris.de/aktuell.html) eingesehen werden.

Die jeweiligen Einträge sind nach den Gesetzestexten alphabetisch zu ordnen. Mehrere Fassungen eines Gesetzes sind
darüber hinaus chronologisch absteigend zu sortieren.

Der Aufbau des Quellenverweises entspricht unabhängig der
für andere Quellen gewählten Form der in den Rechtswissenschaften üblichen Zitierweise und beinhaltet den zitierten
Paragraphen, Artikel, Absatz etc. gefolgt von der Abkürzung
des Gesetzes:

Quellenverweis

- »§« oder »Art.« für Paragraph oder Artikel
- »Abs.« für Absatznummer
- »Nr.« für Nummer
- »S.« und »HS.« für Satz- und Halbsatznummer
- »lit.« für lateinisch »littera«, Buchstabe zur Aufzählung
- Bezeichnung des zitierten Gesetzes in Kurzform

Aufbau des Kurzverweises

So gelten besondere Bedingungen für die Einbeziehung
allgemeiner Geschäftsbedingungen in den Vertrag[37].

_____
[37] S. § 305 Abs. 2 Nr. 1 und 2 BGB

Beispiel Quellenverweis eines Gesetzestexts

Bei indirekten Zitaten von Gesetzestexten ist *immer* anstelle
des Hinweises »Vgl.« für »Vergleiche« der Zusatz »S.« für
»Siehe« voranzustellen.

Es sind die zum Zeitpunkt der Abgabe der Arbeit aktuellen Fassungen der Gesetze zu zitieren. Sollen ältere Fassungen von Gesetzen zitiert werden, so sind diese separat
im Rechtsquellenverzeichnis unterhalb der aktuellen Fassungen aufzuführen. Auf die Verwendung dieser Fassungen
wird mit dem Hinweis »a. F.« für »alte Fassung« oder der
Angabe der Jahreszahl, jeweils in Klammern, verwiesen.

ältere Fassungen

Dieser Paragraf weist Änderungen im Vergleich zur ersten
Fassung des Gesetzes auf[38].

_____
[38] S. § 305 BGB (1896)

Beispiel: Verweis auf alte Fassung eines Gesetzestexts

7.6.6 Gerichtsurteile ***

Die veröffentlichten Urteile von Gerichten sind eine zitierbare Primärquelle. Der Aufbau des Quellenverweises entspricht einem speziellen Muster und unterscheidet sich von dem anderer Literaturquellen.

Gerichtsurteile sind in einem separaten Rechtsprechungsverzeichnis und *nicht* im Literatur- und Quellenverzeichnis aufzuführen.

Der Eintrag für ein Gerichtsurteil innerhalb eines Rechtsprechungsverzeichnisses einer wissenschaftlichen Arbeit erfordert die folgenden Angaben:

Aufbau des Eintrags

- Zuständiges Gericht
- Urteilsdatum
- Aktenzeichen
- ggf. Fundstelle

Beispiel für ein Urteil

Oberlandesgericht Düsseldorf, Urteil v. 20.02.2001 (Az. 20 U 194/00)

Die jeweiligen Einträge sind nach den Gerichten alphabetisch zu ordnen. Mehrere Urteile eines Gerichts sind darüber hinaus chronologisch absteigend zu sortieren.

Der Aufbau des Quellenverweises entspricht unabhängig der für andere Quellen gewählten Form der in den Rechtswissenschaften üblichen Zitierweise und beinhaltet die Abkürzung des Gerichts, Angaben zum Urteil und einen entsprechenden Stellenverweis im Urteilstext.

Der Stellenverweis wird abweichend von der üblichen Form anstatt durch die Seitenangabe mit der Nummer des zitierten Absatzes gegeben:

Aufbau des Kurzverweises

- Bezeichnung des Gerichts in Kurzform
- Datum der Urteilssprechung
- Aktenzeichen
- »Abs.« für den entsprechenden Absatz

Beispiel Verweis auf Gerichtsurteil

»Ein derartiges ›Massengeschäft‹ erfordert auch im Bereich des Markenrechts nicht die Einschaltung eines Rechtsanwalts. Eine schematische Zuerkennung von Aufwendungen für Rechtsanwaltskosten ist auch hier abzulehnen [...].«[39]

[39] OLG Düsseldorf, Urteil v. 20.02.2001 (Az. 20 U 194/00), Abs. 5

7.6.7 Konferenzbeiträge *

Auf Konferenzen und Symposien finden sich eine Vielzahl von aktuellen Beiträgen beispielsweise in Form von Vorträgen. Selbige werden oft vom Referenten zur Verfügung gestellt und als Bestandteil eines Konferenzbands veröffentlicht. Werden Beiträge aus einem Konferenz-Sammelband zitiert, so wird sowohl auf den Beitrag als auch auf den entsprechenden Konferenzband verwiesen.

Für das Zitieren von Beiträgen aus einem Konferenzband werden zwei separate Einträge, einer für den Beitrag mit Herkunftsangaben und ein weiterer für den Konferenzband erstellt. Der Eintrag für den Konferenzbeitrag mit Herkunftsangaben wird mit den hier genannten Angaben versehen:

- Name des Autors oder der Autoren.
- Titel und Untertitel des Beitrags.
- Autor oder Herausgeber des Konferenzbands.
- Titel und Untertitel des Konferenzbands.
- Nummer der Auflage (bei mehreren Auflagen).
- Verlag und Verlagsort, bei dem das Werk erschienen ist.
- Jahresangabe, wann das Werk erschienen ist.
- Erste und letzte Seite des Beitrags im Konferenzband.

Aufbau des ersten Eintrags

Der Eintrag für den Konferenzband entspricht einem Eintrag für Monografien (siehe »Monografien«, S. 126).

zweiter Eintrag

Wird auf den Konferenzband als Ganzes und nicht auf einzelne Beiträge darin verwiesen, wird nur ein Eintrag für den Konferenzband im Literatur- und Quellenverzeichnis erstellt.

nur ein Eintrag

Ein Beitrag des Manfred Mustermann auf der »Konferenz für angewandte Informatik« ist in einem Konferenz-Sammelband des Veranstalters Norbert Neumann erschienen. Wird aus dem Beitrag des Mustermann zitiert, so wer-

Beispiel

den dem Literatur- und Quellenverzeichnis die folgenden zwei Einträge hinzugefügt:

Mustermann, Manfred: Aktuelle Entwicklungen der Informationstechnologie, in: Neumann, Norbert (Hrsg.): Konferenz für angewandte Informatik: Sammlung der Konferenzbeiträge, Musterverlag, München 2007, S. 28–34

und

Neumann, Norbert (Hrsg.): Konferenz für angewandte Informatik: Sammlung der Konferenzbeiträge, Musterverlag, München 2007

7.6.8 Herstellerinformationen **

Herstellerinformationen können für wissenschaftliche Arbeiten eine wichtige Primärquelle darstellen. Entsprechende Informationen sind in Abhängigkeit ihrer Veröffentlichungsart als Monografie, Website oder elektronisches Dokument zu behandeln.

Manchmal ist es notwendig, für die Beschreibung von Systemen oder Lösungen auf Informationen der entsprechenden Hersteller und Produzenten zurückzugreifen. Solche Informationen liegen häufig als Datenblätter, Handbücher oder *White Papers* in gedruckter Form oder als digitale Dokumente beispielsweise im Word- oder PDF-Format vor.

Zitierfähigkeit   Frei zugängliche Herstellerinformationen sind üblicherweise zitierfähig und werden entsprechend ihrer Veröffentlichungsform zitiert.

Herstellerinformationen in gedruckter Form

Liegen die Informationen in gedruckter Form vor, so werden sie als Monografie behandelt und entsprechend im Literaturverzeichnis eingetragen (siehe »Monografien«, S. 126). Der Hersteller wird in diesem Fall als Herausgeber betrachtet und mit dem Kürzel »(Hrsg.)« versehen an Stelle eines (meist nicht genannten) Autors.

Beispiel für
gedruckte Form   Mustermann AG (Hrsg.): Bedienungsanleitung für Kompaktstaubsauger zur Tastaturreinigung, München o. J.

Herstellerinformationen aus dem Internet

Elektronische Dokumente, welche über das Internet beispielsweise als Download von Websites eines Herstellers heruntergeladen werden können, werden wie traditionelle Quellen behandelt, welche über das Internet zu beziehen sind (siehe »Internetquellen«, S. 129).

ACME Inc. (Hrsg.): Safe communication with ACME cell phones (White Paper), Albuquerque 2007, http://www.servername.com/whitepapers/it/ safe_communications.pdf (31.05.2007, 01:37)

Beispiel für Dokumente aus dem Internet

Herstellerinformationen in Form einer Website

Sind die zitierten Informationen auf einer Website eines Herstellers nachzulesen, so wird ein Eintrag im Literatur- und Quellenverzeichnis entsprechend einer reinen Internetquelle erstellt (siehe »Internetquellen«, S. 129).

Mustermann AG (Hrsg.): Tastatursauger: Technische Daten, München 2005, http://www.servername.com/produkte/sauger/ technik.html (23.11.2005, 02:57)

Beispiel für eine Website

Herstellerinformationen in elektronischer Form

Herstellerinformationen, welche auf einem Datenträger mit einem Produkt geliefert werden, werden wie eine Monografie behandelt (siehe »Monografien«, S. 126). Es wird auf die entsprechende Datenträgerart hingewiesen.

Mustermann AG (Hrsg.): Bedienungsanleitung für digitalen Massenspeicher MS-2000 (CD-ROM), München 2007

Beispiel für Dokumente in elektronischer Form

7.6.9 Graue Literatur *

Manchmal liegen dem Autor einer wissenschaftlichen Arbeit Informationen in Form nicht oder noch nicht veröffentlichter Quellen vor. Deren Verwendung verlangt eine besondere Sorgfalt des Autors.

Unter »Grauer Literatur« versteht man Bücher und Schriften, welche nicht auf traditionelle Weise veröffentlicht und nicht über den Buchhandel zu beziehen sind. Urheber entsprechender Werke sind oftmals Unternehmen, Organisationen, Vereine, Veranstalter und Betreiber von Webseiten.

Beispiel

Als entsprechende Schriften sind beispielhaft Programmhefte, Seminarkataloge, Vereinszeitschriften und Webseiten zu nennen.

Ebenfalls als »Graue Literatur« sind noch nicht veröffentlichte wissenschaftliche Arbeiten wie Dissertationen, Habilitationen und Diplom- und Masterarbeiten zu betrachten. Gerade bei der Erstellung von Dissertationen werden häufig Ergebnisse von vergebenen Diplom- und Masterarbeiten zitiert.

Entsprechende Quellen sind nicht so einfach überprüfbar, wie andere Veröffentlichungen, entsprechend sorgsam sollte deren Verwendung in eigenen wissenschaftlichen Arbeiten geschehen. Beim Zitieren aus Quellen der »Grauen Literatur« sind alle Anforderungen traditioneller Veröffentlichungen zu beachten. Darüber hinaus sollte der Autor in jedem Fall die Belegbarkeit entsprechender Zitate, beispielsweise durch das Anfertigen von Fotokopien, Scans oder Screenshots der entsprechenden Ursprünge sicherstellen.

Kennzeichnung

Falls in einer wissenschaftlichen Arbeit Bücher oder Artikel aus wissenschaftlichen Fachzeitschriften verwendet werden sollen, welche noch nicht veröffentlicht worden sind, so ist in jedem Fall mit einem adäquaten Zusatz im Literatur- und Quellenverzeichnis auf diesen Umstand hinzuweisen!

Beispiel

Verwenden Sie Zusätze wie »im Druck« oder »noch nicht veröffentlicht« oder »Veröffentlichung geplant in Ausgabe 01/2009« o. ä.

Tipp

In jedem Fall sollte die Verwendung »Grauer Literatur« mit dem Betreuer abgestimmt werden.

7.6.10 Persönliche Mitteilung **

Mündliche Mitteilungen können wertvolle Hinweise und Informationen für die eigene Arbeit beinhalten. Es ist jedoch nicht immer einfach, diese Informationen auch verwenden zu können, insbesondere, falls diese als wörtliches Zitat in die eigenen Ausführungen einfließen sollen.

In manchen Situationen möchte der Autor Informationen in seiner wissenschaftlichen Arbeit verwenden, welche ihm gegenüber von einer weiteren Person mündlich geäußert wurden. Dies kann während eines Fachgesprächs oder auch als Antwort auf eine Frage im Rahmen eines Interviews geschehen sein.

Entsprechende persönliche Mitteilungen werden im Text als Zitat kenntlich gemacht und im Quellenverzeichnis mit dem Hinweis »Persönliche Mitteilung von Manfred Mustermann v. 12.03.2007« oder »Antwort von Manfred Mustermann im Interview v. 12.03.2007« erläutert.

Mit mündlich überlieferten Zitaten ist vorsichtig umzugehen, insbesondere sollte vor Verwendung geklärt werden, ob der Zitierte mit dem Zitat einverstanden ist und dies im konkreten Fall auch bestätigen würde.   Tipp

8 Ordnen, lesen, Inhalte kennzeichnen *

Studierende sammeln im Laufe ihrer Studienzeit zahlreiche Texte, Forschungsergebnisse und Daten aus Internetrecherchen. Wissenschaftliche Arbeitstechniken erleichtern es, sich in der Fülle der Informationen zurechtzufinden und das für die eigenen Zwecke relevante Wissen schnell herauszufiltern.

Wissenschaftliche Arbeitstechniken sollten Sie so früh wie möglich nutzen.

Dies gilt vor allem für Ordnungs- und Ablagesysteme. Mit ihrer Hilfe kann man das im Studium gesammelte Material sortieren, übersichtlich lagern und verwalten. Bei der Erstellung wissenschaftlicher Arbeiten, insbesondere beim Schreiben der Abschlussarbeit, spart man durch Ordnungs- und Ablagesysteme Zeit und Energie. Ein weiterer Vorteil ist die langfristige Nutzbarkeit:

▨ »Ordnungssysteme«, S. 142

Lesestrategien helfen, das reichhaltige Material im Studium zu erfassen und zielgerichtet eine Auswahl zu treffen. Texte kann man flüchtig-diagonal oder intensiv-studierend lesen, je nachdem, ob man sie oberflächlich prüfen oder gründlich verstehen will. Mit Hilfe der PQ4R-Methode lässt sich auch der Gehalt schwieriger, wissenschaftlicher Texte schrittweise erarbeiten:

▨ »Lesestrategien«, S. 145

Wichtige Textstellen sollte man hervorheben, damit man sie leicht wiederfinden kann. Man kann Texte durch Codes und durch Stichworte ergänzen oder Wichtiges durch Farben und Symbole markieren. Pfeile zeigen Zusammenhänge. Auch eigene Fragen, Widersprüche und Zustimmung kann man durch Bildzeichen kenntlich machen:

▨ »Markieren & Notieren: Entlasten Sie Ihren Kopf«, S. 147

Wer Informationen zusammenstellen und strukturieren will, kann Mind-Maps entwickeln. Sie geben einen Überblick und sind beliebig erweiterbar:

▨ »Exkurs: Mind Maps «, S. 148

8.1   Ordnungssysteme *

Mit Hilfe verschiedener Ordnungs- und Ablagesysteme kann man im Studium, und hier besonders bei der wissenschaftlichen Abschlussarbeit, viel Zeit und Energie sparen. Verschiedene Arten der Registrierung und Sortierung erlauben einen schnellen Zugriff auf die gesammelten Daten und Materialien. Die Ordnungssysteme sind langfristig nutzbar. Man kann sie auch leicht mit einem Computerprogramm erstellen.

Kaum hat das Studium begonnen, da häufen sich schon Ihre Mitschriften, Kopien, Skripte und andere Unterlagen. In der nachfolgenden Studienzeit wächst der Berg an Informationen aus den verschiedenen Studienfächern kontinuierlich. Da lohnt es sich, so früh wie möglich ein Ordnungssystem einzurichten, das Such- und Sortierzeit erspart, langfristig nutzbar ist und die Erstellung der Abschlussarbeit wesentlich erleichtert. Hier gibt es verschiedene Möglichkeiten.

Ordner und Hängeregister

Ihre ausgedruckten Studienunterlagen, kopierte Textauszüge und andere Materialien können Sie in gewöhnliche Ordner oder Hängeregistermappen abheften. Vielleicht bevorzugen Sie eine Einteilung nach Themengebieten (ggf. auch in chronologischer Reihenfolge). Innerhalb eines einzelnen Themengebietes können Sie die Materialien auch alphabetisch nach Schlagworten sortieren (Schlagwortkatalog).

Tipp   Versehen Sie Ihre Mitschriften sofort mit dem passenden Schlagwort. Das erleichtert die Einordnung und Verwaltung Ihres Wissensschatzes.

Karteikästen

Karteikarten, die in Karteikästen aufbewahrt werden, kann man zum Sammeln von Literaturhinweisen verwenden. Autoren sortiert man gewöhnlich alphabetisch (Verfasserkartei).

Was steht auf der Karteikarte? Ein Stichwort und der Themenbereich, die exakte Literaturangabe (»Quellen recher-

chieren, bewerten und richtig zitieren«, S. 75) und die Fundstelle. Standort und Signatur nicht vergessen!

Karten in Karteikästen sind im Studium vielfältig nutzbar:
Eco unterscheidet Lektüre-Karten, Verfasser-Karten, Zitate-
Karten, Themenkarten, Ideenkarten (vgl. [Eco05, S. 154]).

Mit einem kleinen Karteikasten, den Sie bequem in Ihrer (Jacken-)tasche mitführen, sind Sie jederzeit gerüstet,
neue Literatur (+ Fundort) und andere interessante Daten
aufzunehmen.

Tipp

Notizenheft / Journal

Statt eines kleinen Karteikastens kann man auch ein Noti-
zenheft bei sich führen. So sind sie immer darauf vorbereitet, spontan Ideen und wertvolle Hinweise aufzunehmen.
In dieses Journal tragen Sie Literaturquellen, Zitate, Fragen,
Überlegungen und Ihre Ideen ein, die Ihnen bei der Abschlussarbeit und darüber hinaus von Nutzen sein können.

Datenbank auf dem eigenen PC

Textänderungen und Textergänzungen können Sie leichter
vornehmen, wenn Sie Ihr Ordnungssystem auf einem Computer einrichten. Schon mit Hilfe einer Software für die Textverarbeitung und Tabellenkalkulation oder mit Hilfe von
Literaturverwaltungsprogrammen können Sie schnell eine
eigene Literatur-Datenbank entwickeln oder einen tabella-
rischen Schlagwortkatalog erstellen. Zu den Vorteilen der
Computernutzung zählen

- der große Speicherplatz,
- die Zeitersparnis durch bequeme Such- und Sortierfunk-
  tionen (In einer Tabelle kann man nach Schlagworten und
  auch nach Verfassern suchen – statt die Stichwort- und
  Verfasserkartei einzeln zu führen – und man kann die
  Tabelle nach unterschiedlichen Datenfeldern sortieren),
- die Möglichkeit, Informationen aus dem Internet und anderen Dateien schnell einzufügen und
- die Möglichkeit, Hypertext-Verknüpfungen anzulegen.

Mittlerweile sind auch einige Softwareprogramme zur Verwaltung von Literatur und Wissen verfügbar. Exemplarisch
sei hier Citavi (http://www.citavi.de) genannt, welches u. a.

Programme zur
Literaturverwal-
tung

die Funktionen Literaturverwaltung, Online-Recherche, Aufgabenplanung und Wissensorganisation beinhaltet. Citavi ist in einer kostenlosen »Citavi Free«-Version erhältlich. Die Abb. 8.1-1 zeigt einen Screenshot von »Citavi Free«. Citavi verfügt über eine Importfunktion für gängige Dateiformate, z. B. MS Access, MS Excel, OpenOffice, BibTeX und Textdateien mit Trennzeichen (Tabulator, Komma etc.). So können bestehende Daten eingebunden werden. Für die Weiterverwendung und Einbindung in wissenschaftliche Arbeiten können in Citavi vorhandene Datenbestände auch in die entsprechenden Formate exportiert werden.

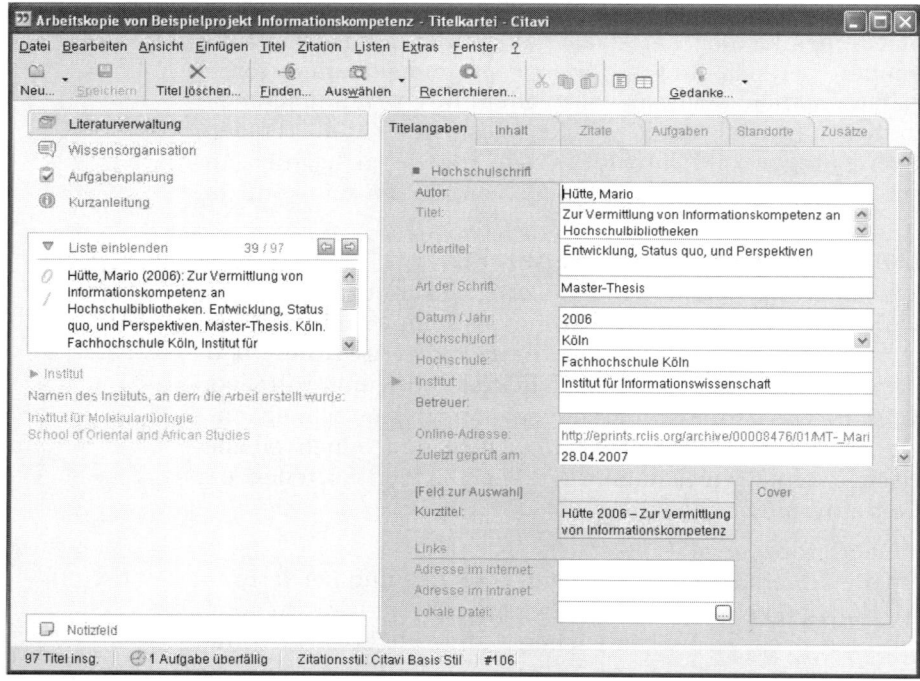

Abb. 8.1-1: Citavi-Screenshot.

Welches Ordnungssystem Sie auch bevorzugen: Wenn Sie viel Zeit und Energie sparen wollen, sollten Sie

- Ihr Ordnungssystem regelmäßig nutzen und erweitern,
- die Literatur stets vollständig und korrekt angeben und

▦ immer deutlich kennzeichnen, welche Zitate von anderen Personen stammen und welche Beiträge Sie selbst geschrieben haben.

8.2   Lesestrategien *

Texte kann man diagonal und flüchtig oder intensiv-studierend lesen, je nachdem, ob man sie oberflächlich prüfen oder gründlich verstehen will. Mit Hilfe der PQ4R-Methode können Sie sich auch den Gehalt schwieriger, wissenschaftlicher Texte schrittweise erarbeiten.

Diagonales Lesen

Um herauszufinden, welche Bücher, Zeitschriftenartikel, Forschungsberichte oder Internetveröffentlichungen für die eigenen Zwecke brauchbar sind, muss man nicht alle Texte ausführlich lesen. Das wäre zu zeitaufwändig.

Zunächst reicht es aus, die Texte zu überfliegen: Man liest sie diagonal (quer) und nur flüchtig. Man versucht, sich zunächst nur einen Überblick zu verschaffen. Dabei fragt man sich:

1   Wie lautet der Titel?   Fragen stellen
2   Was steht im Klappentext?
3   Wer ist der Autor?
4   In welchem Jahr ist der Text erschienen?
5   Was steht im Inhaltsverzeichnis?
6   Was wird in der Einleitung zu den Zielen und zum Einsatzbereich des Buches mitgeteilt?
7   Was sind die inhaltlichen Schwerpunkte?
8   Welche Schlüsselbegriffe werden hervorgehoben?
9   Was steht am Ende (Ergebnisse)?

Nun können Sie beurteilen: Ist die Informationsquelle hilfreich für meine Arbeit? Finde ich hier Antworten auf meine Fragen?

Durch dieses sogenannte *kursorische* Lesen können Sie schnell den Informationswert des Lesestoffes prüfen. Danach entscheiden Sie,

- ob der Stoff für Sie brauchbar oder unbrauchbar ist,
- ob Sie sich zunächst nur den Titel (Autor, Verlag) notieren,
- ob Sie den Text teilweise oder vollständig lesen werden,
- ob Sie den Inhalt (ggf. unter einer speziellen Fragestellung) gründlich studieren wollen.

Genaues, verstehendes Lesen

Wenn Sie Ihre Literaturauswahl getroffen haben, können Sie damit beginnen, die wichtigsten Quellen intensiv zu studieren. Hier ist genaues, verstehendes Lesen erforderlich. Dazu gehört es,

- sich mit den Inhalten intensiv auseinanderzusetzen,
- eigene Fragen zu stellen und die Antworten im Text zu suchen,
- das Gelesene mit dem eigenen Wissen und Praxiserfahrungen zu vergleichen,
- Widersprüche aufzudecken,
- Zusammenhänge zu erkennen,
- wichtige Stellen wiederholt zu lesen und zu reflektieren sowie
- Textstellen zu markieren, um wichtige Inhalte schnell wiederzufinden.

Die PQ4R-Methode

Eine bewährte Lesetechnik für wissenschaftliche Texte ist die PQ4R-Methode von Thomas und Robinson [ThRo72]. Sie erleichtert es, auch den Gehalt schwieriger Texte zu verstehen. Sechs Schritte sind nötig, um **ein Buchkapitel** zu erarbeiten:

1   *Preview* (Vorschau): Beginnen Sie damit, den Text **diagonal** zu **lesen**: Überfliegen Sie das Buchkapitel. Achten Sie dabei auf die Überschriften der Abschnitte.

2   *Questions* (Fragen stellen): Nun folgt die Erarbeitung der einzelnen Abschnitte: Achtung! Schritt 2 bis 5 gilt für jeden einzelnen **Abschnitt**. Lesen Sie die Überschrift des ersten Abschnitts und formulieren Sie dazu **Fragen**.

3   *Read* (den Text lesen): Dann **lesen Sie** den Abschnitt intensiv. Versuchen Sie aufgrund der Inhalte, **Antworten** auf Ihre Fragen zu finden.

4   *Reflect* (darüber nachdenken): Jetzt können Sie über das Gelesene reflektieren: Vergleichen Sie es mit Ihrem Wissen und Ihren Erfahrungen.

5   *Recite* (rezitieren): **Wiederholen** Sie die wichtigsten Inhalte des Abschnitts. Fassen Sie noch einmal Ihre Fragen und Antworten zusammen. Lesen Sie noch einmal nach, wenn etwas unklar geblieben ist oder wenn Sie etwas Wichtiges nicht vollständig wiedergeben können. Anschließend durchlaufen Sie bitte auch für die **weiteren Abschnitte** des Kapitels die Arbeitsschritte 2 bis 5.

6   *Review* (Rückschau): Am Ende **tragen Sie alles zusammen**. Alle Inhalte der einzelnen Abschnitte, alle zentralen Fragen und Antworten. Sprechen Sie sich die Inhalte laut vor. Das fördert das Behalten.

8.3   Markieren & Notieren: Entlasten Sie Ihren Kopf *

Wichtige Textstellen sollte man hervorheben, damit man sie leicht wiederfinden kann: Man kann Texte durch Codes und Stichworte ergänzen oder Wichtiges durch Farben und Symbole markieren. Pfeile zeigen Zusammenhänge. Auch eigene Fragen, Widersprüche und Zustimmung kann man durch Bildzeichen verdeutlichen.

Beim Lesen und Studieren Ihrer Fachliteratur, aber auch beim Mitschreiben in Seminaren und Vorlesungen, werden Sie feststellen, dass bestimmte Inhalte herausragend wichtig für ein bestimmtes Thema oder eine Fragestellung sind. Damit Sie die Inhalte schnell wiederfinden, können Sie diese hervorheben.

markieren

Was sollte man hervorheben? Das kommt natürlich auf das Thema Ihrer Arbeit, Ihre Fragestellung und Ihr Erkenntnisinteresse an. Hervorhebenswert sind häufig:

- Fachbegriffe und thematisch relevante Schlüsselwörter.
- Definitionen und Regeln.
- Jahresangaben sowie der Name und das Geburtsjahr bedeutender Personen.
- Literaturhinweise.
- Zentrale Thesen und ggf. auch Textstellen, die Widerspruch erregen.

■ Zusammenhänge und wichtige inhaltliche Beziehungen.

■ Textstellen, die Fragen aufwerfen und Textstellen, die Antworten auf Ihre Fragen liefern.

Wie kann man Inhalte markieren? Wichtige Inhalte können Sie markieren durch:

■ Unterstreichungen (verschiedene Farben verwenden).

■ Farbflächen (Buntstifte, Textmarker).

■ Symbole (standardisierte Symbole wie >, ?, ! und graphische Bildzeichen).

■ Pfeile, um Zusammenhänge aufzuzeigen.

■ Codes: eigene Abkürzungen, die Sie für häufig genutzte Begriffe verwenden.

Bitte beachten Sie: Zu viele Markierungen verringern den Hervorhebungseffekt!

mitschreiben Markierungen können Sie beim Lesen, aber auch beim Mitschreiben vornehmen. Mitschreiben verstärkt die Aufmerksamkeit auf den dargebotenen Stoff und entlastet das Gedächtnis. Was sollte man beim Mitschreiben in Seminaren und Vorlesungen beachten?

1 In Stichpunkten und Halbsätzen die Informationen erfassen, nicht alles wörtlich mitschreiben. Wörtliche Übernahme nur bei Regeln und Gesetzesauszügen, bei Zitaten und herausragend wichtigen Informationen.

2 Literaturempfehlungen, die Definition von Fachbegriffen und Bezüge zu anderen Studienthemen notieren.

3 Eigene Fragen und Widersprüche notieren.

4 Markierungen einfügen.

5 Zusammenhänge verdeutlichen.

6 Einen breiten rechten Rand für spätere Notizen frei lassen.

7 Ggf. zu Hause eine Reinschrift anfertigen. Sie schafft oft eine bessere Übersicht und erleichtert das Lernen.

8 Gut strukturierte Informationen als »Mind-Map®«, S. 148 oder Tabelle erfassen.

8.4 Exkurs: *Mind Maps* **

In *Mind Maps* kann man Informationen sammeln und strukturieren. Begriffe und Halbsätze werden hier an Haupt- und Unteräste geschrieben. Die verschiedenen Gliederungsebenen und wichtige Inhalte kennzeichnet man durch besondere Schriftauszeichnungen, Farben, Bilder und Symbole. Eine *Mind Map* liefert eine Übersicht über ein Thema und seine Bestandteile und regt zudem zu neuen Einfällen an.

Mind Mapping® ist eine beliebte Visualisierungstechnik, die in den 1970er Jahren von Tony und Barry Buzan entwickelt wurde. *Mind Maps* werden erstellt, um Informationen zu erfassen, zu strukturieren und zu präsentieren. Den Aufbau einer *Mind Map* zeigt die Abb. 8.4-1.

Tony Buzan

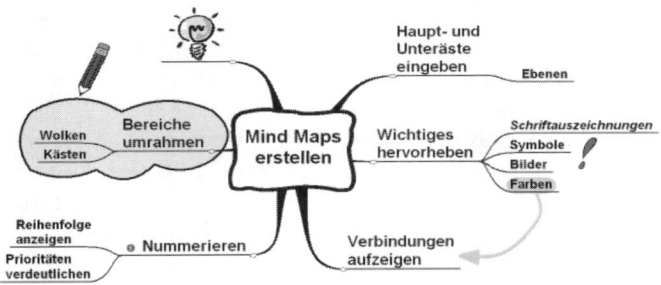

Abb. 8.4-1: Beispiel für eine *Mind Map*.

*Mind Map*s können Sie in folgenden Schritten erstellen:

1 **Thema ins Zentrum**

Ablauf

Bei der Entwicklung einer *Mind Map* schreibt man zunächst das Thema in die Mitte. Das Thema kann als Suchfrage, Halbsatz, Schlüsselbegriff oder als Skizze präsentiert werden.

2 **Beiträge erfassen und strukturieren**

Schreiben Sie Ihre Ideen auf leicht geschwungene Linien, die in der Mitte vom Thema aus beginnen und zu den Seitenrändern auslaufen. Eine Linie sollte mindestens so lang sein wie die darüber stehende Beschriftung.

Zeichnen Sie Haupt- und Unteräste für verschiedene Gliederungsebenen. Die Hauptäste verlaufen radial bzw. strahlenförmig vom Thema aus. Jeder Unterast dockt an den Ast der übergeordneten Ebene an. Sammeln Sie Informationen und Ideen und notieren Sie diese in Stichworten. Um Übersichtlichkeit zu schaffen, kann man die Haupt- und Unteräste in verschiedenen Farben darstellen.

3 Wichtige Inhalte hervorheben
Wichtige Inhalte sollten Sie betonen, durch Schriftaus-zeichnungen, Symbole, Grafiken oder Farben. Manche *Mind Map*-Ersteller tragen wichtige Informationen in der Nähe des Zentrums ein, weniger wichtige eher an den Rändern des Blattes.

4 Übersichtlichkeit schaffen
Sie können Bereiche mit Farbflächen hinterlegen und durch Rahmen voneinander abgrenzen.

5 Reihenfolge vorgeben
Mind Maps liest man meistens automatisch im Uhrzei-gersinn. Eine andere Reihenfolge kann man durch eine Nummerierung der Äste verdeutlichen.

6 Beziehungen aufzeigen
Mind Maps können Übersichten über ganze Themenge-biete liefern. Man hat das gesamte Bild vor Augen und erkennt schnell inhaltliche Zusammenhänge und Abhän-gigkeiten. Markieren Sie wichtige Verbindungen durch Linien und Pfeile.

7 Verzweigungen einbauen
Was kann man tun, wenn sich plötzlich ein neues Thema herausbildet, dessen Inhalte nicht mehr in die *Mind Map* hineinpassen? Durch ein Sternsymbol oder ein anderes Kennzeichen können Sie diese Stelle markieren. Geben Sie zusätzlich den Namen einer neuen *Mind Map* ein, in dem der Thema erweitert wird. So verlinken Sie die Dar-stellung: *Mind Maps* sind beliebig erweiterbar.

8 Ideenproduktion anregen
Was kann man tun, wenn einem nichts mehr einfällt? Tony Buzan empfiehlt, einen oder mehrere leere Äste in die *Mind Map* zu zeichnen. Dies reizt zu weiteren Einfäl-len.

Tipp Es gibt unterschiedliche Software zum Anfertigen von *Mind Maps*. Am Computer können Sie eine *Mind Map* leicht verändern und erweitern. Im Internet gibt es kostenlo-se *Min Map*-Programme, z.B. FreeMind (http://freemind. sourceforge.net/wiki/index.php/Main_Page).

Teil II Wissenschaftliche Artefakte *

Im Laufe eines akademischen Lebens fertigt ein Wissenschaftler zu unterschiedlichen Zeiten eine Vielzahl wissenschaftlicher Arbeiten an. Diese unterscheiden sich teilweise grundlegend in Aufbau, Form und Ziel, erfüllen jedoch die Anforderungen an die wissenschaftliche Arbeitsweise.

Um den Anforderungen an ein wissenschaftliches Artefakt gerecht zu werden, ist es sinnvoll, sich die Unterschiede und die individuellen Ziele anzusehen.
Unterschiede & Ziele

Mit dem Anfertigen eines wissenschaftlichen Artefakts zeigt der Autor seine Kenntnis besonderer, für das Erlangen eines akademischen Grades erforderlicher Methoden und die Befähigung, diese auch umzusetzen.
Kenntnisnachweis

Diese Leistung ist unter streng vorgegebenen Rahmenbedingungen zu erbringen, welche von der Hochschule definiert werden.
Rahmenbedingungen

Darüber hinaus ist grundsätzlich auf die Einhaltung einiger elementarer Regeln wissenschaftlichen Arbeitens zu achten, wie dem richtigen Umgang mit fremdem Gedankengut, einer wissenschaftlich korrekten Zitierweise und einer nachvollziehbaren, wissenschaftlichen Vorgehensweise.
Regeln

Eine Frage, die immer wieder gestellt wird, lautet: Wem gehört die Arbeit? Dem Autor, der Hochschule oder der Firma, bei der eine Arbeit erstellt wird. Im Urheberrecht steht die Antwort:

■ »Urheberrecht vs. Verwertungsrecht«, S. 155

Im Folgenden wird zunächst auf die unterschiedlichen Formen wissenschaftlicher Artefakte eingegangen, die von der einfachen Hausarbeit bis zur Dissertation reichen können:
Artefaktsformen

■ »Formen wissenschaftlicher Artefakte«, S. 157

Anschließend werden der typische Aufbau und die wesentlichen Elemente eines wissenschaftlichen Artefakts dargestellt:
Artefaktselemente

■ »Formaler Aufbau wissenschaftlicher Artefakte«, S. 171

Bewertung Wissenschaftliche Artefakte müssen nach festgelegten Kriterien bewertet werden:

■ »Bewertungen wissenschaftlicher Artefakte«, S. 205

Die Tab. 8.0-1 gibt einen vergleichenden Überblick über die verschiedenen wissenschaftlichen Artefakte. Bei den Umfangsangaben handelt es sich um die reinen Textseiten im DIN-A4-Format ohne Grafiken, Anhänge, Inhaltsverzeichnis usw.

Art d. Arbeit →	Praktikumsbericht	Seminarausarbeit.	Hausarbeit	Projektarbeit	Bachelorarbeit	Diplomarbeit	Masterarbeit	Dissertation
Zeit	einige Wochen	parallel zu 1 Semester	parallel zu 1 Semester	1 bis 3 Monate	3 Monate	6 Monate	6 Monate	mehrere Jahre
Umfang Textseiten	5 bis 15	5 bis 15	15 bis 30	10 bis 50	30 bis 80	60 bis 120	60 bis 120	100 bis 250

Tab. 8.0-1: Überblick über wissenschaftliche Artefakte.

Die Anforderungen an die wissenschaftlichen Artefakte sind bezogen auf die Parameter »Grad der Forschung«, »Grad der Selbstständigkeit« und »Textumfang« unterschiedlich. Die Abb. 8.0-1 veranschaulicht dies durch eine Portfoliodarstellung. Die Abbildung zeigt deutlich, dass es einen großen qualitativen und quantitativen Unterschied einer Dissertation gegenüber den anderen Artefakten gibt. Zu beachten ist jedoch, dass die Anforderungen von Wissenschaftsdisziplin zu Wissenschaftsdisziplin unterschiedlich sein können. Eine Dissertation in der Medizin unterscheidet sich beispielsweise deutlich von einer Dissertation im ingenieurwissenschaftlichen Bereich.

Die Tab. 8.0-2 gibt einen Überblick über die formalen Bestandteile der verschiedenen wissenschaftlichen Artefakte.

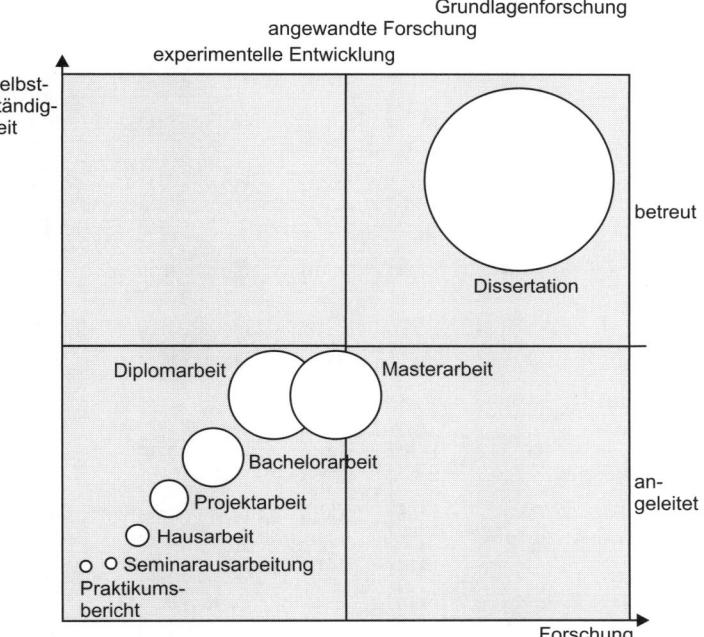

Legende: Die Kreisgröße symbolisiert den maximalen
Textumfang des Artefakts

Abb. 8.0-1: Anforderungen an die verschiedenen Artefakte.

Zunehmend wird gefordert, dass das Artefakt zusätzlich
auch in digitaler Form, z. B. auf einer CD-ROM abgeliefert
wird. Nur dann hat der Betreuer beispielsweise die Möglichkeit, die Arbeit auf Plagiate hin zu überprüfen.

	Prakti-kums-bericht	Semi-nar-ausarb.	Haus-arbeit	Pro-jekt-arbeit	Ba-che-lorar-beit	Di-plom-arbeit	Master-arbeit	Disser-tation
Deck-blatt	ja	ja	ja	ja	ja	ja	ja	ja
Sperr-ver-merk	evtl.	nein	nein	evtl.	evtl.	evtl.	evtl.	evtl.
In-halts-übers.	nein	nein	nein	nein	nein	nein	nein	evtl.
In-halts-verz.	ja	ja	ja	ja	ja	ja	ja	ja
Text-teil	ja	ja	ja	ja	ja	ja	ja	ja
Anhän-ge	falls erford.	falls erford.	falls erford.	falls er-ford.	falls er-ford.	falls er-ford.	falls er-ford.	falls erford.
Ver-zeichn.[a]	nein	nein	nein	nein	evtl.	evtl.	evtl.	evtl.
Litera-tur-verz.	evtl.	ja	ja	evtl.	ja	ja	ja	ja
Sach-index	nein	nein	nein	nein	evtl.	evtl.	evtl.	ja
Erkl.[b]	falls erford.	falls erford.	falls erford.	falls er-ford.	falls er-ford.	falls er-ford.	falls er-ford.	falls erford.

[a] Abkürzungs-, Abbildungs-, Tabellen-, Formel-, Symbolverzeichnis
[b] Ehrenwörtliche oder eidesstattliche Erklärung, wenn in der Prüfungsordnung gefordert.

Tab. 8.0-2: Formale Bestandteile wissenschaftlicher Artefakte.

9 Urheberrecht vs. Verwertungsrecht *

Der Urheber einer wissenschaftlichen Arbeit ist der Autor, der Verwertungsrechte einräumen kann.

Wem gehört Ihrer Meinung nach eine Bachelor-, Master-, Diplomarbeit oder Dissertation?

Frage

Urheberrechtlich wird immer zwischen dem eigentlichen Urheberrecht (siehe Gesetz über Urheberrecht und verwandte Schutzrechte (Urheberrechtsgesetz), kurz UrhG, im Internet unter `http://www.gesetze-im-internet.de/urhg/BJNR012730965.html`) – das immer dem »Autor« oder »Urheber« zusteht – und den Verwertungsrechten unterschieden. Im Normalfall ist einzig der Autor Inhaber der Rechte an seiner Arbeit.

Antwort

Der Urheber der Arbeit kann folgende Verwertungsrechte einzeln oder insgesamt, zeitlich und/oder räumlich begrenzt oder unbegrenzt, exklusiv oder nicht-exklusiv übertragen (vgl. UrhG. § 15):

Verwertung-rechte

- ▓ Körperliche Verwertung, insbesondere
- ☐ Vervielfältigungrecht
- ☐ Verbreitungsrecht
- ☐ Ausstellungsrecht
- ▓ Unkörperliche Verwertung, insbesondere
- ☐ Vortrags-, Aufführungs- und Vorführungsrecht
- ☐ Recht der öffentlichen Zugänglichmachung (wichtig – betrifft Veröffentlichung im Internet!)
- ☐ Senderecht
- ☐ Recht der Wiedergabe durch Bild- oder Tonträger
- ☐ Recht der Wiedergabe von Funksendungen und von öffentlicher Zugänglichmachung

Wenn eine Arbeit »von der Industrie« finanziert wird, ist in der Regel eine Gegenleistung in Form von teilweiser oder vollständiger Übertragung der Verwertungsrechte verbunden. Hierzu bedarf es jedoch in jedem Fall einer ausdrücklichen Vereinbarung, also eines Vertrages darüber, dass die Rechte übertragen werden sollen. So kann sich beispielsweise das finanzierende Unternehmen im Rahmen der Finanzierungsvereinbarung bzw. des Forschungsauftrags die

Verwertungsrechte vorab übertragen lassen. Auch in einem Arbeitsvertrag kann sich der Arbeitgeber die Rechte an der Verwertung derjenigen Werke einräumen lassen, die der Arbeitnehmer innerhalb des Arbeits- oder Dienstverhältnisses geschaffen hat. Innerhalb der Dienstverhältnisse an den Universitäten (z. B. Wissenschaftlicher Mitarbeiter als Angestellter einer Universität) ist das allerdings normalerweise nicht der Fall.

öffentlich Eine wissenschaftliche Arbeit muss nur dann öffentlich zugänglich sein, wenn dies in der entsprechenden Prüfungsordnung festgelegt ist. Dissertationen sind immer öffentlich zugänglich zu machen – entweder durch eine Buch- oder Zeitschriftenveröffentlichung oder durch die Ablieferung von Pflichtexemplaren oder einer elektronischen Version an die jeweilige Hochschulbibliothek[1]. Zunehmend werden über das Internet auch andere wissenschaftliche Artefakte öffentlich zugänglich gemacht.

Tipp Gehen Sie beim Schreiben Ihrer wissenschaftlichen Arbeit immer davon aus, dass die Arbeit – evtl. erst in Zukunft – öffentlich zugänglich – und damit auch öffentlich – ist. Dies hat Auswirkungen auf das Zitieren fremder Quellen (siehe »Kleinzitat vs. Großzitat«, S. 110) – insbesondere auf die unveränderte Übernahme von Darstellungen (siehe »Grafiken, Tabellen und Fotos«, S. 111).

---

[1] siehe Beschluss der KMK (Kultusministerkonferenz) Grundsätze für die Veröffentlichung von Dissertationen vom 29.04.1977 i. d. F. vom 30.10.1997, im Internet http://www.ub.ruhr-uni-bochum.de/DigiBib/Tauschseiten/KmKBeschluss.pdf

10   Formen wissenschaftlicher Artefakte *

Das Erstellen wissenschaftlicher Artefakte gehört zum wesentlichen Handwerkszeug eines jeden Wissenschaftlers, vom Studenten bis zum habilitierten Professor. Auch wenn jedes wissenschaftliche Artefakt in sich einzigartig ist (oder es zumindest sein sollte), so gibt es doch einige grundlegende Gemeinsamkeiten.

Wissenschaftliche Artefakte werden in unterschiedlichen Ausprägungen erstellt. Sie können sich insbesondere in den folgenden Aspekten unterscheiden:

- Inhalt
- Aufbau
- Umfang
- Bearbeitungszeitraum
- Wissenschaftliche Vorgehensweise
- Betrachtung des aktuellen Forschungsstands oder Findung neuer wissenschaftlicher Erkenntnisse
- Durch das Artefakt angestrebter wissenschaftlicher Grad
- Veröffentlichungspflicht

Unterschiede
wissen-
schaftlicher
Artefakte

Im Folgenden werden die wesentlichen wissenschaftlichen Artefakte und deren Ausprägungen näher betrachtet:

- »Praktikumsbericht«, S. 157
- »Seminarausarbeitung«, S. 159
- »Hausarbeit«, S. 160
- »Projektarbeit«, S. 161
- »Bachelorarbeit«, S. 163
- »Diplomarbeit«, S. 165
- »Masterarbeit«, S. 166
- »Dissertation«, S. 167

10.1   Praktikumsbericht **

In einem Praktikum erhält der Studierende die Gelegenheit, theoretisches Wissen aus seinem Studium unter realen Bedingungen auf den Prüfstand zu bringen. Die hier gemachten Erfahrungen werden in einem Praktikumsbericht zusammengefasst. Auch wenn ein Praktikumsbericht im eigentlichen Sinne keine wissenschaftliche Arbeit darstellt,

können dennoch die gleichen Anforderungen an Form und Bearbeitung gelten.

In manchen Studiengängen ist die Absolvierung eines mehrwöchigen Praktikums während der Studienzeit vorgesehen und wird üblicherweise mit der Anfertigung und Einreichung eines entsprechenden Praktikumsberichts nachgewiesen und belegt.

Praktikumsziele

Ziel eines Praktikums ist es, die in einem Studium erworbenen theoretischen Kenntnisse im praktischen Umfeld anzuwenden und individuelle Fähigkeiten im Umgang mit diesen zu erwerben.

Reflexion der Tätigkeiten

Der Praktikumsbericht enthält daher eine ausführliche Reflexion der im Praktikum durchgeführten Tätigkeiten und setzt diese in Bezug zu den theoretischen Kenntnissen, welche im Studium erlangt wurden.

Aufbau

Der Aufbau eines Praktikumsberichtes kann dem einer wissenschaftlichen Arbeit entsprechen, wenn er auch nicht als solche zu werten ist. Die Verwendung von Deckblatt und Inhaltsverzeichnis vor dem eigentlichen Textteil ist auch bei dieser Art von Arbeiten sinnvoll.

Quellenverweise

Insbesondere bei der Referenz auf fremde Literaturquellen sind die Anwendung von korrekter Zitierweise und der Aufbau eines Literatur- und Quellenverzeichnis unerlässlich.

Beispiel

Für den Aufbau eines Praktikumsberichts aus dem betrieblichen Umfeld sind die folgenden Inhalte denkbar:

1   Kurzes Unternehmensportrait mit Beschreibung der Tätigkeiten.
2   Beschreibung des Praktikumsverlaufs mit besonderer Erläuterung der Tätigkeiten und der Anwendbarkeit theoretischer Kenntnisse aus dem Studium.
3   Kritische Bewertung des Praktikums.

Ein Praktikumsbericht ist weitgehend selbstständig zu erstellen, hat nur einen minimalen Forschungsanteil und sollte etwa 5 bis 15 Textseiten umfassen.

10.2   Seminarausarbeitung *

Seminare drehen die Lehr-Lern-Situation an Hochschulen um: Nicht der Dozent, sondern die Teilnehmer erarbeiten und vertiefen den Unterrichtsstoff und vermitteln diesen an ihre Mit-Studierenden. Seminare bilden damit eine hervorragende Möglichkeit, selbstständig oder kollaborativ Inhalte zu erarbeiten und damit die Lehre aktiv mitzugestalten.

Seminare stellen eine besondere Form von Lehrveranstaltung dar. Während in den üblichen Vorlesungen der Dozent den Unterrichtsstoff an seine Studierenden vermittelt, kehrt sich diese Vorgehensweise bei einem Seminar um.

In einem Seminar vertiefen Einzelne oder Gruppen von Studierenden frei gewählte oder vergebene Themengebiete in einer Seminararbeit und präsentieren die Ergebnisse in Form von Referaten vor dem Dozenten und den anderen Teilnehmern des Seminars. **Einzel- oder Gruppenaufgabe**

Häufig werden die Seminararbeiten anschließend dem Dozenten zur Bewertung eingereicht. Die Seminararbeit bildet neben dem Referat die Grundlage für die Benotung. **Einreichen der Ergebnisse**

Auch Seminararbeiten sind wissenschaftliche Arbeiten und stellen gleiche Anforderungen an Wissenschaftlichkeit und Sorgfalt.

Für die Anfertigung einer Seminararbeit steht häufig die gesamte Veranstaltungsdauer zur Verfügung. Themen werden zu Beginn der Veranstaltungsreihe vereinbart oder vergeben, während der Bearbeitungszeit steht der Dozent den Studierenden in den Seminaren betreuend zur Seite, hilft bei ungeklärten Fragestellungen und gibt Anregungen zur Umsetzung der Aufgabe. **Bearbeitungszeit**

Der Umfang einer Seminararbeit hängt wesentlich von den Vorgaben des Dozenten ab, bewegt sich jedoch häufig bei 5 bis 15 Seiten Textteil. **Umfang**

Der Forschungsanteil ist gering. Es können jedoch z. B. neuartige Klassifikationen und Vergleiche vorgenommen werden oder Befragungen durchgeführt und interpretiert werden. **Forschung**

Das Referat besteht üblicherweise aus einer Vorstellung der gesamten Seminararbeit vor dem Dozenten und einer Grup- **Referat/ Präsentation**

pe von Kommilitonen (siehe »Präsentation der Ergebnisse«,
S. 261).

10.3 Hausarbeit **

Während eines Studiums werden oftmals mehrere Hausarbeiten zu unterschiedlichen Themen angefertigt. In manchen Fällen ist diese Prüfungsleistung durch das Curriculum vorgesehen, in anderen Veranstaltungen ersetzen diese nach Wahl des Dozenten das Schreiben einer Klausur. Hausarbeiten sind oftmals die ersten wissenschaftlichen Arbeiten, die von Studierenden angefertigt werden und sollten mit entsprechender Sorgfalt und Ernsthaftigkeit betrachtet werden.

Eine Hausarbeit stellt eine zumeist prüfungsrelevante Leistung an Hochschulen dar und dient neben der persönlichen Vertiefung eines Themengebiets durch den Studierenden insbesondere dessen Vorbereitung auf spätere Abschlussarbeiten wie Bachelor- oder Master-Thesis.

erste wissenschaftliche Arbeit Für viele Studierende ist die Hausarbeit die erste intensive Auseinandersetzung mit der Thematik wissenschaftlichen Arbeitens. Auch wenn der Umfang einer Hausarbeit i. Allg. unter 30 Seiten Textteil liegt und eine entsprechende Arbeit daher *nicht* die Detailtiefe anderer Ausarbeitungen aufweisen kann, so gelten dennoch sämtliche Anforderungen an wissenschaftliche Vorgehensweise und Form.

Bewertungskriterien Vielleicht wird der Betreuer bei der Bewertung einer ersten Hausarbeit die Maßstäbe noch nicht so hoch, wie bei einer späteren Abschlussarbeit anlegen, dennoch sollte bereits hier auf eine sorgfältige Bearbeitung Wert gelegt werden.

Bearbeitungszeitraum Der für die Anfertigung einer Hausarbeit zur Verfügung stehende Zeitraum wird von dem jeweiligen Dozenten festgelegt. Da eine Hausarbeit üblicherweise eine einsemestrige Veranstaltungsreihe an einer Hochschule begleitet, ist der letzte Abgabetermin i. Allg. der letzte Tag vor der vorlesungsfreien Zeit.

Umfang Als Umfang für Hausarbeiten werden oftmals 15 bis 30 Seiten reiner Textteil gefordert. Wird die Hausarbeit von mehreren Studierenden gemeinsam angefertigt, ist diese Angabe pro Person zu verstehen.

Eine Hausarbeit sollte bereits einen Forschungsaspekt bein- Forschung
halten.

10.4 Projektarbeit **

In manchen Studiengängen ist die Durchführung von Projektarbeiten eine prüfungsrelevante Aufgabe. Projektarbeiten erfordern neben der Kenntnis wissenschaftlicher Arbeitsweisen insbesondere die Entwicklung eigener Lösungen.

Die Projektarbeit stellt eine besondere prüfungsrelevante Aufgabe an Hochschulen dar. Hierbei werden einzelne oder mehrere Studierende gemeinsam mit der Aufgabe betreut, eine vorgegebene Aufgabenstellung innerhalb eines begrenzten Zeitraums eigenständig umzusetzen und zu präsentieren.

Die Präsentation kann in Form eines Vortrags und/oder auch Präsentation
in schriftlicher Form erfolgen.

Die Projektarbeit stellt den Studierenden vor die Herausfor- Ziele einer
derung, einen eigenen Weg für die Lösung eines wohl defi- Projektarbeit
nierten Problems zu entwickeln, zu realisieren und zu dokumentieren.

Im Online-Bachelor-Studiengang »Web- und Medieninfor- Beispiel
matik« der FH Dortmund werden folgende Festlegungen zur Projektarbeit gemacht:
»In Form einer Projekt-Arbeit soll der Studierende im fünften Semester zeigen, dass er in der Lage ist, auf einem Gebiet seiner Wahl – allerdings bezogen auf eine oder mehrere von ihm belegten Module – eine überschaubare Aufgabe mit Hilfe der erworbenen Kenntnisse und Fähigkeiten selbständig zu bearbeiten. Die dabei angewandte Vorgehensweise soll als Vorbereitung (nicht thematisch) auf die umfangreichere Bachelor-Arbeit dienen.
Der Studierende erwirbt die Kompetenz zur Lösung informatikspezifischer Probleme unter Berücksichtigung begrenzter Ressourcen, zur Spezifikation von Anforderungen, zur Modellierung von Systemen, zur Zielsetzung und

> Planung von Projekten, zur Sicherung der Qualität, zur Vor- und Nachkalkulation des Zeitaufwandes und zur verständlichen Dokumentation. Fähigkeit zur Teamarbeit mit Entwicklern und – soweit möglich – Anwendern, speziell zur Präsentation von Arbeitsergebnissen, zur Leitung und Moderation von Besprechungen, zur Lösung von Konflikten, zur Beurteilung von Arbeitsergebnissen.«

Pionierleistung Die Themen von Projektarbeiten erfordern zu einem gewissen Maße Pionierleistungen des Studierenden. Es werden üblicherweise keine Aufgaben vergeben, welche ohne eigene Entwicklungsleistung des Studierenden, beispielsweise durch Übernahme aus vorhandener Literatur, zu lösen sind. Projektarbeiten beinhalten daher eine eigene Entwicklung, beispielsweise das Programmieren einer Software, den Aufbau einer Datenbank oder auch eine ingenieurmäßige Konstruktion. Auch sind die Entwicklung von Konzepten und Vorgehensmodellen üblich.

Kreativität Der Studierende wird bei der Lösung des Problems kreativ tätig, er sichtet nicht nur vorhandene Grundlagenliteratur und zieht neue Schlussfolgerungen, wie in anderen wissenschaftlichen Arbeiten, sondern er setzt die gewonnen Erkenntnisse auch praktisch in einem Modell um. Die Projektarbeit ist in diesem Zusammenhang als eine der, im Hinblick auf die berufliche Tätigkeit, relevantesten Lernsituationen zu sehen.

Dokumentation Die Dokumentation muss in Inhalt, Gliederung und Form die Anforderungen an eine wissenschaftliche Arbeit erfüllen. Inhaltlich sollte *nicht* rein deskriptiv, also das Projekt wertneutral beschreibend, sondern auch erläuternd und normativ vorgegangen werden. Normativ bedeutet in diesem Zusammenhang die kritische Auseinandersetzung mit dem Erlebten.

zu beantwortende Fragen Die Dokumentation der Projektarbeit sollte insbesondere Antworten auf die folgenden drei Fragen liefern:

1 Wie wird das Problem gelöst?
2 Warum wird das Problem genau so gelöst?
3 Was für Lösungsalternativen gibt es?

Bearbeitungszeitraum Für die Bearbeitung einer Projektarbeit stehen regelmäßig Zeiträume von ein bis drei Monaten zur Verfügung, im

Rahmen einer Veranstaltungsreihe können diese aber auch sechs Monate betragen.

Der geforderte Umfang einer Projektarbeit beträgt i. Allg. 10 bis 50 Seiten Textteil. Bei einer Projektarbeit stehen aber qualitative Aspekte, wie Lösungsweg und Umsetzung im Vordergrund, nicht quantitative, daher richtet sich der Umfang im Wesentlichen nach den erarbeiteten Erkenntnissen und ist daher nicht so genau zu definieren, wie bei anderen wissenschaftlichen Arbeiten.

Umfang

Forschungsmäßig sollte eine Projektarbeit einen kleinen Beitrag zur experimentellen Entwicklung oder angewandten Forschung liefern.

Forschung

Einem Studenten wird die Bearbeitung des folgenden Themas in Form einer Projektarbeit aufgetragen:

Beispiel einer Projektarbeit

»Entwicklung eines Vorgehensmodells zur Migration einer Benutzungsoberfläche auf einem Windows-System in eine Benutzungsoberfläche für einen Web-Browser«

Eine mögliche Vorgehensweise besteht aus den folgenden Schritten:

1 Analyse der Interaktionselemente auf einer Windows-Benutzungsoberfläche
2 Analyse der Interaktionselemente auf einem Web-Browser
3 Entwicklung von Umsetzungsmöglichkeiten
4 Auswahl eines Lösungswegs und Begründung der Entscheidung
5 Ggf. exemplarische Umsetzung der Lösung und Auswertung der gemachten Erfahrungen

10.5   Bachelorarbeit *

Die Bachelor-Arbeit ist die schriftliche Ausarbeitung, die zur Verleihung des ersten akademischen Grades einer wissenschaftlichen Laufbahn führt. Sie hat damit alle Anforderungen an eine wissenschaftliche Abschlussarbeit zu erfüllen.

Mit der Einreichung einer Bachelorarbeit *(Bachelor Thesis)* beendet der Studierende nach üblicherweise sechs bis acht

Semestern sein berufsorientiertes Studium und erlangt, bei erfolgreicher Abschlussprüfung, den akademischen Bachelor-Grad.

eigenständiges
wissenschaft-
liches Arbeiten

Mit der Bachelorarbeit weist der Studierende die Befähigung nach, eine ihm gestellte Aufgabe aus dem Themengebiet seines Studiums innerhalb eines vorgegebenen Zeitraums selbstständig nach wissenschaftlichen Methoden zu bearbeiten. Neben der zeitlichen Vorgabe des Bearbeitungszeitraums von üblicherweise drei Monaten stehen insbesondere die Kenntnis wissenschaftlicher Vorgehensweisen und deren eigenständige Bearbeitung ohne unzulässige Hilfe im Vordergrund der Prüfungsleistung.

letzte
Lernsituation

Da das Anfertigen einer Bachelorarbeit die letzte Lernsituation im Rahmen eines Bachelor-Studiengangs darstellt, müssen spätestens jetzt sämtliche Anforderungen an wissenschaftliches Arbeiten bekannt sein und in einer Bachelorarbeit nachgewiesen werden.

Umfang

Der Umfang einer Bachelorarbeit bewegt sich über dem einer Seminararbeit. Üblich sind an vielen Hochschulen 30 bis 80 Seiten Textteil.

Forschung

Von einer Bachelorarbeit wird ein kleiner Beitrag zur experimentellen Entwicklung oder zur angewandten Forschung erwartet.

Beispiel

Im Online-Bachelor-Studiengang »Web- und Medieninformatik« der FH Dortmund werden folgende Festlegungen zur Bachelorarbeit gemacht:
»Die Bachelorarbeit soll im sechsten Semester angefertigt werden. Die Studierenden sollen zeigen, dass sie in der Lage sind, innerhalb von maximal fünf Monaten eine anspruchsvolle Fragestellung der Web- und Medieninformatik unter Nutzung der im Bachelor-Studium erworbenen Konzepte und Methoden selbstständig zu bearbeiten.
Die Bachelorarbeit ist eine theoretische, softwaretechnische, empirische und/oder experimentelle Abschlussarbeit in schriftlicher Ausarbeitung. In der Bachelorarbeit sollen die Studierenden zeigen, dass sie ein Problem aus den wissenschaftlichen, anwendungsorientierten oder beruflichen Tätigkeitsfeldern des Studiengangs Web- und Medieninformatik eigenständig unter Anwendung wissen-

schaftlicher Methoden und Erkenntnisse bearbeiten können.

Die Bachelorarbeit besteht typischerweise aus der Analyse, bei der vor allem die Anforderungen ermittelt werden, und dem Entwurf, der die Lösungsalternativen diskutiert und die Anforderungen auf die verfügbare Technik abbildet. Hinzu kommt meistens eine Implementierung besonders wichtiger Aspekte des Entwurfs. Die Implementierung allein bietet keine ausreichenden Möglichkeiten, die informatischen Methoden und Erkenntnisse anzuwenden und reicht daher für eine Bachelorarbeit nicht aus. Zur Bachelorarbeit gehört ein Arbeitsplan, den die Studierenden erstellen und mit den Betreuern abstimmen. Ein solcher Plan bietet eine Einsatzmöglichkeit für die im Projekt erworbenen Projektmanagement-Fähigkeiten und ist eine wichtige Voraussetzung zur erfolgreichen Durchführung der geforderten Leistung in der vorgegebenen Zeit.«

10.6   Diplomarbeit **

Das Diplom war in Deutschland traditionell der meistverliehene akademische Grad vor der Einführung von Bachelor- und Master-Abschlüssen. Zur Erlangung ist neben einem sieben- bis zehnsemestrigen Studium insbesondere die Anfertigung einer Diplomarbeit erforderlich.

Traditionelle Diplom-Studiengänge finden ihren Abschluss in der Abgabe und anschließenden Bewertung der Diplomarbeit. Das Diplom stellt in traditionellen Studiengängen neben Magister, Staatsexamen und anderen, vergleichbaren Abschlüssen, den ersten und gleichzeitig einzigen akademischen Grad unterhalb der Promotion dar.

Eine Unterteilung in die zwei graduellen Abschlüsse Bachelor und Master wurde erst durch die Umsetzung des Bologna-Prozesses eingeführt[1].

---

[1] In Bologna wurde 1999 von 29 europäischen Staaten eine Deklaration unterzeichnet mit dem Ziel, bis 2010 einen gemeinsamen europäischen Hochschulraum zu schaffen. Zu den Zielen gehört die Schaffung eines zweistufigen Systems von Studienabschlüssen (Bachelor/Master) sowie die Einführung eines Leistungspunktesystems ECTS *(European Credit Transfer System)*.

Anforderungen

Die Anforderungen an eine Diplomarbeit entsprechen in den meisten Fällen denen der heutigen Master-Arbeit. Es wird das selbstständige Bearbeiten einer gegebenen Aufgabenstellung in einem begrenzten zeitlichen Rahmen nach wissenschaftlichen Methoden verlangt.

zeitlicher Rahmen

Der Bearbeitungszeitraum liegt i. Allg. in einem Zeitfenster von drei bis sechs Monaten.

Umfang

Als Umfang werden von vielen Hochschulen 60 bis 120 Seiten Textteil gefordert.

Forschung

Eine Diplomarbeit ist weitgehend selbstständig zu erstellen und sollte einen gewissen Beitrag zu Forschung liefern.

10.7 Masterarbeit *

Der Master-Grad hat das Diplom als höchsten akademischen Abschluss vor der Promotion abgelöst und erfordert ein weiteres mehrsemestriges Studium an einer Hochschule. Das hohe Niveau eines Master-Grads macht sich auch oder insbesondere bei den Anforderungen an eine Masterarbeit bemerkbar.

akademischer Master-Grad

Der akademische Master-Grad ist in Deutschland und anderen Ländern Europas der zweite akademische Abschluss und baut auf einem Bachelor- oder traditionellem Studiengang wie dem Diplom auf. Der Master-Studiengang endet mit der Anfertigung und Abgabe einer Masterarbeit *(Master Thesis)*.

Zeitrahmen & Umfang

Der zeitliche Rahmen zur Bearbeitung und der geforderte Umfang sind üblicherweise höher, als beispielsweise bei einer Bachelor-Arbeit. So sind 60 bis 120 Seiten Textteil und vier bis sechs Monate Bearbeitungszeit hochschulüblicher Rahmen.

hohe Anforderungen

Da der Autor einer Masterarbeit bereits ein Hochschulstudium zum Bachelor oder ein Diplom erfolgreich abgeschlossen hat, sind die Anforderungen an den Studierenden sowohl im Studiengang als auch in der Masterarbeit höher. Der Master-Grad ist in Deutschland der höchste akademische Grad unterhalb des Doktors.

Forschung

Zwar reichen die Anforderungen an eine Masterarbeit *nicht* an die einer Dissertation oder gar Habilitation heran, dennoch sollte sich der Autor der besonderen Bedeutung einer

Master-Schrift bewusst sein. Sie ist weitgehend selbstständig zu erstellen und sollte einen gewissen Beitrag zu Forschung liefern.

Die Prüfungsordnung des Studiengangs »Angewandte Informatik« der Fakultät Elektrotechnik und Informationstechnik der Ruhr-Universität Bochum fordert von einer Masterarbeit folgendes:
»(1) Die Master-Arbeit ist eine schriftliche Prüfungsarbeit. Sie soll im 4. Semester des Master-Studiums angefertigt werden und zeigen, dass der Kandidat bzw. die Kandidatin in der Lage ist, innerhalb einer vorgegebenen Frist ein komplexes Problem der Angewandten Informatik selbstständig nach wissenschaftlichen Methoden zu bearbeiten.«

Beispiel

10.8 Dissertation ***

Eine Dissertation muss einen essenziellen, originären Beitrag zur Forschung in der gewählten Wissenschaftsdisziplin liefern, der dazu beiträgt, die Erkenntnisse der Wissenschaftsdisziplin erkennbar zu erweitern.

Eine Dissertation – auch Doktorarbeit genannt – ist eine schriftliche wissenschaftliche Abhandlung, die ein Doktorand *selbstständig* im Rahmen eines Promotionsverfahrens verfasst, um den Doktorgrad an einer wissenschaftlichen Hochschule zu erlangen. Die Promotion selbst ist eine akademische Prüfung, in der der Doktorand nachweisen muss, dass er zu *eigenständiger* Forschung befähigt ist. Sie besteht aus der Dissertation und einer mündlichen Prüfung – oft Rigorosum, Disputation oder Defensio genannt.

Während in einer Master- oder Diplomarbeit in der Regel der aktuelle Forschungsstand wiedergegeben und »kleine« Beiträge zur Forschung geliefert werden sollen, werden von einer Dissertation **neue, originäre und substanzielle wissenschaftliche** Erkenntnisse erwartet. Master- und Diplomarbeiten entstehen unter der **Anleitung** von Hochschullehrern. Dissertationen werden **eigenständig** von Doktoranden erstellt, wobei ein Hochschullehrer den jeweiligen Doktoranden *betreut*.

Abgrenzung

Inhalt

In einer Dissertation wird ein Thema theoretisch behandelt oder experimentell bzw. empirisch ermittelte Erkenntnisse werden beschrieben und interpretiert in Abhängigkeit vom jeweiligen Wissenschaftsgebiet. Neben neuen Erkenntnissen zu dem gewählten Gegenstand muss die Vorgehensweise methodisch einwandfrei sein. Das selbstständige wissenschaftliche Arbeiten muss nachgewiesen werden durch

- die Kenntnis der gesamten relevanten Fachliteratur – aufgeführt in der Dissertation,
- die übliche Arbeitsweise des jeweiligen Wissenschaftsgebiets,
- die Einbettung der eigenen Arbeit in den wissenschaftlichen Kontext und
- das Ziehen belastbarer Rückschlüsse.

Umfang

Einen festgelegten Umfang gibt es für eine Dissertation nicht. Der Umfang hängt stark von der Art der Arbeit ab. Gehört im Gebiet der Softwaretechnik zur Dissertation beispielsweise eine umfangreiche Softwareimplementierung, dann wird der textuelle Umfang eher geringer sein als bei einer theoretischen Arbeit. In der Regel besitzen Dissertationen einen Seitenumfang von 100 bis 250 Seiten.

Wenn Sie etwas Vergleichbares wie Albert Einstein zu liefern haben, dann geht es aber auch mit wesentlich weniger Seiten.

Beispiel

Die Dissertation von Albert Einstein umfasste genau 17 Seiten! Sein Biograph Carl Seelig berichtet, dass ihm Einstein lachend erzählt habe, dass seine Dissertation zuerst von der Universität Zürich zurückgeschickt wurde mit der Bemerkung, sie sei zu kurz. Nachdem er noch einen einzigen Satz eingefügt hatte, sei sie stillschweigend angenommen worden.

Es kommt bei einer Dissertation also mehr auf den Gehalt als auf den Umfang an.

Form

In der jeweiligen Promotionsordnung gibt es oft Vorschriften für die Gliederung, die Zitierweise und den formalen Nachweis der selbständigen Erstellung der Dissertation. Die Übernahme fremder Texte ohne Quellenangabe oder ein nachgewiesenes Plagiat kann zur Aberkennung des Doktorgrades führen – auch noch im Nachhinein.

Wenn es auch wegen der Bandbreite der Forschungsgebiete schwer ist, ein allgemeines Gliederungsraster anzugeben, sollen im Folgenden einige Hinweise auf eine mögliche Gliederung gegeben werden:

Gliederungs-raster

Am Anfang der Dissertation befindet sich eine (einseitige) Zusammenfassung der Arbeit:

- **Zusammenfassung**: ca. 1 Seite

Die Zusammenfassung wird oft auch noch in Englisch als *Abstract* wiederholt:

- **Abstract**: ca. 1 Seite

Vor die eigentliche Arbeit muss oft noch ein Formblatt eingefügt werden, dessen Text vorgeschrieben ist und beispielsweise die Namen der Berichter bzw. Gutachter der Arbeit sowie den Tag der mündlichen Prüfung nennt:

- **Formblatt**: 1 Seite

Die Arbeit sollte mit einer Einleitung beginnen, in der die Motivation für das gewählte Thema und die Problemstellung erläutert wird. Die Zielsetzung der Arbeit sowie Aufbau und Struktur der Arbeit sollen erklärt werden:

- **Einleitung**: ca. 20 Seiten

Wichtig ist, dass bezogen auf das Themenfeld und das Forschungsgebiet herausgearbeitet wird, wie der Stand der Forschung und der Stand der Technik bzw. Praxis zur Zeit aussieht. Für den Stand der Forschung sind *alle* relevanten Fachartikel und Monographien zu sichten und die vorhandenen Konzepte, Ansätze und Lösungen überblicksartig darzustellen und sorgfältig zu zitieren. Eine reine Aneinanderreihung vorhandener Ansätze reicht aber *nicht* aus! Vielmehr ist es erforderlich, dass das Forschungsgebiet bezogen auf die eigene Arbeit klassifiziert wird und die Vor- und Nachteile dieser Konzepte bezogen auf die eigene Zielsetzung herausgearbeitet werden. Diese Klassifizierungsarbeit ist schon ein Teil der wissenschaftlichen Leistung. Dabei kann es sich durchaus herausstellen, dass die eigene Lösungsidee nicht tragfähig ist oder bereits als Lösung vorliegt.

Es ist besonders darauf zu achten, dass die aktuelle Literatur bis zur Einreichung der Arbeit mitverfolgt und zitiert wird:

- **Stand der Forschung**: ca. 30 Seiten

Bei manchen Themen ist auch der Stand der Technik bzw. der Stand der Praxis zu betrachten. Beispielsweise sind im Bereich der Softwaretechnik nicht nur Forschungsarbeiten zu betrachten, sondern u. U. auch im Markt befindliche Produkte und deren Konzepte. Analog wie beim Stand der Forschung ist hier ein systematischer, klassifizierender Überblick mit Aufzählung der Stärken und Schwächen zu erstellen:

- **Stand der Technik / Praxis**: ca. 30 Seiten

Oft werden auch beide Gliederungspunkte in einem Punkt zusammengefasst.

Sind der Stand der Forschung und der Stand der Technik bezogen auf die eigene Zielsetzung beschrieben, dann ist nun das eigene Konzept bzw. die eigene Lösung darzulegen. In Abhängigkeit von der Art der Arbeit kann die Lösung zunächst theoretisch begründet und in einem anschließenden Kapitel die Realisierung vorgestellt werden (z. B. bei Ingenieur- und Informatikarbeiten). Dabei ist **theoretisch** oder **empirisch nachzuweisen** oder **plausibel zu begründen**, warum der eigene neue wissenschaftliche Ansatz besser ist als die vorhandenen Ansätze. Behauptungen sind *nicht* wissenschaftlich und für eine Dissertation nicht ausreichend! Die wissenschaftliche Innovation ist sorgfältig zu begründen:

- **Die eigene, neue Lösung: Theorie**: ca. 50 Seiten
- **Die eigene, neue Lösung: Praktische Umsetzung**: ca. 50 Seiten

Da in einer Dissertation nicht alle Ideen umgesetzt werden können, soll in einem abschließenden Kapitel ein Ausblick über weitere Forschungsarbeiten bezogen auf die eigene Arbeit gegeben werden:

- **Ausblick**: ca. 10 Seiten

11 Formaler Aufbau wissenschaftlicher Artefakte *

Der Aufbau wissenschaftlicher Arbeiten folgt einer allgemein anerkannten Struktur. Individuelle Anpassungen sind erlaubt und auch teilweise erforderlich, so ist ein Index üblicherweise optional. Das Vorhandensein eines Inhalts- und eines Literaturverzeichnisses ist hingegen verpflichtend.

Um die Anforderungen an wissenschaftliches Arbeiten zu erfüllen, müssen die eigenen Ausführungen mit einem entsprechenden Rahmen versehen werden. Dieser Rahmen besteht neben einem Deckblatt, welches dem Leser unter anderem den Titel der Arbeit, den Autor, den Betreuer und die Hochschule nennt, auch aus mehreren Verzeichnissen und Übersichten. Diese stellen dem Leser Informationen zu verwendeten Abkürzungen zur Verfügung, helfen beim Auffinden von Tabellen, Abbildungen und Stichworten und geben mit der Inhaltsübersicht einen ersten Eindruck über den Aufbau der Arbeit.

Für alle wissenschaftlichen Artefakte, welche als prüfungsrelevante Leistungen an Hochschulen eingereicht werden, gilt: Grundsätzlich sind die Vorgaben der Hochschule und des Betreuers zu beachten!

Im Folgenden wird ein üblicher formaler Aufbau beschrieben, welcher den speziellen Anforderungen an ein wissenschaftliches Artefakt genügt. Dennoch sollte immer der individuelle Fall berücksichtigt werden.

Bestandteile einer wissenschaftlichen Arbeit

Eine wissenschaftliche Arbeit besteht aus den folgenden Elementen in der hier genannten Reihenfolge:

- Deckblatt
- Sperrvermerk (falls erforderlich)
- Inhaltsübersicht (nur wenn das Inhaltsverzeichnis über mehrere Seiten geht)
- Inhaltsverzeichnis
- Der Textteil der Arbeit
- Anhänge (falls vorhanden)

Aufbau wissenschaftlicher Arbeiten

- Abkürzungs-, Abbildungs-, Tabellen-, Formel-, Symbolverzeichnis (falls vorhanden)
- Literaturverzeichnis
- Personen- und Organisationsindex (falls erforderlich)
- Ehrenwörtliche oder eidesstattliche Erklärung bei prüfungsrelevanten Arbeiten (falls erforderlich)

Das Abkürzungs-, Abbildungs-, Tabellen-, Formel-, Symbolverzeichnis steht oft auch direkt hinter dem Inhaltsverzeichnis. Dies führt jedoch dazu, dass der eigentliche Textteil der Arbeit erst nach vielen anderen Seiten beginnt. Daher ist es empfehlenswert, diesen Teil nach hinten zu verlegen. Ein Personen- und Organisationsindex wird in der Regel *nicht* in einer wissenschaftlichen Arbeit verwendet. Im Gegensatz zu Büchern enthält eine wissenschaftliche Arbeit auch *kein* Vorwort.

Auf die wichtigsten Bestandteile wird im Folgenden näher eingegangen:

11.1 Notwendige Entscheidungen *

Bevor mit der Arbeit begonnen wird, sind satztechnische und gestalterische Entscheidungen zu treffen oder eine geeignete Vorlage für das verwendete Textsystem auszuwählen.

Um ein wissenschaftliches Artefakt satztechnisch und gestalterisch ansprechend zu erstellen, sind eine Reihe von Entscheidungen notwendig:

- Format, in der Regel DIN A4, Bücher haben in der Regel ein Format DIN A5 mit Abweichungen.
- Einseitiger oder doppelseitiger Druck. Früher war einseitiger Druck Standard, heute gibt es aber immer mehr Kopierer, die auch doppelseitigen Ausdruck ermöglichen. Dadurch wird eine Arbeit handlicher.
- Festlegung des Satzspiegels, d. h. welche Abstände sind links, rechts, oben und unten vom Papierrand aus einzuhalten, die nicht beschrieben werden. Der Satzspiegel ist bei einseitigem und bei doppelseitigem Druck unterschiedlich. Bei der Festlegung des Satzspiegels ist zu beachten, dass aus ergonomischen Gründen in einer Zeile nicht mehr als 60 bis 80 Zeichen stehen sollten.
- Festlegung der Schriftart und der Schriftgröße.
- Festlegung des Zeilenabstands.
- Festlegung, ob Flattersatz oder Blocksatz.
- Festlegung, ob Abstände zwischen den Absätzen sein sollen, oder ob jeder Absatz ohne Abstand durch einen Einzug gekennzeichnet werden soll.

Wenn Sie sich mit allen diesen Fragen nicht beschäftigen wollen, dann können Sie eine fertige Vorlage für verschiedene Textsysteme herunterladen und verwenden:

- »Exkurs: Arbeiten mit einer Dokument-Vorlage«, S. 204

11.2 Der Satzspiegel **

Der Satzspiegel legt die Nutzfläche einer Seite fest und enthält den lebenden Kolumnentitel und die Fußnoten. In Textsystemen wird er durch Einstellung von Seitenrändern festgelegt.

Bevor Sie beginnen, mit einem Textverarbeitungssystem Ihre Arbeit zu schreiben, sollten Sie den Satzspiegel festlegen und im Textsystem einstellen. Der **Satzspiegel** legt die Nutzfläche auf einer Seite fest. Der Satzspiegel wird begrenzt durch die vier Stege Bundsteg, Außensteg, Kopfsteg und Fußsteg. Das sind die unbedruckten Abstände zwischen dem Satzspiegel und dem Papierrand (Abb. 11.2-1).

Dies ist der lebende Kolumnentitel ⟶   Dies ist eine Überschrift 1. Ordnung   1

Kopfsteg

1   Dies ist eine Überschrift 1. Ordnung

Auf eine Überschrift soll nie direkt eine weitere Überschrift niedrigeren Grades folgen, sondern immer erst ein Absatz mit Fließtext. Es soll ein inhaltlicher Überblick auf die Themen gegeben werden, die in den untergeordneten Kapiteln behandelt werden.

Absätze können durch einen Zwischenraum (wie hier) oder ohne Zwischenraum, dafür aber mit einem Einzug in der jeweils ersten Zeile gekennzeichnet werden.

1.1   Dies ist eine Überschrift 2. Ordnung

Wird ein Kapitel untergliedert, dann sollte es mehr als ein Unterkapitel enthalten, sonst handelt es sich um eine schlechte Strukturierung. Ein Absatz sollte in der Regel mehr als einen Satz enthalten. Dies gilt *nicht* für Aufzählungen. Aufzählungen können z. B. wie folgt gekennzeichnet werden:

- ■ Aufzählung 1. Ordnung
    - ☐ Aufzählung 2. Ordnung
        - ○ Aufzählung 3. Ordnung

Bundsteg   Außensteg

Aufzählungen können auch durchnummeriert werden:

1   Automatische fortlaufende Nummerierung.
2   Nächste Listennummer.

1.1.1   Dies ist eine Überschrift 3. Ordnung

Fußnoten werden verwendet, um Nebensächliches zu erklären.[1] Zusätzlich können in einem Kapitel noch Zwischenüberschriften verwendet werden.

Dies ist eine Zwischenüberschrift

Hervorhebungen im Text sollten durch **fette Schrift** oder durch *kursive Schrift* erfolgen. Niemals Texte unterstreich, um etwas hervorzuheben.

Der eingerahmte Bereich
ist der Satzspiegel

_____   ✔ Fußnote

[1] Um dabei den Lesefluss nicht zu unterbrechen!

Fußsteg

Abb. 11.2-1: Beispiel für den Aufbau eines Satzspiegels.

Zum Satzspiegel gehört auch der sogenannte »lebende Kolumnentitel«. Dabei handelt es sich um eine Zeile am Kopf jeder Seite, in dem der inhaltliche Gliederungspunkt angegeben ist. Bei einem doppelseitigem Satzspiegel ist es üblich, auf der linken Seite den Titel des Hauptkapitels und auf der rechten Seite den Titel des aktuellen Kapitels aufzuführen. Links kann statt dem Hauptkapitel auch das Kapitel aufgeführt werden, das dem aktuellen Kapitel übergeordnet ist. Der »tote Kolumnentitel« besteht nur aus der Seitenzahl und zählt *nicht* zum Satzspiegel, da er aus gestalterischen Gründen oft auch außerhalb des Satzspiegels angeordnet ist.

Kolumnentitel

Fußnoten stehen am unteren Ende einer Seite, oft durch eine kurze Linie vom normalen Text getrennt. Sie zählen zum Satzspiegel.

Fußnoten

Wenn Sie einseitigen Druck bevorzugen, dann müssen Sie nur einen Satzspiegel für die rechte Seite einrichten. Wollen Sie doppelseitig drucken, dann müssen Sie für die linke und die rechte Seite den Satzspiegel getrennt festlegen. Der Bundsteg, d.h. der Abstand des Satzspiegels zur Seite der Bindung hin, ist größer als der Außensteg, damit bei der gebundenen Arbeit beim Aufschlagen der Text noch zu lesen ist. Die Abb. 11.2-2 zeigt einen Satzspiegel für doppelseitigen Druck am Beispiel von Microsoft Word 2007.

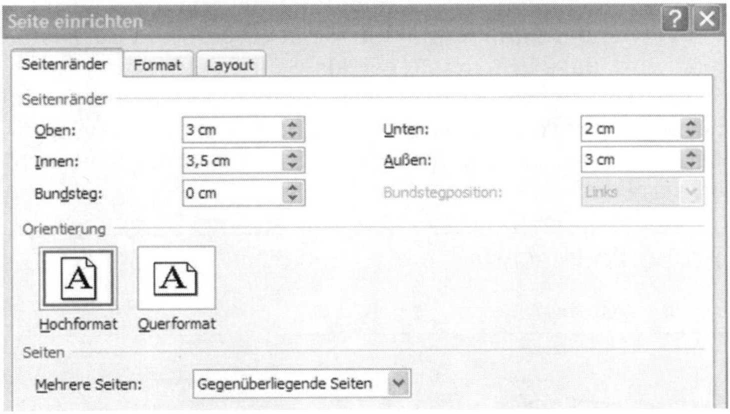

einseitig vs. doppelseitig

Abb. 11.2-2: Einstellung des Satzspiegels in Word 2007 mit geeigneten Werten.

Beim Verwenden der Option für gegenüberliegende Seiten in Word 2007 werden die Ränder der linken Seite auf die Ränder der rechten Seite gespiegelt. Die Innen- und Außenränder weisen jeweils dieselbe Breite auf.

Hinweis   Seitenränder gelten ausnahmslos für das gesamte Dokument und dürfen nicht von Kapitel zu Kapitel variiert werden.

11.3 Schriftart, Schriftgröße und Zeilenabstand **

Normalerweise wird eine Proportionalschrift mit oder ohne Serifen und einer Schriftgröße von 10 oder 12 Punkten sowie einem Durchschuss von mindestens 2 Punkten gewählt.

Schriftarten

proportional vs. monospace   Normalerweise verwendet man für Texte Proportionalschriften. Bei einer **Proportionalschrift** besitzt jedes Zeichen eine individuelle Breite. Beispielsweise ist das »i« sehr viel schmaler als das »w«. Die Standardschrift Times ist eine der am meisten verwendeten Proportionalschriften. Bei einer **Monospace-Schrift** besitzen alle Zeichen die gleiche Breite. Beim Programmieren werden in der Regel Monospace-Schriften verwendet. Um Programmcode in einer Arbeit darzustellen, wird daher in der Regel als Schrift eine Monospace-Schrift verwendet. Zu den am häufigsten verwendeten Monospace-Schriften zählen Courier und Courier New. Abb. 11.3-1 zeigt eine Proportional- und eine Monospace-Schrift im Vergleich.

Arial ist eine Proportionalschrift   0123456789
Courier ist eine Monospace-Schrift   0123456789

Abb. 11.3-1: Eine Proportionalschrift benötigt deutlich weniger Platz als eine Monospace-Schrift.

Serifen   Bei den Schriftarten *(fonts)* wird zwischen Schriften mit und ohne Serifen unterschieden. Als Serifen werden bei einer Schrift die kleinen Häkchen an den Buchstaben-Enden bezeichnet (Abb. 11.3-2). Times ist die Standardschrift mit Serifen, Arial eine typische Schrift ohne Serifen.

Abb. 11.3-2: Die Buchstaben HB mit und ohne Serifen.

Serifen führen den Blick besser über eine Zeile. Daher werden bei Druckmedien im Allgemeinen Serifenschriften verwendet. Außerdem betonen **Serifen** den Charakter einer Schrift stärker. Serifenlose Schriften wirken dagegen moderner und werden daher oft bei wissenschaftlichen Arbeiten in naturwissenschaftlichen und ingenieurwissenschaftlichen Bereich verwendet.

Serifen pro & contra

In jedem Fall sollte der Einsatz von exotischen Schriften vermieden werden. Verwenden Sie stets gut leserliche und dem Leser vertraute Schriftarten.

Tipp

Schriftgröße und Zeilenabstand

Die **Schriftlinie** ist die gedachte Linie, auf der die Schrift ausgerichtet ist (Abb. 11.3-3). Runde Zeichen ragen oft geringfügig über diese Linien hinaus, um optisch die gleiche Höhe wie ein glatt abschließendes Zeichen zu besitzen. Die **Mittellänge** einer Schrift gibt die Höhe des kleinen »x« an. Sie wird auch als **x-Höhe** bezeichnet. Als **Unterlänge** bezeichnet man die Buchstabenlänge unter der Schriftlinie (z. B. g, j, y). Die **Oberlänge** gibt an, wie weit kleine Buchstaben über die x-Höhe hinausragen. Bei einigen Schriften endet die Oberlänge auf der Versalhöhe. Die Versalhöhe ist die Höhe von Großbuchstaben. Die Schriftgröße ist die Höhe von der obersten Linie bis zur Unterkante der Unterlänge. Großbuchstaben werden auch als **Versalien**, Kleinbuchstaben als Gemeine bezeichnet. Im Druckbereich wird die Schriftgröße in Punkten *(points, pt)* gemessen. Ein **Punkt** ist 1/72 eines Zolls *(inch)* oder 0,3528 mm. Die Abb. 11.3-3 zeigt die wichtigsten Begriffe der Typographie.

Terminologie

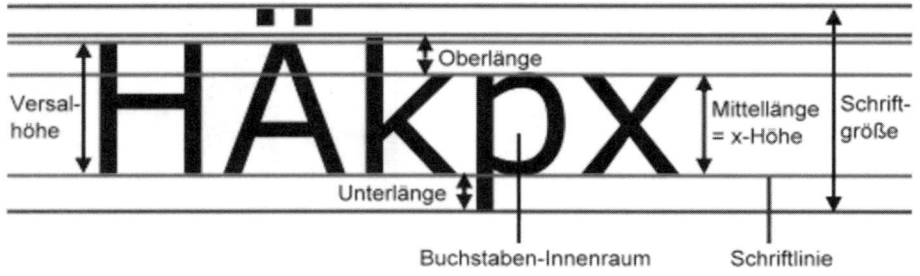

Abb. 11.3-3: Diese Terminologie wird in der Typographie verwendet.

x-Höhe

Wie groß dem Leser eine Schrift erscheint, wird nicht durch die Schriftgröße, sondern auch durch die **x-Höhe** bestimmt. In der Abb. 11.3-4 besitzen alle drei Schrifttypen die gleiche Größe. Da Times New Roman die geringste x-Höhe besitzt, wirkt sie viel kleiner als Arial und Verdana.

Times New Roman-x Arial-x Verdana-x

Abb. 11.3-4: Die x-Höhe beeinflusst die optische Schriftgröße.

Hinweis

Die auf Webseiten beliebte Bildschirmschrift Verdana wirkt im Druck sehr massiv und sollte daher nicht verwendet werden.

x-Höhe und Lesbarkeit

Die x-Höhe besitzt einen großen Einfluss auf die Lesbarkeit von Texten. Die Übersicht der Abb. 11.3-5 zeigt die oben beschriebenen Schrifttypen noch mal im Vergleich, wobei die Schriftgröße zwischen 10 Punkten und 14 Punkten variiert.

10 Punkt: Times NR	12 Punkt: Times NR	14 Punkt: Times NR
10 Punkt: Georgia	12 Punkt: Georgia	14 Punkt: Georgia
10 Punkt: Arial	12 Punkt: Arial	14 Punkt: Arial
10 Punkt: Calibri	12 Punkt: Calibri	14 Punkt: Calibri

Abb. 11.3-5: Die optische und die tatsächliche Größe einer Schrift können verschieden sein.

Wie man sieht, sind die Serifenschrift Times New Roman und die serifenlose Word 2007-Standardschrift Calibri sehr kompakt. Sie wirken optisch auch kleiner als die Schriften Georgia (mit Serifen) und Arial (ohne Serifen).

Der Leerraum zwischen zwei Zeilen wird **Durchschuss** genannt (Abb. 11.3-6). Bei Zeilen, die ohne Durchschuss gesetzt sind, berühren sich die Unter- und Oberlängen zweier Zeilen. Jeder zusätzliche Zwischenraum wird als Durchschuss bezeichnet.

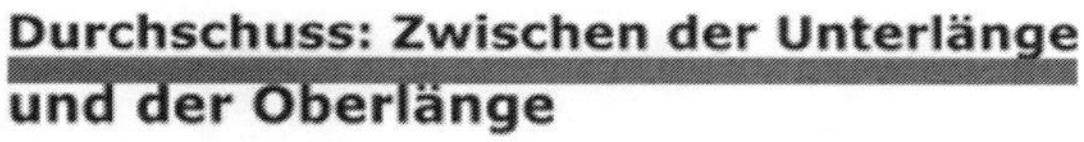

Durchschuss

Durchschuss: Zwischen der Unterlänge und der Oberlänge

Abb. 11.3-6: Der Bereich zwischen den Zeilen gibt die Breite des Durchschusses an.

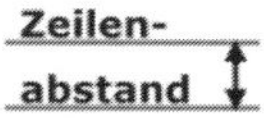

Der **Zeilenabstand** *(leading)* wird von einer Schriftlinie zur nächsten gemessen und ergibt aus der Summe von Schriftgröße und Durchschuss. Eine Schrift der Größe 12 Punkte mit einem Zeilenabstand von 14 Punkten wird als 12/14 (sprich: 12 auf 14) bezeichnet.

Zeilen-abstand

Mit einem größeren Zeilenabstand kann die Lesbarkeit von Texten verbessert werden. Beim Druck gilt die Faustregel, dass der Zeilenabstand um 2 Punkte größer als die Schriftgröße sein soll (z. B. 12/14), d. h. der Durchschuss beträgt zwei Punkte.

größeren Zeilenabstand wählen

Üblicherweise werden Schriftgrößen zwischen 10 und 12 Punkt verwendet. Auch hierfür gibt es häufig Vorgaben der jeweiligen Hochschule, um ein zu starkes Variieren der Seitenzahlen bei identischen Inhalten jedoch unterschiedlichen verwendeten Schriftgrößen zu vermeiden.

Für die gute Lesbarkeit des Textes ist ein ausreichender Zeilenabstand zu verwenden, der aber nicht zu groß gewählt werden darf, da das Schriftbild sonst »zerrissen« aussieht.

Zeilenabstand

Dies ist ein Absatz in der Schrift Calibri in 12 Punkt und einem Zeilenabstand von 14 Punkten.	Dies ist ein Absatz in der Schrift Calibri in 12 Punkt und einem Zeilenabstand von 16 Punkten.	Dies ist ein Absatz in der Schrift Calibri in 12 Punkt und einem Zeilenabstand von 1 ½ Zeilen.

Abb. 11.3-7: Wirkung unterschiedlicher Zeilenabstände.

11.4 Textgestaltung **

Die Textgestaltung beeinflusst wesentlich das äußere Erscheinungsbild einer Arbeit. Zur Textgestaltung gehört die Textausrichtung (linsbündig vs. Blocksatz), Absatzgestaltung (Einrücken vs. vergrößerter Zeilenabstand), Art der Hervorhebungen (kursiv vs. fett) sowie die Anordnung und Benennung von Abbildungen.

Ausrichtung

Für wissenschaftliche Arbeiten können Texte als Blocksatz oder als linksbündiger Flattersatz ausgerichtet werden.

linksbündig   Die **linksbündige Ausrichtung** ist der Standardfall und der Text ist im Allgemeinen gut lesbar (Abb. 11.4-1 links). Auch die Überschriften sollten linksbündig ausgerichtet werden. Zentrierte Überschriften und linksbündige Texte ergeben schlecht balancierte Seiten.

Dies ist ein linksbündig im Flattersatz ausgerichteter Text, der dazu führt, dass der rechte Textrand "ausgefranst" aussieht. Vorteilhaft ist jedoch, dass in der Regel die automatische Silbentrennung in Textsystemen ausreicht.	Dies ist ein Text im Blocksatz, der dazu führt, dass der Text links und rechts ausgerichtet ist. Nachteilig ist, dass zusätzliche manuelle Silbentrennungen notwendig sind – insbesondere bei Fachbegriffen, um keine allzu großen Lücken in einer Zeile zu erhalten.

Abb. 11.4-1: Vergleich von linksbündigem Flattersatz und Blocksatz.

Alternativ kann der Blocksatz verwendet werden, der im Buchsatz üblich ist. Beim Blocksatz werden die Leerzeichen, die beim Flattertext »übrig bleiben«, auf alle Wortzwischenräumein der Zeile aufgeteilt (Abb. 11.4-1 rechts).

Blocksatz

Damit ein Blocksatz gut aussieht, müssen lange Wörter geeignet getrennt werden, um die Wortzwischenräume zu reduzieren. Da die automatische Silbentrennung der Textsysteme insbesondere bei vielen Fachbegriffen, die in wissenschaftlichen Arbeiten oft vorkommen, *nicht* automatisch richtig trennen, müssen die Trennungen von Hand vorgenommen werden.

Damit bei dem Einfügen oder Löschen von Texten in einem Absatz manuell vorgenommene Silbentrennungen dann nicht plötzlich im fortlaufenden Text stehen, z. B. Infor-matik, sind manuelle Silbentrennungen nur in Form von sogenannten **bedingten Trennstrichen** im Textsystem einzugeben.

Tipp

Umgekehrt sollte verhindert werden, dass Wörter durch eine Trennung auf zwei Zeilen geraten, die immer zusammengehören, z. B. 10. Juni. Dies erreicht man in Textsystemen durch **geschützte Leerzeichen**.

Um den Zusatzaufwand für Silbentrennungen zu vermeiden, sollten Sie für Ihre Arbeit den linksbündigen Flattersatz für den normalen Text und für Überschriften verwenden.

Empfehlung

Absätze

Längere Texte sollten immer in Absätze unterteilt werden. Sie können prinzipiell auf zwei Arten getrennt werden:

- Durch Einfügen von zusätzlichem Zwischenraum (z. B. einer Leerzeile) (Abb. 11.4-2, links) oder
- durch Einrücken eines neuen Absatzes, wie es häufig bei Zeitungen und Zeitschriften durchgeführt wird (Abb. 11.4-2, rechts).

Dies ist ein Text, der aus zwei Absätzen besteht. Jeder Absatz wird durch einen Absatzabstand voneinander getrennt.	Absätze können auch dadurch unterschieden werden, dass jeder Absatz in der ersten Zeile eingerückt wird.
Der zweite Absatz wirkt durch die Absatztrennung als eigenständige Einheit.	Dafür gibt es keinen zusätzlichen Absatzabstand zwischen den Absätzen. Die Textdarstellung wirkt kompakter und es wird Platz gespart.

Abb. 11.4-2: Absätze durch Zwischenraum oder Einzug.

Hervorhebung

Hervorhebungen verhalten sich zum »normalen« Text wie Schreien zum Sprechen. Wenn nur geschrieen wird, fällt es *nicht* mehr auf. Setzen Sie daher Hervorhebungen dosiert ein.

so nicht! Die Abb. 11.4-3 zeigt in den ersten vier Zeilen Negativ-Beispiele für Hervorhebungen:

- Ein Text, der nur aus Großbuchstaben besteht, ist schwierig zu lesen. Auf dieses Mittel der Hervorhebung sollten Sie daher verzichten.
- Texte zur Hervorhebung *nicht* unterstreichen, da der Unterstrich aus der Schreibmaschinenzeit stammt, wo es aus technischen Gründen nicht möglich war, Texte halbfett hervorzuheben.
- Kapitälchen werden vorwiegend in literarischen Werken zur Betonung der ersten Wörter eines Absatzes benutzt und sind in wissenschaftlichen Artefakten nicht angebracht.
- Eine Hervorhebung durch eine größere Schrift zerstört die Textgestaltung.

sondern so! Hervorhebungen werden besser realisiert durch (Abb. 11.4-3, letzte zwei Zeilen):

- Kursivschrift oder
- halbfette Schrift.

fett Worte oder Teile eines Satzes in Fettdruck heben sich immer stark vom umgebenden Text ab. Auch Überschriften lassen sich mit Fettdruck gut betonen.

Hier eine HERVORHEBUNG durch Großbuchstaben.

Hier eine Hervorhebung durch Unterstreichen.

Hier eine HERVORHEBUNG durch Kapitälchen.

Hier eine Hervorhebung durch größere Schrift.

Hier eine *Hervorhebung* durch Kursivschrift.

Hier eine **Hervorhebung** durch Fettschrift.

Abb. 11.4-3: Beispiele für Hervorhebungsarten.

Kursivschrift innerhalb eines Textes zieht den Blick auf sich. Sie ist gut geeignet, um einzelne Worte oder Teile eines Satzes hervorzuheben. Das können beispielsweise Begriffe in einer anderen Sprache oder einzelne Worte wie *kein* oder *nicht* sein. Eine kursive Hervorhebung ändert den »Grauwert« einer Seite nicht.

kursiv

Anders als in Lehrbüchern, wie z. B. das vorliegende Buch, sollten Sie keine besonderen typografischen Mittel benutzen, um besondere Aufmerksamkeit zu erzielen, wie hier z. B. die Kennzeichnung von Tipps.

keine typografischen Gestaltungen

Anordnung und Benennung von Abbildungen

Abbildungen, d. h. Grafiken und Bilder, können linksbündig, rechtsbündig und zentriert zwischen einen Text eingefügt werden. In der Regel ist eine zentrierte Anordnung empfehlenswert, da das optische Erscheinungsbild dadurch ausgewogen aussieht.

zentriert

Alle Abbildungen müssen in wissenschaftlichen Arbeiten eine Abbildungsunterschrift besitzen. Außerdem ist jede Abbildung im Text zu referenzieren. Es sollten nur Vorwärtsreferenzen verwendet werden, d. h. die Abbildung erscheint im Dokument erst nachdem sie im Text referenziert wurde. Das hat den Vorteil, dass der Leser nicht bereits eine Abbildung sieht, ohne dazu einen Bezug im Text gefunden zu haben. Rückwärtsreferenzen sollten daher vermieden werden.

vorwärts referenzieren

relativ nummerieren

Vermeiden Sie auf jeden Fall eine absolute Abbildungsnummerierung, d. h. schreiben Sie nicht unter Ihre Abbildung: »Abb. 3.1: Schematische Darstellung des Experiments«. Wenn Sie später auch nur eine zusätzliche Abbildung in das Kapitel einfügen, dann müssen Sie alle folgenden Abbildungen dieses Kapitels manuell umnummerieren. Nutzen Sie die Möglichkeiten Ihres Textsystems, um die Abbildungen relativ zu nummerieren (siehe »Exkurs: Arbeiten mit einer Dokument-Vorlage«, S. 204).

Ein häufiger Fehler, der gemacht wird, besteht darin, eine Abbildung anzukündigen und den Satz mit einem Doppelpunkt zu beenden. Es wird irrtümlicherweise davon ausgegangen, dass die Abbildung sich später auch genau an dieser Stelle befindet.

Beispiel

Falsch: »Die folgende Abbildung zeigt den Ablauf:«
Richtig: »Die Abb. 3.1 zeigt den Ablauf.« Anstelle von 3.1 steht natürlich die relative Angabe entsprechend dem verwendeten Textsystem.

11.5 Seitennummerierung *

Traditionell werden alle Teile eines Buches oder einer wissenschaftlichen Arbeit, die sich vor dem eigentlichen Text befinden, mit römischen Ziffern nummeriert, der Text und alles danach fortlaufend arabisch.

Die seitenweise Nummerierung eines Dokuments wird als **Paginierung** oder Seitennummerierung bezeichnet. Die Zahlen werden dabei meistens am Außenrand oben oder unten angeordnet, bisweilen auch mittig. Vakatseiten, d. h. leere Seiten, erhalten *keine* Seitennummer. Diese Leerseiten werden aber mitgezählt. Aus ästhetischen Gründen werden Kapitelanfangsseiten sowie das Deckblatt in der Regel auch *nicht* mit einer Seitenzahl versehen.

Logisch wäre es, die Seiten fortlaufend vom Anfang bis zum Ende durchzuzählen. In der Praxis werden jedoch die Inhaltsübersicht, das Inhaltsverzeichnis und alle anderen Inhalte zwischen dem Deckblatt und dem Textteil in römischen Ziffern durchnummeriert. Diese Praxis stammt aus dem Buchsatz und ist heute eigentlich unnötig. Beim manuellen Buchsatz beginnt man ein Buch zu setzen, ohne beim Beginn des Setzens zu wissen, wie umfangreich das Inhaltsverzeichnis, das Vorwort sowie die Titelei werden. Daher wird beim Textteil mit der arabischen Ziffer 1 begonnen. Später kann dann die Titelei gesetzt werden. Heutige Text- und Satzsysteme ermöglichen es, ein gesamtes Dokument vollständig zu erzeugen, so dass eine vollständige Durchnummerierung mit arabischen Ziffern möglich ist.

Wenn Sie römisch *und* arabisch nummerieren wollen, dann sollten Sie folgende Regeln beachten:

römisch + arabisch

Die Arbeit beginnt – bei einseitigem Druck – mit dem Deckblatt ohne Seitenangabe, dann folgt das Inhaltsverzeichnis, welches die Seitennummer römisch »II« trägt. Alle folgenden Seiten des Inhaltsverzeichnisses und anderer Verzeichnisse werden in römischen Zahlen fortlaufend nummeriert.

römisch

Der Textteil der Arbeit und alle Teile danach werden mit Ziffern des Dezimalsystems beginnend mit der Seite »1« fortlaufend durchnummeriert.

arabisch

Die für prüfungsrelevante Arbeiten geforderte ehrenwörtliche oder eidesstattliche Erklärung befindet sich auf der letzten Seite des Dokuments und erhält keine Seitenangabe. Diese Erklärung taucht auch *nicht* im Inhaltsverzeichnis oder anderen Verzeichnissen auf, da sie *kein* Bestandteil der Arbeit ist, sondern lediglich an die letzte Seite angehängt und mit dem Dokument gebunden wird.

ehrenwörtliche oder eidesstattliche Erklärung

Die Abb. 11.5-1 zeigt einen Überblick über die Nummerierung von einzelnen Elementen eines wissenschaftlichen Artefakts.

Übersicht Seiten- nummerierung

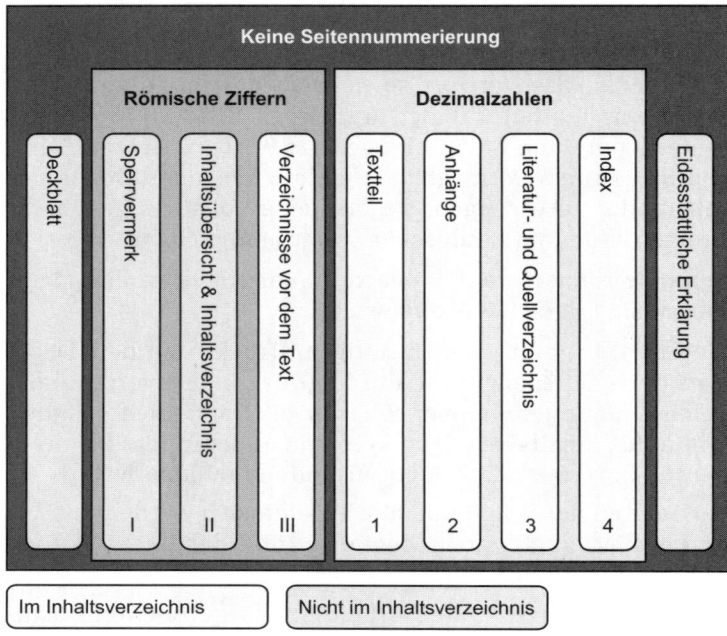

Abb. 11.5-1: Seitennummerierung in wissenschaftlichen Arbeiten.

11.6   Deckblatt und Einband *

Das Deckblatt einer wissenschaftlichen Arbeit ist der erste Eindruck, den ein Leser von einem Druckwerk visuell wahrnimmt und sollte daher ansprechend und übersichtlich gestaltet sein. Von der Verwendung flächenfüllender Grafiken und Abbildungen ist Abstand zu nehmen, wobei das Logo einer Hochschule oder Fakultät durchaus üblich und angemessen ist.

Deckblatt

Während die Darstellungen von Wappen einer Hochschule durchaus zum guten Ton wissenschaftlicher Arbeiten gehören, sollte die Optik auf dem Deckblatt dennoch schlicht und sachlich gehalten werden. Arbeiten im Comic-Stil oder mit Abbildungen klassischer Meisterwerke wecken sicherlich Emotionen beim Leser, fraglich ist jedoch, ob sich dies positiv auf den Gesamteindruck auswirkt. Das Deckblatt enthält üblicherweise die folgenden Elemente:

- Name der Hochschule
- Bezeichnung des Studiengangs
- Anzahl der Fachsemester
- Titel und Untertitel der Arbeit
- Name des Autors
- Name des Betreuers
- Ort und Datum der Abgabe

Angaben auf dem Deckblatt

Abweichend von dieser Liste sind unbedingt die Vorgaben der jeweiligen Hochschule zu beachten.

Hinweis

Einband

Viele Dienstleister vom einfachen Copy-Shop bis zur traditionellen Buchbinderei bieten auch sehr edle und hochwertige Einbände aus Samt, Kunstleder oder anderen auffälligen Materialen an. Selbige lassen sich mit eingeprägter, goldener Schrift noch weiter »verschönern«.

Zum einen treiben entsprechende Materialien die Kosten in die Höhe, zum anderen wecken sie auch beim Leser eine Erwartungshaltung, welche nicht jede wissenschaftliche Arbeit zu erfüllen im Stande ist.

nicht übertreiben

Bei prüfungsrelevanten Arbeiten wird das Exemplar des Korrektors nicht selten mit einer Vielzahl von Anmerkungen und Markierungen versehen. Da reicht ein simpler Einband nicht nur völlig aus, es wird dem Korrektor auch etwas einfacher gemacht, wenn er keine Skrupel haben muss, in ein aufwändig gebundenes Werk zu »kritzeln«.

prüfungs-relevante Arbeiten

Als Einband einer wissenschaftlichen Arbeit sollte in den meisten Fällen als Vorderseite eine stärkere Klarsichtfolie ausreichen, welche das Deckblatt der Arbeit lesbar lässt. Als Rücken bietet sich ein fester Karton an, welcher der Arbeit hilft, die Form zu bewahren. Manche Hochschulinstitute und Lehrstühle liefern auch fertige Umschläge für wissenschaftliche Arbeiten. Dissertationen werden in der Regel als Buch veröffentlicht. Beispiele für verschiedene Umschläge zeigen die Abb. 11.6-1 und die Abb. 11.6-2.

Klarsichtfolie und Karton

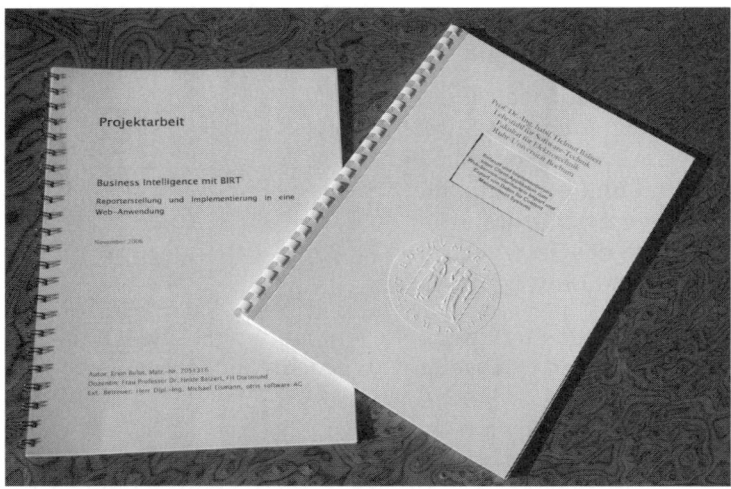

Abb. 11.6-1: Links eine Arbeit mit Spiralheftung und transparenter Folie, rechts eine Arbeit mit anderer Spiralheftung und vorgegebenem Umschlag mit Ausschnittfenster.

Abb. 11.6-2: Links eine gebundene Arbeit, rechts eine Dissertation als Buch.

Tipp   Soll die wissenschaftliche Arbeit dennoch einen etwas »gehobeneren« Eindruck machen, vielleicht zur Präsentation in der Familie, bei Freunden oder für das eigene Bücherregal, so spricht nichts dagegen, eine einfache Version für den Arbeitsgebrauch und eine entsprechend »hochwertigere« Version für das private Umfeld erstellen zu lassen.

11.7   Sperrvermerk *

Wissenschaftliche Arbeiten können in Ausnahmefällen mit einem Sperrvermerk versehen werden. Dies trifft insbesondere dann zu, wenn sie vertrauliche Informationen Dritter enthalten, welche nicht der Allgemeinheit zugänglich gemacht werden dürfen.

Wissenschaftliche Arbeiten können unternehmensinterne Daten beinhalten, welche nicht zur Veröffentlichung freigegeben sind. In diesem Fall ist die Arbeit mit einem Sperrvermerk zu versehen.

Sperrvermerk
Diese Master-Arbeit enthält vertrauliche Daten der Mustermann AG. Eine Veröffentlichung oder Vervielfältigung dieser Arbeit, auch auszugsweise, ist ohne ausdrückliche Genehmigung der Mustermann AG nicht zulässig. Diese Arbeit darf nur den Korrektoren und dem Prüfungsausschuss zugänglich gemacht werden.

Beispiel
Sperrvermerk

In der Regel sollte vermieden werden, dass eine vollständige Arbeit für die Öffentlichkeit gesperrt wird. Eine Alternative besteht darin, vertrauliche Informationen in einem Anhang zusammenzufassen und diesen Anhang nur den Korrektoren und dem Prüfungsausschuss zugänglich zu machen.

Die Verwendung unternehmensinterner Daten und das Versehen der Arbeit mit einem entsprechenden Sperrvermerk muss in jedem Fall mit dem Betreuer abgestimmt werden!

Hinweis

11.8 Inhaltsübersicht und Inhaltsverzeichnis *

Inhaltsübersicht und Inhaltsverzeichnis geben dem Leser einen ersten Eindruck vom Aufbau der Gliederung. Der Leser kann erkennen, wie die Arbeit logisch aufgebaut ist und entscheiden, welches Kapitel er tatsächlich lesen möchte.

Inhaltsübersicht

Die Inhaltsübersicht gibt nur die Kapitel auf oberster Gliederungsebene (1, 2, 3, jedoch nicht 1.1, 1.2, 1.3) wieder und hilft dem Leser, schnell einen Überblick über den grundlegenden Aufbau der Arbeit zu bekommen.

Hinweis

Auf eine Inhaltsübersicht ist zu verzichten, wenn das Inhaltsverzeichnis nur einen geringen Umfang aufweist und daher auf ein oder zwei Seiten Platz findet. In der Regel enthalten nur Dissertationen eine Inhaltsübersicht.

Beispiel Inhaltsübersicht

1	Einführung	1
2	Grundlagenbetrachtung	4
3	Eigene Forschung	37
usw.		

Inhaltsverzeichnis

Das Inhaltsverzeichnis listet alle Inhalte der Arbeit in allen Gliederungsebenen auf.

Inhaltsübersicht und Inhaltsverzeichnis selbst werden nicht aufgelistet, ebenso nicht die ehrenwörtliche oder eidesstattliche Erklärung, da diese nicht Bestandteil der Arbeit ist.

Beispiel Inhaltsverzeichnis

1	Einführung	1
1.1	Motivation	2
1.2	Ziele der Untersuchung	3
2	Grundlagenbetrachtung	4
2.1	Aktueller Stand	5
2.2.1	Aktueller Stand der Forschung	6
2.2.2	Aktueller Stand der Praxis	20

In den obigen Beispielen wurde eine Arbeit numerisch ge- numerisch
gliedert. Die Hauptkapitel eines Textes werden, mit Eins beginnend, fortlaufend durchnummeriert. Jedes untergeordnete Kapitel beginnt erneut mit der Ziffer Eins. Nach jeder Zahl muss ein Punkt stehen, außer nach der letzten.
Nach der DIN 1421 sollen in Inhaltsverzeichnissen (Überschrift: »Inhalt«) alle Abschnitts- bzw. Kapitelnummern an
derselben Fluchtlinie beginnen. Alle Abschnittsüberschrif-
ten – auch mehrzeilige – sollen an einer weiteren Fluchtlinie
beginnen (wie im letzten Beispiel).

Wird ein Kapitel untergliedert, dann gehören mindestens
zwei Unterkapitel dazu – nur ein Unterkapitel ist *nicht* erlaubt. Ein Unterkapitel allein zeigt eine logisch *unsaubere*
Untergliederung an, z. B. 2, 2.1, 3, 3.1, 3.1.1, 3.2.

Eine numerische Ordnung erlaubt eine beliebig tiefe Untergliederung. Auch in wissenschaftlichen Arbeiten, wo eine systematische Gliederung wichtig ist, sollten fünf Glie-
derungsstufen *nicht* überschritten werden. Aus Gründen
der Übersichtlichkeit sind drei Gliederungsebenen anzustreben – so wird es auch in der DIN 1421 empfohlen. Ein Kapitel, das im Inhaltsverzeichnis erscheint, umfasst i. Allg.
mehrere Seiten. Wird eine weitere Strukturierung benötigt,
dann können Zwischenüberschriften verwendet werden, die
nicht nummeriert werden.

Alternative Gliederungsmöglichkeiten

Eine Alternative, um eine Arbeit besser zu strukturieren, ist
eine Aufteilung in Buchteile, wobei die Buchteile eine große
römische Ziffer erhalten. Die Kapitel sollten jedoch fortlaufend gezählt werden, um Probleme bei der Referenzierung
zu vermeiden. Durch diese Art der Strukturierung spart man
eine hierarchische Gliederungsebene.

| I | Stand der Technik | Beispiel |
| 1 | Technik 1 | |

2	Technik 2
2.1	Details zur Technik 2
2.2	Folgerungen
II	Stand der Forschung
3	Forschung 1
...	
III	Eigene Ansätze
6	Konzeption
7	Realisierung
usw.	

alpha-numerisch

Bei der alpha-numerischen Ordnung werden unterschiedliche Symbole benutzt, um die Gliederungssystematik optisch zu verdeutlichen.

Beispiel

A.	Lateinische Großbuchstaben (Teile)
I.	Römische Zahlen (Kapitel)
1.	Arabische Zahlen (Abschnitte)
a.	Lateinische Kleinbuchstaben (Unterabschnitte)
α	Griechische Kleinbuchstaben (Absatz)
aa.	Hilfsweise verdoppelte lateinische Kleinbuchstaben
	Quelle: [Thei06, S. 104]

Diese Art der Gliederung findet man oft in juristischen Arbeiten.

Lineare vs. abgestufte Darstellung

Bei einer linearen Anordnung beginnen alle Untergliederungen auf einer Linie, in der Regel linksbündig.

Beispiel

Sehen Sie sich die Buchgliederung zu diesem Buch an.

Bei der abgestuften Darstellung erfolgt pro Gliederungsstufe eine Einrückung nach rechts.

Beispiel

A		Definition des Wohnungseigentums 2
	I.	Rechtliche Bestandteile des Wohnungseigentums 2
	II.	Sonderfall: Wohnungs-Erbbaurecht 3

Am häufigsten verwendet wird heute eine numerische, lineare Gliederung.

Anders als z. B. in Lehrbüchern sollten Sie keine Überschriften in Frageform formulieren. Statt »Wie ist meine Arbeit aufgebaut?« oder »Der Aufbau meiner Arbeit« besser »Aufbau der Arbeit«.

11.9 Abkürzungsverzeichnis **

Wissenschaftliche Arbeiten enthalten oftmals eine Vielzahl an fachspezifischen Abkürzungen, welche selbst thematisch erfahrenen Lesern nicht in jedem Fall sofort geläufig sind. In entsprechenden Abkürzungsverzeichnissen werden diese Kurzformen in ausgeschriebener Form aufgeführt und eignen sich zum Nachschlagen.

Im Abkürzungsverzeichnis werden die in der Arbeit verwendeten Abkürzungen und **Akronyme** aufgeführt und erklärt. In dieses Verzeichnis werden nur die Abkürzungen eingetragen, die *nicht* im Duden oder vergleichbaren Werken zur deutschen Rechtschreibung aufgeführt werden.

Alle anderen Abkürzungen erfordern ausnahmslos, auch bei nur einmaliger Verwendung, einen entsprechenden Eintrag. So wird die Abkürzung »z. B.« für »zum Beispiel« nicht im Abkürzungsverzeichnis eingetragen, während »USB« für »Universal Serial Bus« aufgeführt wird, auch wenn davon ausgegangen werden kann, dass der Leser mit dieser Abkürzung vertraut ist. Generell sollte mit Abkürzungen sparsam umgegangen werden.

Beispiel

Abkürzungsverzeichnis

HTML	Hypertext Markup Language
PDF	Portable Document Format
VoIP	Voice over Internet Protocol

Tipp

Das Abkürzungsverzeichnis wird nach den Kürzeln alphabetisch sortiert. Bei Textverarbeitungssystemen bietet es sich an, das Abkürzungsverzeichnis in Form einer Tabelle zu erstellen und nach Fertigstellung nach der ersten Spalte alphabetisch aufsteigend zu sortieren.

Optimal wäre es natürlich, wenn im Abkürzungsverzeichnis auch alle Seiten aufgeführt wären, in denen die Abkürzung vorkommt. Das würde ein Nachschlagen im Sachindex ersparen. Das Vorhandensein eines Abkürzungsverzeichnisses entbindet nicht von der Regel, alle Abkürzungen bei der ersten Verwendung einmal auszuschreiben und ggf. zu erläutern.

Beispiel

Wird die Abkürzung USB das erste mal in einer Arbeit verwendet, so geschieht dies beispielsweise wie hier dargestellt:

»Der USB (Universal Serial Bus) dient zur Verbindung unterschiedlicher Peripheriegeräte. USB ist eine in den 1990er Jahren entwickelte Technologie.«

Tipp

Verwenden Sie die Form »USB (Universal Serial Bus)« und nicht »Universal Serial Bus (USB)«.

eigene
Abkürzungen

Das Bilden eigener Abkürzungen sollte vermieden werden, insbesondere, wenn es nur der Schreiberleichterung dient. In einem Textsystem können Abkürzungen durch Suchen und Ersetzen leicht ausgetauscht werden. Eine andere Situation liegt jedoch vor, wenn eine Langfassung oft vorkommt und das Lesen wesentlich erschwert. Eine Abkürzung des Autors, die als solche eindeutig gekennzeichnet sein sollte, erleichtert das Lesen und die Verständlichkeit.

11.10 Sonstige Verzeichnisse ***

Neben dem Inhalts- und dem Abkürzungsverzeichnis können noch weitere Verzeichnisse für eine Übersicht über Abbildungen, Tabellen, Formeln und Symbole erstellt werden. Diese Verzeichnisse dienen ebenfalls dem leichten und schnellen Auffinden entsprechender Informationen.

Verzeichnisse, wie Abbildungs-, Tabellen-, Formel- und Symbolverzeichnis können den Textteil ergänzen. Diese Verzeichnisse führen die entsprechenden Inhalte auf und verweisen auf die jeweilige Seitennummer.

Abbildungsverzeichnis	
Abb. 1: Pinguine in der Südsee	12
Abb. 2: Historisches Rechnersystem	35
Abb. 3: USB-Stick	43
usw.	

Beispiel eines Abbildungsverzeichnisses

Bei Verzeichnissen für Tabellen und Formeln wird analog verfahren.

Die Nummerierung der Informationen und deren Reihenfolge wird nach der Position vorgenommen, in welcher die jeweiligen Informationen im Textteil vorkommen, also entsprechend der Seitennummerierung.

Konvention

Ein Symbolverzeichnis listet der Reihenfolge nach alle im Textteil verwendeten Symbole auf und erläutert diese, wie ein Abkürzungsverzeichnis.

Symbolverzeichnis

Sobald in der Arbeit eine Abbildung, eine Tabelle oder eine Formel verwendet wird, ist das entsprechende Verzeichnis für diese Darstellungsform zu erstellen und ein vorläufiger Verweis auf die Seite vorzunehmen, auf der die entsprechende Information gefunden werden kann. Ist die Arbeit fertig gestellt, müssen die Seitenverweise nochmals überprüft werden. Wenn das verwendete Textsystem eine automatische Erstellung solcher Verzeichnisse erlaubt, dann sollten Sie diese Möglichkeit nutzen (siehe »Exkurs: Arbeiten mit einer Dokument-Vorlage«, S. 204).

Empfehlung

11.11   Textteil *

Wissenschaftliche Arbeiten enthalten einen umfangreichen Textteil, der der wichtigste Bestandteil der Schrift ist. Im Textteil bearbeitet der Autor die gegebene Aufgabenstellung und bringt diese zu einem Abschluss.

Der Textteil ist die wesentliche Leistung des Autors. Sie beinhaltet neben den eigenen und zitierten Inhalten auch Abbildungen, Tabellen und Formeln, welche an entsprechender Stelle in den Text eingebunden werden.

Bei wissenschaftlichen Arbeiten beinhaltet der Textteil auch den quantitativ größten Teil des Umfangs.

Gliederung des Textteils

Der Textteil gliedert sich in **Kapitel** und **Unterkapitel** (siehe auch »Inhaltsübersicht und Inhaltsverzeichnis«, S. 190). Soll jede Hierarchieebene benannt werden, dann ist folgende Terminologie üblich[1]:

- 1. Hierarchieebene: Hauptkapitel
- 2. Hierarchieebene: Kapitel
- 3. Hierarchieebene: Unterkapitel
- 4. Hierarchieebene: **Abschnitt**

Innerhalb eines Textteils spricht man von **Absätzen**, wobei zwischen Absätzen jeweils ein größerer Zeilenabstand besteht oder jeder Absatzanfang eingerückt beginnt.

formal gute Gliederung

Der eigentliche Inhalt einer Arbeit sollte jeweils in den Unterkapiteln oder Abschnitten stehen, die keine weitere Untergliederung besitzen (Blätter des Gliederungsbaumes). Mehrere Abschnitte werden zu Unterkapiteln, mehrere Unterkapitel zu Kapiteln und mehrere Kapitel zu Hauptkapiteln zusammengefasst bzw. aggregiert.

Eine schlechte Gliederung liegt vor, wenn z. B. einzelne Kapitel nur jeweils ein Unterkapitel besitzen. Dies deutet auf eine schlechte Strukturierung des behandelten Themas hin.

In den jeweils übergeordneten Kapiteln ist ein Überblick über die Inhalte zu geben, die in den Unterkapiteln behandelt werden. Es sollte kein zusätzliches Wissen in den Überblicken vermittelt werden.

---

[1] In der DIN 1421 »Gliederung und Benummerung in Texten« von 1983 wird nur von Abschnitten gesprochen.

Auf eine Überschrift folgt nie unmittelbar eine weitere Überschrift niedrigeren Grades, sondern immer ein Absatz mit Text. Ein Absatz sollte immer aus mehreren Sätzen bestehen, nicht nur aus einem Satz. Ausnahmen bilden Aufzählungen und Formeln. Eine solche gute Struktur ist *nicht* so einfach »hinzu bekommen«, wie es zunächst scheint. In vielen Büchern verstoßen die Autoren gegen diese Regeln. Der Leser wird sich über eine klare Struktur freuen. Innerhalb des Textteils stellt der Autor seine Argumentation dar und belegt diese mit eigenen Forschungsergebnissen oder Erkenntnissen anderer Autoren.

In Lehrbücher wird oft ein Sie-Stil verwendet, um den Leser direkt anzusprechen: »Überlegen Sie bitte folgendes ...«. Einige Autoren verwenden auch den Wir-Stil, um den Autor und den Leser als Einheit erscheinen zu lasen: »Wir wollen jetzt folgende Übung durchführen...«. Beide Stile sind für eine wissenschaftliche Arbeit *nicht* angemessen und *nicht* erwünscht. Verwenden Sie stattdessen den neutralen Man-Stil: »Wie man sieht, gibt die Abbildung einen guten Überblick über ...« oder Passiv-Konstruktionen: »Bei dem Experiment wurde eine Fehler entdeckt.«

kein Sie- oder Wir-Stil

Der Textteil wissenschaftlicher Arbeiten folgt einer wissenschaftlichen Vorgehensweise, also vom Allgemeinen zum Besonderen (Deduktionsschluss), vom Besonderen zum Allgemeinen (Induktionsschluss) oder auch analytisch durch das Zerlegen von komplexen Problemstellungen in beherrschbare Teilprobleme (Reduktion) (siehe auch »Exkurs 1: Methoden in den Humanwissenschaften«, S. 55 und »Exkurs 2: Methoden der Wirtschaftsinformatik«, S. 71).

wissenschaftliche Methodik

11.12 Fußnoten **

Fußnoten geben zusätzliche Informationen zum auf der Seite darüber stehenden Text und dienen daher im Wesentlichen der Erläuterung von Inhalten oder dem Verweis auf fremde Quellen.

Fußnoten werden insbesondere für das Kennzeichnen von Fremdliteratur, welche in der Arbeit verwendet wurde, genutzt. Es können aber auch Anmerkungen in den Fußnoten untergebracht werden, wenn diese ansonsten den Lesefluss stören könnten. Diese Möglichkeiten werden besonders in den Geisteswissenschaften genutzt.

Tipp

Generell gilt, mit Fußnoten sparsam umzugehen!

Jeglicher Inhalt, der für die Argumentation erforderlich ist, ist im Textteil unterzubringen und darf *nicht* in die Fußnoten »ausgelagert« werden!

In die Fußnoten gehören ausschließlich zusätzliche Informationen und Anmerkungen, die als nennenswert erachtet werden, aber nicht für die Argumentation erforderlich sind. So ist es beispielsweise für die Ausführungen zu einem Bereich der Informatik unwichtig, ob ein Herr Mustermann auch begeisterter Zoologe ist. Für den Leser kann dies jedoch eine interessante und nennenswerte Anekdote darstellen, welche gut in einer Fußnote aufgehoben ist.

Beispiel Fußnote

Manfred Mustermann zählt zu den bedeutendsten und renommiertesten Autoren von Büchern zur Informationstechnologie und anderen Wissenschaften[17].

---

[17] Mustermann hat auch ein wissenschaftlich bedeutendes Werk zum Paarungsverhalten von Pinguinen im Mittelmeer verfasst.

Empfehlung

Bei Zusatzinformationen in Fußnoten ist der manchmal gefundene Hinweis »Anmerkung des Autors« generell zu vermeiden. Dieser Hinweis wird ausschließlich dann verwendet, wenn eine Anmerkung direkt in ein wörtliches Zitat platziert wird.

11.13 Anhänge *

Im Anhang werden umfangreiche Materialien, die im Textteil der Arbeit keinen Platz gefunden haben, ausgelagert.

Der Anhang umfasst ergänzende Materialien und Dokumente, welche weitere, themenbezogene Informationen geben. Der Anhang darf *nicht* dazu verwendet werden, um den Textteil fortzuführen, sondern nur, um wichtige Materialien anzufügen, die wegen ihres Umfangs im Textteil deplaziert wären.

○ Umfangreiche technische Darstellungen wie mehrseitige Blockschaltbilder.
○ Vollständiger und mehrseitiger Programmcode.
○ Abbildung eines Fragebogens einer Evaluation.
○ Protokolle von Datenübertragungen.
○ Beleg von verwendeten elektronischen Quellen in Form von Screenshots u. ä.

Beispiele: mögliche Anhänge

Der Anhang wird mit arabischen Zahlen, fortlaufend zu den vorherigen Kapiteln, seitenweise durchnummeriert. Der Anhang gehört *nicht* zum Textteil der Arbeit und wird nicht zu dessen Seitenumfang hinzugerechnet.

Der Umfang des Anhangs sollte möglichst klein sein. Er darf auf keinen Fall größer als der Umfang des Textteils sein. Der Anhang darf nur für unbedingt wichtige Materialien verwendet werden und nicht, um den Gesamtumfang der Arbeit zu erhöhen.

In einer Dissertation zählen Anhänge nicht gleichgewichtet mit dem Textteil, sondern sind für die Begutachtung nachrangig.

Dissertation

11.14 Literatur- und Quellenverzeichnisse *

In einem Literatur- und Quellenverzeichnis findet der Leser wichtige Hinweise auf die in einer wissenschaftlichen Arbeit verwendeten Fremdquellen. Es ist für die Verifizierung und Validierung der enthaltenen fremden Inhalte von existenzieller Bedeutung.

Die Literatur- und Quellenverzeichnisse listen, alphabetisch sortiert, sämtliche für die Arbeit verwendeten und zitierten Materialien wie Bücher, Zeitschriften, elektronische Dokumente, Rechtsquellen, Urteile und Webseiten auf.

Literaturverzeichnis

| Altmeyer, Hoffmann (2006) | Altmeyer, Peter; Hoffmann, Klaus: Basiswissen Dermatologie – Eine vorlesungsorientierte Darstellung: W3L-Verlag, Herdecke, 2006 |

Beispiel: Literaturverzeichnis nach modifizierter Harvard-Zitierweise

| Balzert (2008) | Balzert, Helmut: Lehrbuch der Software-technik – Softwaremanagement, 2. überarb. Auflage, Spektrum Akademischer Verlag, Heidelberg, 2008 |

Tipp   **Nur 1 Literatur- und Quellenverzeichnis**
Um die Menge an Verzeichnissen klein zu halten, sollten alle verwendeten Materialien zu einem gemeinsamen Literatur- und Quellenverzeichnis zusammengefasst werden.

11.15   Sachindex *

Umfangreiche wissenschaftliche Arbeiten beinhalten eine Menge einzelner Themenbereiche. Um es dem Leser zu erleichtern, die entsprechenden Stellen schnell zu finden, ist ein Sachindex sinnvoll, in dem alphabetisch angeordnete Stichworte auf die jeweiligen Seiten im Textteil verweisen.

»Ein Register ohne Buch hat mir manchmal genützt, ein Buch ohne Register nie« (Thomas Carlyle, schottischer Historiker, 1795–1881).

Jedes umfangreichere wissenschaftliche Artefakt sollte – ebenso wie jedes gute Buch – einen Sachindex – auch Register oder Stichwortverzeichnis genannt – besitzen. Ein Sachindex soll es einem Leser ermöglichen, die Arbeit schnell zu erschließen. Während ein Inhaltsverzeichnis am Anfang einer Arbeit den Aufbau der Arbeit wiedergibt, listet ein **Sachindex** wichtige in der Arbeit behandelte Begriffe und Themen in alphabetischer Reihenfolge am Ende auf.

Aufbau   Ein Sachindex besteht aus Stichworten. Hinter dem Stichwort sind die Seitenzahlen angegeben, wo das Stichwort in der Arbeit verwendet wird. Manche Stichworte beschreiben Themenbereiche, denen Unterstichworte zugeordnet werden können. Dadurch wird ein Sachindex übersichtlicher. Kriterium für den Aufbau ist der Leser. Nach welchen Stichworten wird er wahrscheinlich suchen?

Beispiel   Sehen Sie sich den Sachindex dieses Buches an.

Auszeichnung   Einen Sachindex stellt man *nicht* manuell zusammen. Jeder eingefügte oder gelöschte Text führt zu einer geänderten Seitennummerierung und damit zu einer neuen Seitenzuordnung im Sachindex. Textverarbeitungssysteme bieten Möglichkeiten, ein Stichwort im Text als Sachindex auszuzeichnen. Der Index kann nach der Auszeichnung dann automatisch erzeugt werden (siehe »Exkurs: Arbeiten mit einer Dokument-Vorlage«, S. 204).

Bevor Sie mit der Auszeichnung beginnen, sollten Sie sich für Ihre Arbeit eine geeignete Systematik überlegen, da jede Änderung später sehr aufwendig ist. Folgende Entscheidungen sind zu treffen:

Systematik

- Singular oder Plural (in der Regel Singular), z. B. Dateiname vs. Dateinamen.
- Oberbegriffe – Unterbegriffe, z. B. Liste, Liste geordnet, Liste ungeordnet.
  Eine solche Liste wird dann wie folgt im Sachindex dargestellt:

  Liste
     geordnet
     ungeordnet

- Reihenfolge, z. B. systematische Programmierung vs. Programmierung, systematische
  In der Regel sollten beide Varianten angegeben werden, damit der Leser schneller seinen Begriff findet.
- Einheitliche Schreibweise, z. B. Dokumenten-Typ vs. Dokumententyp.
- Doppelte Bedeutungen kennzeichnen, z. B. Schimmel. Auszeichnung wie folgt:

  Schimmel
     (Pferd)
     (Fäulnis)

- Glossarbegriffe: Wenn Ihre Arbeit ein Glossarverzeichnis besitzt, dann sollten die Glossarbegriffe auch im Sachindex vorhanden sein. Sie sollten sowohl auf die Glossarbegriffe im Text als auch auf die entsprechende Seite des Glossarverzeichnisses verweisen.
- *Siehe auch*-Verweise: Häufig verweist ein Sachindex auf ähnliche, sachlich über- oder untergeordnete oder auf weiterführende Begriffe hin, z. B. Tagesplanung, siehe auch ABC-Analyse.
- *Siehe*-Verweise: Oft wird von einem Stichwort auf ein synonymes Stichwort verwiesen, wobei die Seitenzahl

oft nur bei dem Stichwort angegeben ist, auf das verwiesen wird, z. B. WWW, siehe Web. Im Index sieht das dann oft Folgendermaßen aus:

WWW, siehe Web

Web 125

Wenn Sie auf Synonyme verweisen, dann sollte bei allen Stichworten die Seitenzahl stehen!

Stichworte sorgfältig wählen

Begriffe sollten nur dann als Index ausgezeichnet werden, wenn an dieser Stelle weitere Informationen (wichtige Aussagen) oder Definitionen stehen. Wenn der Begriff nur erwähnt wird, gehört er nicht in den Index. Beim Index-Erstellen sollten Sie überlegen, wie der Leser den Index verwendet: Er sucht Definitionen oder wichtige Aussagen. Wird er dagegen im Index zu vielen Seiten verwiesen, wo der Begriff nur mal erwähnt ist, aber keine weiteren Informationen dazu stehen, wird er den Index bald nicht mehr benutzen.

zur Historie

Der Bischof von Petina, Antonio Zara (* 1574), fügte seiner Enzyklopädie »Anatomia ingeniorum et scientiarum« (Venedig 1614) erstmals einen Index an.

11.16   Ehrenwörtliche oder eidesstattliche Versicherung *

Das Einreichen prüfungsrelevanter wissenschaftlicher Arbeiten ist üblicherweise an die Abgabe einer ehrenwörtlichen oder eidesstattlichen Versicherung gebunden, mit der der Autor erklärt, keinerlei unzulässige Hilfe in Anspruch genommen und alle fremden Inhalte kenntlich gemacht zu haben. Wird gegen diese Erklärung verstoßen, so kann das schwerwiegende Folgen nach sich ziehen.

Die ehrenwörtliche oder eidesstattliche Versicherung wird der prüfungsrelevanten Arbeit als letzte Seite angehängt und mit ihr gebunden. Sie gehört nicht zum Inhalt der Arbeit, wird daher auch in keinem Verzeichnis aufgeführt und erhält keine Seitennummerierung.

eigenhändige Unterschrift

Die Versicherung ist bei allen Exemplaren der Arbeit, welche zu Prüfungszwecken der Hochschule eingereicht werden, eigenhändig mit Angabe von Ort und Datum zu unterschreiben.

Wird die Arbeit ausschließlich in digitaler Form, beispielsweise als PDF- oder Word-Dokument eingereicht, so kann die Abgabe einer entsprechenden Erklärung zusätzlich in Schriftform oder per Fax erforderlich sein.

digitale Form

Eidesstattliche Versicherung

Beispiel

»Ich versichere an Eides statt durch meine Unterschrift, dass ich die vorstehende Arbeit selbständig und ohne fremde Hilfe angefertigt und alle Stellen, die ich wörtlich oder annähernd wörtlich aus Veröffentlichungen entnommen habe, als solche kenntlich gemacht habe, mich auch keiner anderen als der angegebenen Literatur oder sonstiger Hilfsmittel bedient habe. Die Arbeit hat in dieser oder ähnlicher Form noch keiner anderen Prüfungsbehörde vorgelegen.« (Quelle: Universität Duisburg-Essen, Fachbereich Wirtschaftswissenschaften)

Lesen Sie in jedem Fall die Bestimmungen der Hochschule zur Abgabe von ehrenwörtlichen oder eidesstattlichen Erklärungen und achten Sie darauf, alle Anforderungen zu erfüllen. Prüfen Sie auch, dass Sie genau den geforderten Text verwendet haben.

Tipp

Sie sollten sich bei der Abgabe einer entsprechenden Erklärung deren Tragweite bewusst sein. Im Fall von nicht kenntlich gemachten wörtlichen oder annähernd wörtlichen Zitaten, der Übernahme fremden Gedankenguts ohne entsprechenden Hinweis oder gar der Abgabe eines Teil- oder Vollplagiats, gehen Sie das Risiko schwerer Sanktionen wie einer Geldstrafe oder auch dem Verweis von der Hochschule ein. Die Arbeit wird in jedem Fall nicht gewertet und kann, wenn das Vergehen erst später entdeckt wird, noch Jahre nach Ende des Studiums zur Aberkennung wissenschaftlicher Grade führen.

11.17 Exkurs: Arbeiten mit einer Dokument-Vorlage ***

Um eine Arbeit gestalterisch ansprechend zu gestalten, sind eine Reihe von Entscheidungen zu treffen und einiges Wissen über Typographie und »Buchgestaltung« nötig. Eine Alternative bieten Vorlagen für Textverarbeitungssysteme, die Ihnen diese Überlegungen und Arbeiten abnehmen.

Um Ihnen die Arbeiten und Überlegungen für eine gestalterisch ansprechende Arbeit abzunehmen, finden Sie im kostenlosen E-Learning-Kurs, der zu diesem Buch gehört, verschiedene Vorlagen für das Textsystem Microsoft Word 2007 und OpenOffice Writer. Ein jeweils zugehöriges Word- bzw. Writer- und PDF-Dokument erklärt die richtige Benutzung dieser Dokument-Vorlagen. Damit haben Sie die Möglichkeit, von Anfang an Ihre Gedanken direkt in einem Textsystem zu erfassen und auf Knopfdruck sich das Inhaltsverzeichnis, den Index usw. anzeigen zu lassen. Natürlich können Sie die Vorlagen – bei entsprechenden Kenntnissen in Word bzw. Writer – an Ihre eigenen Wünsche anpassen.

 Wenn Sie die Vorlagen unverändert übernehmen, dann bietet Ihnen der W3L-Verlag die Möglichkeit, Ihre Arbeit automatisch als Buch zu setzen. Informationen zu dieser Möglichkeit finden Sie unter dem Stichwort PASO (Professioneller Autorensatz Online) auf der W3L-Website (http://www.W3L.de).

12 Bewertungen wissenschaftlicher Artefakte **

Bewertungskriterien für wissenschaftliche Abschlussarbeiten sollen vor Beginn der Arbeit bekannt und transparent sein.

Da wissenschaftliche Artefakte in der Regel Prüfungsleistungen darstellen, werden sie mit Noten oder Punkten bewertet. In die Bewertung gehen verschiedene Gesichtspunkte ein. Wichtig ist, dass das Bewertungsschema transparent ist, d. h. dass es vor Beginn der Arbeit bekannt ist. Da die Ergebnisse wissenschaftlicher Arbeiten oft auch präsentiert werden müssen, geht die Präsentation oft mit in die Bewertung ein. Da es kein einheitliches Bewertungsschema gibt, wird im Folgenden ein Beispiel angegeben.

Am Lehrstuhl für Softwaretechnik der Ruhr-Universität Bochum werden drei verschiedene Typen von Bachelor- und Masterarbeiten unterschieden:

■ Forschungsorientierte Arbeiten (vorwiegend nur bei Masterarbeiten)
  Kennzeichen: Hoher Innovationsgrad, Ziel bei der Aufgabenstellung noch nicht exakt vorgegeben.
■ Experimentelle Entwicklungsarbeiten
  Kennzeichen: Durchführung einer Software-Entwicklungsaufgabe mit bekannten Anforderungen und Zielen.
■ Literaturarbeiten
  Kennzeichen: Literaturrecherche, -aufbereitung, Klassifizierung und Bewertung.

Mischformen zwischen den verschiedenen Typen können vorkommen.
Jeder Typ hat unterschiedliche Schwerpunkte. Die Bewertungskriterien sind ebenfalls unterschiedlich. Die Bachelor- und Masterarbeiten werden nach dem Schema der Tab. 12.0-1 entsprechend dem Typ der Arbeit beurteilt.

Beispiel

Kriterien	Forschungs-orientierte Arbeit	Exp. Ent-wicklungs-arbeit	Literaturar-beit
Inhalt 50 %			
1 Qualität der Ergebnisse	25	30	20
2 Innovationsgrad	15	10	15
3 Literaturauswahl / Umfang	7	3	10
4 Übereinstimmung mit der Aufgabenstellung	3	7	5
	50	**50**	**50**
Form 25 %			
1 Gliederung des Textes / Sprachliche Darstellung	5	3	5
2 Rechtschreibung / Einhaltung der Autorenrichtlinien	7	7	7
3 Visualisierung	4	2	5
4 Beispiele	4	2	5
5 Test von Programmen	2	9	-
6 Verständlichkeit	3	2	3
	25	**25**	**25**
Organisation 25 %			
1 Termintreue (auch der Meilensteine)	3	3	3
2 Systematische Vorgehensweise	5	5	5
3 Selbständiges Arbeiten & Problemlösen	5	5	5
4 Vollständige Soll-/Ist-Planung	4	4	4
5 Vortragsqualität & Fragen beantworten	8	8	8
	25	**25**	**25**

Tab. 12.0-1: Bewertungsschema.

Maximal können 100 Punkte erreicht werden. Arbeiten, die anteilig mehreren Typen zugeordnet sind, werden getrennt nach den einzelnen Typen bewertet. Die Punktzahlen werden entsprechend des Anteils der Typen an der Arbeit gewichtet und anschließend addiert. Die Abbildung der Punkte auf Noten zeigt die Tab. 12.0-2.

Punkte	Note
90–100	ausgezeichnet
80–89	sehr gut
70–79	gut
60–69	befriedigend
50–59	ausreichend
0–49	nicht ausreichend

Tab. 12.0-2: Abbildung von Punkten auf Noten.

Ein Excel-Formular zur Ermittlung der Bewertung kann im kostenlosen E-Learning-Kurs zu diesem Buch heruntergeladen werden.

Teil III   Der Erstellungsprozess *

Die Erstellung bzw. die »Herstellung« eines wissenschaftlichen Artefakts muss gut geplant, organisiert und – im eigenen Interesse – überwacht werden, um insbesondere die zeitlichen Vorgaben einzuhalten.

> **Planung** ist die Vorbereitung zukünftigen Handelns. Sie legt vorausschauend fest, auf welchen Wegen, mit welchen Schritten, in welcher zeitlichen und sachlogischen Abfolge, unter welchen Rahmenbedingungen und mit welchen Kosten und Terminen ein Ziel erreicht werden soll.

Definition

Bei der Erstellung eines wissenschaftlichen Artefakts handelt es sich um ein individuelles Projekt, d. h. ein Projekt, das Sie in der Regel alleine durchführen.

> Ein **Projekt** ist ein Vorhaben, das in vorgegebener Zeit und mit beschränktem Aufwand ein eindeutig definiertes Ziel erreichen soll, wobei der genaue Lösungsweg weder vorgegeben noch bekannt ist.

Definition

In Ausnahmefällen sind an der Erstellung von Abschlussarbeiten oder an Projektarbeiten mehr als ein Studierender beteiligt. In solchen Fällen müssen alle anstehenden Arbeiten und insbesondere die Aufgabenverteilung geplant und überwacht werden.

Für die Planung und die Überwachung von Projekten sind Projektpläne optimal geeignet:

■ »Projektplan erstellen«, S. 211

Erster Schritt für einen Projektplan ist die Beschreibung von benötigten Vorgängen, um eine wissenschaftliche Arbeit zu erstellen, sowie die Festlegung von Meilensteinen:

■ »Vorgänge und Meilensteine«, S. 215

Sind Vorgänge und Meilensteine überlegt, dann sollten Sie in einem Projektplanungswerkzeug erfasst werden oder bereitgestellte Projektschablonen verwendet und angepasst werden:

■ »Planungsrahmen für Abschlussarbeiten«, S. 223

Wurde eine Planung vorgenommen und wurde mit dem Projekt begonnen, dann ist eine permanenter Abgleich zwischen der Soll-Planung und dem Ist-Zustand erforderlich:

■ »Projektfortschritt kontrollieren«, S. 225

Eine wichtige Rolle bei der Erstellung einer Arbeit spielt die
Kommunikation mit dem Betreuer der Arbeit:

■ »Die Kommunikation mit dem Betreuer«, S. 227

Nach der Themenfindung folgt die schriftliche Ausarbeitung
Ihres Werks. Dabei sollen Sie Ihre Inhalte nachvollziehbar
beschreiben und so verständlich wie möglich ausgestalten:

■ »Die schriftliche Ausarbeitung«, S. 235

Durch zusätzliche bildliche Darstellungen (Diagramme,
Strukturbilder) können Sie Ihren Lesern auch schwierige und
komplexe Inhalte leicht zugänglich machen:

■ »Komplexe Inhalte anschaulich visualisieren«, S. 251

13 Projektplan erstellen *

Projektpläne beschreiben, wann welche Vorgänge auszuführen sind und welche Abhängigkeiten zwischen den Vorgängen bestehen. Meilensteine markieren den Abschluss mehrerer Vorgänge und dienen der Projektüberwachung. Sie müssen überprüfbar, kurzfristig und gleich verteilt sein. Projektpläne können als Netzpläne und Balkendiagramme visualisiert werden.

Ein **Projektplan** legt die geplanten Tätigkeiten in ihrer zeitlichen Reihenfolge unter Berücksichtigung ihrer gegenseitigen Abhängigkeiten fest.

Projektplan

Dazu werden die zu erledigenden Aufgaben in Vorgänge untergliedert. Ein **Vorgang** ist dabei eine in sich abgeschlossene identifizierbare Aktivität, die innerhalb einer angemessenen Zeitdauer durchgeführt werden kann. Für jeden Vorgang sind festzulegen:

Vorgang

- Name des Vorgangs.
- Erforderliche Zeitdauer zur Erledigung des Vorgangs.
- Zuordnung von Personal und Betriebsmitteln, die die Arbeit durchführen.
- Kosten und Einnahmen, die mit dem Vorgang zusammenhängen.

Der vorletzte Punkt entfällt, wenn Sie das wissenschaftliche Artefakt alleine erstellen und Sie keine besonderen Betriebsmittel, z. B. Messgeräte, die nur zu einer bestimmten Zeit zur Verfügung stehen, benötigen. Der letzte Punkt dürfte für wissenschaftliche Arbeiten keine Rolle spielen.

Mehrere Vorgänge, die einen Arbeitsabschnitt darstellen, werden oft zu einer **Phase** zusammengefasst. Die Abb. 13.0-1 zeigt, wie die Erstellung einer wissenschaftlichen Arbeit in Phasen untergliedert werden kann.

Phase

Um eine Projektüberwachung zu ermöglichen, müssen Meilensteine festgelegt werden. **Meilensteine** kennzeichnen den Beginn und das Ende eines Projekts, den Abschluss jeder Phase und meist auch den Abschluss einer Gruppe von Vorgängen innerhalb einer Phase. Da ein Meilenstein eine Markierung und keine Aktivität ist, beansprucht er *keine* Zeit im Projektplan.

Meilensteine

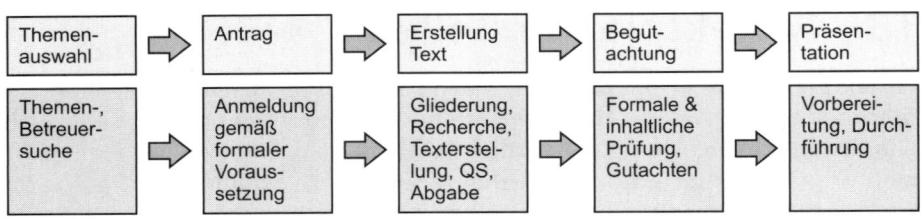

Abb. 13.0-1: Phasenmodell zur Erstellung wissenschaftlicher Arbeiten.

Meilensteine müssen überprüfbar, kurzfristig und gleich verteilt sein. Meilensteine müssen es ermöglichen zu sagen: Der Meilenstein ist erreicht oder er ist nicht erreicht. Beispielsweise ist ein Meilenstein »Arbeit im Prüfungsamt angemeldet« überprüfbar, ein Meilenstein »Erste Ideen zur Arbeit angestellt« ist dagegen nicht überprüfbar. Vorgänge, die mit einem Meilenstein abschließen, müssen in ein bis zwei Wochen erledigt werden können. Nur dadurch können Verzögerungen rechtzeitig erkannt werden und es kann gegengesteuert werden. Meilensteine müssen kontinuierlich und gleich verteilt aufeinander folgen, damit jederzeit definierte Aussagen über den Projektstatus möglich sind. Es ist nicht sinnvoll, am Anfang alle drei Wochen einen Meilenstein zu haben, und am Ende alle drei Tage.

Netzplan
Sowohl zwischen Vorgängen als auch zwischen Meilensteinen (Ereignissen) bestehen fachliche, terminliche und personelle Abhängigkeiten. Daher ordnet man sie grafisch in einem Netzplan an, um die Abhängigkeiten sichtbar zu machen.

Balken-
diagramme
Bei kleinen, übersichtlichen Projekten verzichtet man oft auf Netzpläne und stellt nur Balkendiagramme auf – auch **Gantt-Diagramme** genannt. Zusätzlich zu diesen Darstellungsarten werden je nach Situation und Bedarf weitere Grafiken und Tabellen benutzt, um eine Projektplanung unter bestimmten Blickwinkeln zu betrachten.

Werkzeuge
Für die Projektplanung werden Planungssysteme verwendet, die es gestatten, die verschiedenen Grafiken, Netzpläne und Tabellen zu erstellen und zu analysieren. Häufig eingesetzt wird das kostenpflichtige Werkzeug Microsoft Project®. Als Alternativen dazu gibt es eine Reihe von Open-Source-Werkzeugen, z. B.

- OpenProj Projity (http://www.openproj.org/openproj)
- GanttProject (http://ganttproject.biz/)
- Open Workbench (http://www.openworkbench.org/)

Für wissenschaftliche Arbeiten ist es u. U. wichtig, dass das verwendete Projektmanagementwerkzeug Projektpläne mit Microsoft Project austauschen kann, wenn der Betreuer z. B. dieses Werkzeug benutzt. Dann können Sie dem Betreuer Ihren Projektplan zur Verfügung stellen. Im Folgenden wird das Werkzeug **OpenProj** verwendet, das diese Anforderung erfüllt.

14   Vorgänge und Meilensteine *

Für eine Bachelor-, Master- oder Diplomarbeit lassen sich zwölf Vorgänge und neun Meilensteine festlegen, wenn die Ergebnisse der Arbeit anschließend noch präsentiert werden müssen. Der Vorgang »Arbeit ausarbeiten« muss je nach Themengebiet individuell verfeinert werden.

Der erste Schritt für die Erstellung eines Projektplans ist die Aufstellung aller Vorgänge und aller Meilensteine. Für die Erstellung einer Bachelor-, Master- oder Diplomarbeit lassen sich folgende Vorgänge und Meilensteine identifizieren:

- ■ 1 Thema auswählen
- ☐ Meilenstein 1: Thema & Betreuer gefunden
- ■ 2 Erste Besprechung mit dem Betreuer
- ☐ Meilenstein 2: 1. Besprechung mit Betreuer
- ■ 3 Mit dem Thema intensiv auseinander setzen
- ■ 4 Zweite Besprechung mit dem Betreuer
- ☐ Meilenstein 3: Anmeldung der Arbeit
- ■ 5 Grobkonzept erstellen
- ■ 6 Dritte Besprechung mit dem Betreuer
- ☐ Meilenstein 4: Grobkonzept fertig
- ■ 7 Arbeit ausarbeiten
- ■ 8 Vierte Besprechung mit dem Betreuer
- ☐ Meilenstein 5: Kern der Arbeit fertig (80 %-Version)
- ■ 9 Arbeit fertig stellen
- ☐ Meilenstein 6: Arbeit abgegeben
- ■ 10 Präsentation vorbereiten
- ☐ Meilenstein 7: Präsentation vorbereitet
- ■ 11 Präsentation ausarbeiten
- ☐ Meilenstein 8: Präsentation fertig gestellt
- ■ 12 Vortrag halten
- ☐ Meilenstein 9: Vortrag gehalten

1 Thema auswählen

Ausgehend von Ihren Interessen, Ihren Berufszielen und Ihren Studienschwerpunkten informieren Sie sich über ausgeschriebene Themen für Ihren Studiengang. Zu bearbeitende Themen werden am schwarzen Brett der Dozenten ausgehängt oder sind im Internet auf den Dozentenseiten zu finden. Prüfen Sie insbesondere, ob Sie die Voraussetzungen er-

ausgeschriebene Themen

füllen, die bei der Ausschreibung u. U. angegeben sind (siehe »Das eigene Thema finden«, S. 236).

eigene Themen

Finden Sie kein Thema, das Ihren Wünschen entspricht, dann können Sie sich ein eigenes Thema überlegen und versuchen einen Hochschullehrer davon zu überzeugen, Ihr Thema zu betreuen. Bedenken Sie dabei aber, dass Ihr Thema in das Fachgebiet des jeweiligen Hochschullehrers und insbesondere in sein Forschungsgebiet fallen muss, damit es kompetent betreut werden kann. Informieren Sie sich auf den Internetseiten der Hochschullehrer über deren Forschungsgebiete.

externes Thema

Alternativ können Sie ein Thema aus der Industrie oder anderen Organisationen bearbeiten. Sie sollten vorher aber klären, ob dies in Ihrem Studiengang möglich ist und welche Randbedingungen zu beachten sind. In der Regel darf für eine externe Arbeit der Studierende keine Vergütung erhalten, außer dem Ersatz von Aufwendungen, z. B. Fahrtkosten. Außerdem muss in der Firma oder Organisation ein zusätzlicher externer Betreuer benannt werden, der die Regularien Ihres Studiengangs kennt und nach Abschluss der Arbeit ebenfalls ein Gutachten zur Arbeit erstellt. Natürlich muss die Aufgabenstellung wissenschaftlichen Ansprüchen genügen. Es darf nicht darum gehen, ein Thema zu bearbeiten, für das die Firma z.Z. kein Geld oder kein Personal zur Verfügung hat und es deshalb durch einen Studierenden erledigen lassen will. Achten Sie in Ihrem eigenen Interesse von vornherein hierauf. Vorteilhaft ist für Sie natürlich, dass Sie die Firma, die sie sich vielleicht als Arbeitgeber vorstellen, bereits besser kennenlernen – und die Firma Sie natürlich auch.

Zeitdauer:
10 Arbeitstage
Teilzeit

Die Zeitdauer für diesen Vorgang lässt sich nicht genau festlegen, da er stark von Ihren Vorstellungen und auch den Angeboten abhängt. Sie sollten sich selbst aber eine festen Termin setzen, bis zu dem Sie diesen Vorgang abgeschlossen haben wollen. Oder andersherum ausgedrückt: Sie sollten sich schon frühzeitig Gedanken über Ihr Themengebiet machen. Als grobe Zeitdauer sollten Sie 10 Arbeitstage in Teilzeit einplanen.

Meilenstein 1: Thema & Betreuer gefunden

Haben Sie ein Thema und einen Betreuer gefunden, dann haben Sie den ersten Meilenstein erreicht.

2 Erste Besprechung mit dem Betreuer

Bevor Sie richtig loslegen können, müssen Sie mit dem Betreuer einen Termin verabreden und folgende Punkte besprechen:

- Fragen, ob es detaillierte Vorgaben zum Thema gibt (oft in der Ausschreibung nicht angegeben).
- Prüfen, ob Sie die fachlichen Voraussetzungen erfüllen.
- Ziele und Erwartungen an die Arbeit diskutieren.
- Formalien besprechen.
- Vorgehen festlegen, z. B. ob nach jeder Besprechung mit dem Betreuer ein Protokoll anzufertigen ist.
- Kommunikationswege festlegen (siehe »Die Kommunikation mit dem Betreuer«, S. 227).

Viele Hochschullehrer ermöglichen es dem Studierenden nach der ersten Besprechung, sich genauer mit dem Thema zu befassen. In einer zweiten Besprechung werden dann erste Inhalte diskutiert und das Thema an den Studierenden endgültig vergeben. Bis dahin ist das Thema für diesen Studierenden reserviert. Nutzen Sie eine solche Möglichkeit, um sich intensiv Gedanken über das Thema zu machen. Wenn Sie dann zu der Auffassung kommen, dass das Thema doch nicht so geeignet für Sie ist, dann geben Sie das Thema zurück und suchen sich ein neues Thema. Sie sollten sich in einem solchen Falle aber auch Gedanken darüber machen, ob Ihr Auswahlprozess der richtige war.

Für die Vorbereitung, die Besprechung selbst und die Nachbereitung sollten Sie einen halben Arbeitstag kalkulieren.

Zeitdauer:
1/2 Arbeitstag

Meilenstein 2: Erste Besprechung mit Betreuer

Haben Sie die erste Besprechung mit dem Betreuer absolviert, dann haben Sie den 2. Meilenstein erreicht.

3 Mit dem Thema intensiv auseinander setzen

Bevor Sie sich endgültig für das Thema entscheiden, sollten Sie sich intensiv mit dem Thema auseinandersetzen.

Zeitdauer:
5 Arbeitstage
Vollzeit

Für eine erste intensive Beschäftigung mit dem Thema sollten Sie fünf volle Arbeitstage einplanen.

4 Zweite Besprechung mit dem Betreuer

Nachdem Sie sich intensiver mit dem Thema befasst haben, sollten Sie in einem 2. Gespräch mit dem Betreuer folgendes besprechen:

Zeitdauer:
1/2 Arbeitstag

- Ausformulierung des Themas.
- Klärung von Fragen.
- Formale Anmeldung der Arbeit.

Meilenstein 3: Anmeldung der Arbeit

Dieser Vorgang endet mit der formalen Anmeldung der Arbeit – meist im Prüfungsamt. Mit der formalen Anmeldung beginnt die »Uhr zu ticken«.

Zeitdauer

Sehen Sie in der Prüfungsordnung Ihres Studiengangs nach, welche Bearbeitungszeit für Ihre Arbeit festgelegt ist. Für eine **Bachelorarbeit** werden in der Regel 15 Leistungspunkte *(credit points)*[1] vergeben, das entspricht 450 Arbeitsstunden. Umgerechnet auf 8stündige Arbeitstage ergibt dies ca. 56 Arbeitstage Vollzeit oder rund 11 Wochen bei 5 Arbeitstagen pro Woche. Prüfen Sie bitte, ob in Ihrer Prüfungsordnung neben den Leistungspunkten auch absolute Zeitangaben festgelegt sind, z. B. »Die Arbeit muss drei Monate nach der Anmeldung abgeschlossen sein«.

Einige Prüfungsordnungen legen für Bachelorarbeiten nur 10 Leistungspunkte fest, das entspricht dann 300 Arbeitsstunden oder 37,5 Tage à 8 Stunden oder ca. 7,5 Wochen bei 5 Arbeitstagen pro Woche.

Für **Masterarbeiten** werden in der Regel 30 Leistungspunkte gerechnet, d. h. 900 Arbeitsstunden oder 112,5 Arbeitstage oder 22,5 Wochen. Die absolute Bearbeitungszeit beträgt in der Regel 6 Monate. Analoge Regelungen gelten auch für **Diplomarbeiten**. Einige Masterstudiengänge vergeben für Masterarbeiten auch nur 15 Leistungspunkte (Zeitberechnung siehe bei Bachelorarbeit).

---

[1] 1 Leistungspunkt entspricht 30 Arbeitsstunden

5 Grobkonzept erstellen

Spätestens nach der Anmeldung sollten Sie einen Projektplan mit echten Kalenderterminen aufstellen – der Endter-
min steht jetzt ja fest. Überlegen Sie wie Sie arbeiten wollen:
Jeden Tag 8 Stunden und 5 Tage in der Woche oder jeden Tag
6 Stunden, dafür aber 7 Tage in der Woche. Beachten Sie Fei-
ertage und Urlaubszeiten. Nehmen Sie sich vor, regelmäßig
zu arbeiten und diese Stundenplanung auch umzusetzen.
Nähert sich der Abgabetermin und Sie haben von Beginn
an nur sporadisch an Ihrer Arbeit gearbeitet, dann können
Sie dies auch durch 12 Stunden-Tage nicht mehr aufholen![2]
Überlegen Sie, *wann* Sie am produktivsten und kreativsten
sind. In dieser Zeit sollten Sie immer die schwierigen Aufgaben für Ihre Arbeit angehen. In dieser Zeitspanne, z. B. von
10 bis 12 Uhr, dürfen Sie sich dann durch nichts stören oder
ablenken lassen.

Zeitplanung

Oft ist man sich selbst nicht darüber im Klaren, welche Zeit man für welche Tätigkeiten aufwendet. Schreiben Sie daher auf, wann und wie lange Sie im Laufe eines Tages welche Tätigkeit ausführen. Sie können dafür auch Softwareprogramme einsetzen, z. B. TimePanic
(http://www.timepanic.com/german/). Auf Tastendruck können Sie die Zeitmessung für eine neue Tätigkeit starten.
Es können Typen von Tätigkeiten angelegt werden. Eine
Auswertung zeigt Ihnen, wie viel Zeit Sie für welche Tätigkeiten gebraucht haben. Das hilft Ihnen, Ihre Zeitplanung
auf der Basis eigener Daten realistisch vorzunehmen.

Tipp

Bevor Sie mit dem Schreiben anfangen, sollten Sie das Textsystem, das Layout und die Gestaltung festlegen bzw. eine entsprechende Vorlage verwenden (siehe auch »Exkurs:
Arbeiten mit einer Dokument-Vorlage«, S. 204). Das hat den
Vorteil, dass Sie später nichts hin- und herkopieren müssen
oder Sie Ihre Teile aus verschiedenen Dateien oder Notizzet-
teln zusammensuchen müssen.

Format

Zunächst ist ein Grobkonzept für die Arbeit zu erarbeiten
und in Form eines Inhaltsverzeichnisses zu erfassen. Wenn

Vorgehen

---

[2] Wenn Sie Probleme mit Ihrem Zeit- und Selbstmanagement haben, dann sollten
Sie durch Bücher, Kurse oder Seminare etwas dagegen tun. Zu empfehlen das
Buch »Manage Dich selbst und nutze Deine Zeit!« von Erwin Hoffmann, zu dem
es auch einen Online-Kurs gibt.

Sie bereits Inhalte zu den einzelnen Kapiteln haben, dann tragen Sie diese bereits ein. In der Regel werden Sie eine wissenschaftliche Arbeit nicht linear vom Anfang bis zum Ende schreiben, sondern Sie werden je nach Ihrem Erkenntnisstand zwischen den einzelnen Kapiteln »hin- und herspringen« und Inhalte eintragen, modifizieren und löschen. Die Literaturrecherche und das Lesen der Literatur erfolgen parallel zur Erstellung eigener Konzepte.

Zeitdauer: 4 bzw. 2 Wochen Vollzeit

Gerade der Anfang ist schwierig und kostet Zeit, da oft mehrere Anläufe nötig sind, um zu einer stabilen Grobgliederung zu kommen. Planen Sie ca. 4 Wochen bei Master- und Diplomarbeiten (bei 30 Leistungspunkten) und ca. 2 Wochen bei Bachelorarbeiten (bei 15 Leistungspunkten).

6 Dritte Besprechung mit dem Betreuer

Zeitdauer: 1/2 Arbeitstag

Wenn Sie das Grobkonzept erstellt haben, dann sollten Sie dies mit Ihrem Betreuer besprechen.

Meilenstein 4: Grobkonzept fertig

Dieser Vorgang endet mit der 3. Besprechung mit dem Betreuer.

7 Arbeit ausarbeiten

Ist das Grobkonzept erstellt, muss nun die Feingliederung erfolgen. Die Literaturrecherche muss abgeschlossen werden, die Literatur muss gelesen und eingearbeitet werden. Parallel dazu müssen je nach Arbeit Experimente, Befragungen, Programmierarbeiten usw. durchgeführt werden. Alle Erkenntnisse werden beschrieben und in die bisherige Arbeit eingefügt.

Zeitdauer: 12 bzw. 6 Wochen Vollzeit

Jetzt geht es um den Kern Ihrer Arbeit. Planen Sie dafür ca. 12 Wochen bei Master- und Diplomarbeiten (bei 30 Leistungspunkten) und ca. 6 Wochen bei Bachelorarbeiten (bei 15 Leistungspunkten) ein. Am Ende dieser Zeitdauer sollten Sie eine 80 %-Version Ihrer Arbeit fertiggestellt haben.

8 Vierte Besprechung mit dem Betreuer

Zeitdauer: 1/2 Arbeitstag

Wenn Sie den Kern Ihrer Arbeit »stehen« haben, dann sollten Sie die Ergebnisse mit Ihrem Betreuer besprechen und mit seinen Erwartungen abgleichen. Fragen Sie ihn, ob etwas fehlt oder ein Kapitel noch besser ausgearbeitet werden soll oder die Schwerpunkte noch etwas zu verschieben sind.

Meilenstein 5: Kern der Arbeit fertig (80%-Version)

Dieser Vorgang endet mit der 4. Besprechung mit dem Betreuer.

9 Arbeit fertig stellen

Steht der Kern der Arbeit, dann ist noch folgendes zu tun:

- Ergänzung der Kapitel um Grafiken, Tabellen, Fotos (z.B. von Experimenten).
- Schreiben der Einleitung und des Ausblicks.
- Schreiben der Kapitelübersichten.
- Erstellung eines Sachindex.
- Überprüfen des Sprachstils.
- Überprüfung der Rechtschreibung und Grammatik.
- Korrekturlesen lassen durch Kommilitonen, Freunde, Bekannte oder Verwandte, insbesondere bezogen auf Verständlichkeit und logischen Aufbau.
- Arbeit drucken und binden lassen.
- Arbeit abgeben.

Wenn Sie die Arbeit abgegeben haben, fragen Sie Ihren Betreuer, wie lange Sie mit der Begutachtung rechnen müssen. Ist eine Präsentation der Arbeit vorgeschrieben, dann vereinbaren Sie mit dem Betreuer einen Vortragstermin.

Jetzt geht es um die Fertigstellung Ihrer Arbeit. Planen Sie dafür ca. 6 Wochen bei Master – und Diplomarbeiten (bei 30 Leistungspunkten) und ca. 3 Wochen bei Bachelorarbeiten (bei 15 Leistungspunkten) ein.

Zeitdauer:
6 bzw. 3
Wochen Vollzeit

Meilenstein 6: Arbeit abgegeben

Dieser Vorgang endet mit der Abgabe der fertig gestellten Arbeit.

10 Präsentation vorbereiten

Müssen die Ergebnisse der Arbeit in Form eines Vortrags präsentiert werden, dann müssen Sie den Vortrag zunächst vorbereiten:

⬛ »Vorbereitung«, S. 263

Zeitdauer:
3 Arbeitstage
Vollzeit

Da Sie im Thema »drin« sind, sollten Sie unmittelbar nach der Abgabe der Arbeit mit der Vorbereitung der Präsentation beginnen. Planen Sie ca. 3 Arbeitstage ein.

Meilenstein 7: Präsentation vorbereitet

Ihr Präsentationskonzept sollten Sie mit Ihrem Betreuer besprechen.

11 Präsentation ausarbeiten

Steht Ihr Präsentationskonzept, dann muss es anschließend ausgearbeitet werden:

⬛ »Ausarbeitung«, S. 279

Zeitdauer:
5 Arbeitstage
Vollzeit

Die benötigte Arbeitszeit hängt ganz wesentlich von der Länge des Vortrags und Ihren Vortragserfahrungen ab. Wenn Sie Anfänger in dieser Beziehung sind, dann planen Sie ca. 5 Arbeitstage für die Ausarbeitung ein.

Meilenstein 8: Präsentation fertig gestellt

Offene Fragen sollten Sie wenn möglich mit Ihrem Betreuer besprechen.

12 Vortrag halten

Jetzt kommt der Höhepunkt. Sie dürfen Ihre Erkenntnisse einem Publikum vorstellen und die Zuhörer von der Qualität Ihrer Arbeit überzeugen:

⬛ »Vortrag«, S. 305

Zeitdauer:
1/2 Arbeitstag
Vollzeit

Der Vortrag wird in der Regel kurz sein. Oft findet der Vortrag jedoch zusammen mit anderen Vorträgen statt. Außerdem benötigen Sie u. U. Zeit für die technische Vorbereitung. Planen Sie einen halben Tag ein.

Meilenstein 9: Vortrag gehalten

Gratulation! Es ist geschafft.

15 Planungsrahmen für Abschlussarbeiten *

Vorgänge und Meilensteine sind in einem Projektplanungs-werkzeug zu erfassen oder ein Projektrahmen bzw. eine Projektschablone ist an die eigenen Bedürfnisse anzupassen.

Sind die Vorgänge und Meilensteine definiert, dann ist es sinnvoll, diese in einem Projektplanungswerkzeug zu erfassen.

In dem E-Learning-Kurs zu diesem Buch wird die Installation des Open-Source-Werkzeugs OpenProj erklärt[1]. Außerdem wird gezeigt, wie Vorgänge und Meilensteine erfasst bzw. geändert werden. Zusätzlich gibt es Projektschablonen für Bachelorarbeiten (für 10 und 15 Leistungspunkte) sowie für Master- bzw. Diplomarbeiten (für 15 und 30 Leistungspunkte).

Den Planungsrahmen für eine Bachelorarbeit mit 15 Leistungspunkten zeigt die Abb. 15.0-1. Jede Zeile zeigt einen Vorgang bzw. einen Meilenstein (mit MS gekennzeichnet) und die jeweilige Bezeichnung. Die Spalte Dauer gibt die geplante Zeit für den jeweiligen Vorgang an, z.B. 10 Tage. Meilensteine benötigen keine Zeit, daher ist dort bei Zeit 0 Tage eingetragen. Die anschließende Spalte zeigt den Startzeitpunkt des jeweiligen Vorgangs (hier beginnend mit dem 1.1.2008 beim ersten Vorgang). Der Balken zum Vorgang 1 zeigt die geplante Bearbeitungsdauer durch den Studierenden. Für diesen Vorgang sind nur 50% der Zeit eingeplant, daher steht rechts neben dem Balken Student [50%]. Der Vorgang endet am 14.1.2008 mit dem 1. Meilenstein. Anschließend findet die erste Besprechung mit dem Betreuer statt (1/2 Tag) usw.

Auf der Grundlage eines Planungsrahmens sind nun individuelle Anpassungen erforderlich:

■ Der Startzeitpunkt muss auf die richtige Kalenderzeit eingestellt werden.

[1]Wenn Ihnen das Projektplanungswerkzeug Microsoft Project zur Verfügung steht, dann ist das Buch »Praktische Projektplanung mit Microsoft Project« von Andreas Albuschat zu empfehlen, zu dem es auch einen Online-Kurs gibt.

	Name	Dauer	Start	Dez 07	7 Jan 08	14 Jan 08
1	Thema auswählen	10 tage?	01.01.08			Student[50%]
2	MS 1: Thema und Betreuer gefunden	0 tage	14.01.08			14.01.08
3	1. Besprechung mit dem Betreuer	0,5 tage?	15.01.08			Student
4	MS 2: 1. Besprechung stattgefunden	0 tage	15.01.08			15.01.08
5	Mit Thema intensiv auseinander setze	5 tage	15.01.08			
6	2. Besprechung mit Betreuer	0,5 tage?	22.01.08			
7	MS 3: Arbeit beim Prüfungsamt anger	0 tage	22.01.08			
8	Grobkonzept erstellen	10 tage?	23.01.08			
9	3. Besprechung mit dem Betreuer	0,5 tage?	06.02.08			
10	MS 4: Grobkonzept fertig	0 tage	06.02.08			
11	Arbeit ausarbeiten	30 tage?	06.02.08			
12	4. Besprechung mit dem Betreuer	0,5 tage?	19.03.08			
13	MS 5: Kern der Arbeit fertig	0 tage	19.03.08			
14	Arbeit fertigstellen	15 tage?	20.03.08			
15	MS 6: Arbeit abgegeben	0 tage	09.04.08			
16	Präsentation vorbereiten	3 tage?	10.04.08			
17	MS 7: Präsentation vorbereitet	0 tage	14.04.08			
18	Präsentation ausarbeiten	5 tage?	15.04.08			
19	MS 8: Präsentation fertiggestellt	0 tage	21.04.08			
20	Vortrag halten	0,5 tage?	22.04.08			
21	MS 9: Bachelorarbeit abgeschlossen	0 tage	22.04.08			

Abb. 15.0-1: Beispiel für den Planungsrahmen einer Bachelorarbeit mit 15 Leistungspunkten, Beginn 1.1.2008 (Ausschnitt).

- Die Vorgangsdauern müssen u. U. auf eigene Werte eingestellt werden.
- Die Anzahl der täglichen Arbeitsstunden muss u. U. geändert werden.
- Es muss u. U. neu festgelegt werden, an welchen Tagen einer Woche gearbeitet wird (5 Tage oder auch samstags und sonntags).
- Evtl. müssen Urlaubszeiten erfasst werden.
- Vorgänge müssen u. U. in Teilvorgänge untergliedert werden.
- Evtl. Senden des Projektplans an den Betreuer.

All diese Anpassungen müssen Sie mit Hilfe Ihres Projektplanungswerkzeuges vornehmen. Im E-Learning-Kurs zu diesem Buch werden diese Tätigkeiten am Beispiel des Werkzeugs OpenProj erklärt.

16 Projektfortschritt kontrollieren *

Ein permanenter Vergleich der Soll-Planung mit dem Ist-Fortschritt hilft Verzögerungen frühzeitig zu erkennen und ermöglicht ein gegensteuern. Projektplanungswerkzeuge visualisieren den Soll-Ist-Vergleich.

Die beste Planung nützt nichts, wenn Sie nicht mit der Realität verglichen wird. Ihre Aufgabe muss es daher sein, Ihren Arbeitsfortschritt in den einzelnen Vorgängen mit den geplanten Zeiten zu vergleichen. Als Minimum müssen Sie Soll und Ist der Meilensteine überprüfen. Seien Sie ehrlich zu sich selbst. Wenn Sie feststellen, dass Sie hinter Ihrer Planung sind, dann müssen Sie überlegen, woran dies liegt.
Soll-Ist-Vergleich

Vielleicht haben Sie sich nicht konsequent jeden Tag mit Ihrer Arbeit beschäftigt. Oder Sie hängen an einer Stelle fest und verdrängen, dass damit Ihr Arbeitsfortschritt gefährdet ist. Scheuen Sie sich in einem solchen Fall nicht, ein Gespräch bei Ihrem Betreuer zu beantragen. Von alleine lösen sich die Probleme nicht. Ein Abwarten bringt Sie nicht weiter, sondern Sie nähern sich unaufhaltsam dem festen Abgabetermin.
Ursachen suchen

Die Prüfungsordnungen erlauben in der Regel nur in begründeten Fällen eine Verlängerung der Abgabezeit!

Die Abb. 16.0-1 zeigt, wie der Projektfortschritt in dem Planungswerkzeug OpenProj angezeigt wird. Der Starttermin wurde auf den 1. Februar 2008 verschoben. Der erste Vorgang wurde bereits am 11.2 statt erst am 15.2. abgeschlossen (graue Linie unter dem Balken). Dadurch wurde der gesamte Projektplan automatisch um 3 Tage verkürzt. Der untere graue Balken zeigt die ursprüngliche Planung an. Der schwarze Strich mitten im Balken zeigt an, wieweit der Vorgang bereits bearbeitet wurde (hier 100%).

Im E-Learning-Kurs zu diesem Buch wird anhand des Werkzeugs OpenProj erklärt, wie der Soll-Ist-Vergleich für verschiedene Situationen vorgenommen werden kann.

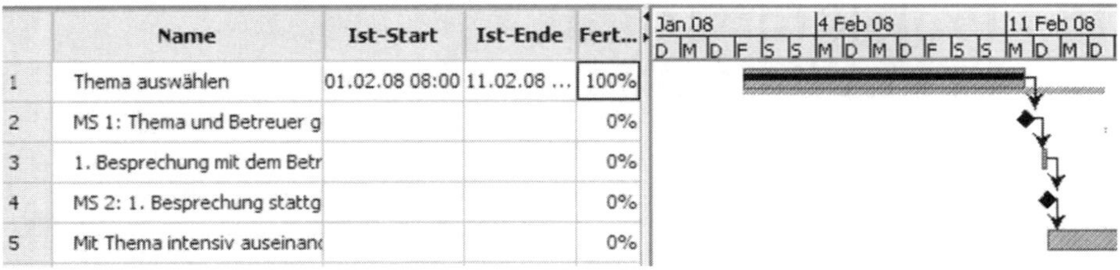
Name
Ist-Start
Ist-Ende
Fert...
1 Thema auswählen 01.02.08 08:00 11.02.08 ... 100%
2 MS 1: Thema und Betreuer g 0%
3 1. Besprechung mit dem Betr 0%
4 MS 2: 1. Besprechung stattg 0%
5 Mit Thema intensiv auseinan 0%
Jan 08
4 Feb 08
11 Feb 08
D M D F S S M D M D F S S M D M D

Abb. 16.0-1: Beispiel für einen Soll-Ist-Vergleich.

17 Die Kommunikation mit dem Betreuer *

Eine effektive Kommunikation zwischen Betreuer und Studierendem erfordert Absprachen über die Funktion des Betreuers, persönliche Treffen sowie Telefon- und E-Mail-Konventionen.

Sofern es sich bei der wissenschaftlichen Arbeit um eine prüfungsrelevante Leistung handelt, wird die Erstellung von einem Hochschullehrer der Hochschule betreut. Im Regelfall handelt es sich dabei um den Hochschullehrer, der auch das Thema der Arbeit vergeben hat. An wissenschaftlichen Hochschulen werden Themen von Abschlussarbeiten oft von wissenschaftlichen Mitarbeitern im Rahmen ihrer Dissertation – in Absprache mit dem Hochschullehrer – formuliert. Diese Mitarbeiter betreuen in der Regel auch die Arbeit. Inhaltliche und formelle Fragen zur Arbeit beantwortet der Betreuer der Arbeit. Wichtig ist eine gute Kommunikation zwischen Betreuer und dem Bearbeiter der Arbeit.

Betreuung

Die Funktion des Betreuers

Der Betreuer hat unterschiedliche Funktionen zu erfüllen. Seine Aufgabe ist zunächst die eines Lehrenden, der den Studierenden an die Bearbeitung einer wissenschaftlichen Arbeit heranführt, ihn bei Problemen unterstützt und konstruktive Rückmeldungen gibt. Im Laufe der Zeit wandelt sich die Funktion des Lehrenden mehr und mehr in die Funktion eines Korrektors, der nach Abschluss der Erstellungsphase die fertige Arbeit in ihrer Gesamtheit betrachtet und bewertet.

Damit stellt sich dem Betreuer regelmäßig die Frage, wie intensiv die Betreuung eines Studierenden aussehen darf. Dieser muss mit der Erstellung einer entsprechenden Arbeit ja die Befähigung des selbständigen wissenschaftlichen Arbeitens ohne unerlaubte Hilfe nachweisen. Zur Beantwortung dieser Frage muss zunächst klar sein, dass es *nicht* Aufgabe des Betreuers sein kann und darf, eine Arbeit so lange zu korrigieren und zu optimieren, bis das beste Ergebnis erreicht ist, auch wenn dies von manchen Studierenden erwar-

Aufgabe des Betreuers

tet wird. Eine Betreuung kann aus den folgenden Aufgaben bestehen:

- Anleitung des Studierenden im wissenschaftlichen Arbeiten beispielsweise durch Bachelor- und Masterseminare, durch Skripte und Leselisten.
- Förderung eines Lehr-Lern-Effekts beispielsweise durch Beurteilung von Zwischen- und Teilergebnissen der wissenschaftlichen Arbeit.
- Hilfestellung bei Problemen, die der Studierende nicht selbstständig lösen kann.

Fragen an den Betreuer

Der Betreuer ist für den Studierenden ein Ansprechpartner für Fragen, die dieser nicht ohne weiteres selbstständig lösen kann. Gerade aus diesem Grund sollte der Betreuer *nicht* angesprochen werden, nur weil es die einfachste und bequemste Möglichkeit ist und man sich nur das Lesen entsprechender Fachliteratur ersparen möchte.

formale Anforderungen
So ist die Frage z. B. nach formalen Anforderungen an die Arbeit nicht zu stellen, wenn diese im Leitfaden oder den Vorschriften der Hochschule erläutert sind. Gleiches gilt für die Zitierweise. Geben die Vorschriften der Hochschule aber eine Wahlmöglichkeit oder werden entsprechende Fragen im Leitfaden nicht beantwortet, dann ist eine kurze Anfrage an den Betreuer gerechtfertigt.

inhaltliche Fragen
Gleiches gilt für inhaltliche Fragen. Die Frage nach der Verwendbarkeit einer Quelle eines bestimmten Autors für eine wissenschaftliche Arbeit ist in den meisten Fällen gerechtfertigt. Die Frage, welche Kapitel aus der Quelle gelesen werden sollten und was davon verwendbar ist, muss der Studierende schon selbst entscheiden.

Bevor der Betreuer zur Hilfestellung herangezogen wird, sollten Sie sich zunächst die folgenden Fragen stellen:

- Kann ich mir die Frage nicht auch selbst beantworten?
- Habe ich alle verfügbaren Informationsquellen nach einer Antwort durchsucht?
- Benötige ich für die Beantwortung der Frage tatsächlich Hilfe oder möchte ich mir nur Arbeit ersparen?

Nur, wenn Sie sich alle obigen Fragen mit »Ja« beantwortet haben, sollten Sie um Hilfe bitten.

Persönliche Treffen

Für größere Fragestellungen oder umfangreichere Besprechungen bietet sich ein persönliches Treffen mit dem Betreuer. Sie sollten die notwendigen Besprechungen im Rahmen Ihrer Projektplanung mit dem Betreuer planen (siehe »Vorgänge und Meilensteine«, S. 215). Nicht alle Betreuer bieten feste **Sprechstunden** an, sondern sind nur nach vorheriger Absprache erreichbar. In jedem Fall sollte der Betreuer vorher um ein Treffen gebeten und nicht »zwischen Tür und Angel überfallen« werden.

Vereinbaren Sie frühzeitig Besprechungstermine, insbesondere in der vorlesungsfreien Zeit. Der Betreuer hat *nicht* die Pflicht, Sie von seinem Urlaub in Kenntnis zu setzen! Es ist Ihre Aufgabe danach zu fragen und Termine abzustimmen (Holschuld).

Hinweis

Für persönliche Treffen sollten die folgenden Regeln beachtet werden:

- Überlegen Sie sich genau, was Sie mit Ihrem Betreuer besprechen möchten und notieren Sie sich Ihre Fragen vorher.
- Bringen Sie alle relevanten Unterlagen in ausgedruckter Form zu einem Treffen mit, beispielsweise ein Grobkonzept Ihrer Arbeit, Literaturlisten, Zeitplanung usw.
- Während des Treffens machen Sie sich Notizen zu Antworten und Vereinbarungen.
- Sagen Sie ein Treffen rechtzeitig ab, wenn sich alle Fragen bereits geklärt haben oder es nichts zu klären gibt. Es ist nicht vorteilhaft für Sie, wenn der Betreuer nach dem Treffen nicht weiß, warum dieses stattgefunden hat.
- Senden Sie dem Betreuer zeitnah nach der Besprechung ein schriftliches **Protokoll** zu. Dadurch kann der Betreuer u. U. Missverständnisse erkennen.

Telefon

In manchen Fällen stellt der Betreuer eine Rufnummer zur Verfügung, unter der er für **Fragen** und bei **Problemen** erreichbar ist. Bevor man von dieser Kommunikationsmöglichkeit Gebrauch macht, sollte mit dem Betreuer genau vereinbart werden, in welchen Situationen ein Anruf angebracht ist. So sollte z. B. zwischen einem dienstlichen Anschluss und einer Mobiltelefonnummer unterschieden werden. Letztere erreicht den Betreuer auch außerhalb seiner Arbeitsumgebung und unter Umständen außerhalb seiner Arbeitszeit im privaten Umfeld.

 Zu Beginn der Betreuung sollten daher die folgenden Punkte geklärt werden:

- In welchen Situationen kann der Betreuer angerufen werden? Dies kann je nach Betreuer bei jeder Frage oder auch bei nur wichtigen und zeitkritischen Fragen der Fall sein.
- Zu welchen Zeiten ist der Betreuer erreichbar und wann auf keinen Fall? Denkbar sind büroübliche Zeiten aber im Falle eines Mobiltelefons keinesfalls das Wochenende.
- Was soll besser auf telefonischem Wege und was besser per E-Mail oder bei einem persönlichen Treffen geklärt werden? Alles, was mit der Übermittlung größerer Dokumente zu tun hat, muss per E-Mail bearbeitet werden, für kurze Fragen bietet sich vielleicht eher ein Telefonat an.

Telefonat vs. E-Mail Generell sollte bedacht werden, dass ein Telefonat eher als *störend* empfunden werden kann, da sich der Gegenüber nicht aussuchen kann, wann er Zeit für eine Antwort hat. Umgekehrt bedeutet für manche Betreuer das Antworten auf eine E-Mail vielleicht mehr Aufwand, weshalb er ein Telefonat bevorzugen würde. Die Beantwortung der Frage nach dem besten Kommunikationsmittel ist insofern nicht nur durch Betrachtung der Situation zu klären, sondern auch anhand der jeweiligen individuellen Präferenzen der Gesprächspartner.

Kommunikation via E-Mail

Für Fragen während der Betreuungsphase bietet sich ebenfalls das Medium E-Mail an. E-Mail ist schnell, mit wenig Aufwand verbunden, kostenlos und weniger aufdringlich als ein Anruf, da der Empfänger selbst entscheidet, wann er Zeit für eine Antwort findet.

Der Betreff einer E-Mail sollte kurz und knapp den Inhalt oder den Grund Ihres Schreibens wiedergeben, z. B. Bachelorarbeit XYZ, Literaturproblem. Eine Betreffzeile ist ein absolutes Muss! Ohne Betreffzeile löschen viele Empfänger die E-Mail ohne sie zu lesen. Betreffzeilen wie »Hallo« sind ungeeignet. Bei Antworten auf E-Mails sollte der Betreff des Senders beibehalten und ein Hinweis wie »AW:« für »Antwort« vorangestellt werden. So lassen sich die zusammengehörenden E-Mails leichter wieder finden. Die meisten E-Mail Programme erledigen dies automatisch.

Betreff

Das Versenden einer E-Mail kann in verschiedenen Formaten erfolgen. Neben einer reinen Textnachricht *(plain text)* kann auch das aus dem Web bekannte HTML-Format genutzt werden, das es unter anderem ermöglicht, Text zu formatieren und Grafiken in den Text einzubinden. Nicht zuletzt aus Gründen der Kompatibilität empfiehlt es sich jedoch, E-Mails nur im reinen Textformat zu versenden. So sind nicht alle E-Mail-Programme in der Lage, HTML-Formate anzuzeigen, insbesondere mobile Geräte wie PDA, Smartphone und Handy. Auch können HTML-Mails für das Einschleusen von schadhaftem Code in ein Computersystem genutzt werden, weshalb manche Nutzer entsprechende Mails löschen, ohne sie vorher zu lesen. Dies kann auch automatisiert erfolgen.

E-Mail-Formate

Für die Anrede und die Grußformel in einer E-Mail gelten generell die gleichen Regeln, wie für eine Kommunikation mit einem Brief: Eine E-Mail ohne die korrekte Ansprache wirkt unhöflich und sollte vermieden werden. Ist man sich der korrekten Anrede unsicher, sollte immer die Form »Sehr geehrte Frau ... / Sehr geehrter Herr ...« verwendet werden. Damit macht man sicherlich nichts falsch. In jedem Fall sollten witzig gemeinte oder flapsige Anreden vermieden werden.

Anrede & Grußformel

Schreiben Sie Ihre E-Mails an Ihren Betreuer so, wie Sie später in einer Firma an Ihren Chef schreiben würden.

Empfehlung

Wenn auf eine E-Mail geantwortet wird, sollte der Text der ursprünglichen E-Mail in die Antwort eingebunden werden (geschieht bei vielen E-Mail-Programmen automatisch). Die Ant-

Antworten auf E-Mails

wort wird über den ursprünglichen Text getippt und nicht, wie manchmal zu finden, unter den Ursprungstext.

> Sehr geehrter Herr Neumann,
> vielen Dank für Ihre Mail. Ich werde sie in den nächsten Tagen beantworten.
>
> Mit freundlichen Grüßen,
> Manfred Mustermann
>
> Am 13.02.2007 um 14:37 schrieb Norbert Neumann:
> Sehr geehrter Herr Mustermann,
> ich habe eine Frage zu Ihrem Buch, welche ich mir...

Möchte man auf bestimmte Textpassagen antworten, so ist es üblich, diese als eigene, eingerückte Zeile oder mittels eines Sonderzeichens (»>«) am linken Rand zu versehen, in den eigenen Text einzubinden und die entsprechende Antwort direkt in der darauf folgenden Zeile zu tippen. Emoticons, Chatkürzel und Szenesprache haben in einer E-Mail mit dem Betreuer nichts zu suchen.

Eine E-Mail sollte mit einer entsprechenden Signatur des Senders versehen sein. Während Hochschullehrer in der Regel aussagekräftige und vollständige Signaturen am Ende Ihrer E-Mail angeben, ist dies bei Studierenden oft nicht der Fall. Aber auch für Studierende gilt, dass neben dem vollständigen Namen auch die Postadresse und die Telefonnummer angegeben sein sollte. Oft kommen E-Mails an Studierende zurück, weil deren Postfach bei einem kostenlosen Mail-Provider überfüllt ist. Dann muss der Betreuer eine alternative Möglichkeit haben, den Studierenden zu erreichen.

In manchen Fällen müssen während der Betreuungsphase Dokumente ausgetauscht werden. Dafür bietet sich in den meisten Fällen der Versand via E-Mail eher an, als eine CD-ROM per Post zu verschicken. Kleinere Dateien können einer E-Mail einfach angehängt werden, als Richtgröße können Dateien mit einem Umfang von unter einem halben Megabyte angesehen werden. Alle Dateien sollten in jedem Fall mit einem Programm komprimiert werden, bevor sie versendet werden. Auch das Format der gesendeten Datei sollte mit dem Betreuer geklärt werden. So akzeptieren manche Betreuer nur reine Textdateien (.txt), andere bevorzugen Word-Dateien (.doc, .docx) oder *Rich Text* (.rtf). Ein universelles

Format für die Übermittlung von Dokumenten ist das *Portable Document Format* (.pdf). Von der Versendung von ausführbaren Dateien (z. B. .exe) sollte aus Sicherheitsgründen in jedem Fall abgesehen werden. Viele E-Mail Programme unterbinden den Versand und den Empfang ausführbarer Programme.

E-Mails können mit verschiedenen Dringlichkeitsstufen gesendet werden. Das Versenden von E-Mails mit hoher Dringlichkeit sollte im Rahmen einer Betreuung *nicht* vorkommen.

Dringlichkeit

Bei manchen E-Mails ist es wichtig zu wissen, dass diese auch tatsächlich und zu einem bestimmten Zeitpunkt beim Empfänger angekommen ist. Dies ist beispielsweise bei der termingerechten Einreichung von Seminararbeiten der Fall. Probleme mit dem eigenen E-Mail-Programm oder dem SMTP-Server, falsche E-Mail-Adressen, Ausfälle beim Server des Empfängers oder ein Spamfilter können die Zustellung einer Nachricht verhindern.

Eingangsbestätigungen

Aus diesen Gründen ist es sinnvoll, in besonderen Fällen den Empfänger um eine kurze Empfangsbestätigung der E-Mail zu bitten. Generell kann erst bei einer entsprechenden Antwort des Empfängers von einer erfolgreichen Zustellung ausgegangen werden. Manche E-Mail-Programme bieten eine automatische Bestätigungsfunktion. Diese Funktion ist aber nur nutzbar, wenn der Empfänger das gleiche Programm für seinen E-Mailverkehr einsetzt. Daher sollte auf diese Funktion verzichtet und stattdessen die Textform gewählt werden.

Bitte bestätigen Sie mir den fristgerechten Eingang dieser E-Mail mit einer kurzen Antwort. Vielen Dank!

Beispiel

E-Mails sind schnell geschrieben und versendet. Aber auch in Zeiten mobiler Kommunikation kann nicht davon ausgegangen werden, dass der Empfänger diese auch umgehend empfängt, liest und dann auch noch sofort beantwortet. Bis zur sorgfältigen Beantwortung einer E-Mail können durchaus mehrere Tage vergehen. Bei Urlaub, Krankheit oder längerer Abwesenheit vom Büro kann sich der Zeitpunkt der Antwort auch noch weiter verschieben. Bedenken Sie, dass Ihr Betreuer – insbesondere wenn es ein Hochschullehrer ist – pro Tag u. U. über 50 oder 100 E-Mails erhält. Aus die-

Antwortzeiten

sem Grunde sollten Sie nachfragen, wenn eine E-Mail nach über einer Woche noch nicht beantwortet wurde.

18 Die schriftliche Ausarbeitung *

Das Schreiben einer wissenschaftlichen Arbeit gliedert sich in mehrere Arbeitsphasen:

- ▦ **Schritt 1**:Zuerst benötigen Sie ein geeignetes Thema:
- ☐ »Das eigene Thema finden«, S. 236
- ▦ **Schritt 2**: Sobald Ihr Thema feststeht, können Sie mit dem Schreiben beginnen. Für die erste Texterfassung können Sie einen einfachen Texteditor benutzen. Dies hat den Vorteil, dass Sie schnell in Fluss kommen, ohne sich um die lästigen und zeitaufwändigen Formatierungen kümmern zu müssen. Später passen Sie dann die Texte in eine Dokumentvorlage ein. Oder Sie legen gleich zu Beginn das vorgeschriebene Seitenlayout mit Hilfe eines komfortablen Textverarbeitungssystems fest (fertige Dokumentvorlage anpassen oder ganz neu erstellen) (siehe »Exkurs: Arbeiten mit einer Dokument-Vorlage«, S. 204). Dann geben Sie Ihre Texte ein. Hierbei arbeiten Sie immer in einem übersichtlichen Layout. Sie können jederzeit Literaturangaben im Literaturverzeichnis festhalten und das Inhaltsverzeichnis schnell aktualisieren.
- ▦ **Schritt 3**:Während der Hauptphase Ihrer Schreibarbeit dokumentieren Sie Ihr Vorgehen, den Methodeneinsatz und die gewonnenen Ergebnisse. Bemühen Sie sich beim Schreiben und Ausarbeiten um eine gute, sprachliche Gestaltung. Dazu sollten Sie:
- ☐ Die Inhalte verständlich aufbereiten:
- ○ »So schreiben Sie verständlich«, S. 239
- ☐ Auf einen leserorientierten Schreibstil achten:
- ○ »Den Stil verbessern«, S. 241
- ☐ Hilfsmittel kennen, um den Schreibprozess kontinuierlich fortzuführen:
- ○ »Schreibblockaden überwinden«, S. 245
- ▦ **Schritt 4**: Am Ende des Schreibprozesses kontrollieren und überarbeiten Sie noch einmal die Inhalte:
- ☐ »Die Schlussredaktion«, S. 248

18.1   Das eigene Thema finden *

Wer eine wissenschaftliche Arbeit schreibt, muss sich zunächst Klarheit über das Thema verschaffen. Besonders wichtig ist es dabei, das Thema ausreichend einzugrenzen und es klar und präzise zu formulieren.

Wie finden Sie ein Thema für Ihre Abschlussarbeit? – Möglicherweise haben Sie schon eine Idee für einen eigenen Entwurf oder ein theoretisches Untersuchungsthema. Vielleicht möchten Sie ein konkretes Praxisproblem lösen. Von Vorteil für die eigene Abschlussarbeit ist natürlich ein Thema, das Ihren persönlichen Weiterentwicklungsinteressen entspricht, so dass Sie das Wissen, das Sie sich durch die intensive Beschäftigung mit der Problemstellung aneignen, langfristig nutzen können. Gehen Sie mit Ihrem Themenwunsch zu einem Betreuer.

Oder Sie finden Ihr Thema auf dem schwarzen Brett Ihres Fachbereichs, auf der Website eines Ihrer Dozenten oder gemeinsam mit Kommilitonen während der Praktikumszeit in einem Unternehmen.

Sich Klarheit verschaffen

grundlegende Fragen

Dann kommt es darauf an, sich über das Thema Klarheit zu verschaffen. Dazu können Sie sich folgende Fragen stellen:

1   Was ist mit dem Thema gemeint? Worum geht es?
2   Was weiß ich schon darüber?
3   Welchen Bezug hat das Thema zu den Inhalten meines Studiums oder auch zu meinen Berufserfahrungen?
4   Welches Problem soll gelöst werden?
5   Unter welchem Blickwinkel kann (oder soll) ich das Thema bearbeiten?
6   Wie lautet die zentrale Fragestellung?

Um Antworten auf diese Fragen zu finden, müssen Sie sich zunächst grundlegende Informationen verschaffen. Dabei können Sie

- Ihre eigenen Studienmaterialien zu Hilfe nehmen,
- Nachschlagewerke und Wörterbücher zu Rate ziehen,
- sich über aktuelle Forschungsergebnisse und neue Internetveröffentlichungen informieren,

■ die vom Betreuer empfohlenen Fachbücher und Fachzeitschriften durchsehen (Notieren Sie sich bereits wichtige
Zitate, Stichworte zu den zentralen Inhalten und vielver-
sprechende Fundorte).

Wenn Sie sich noch nicht entscheiden können, welches   Tipp
von mehreren zur Auswahl stehenden Themen Sie bearbeiten wollen, führen Sie zu jedem Thema eine kleine
Recherche durch. Analysieren Sie die jeweilige Problemstellung: Suchen Sie dazu aktuelle Daten, erkunden Sie
den Kontext und prüfen Sie, welche Materialien, Ressourcen und Vorgehensweisen jeweils zur Bearbeitung erforderlich sind. Prüfen Sie schließlich, welches Thema Ihren
persönlichen Erkenntnisinteressen am nächsten kommt.

Thema eingrenzen

Zur Anfertigung Ihrer wissenschaftlichen Arbeit steht Ihnen
nur eine begrenzte Zeit zur Verfügung. Sie müssen aber Aussagen und Ergebnisse von wissenschaftlicher Qualität liefern und einen eigenen wissenschaftlichen Beitrag leisten.
Ein zu umfassend gewähltes Thema führt leicht zu einer inhaltlichen und zeitlichen Überforderung. Daraus ergibt sich,
dass Sie Ihr Thema eingrenzen müssen.

Wie kann ich ein Thema eingrenzen?   Frage

Erproben Sie unterschiedliche Möglichkeiten der Themen-   Antwort
formulierung und fragen Sie sich jeweils:

1 Was ist die **zentrale Fragestellung,** und der **Schwerpunkt** dieser Arbeit?
2 Was gehört inhaltlich genau zur Bearbeitung dieses Themas (was wird erwartet)?
3 Wie umfangreich muss hier das **Quellenstudium** sein?
4 Welche **Forschungsergebnisse** muss ich anführen?
5 Erhalte ich Zugang zur erforderlichen **Literatur**?
6 Welche **Vorgehensweise** und welcher **Methodeneinsatz** sind zur Lösungsfindung nötig? Stehen mir die erforderlichen Materialien und Hilfsmittel zur Verfügung?
7 Kann ich dieses Thema in der veranschlagten **Zeit** bearbeiten und eigenständig zu Ergebnissen kommen?

Formulieren Sie das Thema konkret und präzise (nicht abstrakt). Beachten Sie dabei: Die Eingrenzung des Themas müssen Sie in Ihrer Arbeit auch begründen.

Geeignete wissenschaftliche Vorgehensweise planen

Untersuchungs-methoden

Bereits im Rahmen der Themenfindung müssen Sie sich darüber Gedanken machen, welche wissenschaftlichen Methoden für die Bearbeitung des Themas in Frage kommen bzw. nötig sind. Die Verfahren hängen vom Forschungsgegenstand ab. Beliebte Methoden sind z. B.:

- Inhaltsanalysen von fachspezifischen Texten, Vergleiche von Theorien, Statistiken oder Ergebnisveröffentlichungen.
- Die Durchführung einer eigenen empirischen Erhebung (Befragung, Beobachtung, Experiment).
- Die Entwicklung eines Entwurfs, Modells, Programmteils.

Beispiele für fachspezifische Methoden werden in folgenden Kapiteln vorgestellt:

- »Exkurs 1: Methoden in den Humanwissenschaften«, S. 55
- »Exkurs 2: Methoden der Wirtschaftsinformatik«, S. 71

Themenformulierung überprüfen

Prüfen Sie anschließend noch einmal die Themenformulierung:

1 Wie lautet mein Thema nach der sorgfältigen Eingrenzung?

2 Was ist der Schwerpunkt und was ist das Ziel meiner Arbeit?

3 Welche Untersuchungsmethode(n) werde ich einsetzen?

Können Sie den ursprünglichen Wortlaut beibehalten oder müssen Sie nach der Beantwortung der vorangehenden Fragen das Thema umformulieren? **Die Formulierung des Themas muss so klar, präzise und eindeutig sein, dass jeder richtig versteht, worum es geht.**

Anschließend können Sie Ihre erste Arbeitsgliederung erstellen (»Vorgänge und Meilensteine«, S. 215). Während des

Schreibprozesses werden Sie auch Ihre Gliederung immer präziser formulieren, so dass sich allmählich eine passgenaue Struktur herauskristallisiert.

18.2   So schreiben Sie verständlich *

Verständliche Inhalte zeichnen sich dadurch aus, dass sie dem Sprachniveau der Leser entsprechen. Wissenschaftliche Arbeiten müssen außerdem gut strukturiert und in den Textteilen übersichtlich, kurz und prägnant sein. Durch zusätzliche Anregungen wie Bilder und Praxisbeispiele kann man auch schwierige Inhalte anschaulich darstellen.

Der Erfolg Ihrer wissenschaftlichen Arbeit hängt davon ab, ob Ihre Leser und Gutachter die Inhalte verstehen können. Ihre Aufgabe ist es daher, Ihre Inhalte auf verständliche Art und Weise darzustellen: Was Sie schreiben und bildlich veranschaulichen, sollen die Leser auf gar keinen Fall missverstehen.

»Die Arbeit wird nur einmal geschrieben, jedoch (hoffentlich) viele Male gelesen« [Rech06, S. 200].   Zitat

Wie schaffen Sie das?   Frage

Beachten Sie bewährte **Verständlichmacher**. Diese sind   Antwort
nach [Schu81, S. 140 ff.]:

- Einfachheit
- Gliederung, Ordnung
- Kürze, Prägnanz
- Zusätzliche Stimulanz (siehe »Verständlichkeit«, S. 26)
- Nehmen Sie Ihren Lesern gegenüber zusätzlich eine neutrale Rolle ein (siehe »Objektivität«, S. 13), und zeigen Sie eine wertschätzende Haltung.

Das Schlüsselwort lautet **Leserorientierung**: Versetzen Sie sich in die Rolle Ihrer Leser. Wechseln Sie die Perspektive und fragen Sie sich: Was brauche ich als Leser/in, damit ich die Inhalte der Arbeit störungsfrei und leicht aufnehmen, richtig verstehen und das Wesentliche (Problemstellung, Lösungsweg, Ergebnisse) behalten kann? Dann tun Sie alles, was dem Leser das Verständnis erleichtert.

Einfachheit

Bitte nicht so kompliziert!

▦ Stellen Sie die Inhalte möglichst einfach dar, so einfach, wie der Gegenstand es erlaubt, aber nicht einfacher (Reaktion: »Was denkt der eigentlich. Ich bin doch nicht dumm!«). Überlegen Sie, welches **Sprachniveau** für Ihre Leser angemessen ist.

▦ Welche Reizbegriffe erwarten Ihre Leser und welche Fachbegriffe sind ihnen möglicherweise unbekannt? Unbekannte **Begriffe** und spezielle Fachwörter müssen definiert werden.

▦ **Abkürzungen** müssen erläutert werden.

▦ Bilden Sie **kurze Sätze**, keine zu komplizierten Schachtelsätze. Zu einem guten Stil gehört der Wechsel von kurzen und unkomplizierten, langen Sätzen.

Gliederung, Ordnung

Bitte übersichtlich & strukturiert!

▦ Bauen Sie Ihre Arbeit übersichtlich auf, und **gliedern** Sie den Text in Kapitel, Abschnitte und Absätze.

▦ Durch Fußnoten, Anmerkungsbereiche und Anhänge unterscheiden Sie **Wichtiges** und **Sekundäres**.

▦ Achten Sie zugleich auf einen **folgerichtigen Ablauf** der Inhalte.

▦ Aufzählungen werden als Liste dargestellt mit **Aufzählungszeichen** oder **Nummerierungen**.

▦ Vergessen Sie nicht, auch **Tabellen, Abbildungen** usw. zu **nummerieren** und ggf. in speziellen Verzeichnissen aufzuführen.

Kürze, Prägnanz

Bitte nicht weitschweifig!

▦ Schreiben Sie kurz und knapp, und **komprimieren** Sie die Inhalte **auf das Wesentliche**.

▦ Bringen Sie **nur die wirklich relevanten Informationen**: so kurz wie möglich, so lang wie nötig!

▦ Stellen Sie die Sachverhalte prägnant dar: Wählen Sie dazu **treffende Begriffe**, und verzichten Sie auf inhaltsleere Wörter.

Zusätzliche Stimulanz

Überlegen Sie, was Sie zusätzlich tun können, damit Ihre Leser die Inhalte schnell und richtig verstehen:

Bitte anschaulich & anregend!

▓ Bringen Sie **Praxisbeispiele**.

▓ Erinnern Sie an aktuelle Ereignisse, die für das Thema von Belang sind.

▓ Machen Sie schwierige Inhalte anschaulich. Liefern Sie Ihren Lesern **Wahrnehmungs- und Verarbeitungshilfen**: Zeichnungen, Grafiken, Fotos, Schaubilder, Tabellen und Diagramme (siehe»Komplexe Inhalte anschaulich visualisieren«, S. 251).

»Der Wert der Arbeit wird nicht nach Länge und Gewicht gemessen« [Rech06, S. 201].

Zitat

18.3   Den Stil verbessern *

Leser sollen die Informationen in wissenschaftlichen Arbeiten problemlos verstehen können, schnell aufnehmen und behalten. Dies gelingt durch einen Schreibstil, der sich inhaltlich auf das Wesentliche beschränkt. Um ein Höchstmaß an Verständlichkeit herzustellen, sollte der Schreiber auf überschaubare Sätze achten, auf eine treffende Wortwahl und eine anschauliche, lebendige Sprache.

Was gehört zu einem guten Stil?

Frage

Vor allem Kürze, Präzision, »Tatwörter« und klare Satzkonstruktionen. Alles Überflüssige sollte man beherzt streichen.

Antwort

Sagen Sie konkret und präzise, was gemeint ist

Schreiben Sie nicht: »Viele fleißige Ökonomen glaubten früher...« Hier lassen Sie die Leser im Unklaren: Wie viele Menschen glaubten das? Fünfzig, tausend, eine Millionen? Wann ist »früher«? Wodurch zeichnet sich ein »fleißiger« Ökonom aus? Wer zählt zu diesem Kreis der Ökonomen? Sind hier nur Ökonomen im eigenen Land gemeint oder Ökonomen aus aller Welt?

Beispiel

Beschreiben Sie konkret, worum es geht. Wenn Sie im Abstrakten und Allgemeinen verharren, wird Ihre Dokumenta-

klar und konkret schreiben

tion unklar und unanschaulich. Wenn immer nur Überbegriffe verwendet werden, liegt der Verdacht nahe, dass nicht sorgfältig recherchiert worden ist.

Finden Sie also das treffende Wort. Das Wort, das die Sache exakt bezeichnet. Die Arbeit mit dem Thesaurus[1] ist kontraproduktiv, wenn Sie nicht sorgfältig prüfen, ob das ausgewählte Wort wirklich trifft.

Beispiele
»Fleiß«, »Eifer«, »Aktivität«, »Ehrgeiz«, »Emsigkeit«, »Arbeitsfreudigkeit« ersetzen *nicht* einander. Die Begriffe bezeichnen Unterschiedliches. Das gleiche gilt für »Bequemlichkeit«, »Schläfrigkeit«, »Gemächlichkeit«, »Lässigkeit«.

In Fachsprachen, besonders auch im technischen Bereich, gibt es für viele Begriffe *keine* Synonyme!

Zitat
»Das treffende Wort hat fast nie ein Synonym« [Schn84, S. 69].

Prüfen Sie, welches Wort oder welche Darstellung wirklich trifft, was Sie meinen. Der **Genauigkeitsgrad** ist dabei vom Kontext abhängig.

Zitat
»Absolute Präzision ist unerreichbar; und es ist zwecklos, genauer sein zu wollen, als es unsere Problemsituation verlangt« [Rech06, S. 34].

Achten Sie auf die Zweckmäßigkeit und gehen Sie dem Leser nicht mit übergenauen Ausführungen auf die Nerven. In Tabellen ist es beispielsweise häufig nicht wirklich erforderlich, auch noch die 5. Stelle hinter dem Komma zu nennen.

Sich auf das Wesentliche beschränken und streichen, streichen, streichen!

Überflüssiges streichen
Konkret und präzise schreiben und zugleich kurz und knapp ist also kein Widerspruch. »Fasse Dich kurz« ist eine bewährte Schreibregel. **Streichen Sie alles Überflüssige.** Streichen Sie alles, was inhaltsleer wirkt und den Text nur aufbläht. Prüfen Sie dazu den Informationsgehalt Ihrer Sätze. **Floskeln** sind ohne echten Informationsgehalt.

---

[1] Ein Thesaurus (Wortnetz) modelliert ein Themengebiet. Er besteht aus einer systematisch geordneten Sammlung von Begriffen, die in thematischer Beziehung zueinander stehen.

Der Satz: »Ein Bild sagt mehr als tausend Worte.« faszi- *Beispiel*
niert z. B. keinen mehr so richtig.

Verzichten Sie auch auf überflüssige **Füllwörter** wie: »ge- *auf Füllwörter*
wissermaßen«, »natürlich«, »auf jeden Fall«, »durchaus«, *verzichten*
»selbstverständlich«, »an und für sich«.

Die meisten **Adjektive** kann man streichen, weil sie den *Adjektive*
Lesefluss unnötig unterbrechen. Auf eine blumige Sprache *streichen*
wird in wissenschaftlichen Arbeiten kein Wert gelegt.

»Die umfangreiche Datenflut verursacht, dass moderne *Beispiel*
Menschen im aufreibenden Arbeitsprozess unter massiven Zeitdruck geraten.« Es würde reichen, zu schreiben:
»Die Datenflut verursacht, dass Menschen im Arbeitsprozess unter Zeitdruck geraten.«

Wenn Adjektive allerdings wirklich etwas unterscheiden
oder aussondern, dann sind sie richtig am Platze: »Eine sehr
gute Leistung« ist etwas anderes als »eine mangelhafte Leistung«. Eine »rote« Ampel unterscheidet sich deutlich von
einer »grünen«.

Oft kann man auch ein Adjektiv durch ein Substantiv ersetzen, z. B. »sportliche Kleidung« durch »Sportbekleidung«
(die Kleidung selbst ist nicht sportlich). Ebenso: »unterneh-
merische Strategien« heißen besser »Strategien der Unter-
nehmer«.

Auch Komparative und **Superlative** sollten Sie unter die Lupe nehmen. Bei Wörtern wie rund, eindeutig, ideal, optimal,
alltäglich, vorurteilsfrei und bei Adjektiven, die mit »...-los«
enden, ist eine Steigerung nicht möglich.

Vorsicht ist auch geboten bei **Tautologien** (der gleiche In- *Tautologien*
halt eines Wortes wird wiederholt) wie z. B. »nach unten fal- *vermeiden*
len«, »restlos überzeugt«, »ein positiver Geschäftserfolg«.

Verständliche Sätze konstruieren

Die Inhalte Ihrer schriftlichen Arbeit sollen für den Leser *das Lesen*
leicht erfassbar sein. Der Gebrauch von vielen Zwischensät- *erleichtern*
zen wirkt dem entgegen. Wenn Sie Schachtelsatz an Schachtelsatz reihen, verringert dies die Aufnahmebereitschaft Ih-

rer Leser beträchtlich. Zerlegen Sie einen Schachtelsatz in Haupt- und Nebensatz oder in mehrere Hauptsätze.

Der Wechsel von Hauptsätzen und einfachen Haupt- und Nebensätzen macht den Stil lebendig. Der ausschließliche Gebrauch von kurzen Hauptsätzen wirkt dagegen langweilig. Im Telegrammstil brauchen Sie Ihre wissenschaftlichen Arbeiten nicht zu schreiben.

Lange Sätze mit Aufzählungen können Sie umstrukturieren, indem Sie Listen mit Aufzählungspunkten oder Nummerierungen daraus machen.

Prüfen Sie zusätzlich, ob Ihre Satzkonstruktionen auch semantisch funktionieren. Der Inhalt muss eindeutig sein. Ist er mehrdeutig, müssen Sie den Satz umbauen.

Beispiel

»Er sah das Mädchen mit dem Fernglas« [Rech06, S. 33]. Bauen Sie den Satz bitte um.

Lebendig und anschaulich schreiben

Texte anschaulich machen

Verben drücken aus, dass etwas geschieht. Sie machen Texte lebendig und anschaulich. Ersetzen Sie deshalb in Ihren wissenschaftlichen Arbeiten sperrige Substantive durch **aktive Verben**.

Beispiel

Schreiben Sie nicht: »Er übte sich in Zurückhaltung.« sondern »Er hielt sich zurück.« Schreiben Sie nicht: »Wir nahmen eine Stichprobenauswahl vor.« sondern »Wir wählten eine Stichprobe aus.«

Durch anschauliche Verben aktivieren Sie die Vorstellungskraft Ihrer Leser. Tote Verben wirken erstarrt und langweilig. Ersetzen Sie tote Verben wie: »gehören«, »liegen«, »beinhalten«, »sich befinden«, denn sie regen nicht zum Denken an. Aktive Verben machen Ihre Texte lebendig. Passivkonstruktionen sollte man nur verwenden,

Zitat

»wenn die Leideform wirklich ein Erleiden ausdrückt (Der Briefträger wurde zum 13. Mal gebissen) oder wenn die handelnde Person keinen interessiert (Das Museum wird um 18 Uhr geschlossen)« [Schn84, S. 50].

Achten Sie in Ihren Arbeiten auch auf den richtigen **Gebrauch der Zeiten**: Das Imperfekt drückt eine abgeschlossene Handlung aus (das Dargestellte ist für den Leser beendet). Im Perfekt werden Geschehnisse beschrieben, die bis in die Gegenwart hineinreichen (und für den Leser bis heute nachwirken). Das Plusquamperfekt (Vorvergangenheit) erschwert oft den Lesefluss und sollte nur verwendet werden, wenn es sich nicht vermeiden lässt.

richtige Zeitformen verwenden

Schließlich sei noch darauf hingewiesen, dass Ihre Textinhalte auch dadurch für Leser spannend und lebendig werden, indem Sie Widersprüche aufzeigen, Kritik üben, auf Fragwürdigkeiten und Folgen hinweisen und auf diese Weise zeigen, dass Sie den Mut haben, sich des eigenen Verstandes und des frisch erworbenen Wissens zu bedienen.

selbständig denken, lebendig schreiben

18.4   Schreibblockaden überwinden *

Schreibblockaden kann man durch persönliche Rituale und überschaubare Arbeitseinheiten überwinden. Daneben hilft eine Methode der freien Assoziation: das *Clustering*.

Manchmal will es mit dem Schreiben einfach nicht klappen. Man kommt nicht in den Schreibfluss und es fällt einem auch nichts ein. Was kann man da tun? Schließlich muss die Arbeit pünktlich fertig werden? Hier gibt es verschiedene Möglichkeiten.

Verdauliche Häppchen

Teilen Sie die Arbeit in **kleine, überschaubare Häppchen** und arbeiten Sie diese Schritt für Schritt ab, am besten nach einem festgelegten Zeitplan.

Schreibritual

Viele Autoren nutzen lieber entspannende oder aktivierende Musik, einen Spaziergang oder Gespräche mit Freunden, um sich in einen Zustand zu versetzen, der es ihnen erleichtert, neue Einfälle zu entwickeln und das Schreiben erneut aufzunehmen. Es gibt zahllose **persönliche Schreibrituale** von Autoren, die ihnen helfen, die eigene Schreibarbeit wieder auf Trab zu bringen (Äpfel in der Schublade, Strandgut, Hund unter dem Schreibtisch).

Clustering

Doch was kann man tun, wenn man nicht ewig nach einem persönlichen Wundermittel suchen will? Professionelle Schreiblehrer empfehlen das *Clustering*. Diese **Methode der freien Assoziation** führt meistens sehr schnell zu brauchbaren, neuen Einfällen, so dass man die Schreibarbeit bald wieder fortsetzen kann.

Vorgehensweise beim *Clustering*:

Gedanken-
ketten bilden

1   Schreiben Sie ein **Stichwort** auf (z. B. das Thema, an dem Sie gerade arbeiten, die Kapitelüberschrift, einen Gedanken) und **umranden** Sie das Wort.

2   Dieses Stichwort dient nun als Auslöser für weitere Einfälle. Hängen Sie **das nächste Wort** durch eine **Verbindungslinie** an. Umranden Sie auch dieses Wort.

3   So geht es weiter: Bringen Sie Ihre **Assoziationen** vom Kopf auf das Papier, eine nach der anderen. Beachten Sie dabei bitte: Dieses ist ein **Brainstorming**-Prozess! Sie sollten alles aufschreiben, was Ihnen in den Sinn kommt, es aber auf gar keinen Fall bewerten oder kritisieren, auch nichts weglassen. Spielregeln:
   – Alle Einfälle werden notiert.
   – Kritik ist verboten (Ausschaltung des inneren Zensors).

4   Schreiben Sie, schreiben Sie. **Halten Sie alle Gedanken fest**, die Ihnen in den nächsten Minuten einfallen und hängen Sie diese an bereits notierte Einfälle an. Sollte Ihnen nichts einfallen, schreiben Sie: »Mir fällt nichts ein ...«, und hängen Sie gleich den nächsten Gedanken umrandet an usw. Auf diese Weise entsteht in kurzer Zeit ein Bild. Ihr Kopf wird entlastet, denn Sie verteilen Ihre Einfälle auf dem Papier.

5   Nach einiger Zeit hat man gewöhnlich eine **Vorstellung**, wie man **im Hinblick auf das Thema fortfahren** kann. Dann sollte man mit dem Clustering aufhören. Nehmen Sie Ihren Schreibprozess wieder auf und **nutzen Sie dabei beliebig das notierte Ideen-Material**. Verwenden Sie, was Ihnen beim Schreiben gerade dienlich ist. Lassen Sie weg, was Sie nicht benötigen.

> Die Abb. 18.4-1 entstand in wenigen Minuten und lieferte die Anregungen zu diesem Text.

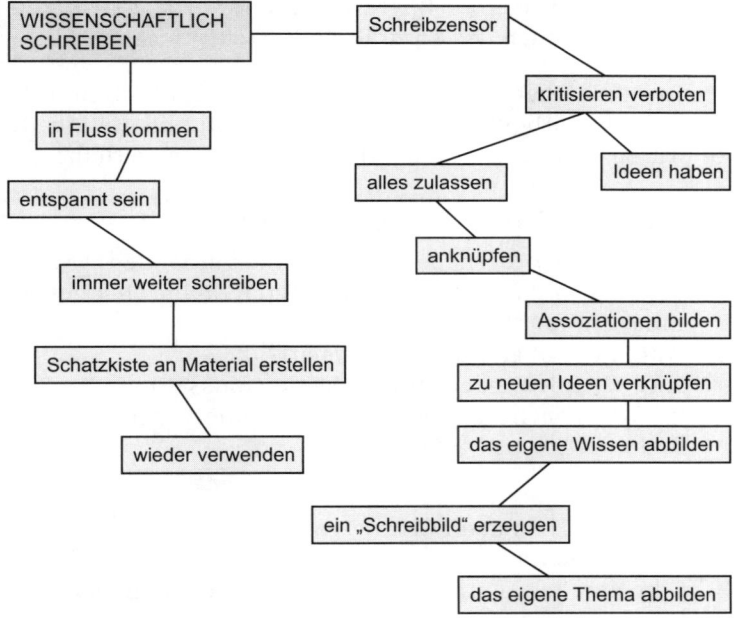

Abb. 18.4-1: Clustering.

Clustering hat folgende Vorteile:

+ Sie würgen Ihre Einfälle nicht vorschnell durch überkritsches Denken ab.
+ Sie entlasten Ihren Kopf und bringen einen Teil Ihres Wissens in die Welt.
+ Durch das Aufschreiben der Ideen haben Sie Raum für neue Einfälle.
+ Ihnen steht nach der Aufzeichnung der Einfälle eine kleine Materialsammlung zur Verfügung, wobei jedes Wort zum auslösenden Reiz für neue Assoziationen werden kann.

18.5   Die Schlussredaktion *

Bei der Schlussredaktion am Ende des Schreibprozesses prüfen Sie die gesamten Inhalte Ihrer wissenschaftlichen Arbeit. Textteile werden überarbeitet und verbessert. In diese Phase fällt auch das sorgfältige Korrekturlesen.

Die folgende Checkliste können Sie bei der Endkorrektur Ihrer Abschlussarbeit nutzen, um den Aufbau und die Inhalte zu prüfen und der Arbeit den letzten Schliff zu verleihen:

Vollständigkeit, formaler Aufbau, Inhalte

1   Sind alle erforderlichen Bestandteile vorhanden?
2   Sind Layout (Seitenaufbau) und Typographie (Textgestaltung) einwandfrei?
3   Wurde die Gliederung aktualisiert?
4   Sind die Inhalte der übrigen Verzeichnisse fehlerfrei?
5   Ist klar ersichtlich, was zur Einleitung, zum Hauptteil und zum Schluss gehört?

Einleitung

1   Wird das Thema am Anfang vorgestellt und das Ziel der Arbeit genannt?
2   Gibt es eine zentrale Leitfrage für die Untersuchung/Lösungssuche?
3   Wird das eigene Erkenntnisinteresse deutlich gemacht?
4   Wird die Bedeutung des Themas für das Fachgebiet aufgezeigt?
5   Wird das Thema ausreichend eingegrenzt, und gibt es Begründungen für die Eingrenzung?

Hauptteil

1   Ist anhand der Kapitelüberschriften die Logik der Argumentation erkennbar?
2   Werden bereits gewonnene Ergebnisse im Themengebiet oder bestehende Theorien und Modelle aufgegriffen?
3   Wird das eigene Vorgehen und der Methodeneinsatz in der Arbeit ausreichend beschrieben?
4   Ist die Untersuchung aufgrund der Angaben in der Arbeit wiederholbar?
5   Sind die Inhalte in der Arbeit belegt und überprüfbar?
6   Werden Kriterien für die Ergebnisbewertung und Lösungsauswahl aufgeführt und angewandt?

7   Werden die Ergebnisse objektiv und neutral, sachlich und nüchtern dargestellt?

8   Verfügen die einzelnen Kapitel am Anfang über einleitende Worte und Schlussfolgerungen am Ende?

9   Gibt es jeweils Überleitungen zum nachfolgenden Kapitel?

Schluss

1   Werden die wichtigsten Erkenntnisse und Ergebnisse am Ende zusammengefasst?

2   Wird die Ausgangsfrage am Ende beantwortet?

3   Wird dabei der eigene wissenschaftliche Beitrag noch einmal deutlich?

4   Gibt es einen Hinweis darauf, was noch offen ist, wie es weiter geht und was als Nächstes zu tun ist?

Verständlichkeit

1   Werden alle wichtigen Begriffe richtig und ausreichend definiert?

2   Werden unbekannte Abkürzungen im Abkürzungsverzeichnis übersetzt?

3   Werden die Quellen richtig angegeben und die Autoren korrekt zitiert?

4   Spezialisierungsgrad: Wird darauf Rücksicht genommen, was die Leser tatsächlich kennen und verstehen können?

5   Wurden die Inhalte auf das Wesentliche reduziert? Werden Weitschweifigkeit und unnötige Wiederholungen vermieden?

6   Gibt es missverständliche Formulierungen?

7   Werden Grafiken, Strukturbilder, Tabellen oder Diagramme eingesetzt, um die Inhalte anschaulicher und verständlicher zu machen?

Sprachstil / Ausdruck / Rechtschreibung

1   Bleibt der Stil sachlich und nüchtern, objektiv und unparteiisch?

2   Wird die Fachterminologie richtig angewandt?

3   Werden die Inhalte klar und präzise dargestellt?

4   Werden Bandwurm- und komplizierte Schachtelsätze vermieden?

5 Welche Füllwörter und Adjektive kann man noch streichen?
6 Welche Modewörter und welche Anglizismen kann man
   ersetzen?
7 Gibt es noch grammatikalische und orthographische
   Fehler? (Nutzen Sie auch die Rechtschreib- und Gram-
   matikhilfe Ihres Textverarbeitungsprogramms.)

19 Komplexe Inhalte anschaulich visualisieren *

Manche Inhalte müssen durch Bilder und Grafiken veranschaulicht werden, damit sie für die Leser verständlich und nachvollziehbar sind. Dabei ist es wichtig, grundlegende Gestaltungsregeln zu beachten und wiederholt zu prüfen, ob ein Bild auch aus der Betrachtersicht »funktioniert«.

Wenn Sie eine wissenschaftliche Arbeit schreiben, ist es Ihre Aufgabe (und zugleich Ihre Chance!), die Inhalte derart aufzubereiten, dass Sie für Ihre Leser verständlich und nachvollziehbar sind.

In diesem Buch finden Sie eine Menge Tipps zur Herstellung verständlicher Inhalte:

▨ »So schreiben Sie verständlich«, S. 239

Bereits bei der Texteingabe mit Hilfe Ihres Textverarbeitungsprogramms können Sie wichtige Inhalte deutlich hervorheben:

▨ »Textgestaltung«, S. 180

Es bleibt noch die Frage: Wie können Sie Ihren Lesern auch besonders schwierige, »trockene« und komplexe Inhalte nahebringen, und wie schaffen Sie es, dass die wichtigsten Inhalte den Lesern im Gedächtnis bleiben? Die Antwort lautet: Veranschaulichen Sie Ihre Inhalte gezielt durch Bilder.

Die Verbindung von Text und Bild zur besseren Vermittlung von Informationen ist ein bewährtes Verfahren. Beim Schreiben Ihrer wissenschaftlichen Arbeit haben Sie unterschiedliche Möglichkeiten, Ihre Inhalte durch Bilder verständlich zu machen. So können Sie Ihre Texte durch **Grafiken** und **Fotos**, **Tabellen** und **Diagramme** oder selbst erstellte **Strukturbilder** anreichern (siehe unten).

Inhalte anschaulich machen

Bilder sollen Nutzen stiften. Sie sollen

Nutzen der Visualisierung

▨ das Geschriebene verdeutlichen,
▨ den schnellen und störungsfreien Transport zum Leser unterstützen,
▨ schwere und trockene Inhalte zugänglich machen,
▨ Übersicht liefern und komplexe Inhalte überschaubar machen,

- Bestandteile, Abhängigkeiten und Zusammenhänge aufzeigen,
- Strukturen und Abläufe vor Augen führen und
- das Behalten erleichtern.

Gut gestaltete Bilder bieten also eine Menge Vorteile. Doch Ihre Bilder sind nur von Nutzen, wenn Sie

1   die Bildzeichen und Bilder zweckgerichtet einsetzen,
2   nicht zu viele Bilder in die Texte einfügen und
3   eine geeignete Darstellungsform finden (Diagrammtyp, Bildaufbau usw.).

Regeln für die Gestaltung   Bilder in wissenschaftlichen Arbeiten müssen *funktionieren*. Damit sie ihren Zweck auch wirklich erfüllen, sollten Sie einige Grundregeln beachten:

- Weniger ist mehr. Verbildlichen Sie nur, was wichtig und relevant ist. Zu viele Bilder und Farben verwirren. Zu viele Daten in Tabellen und Diagrammen machen die Darstellungen unübersichtlich.
- Zu jedem Bild gehört eine Beschriftung (Text unter dem Bild oder/und Überschrift).
- Zu zitierten Daten in Tabellen und Diagrammen gehört eine Quellenangabe.
- Abbildungen sollen nummeriert und außerdem im Abbildungsverzeichnis (im Tabellenverzeichnis usw.) aufgeführt werden.

Prüfen Sie bitte, ob Ihre Visualisierungen diese Anforderungen erfüllen.

Bilder sollen Aussagen unterstützen   Bilder sollen Ihre Aussagen unterstützen (nicht Verwirrung hervorrufen, stören oder ablenken!). Fragen Sie sich deshalb bei jedem Bild, welche Informationen Sie dem Leser tatsächlich liefern.

Diagramme

Welcher Diagrammtyp ist geeignet?   Bei Diagrammen ist es wichtig, dass Sie den richtigen Typ wählen.

Beispiele
- **Liniendiagramme** (Abb. 19.0-1) geben Entwicklungsverläufe und Trends wieder.
- **Kreisdiagramme** (Abb. 19.0-2) zeigen das Ganze und seine Teile.

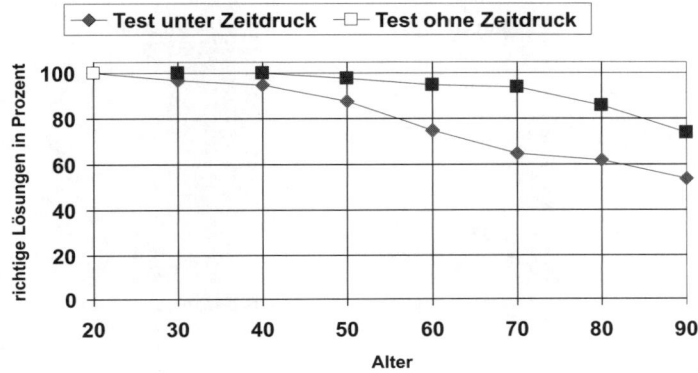

Abb. 19.0-1: Beispiel für ein Liniendiagramm.

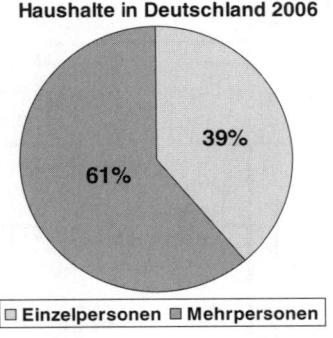

Abb. 19.0-2: Beispiel für ein Kreisdiagramm.

- **Säulen- und Balkendiagramme** (Abb. 19.0-3) eignen sich für Größenvergleiche.
- Ein **Organigramm** (Abb. 19.0-4) veranschaulicht die Ebenen einer Hierarchie bzw. ein Klassifikationssystem.

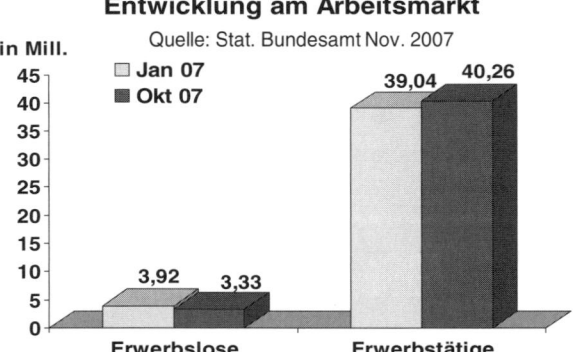

Abb. 19.0-3: Beispiel für ein Säulendiagramm.

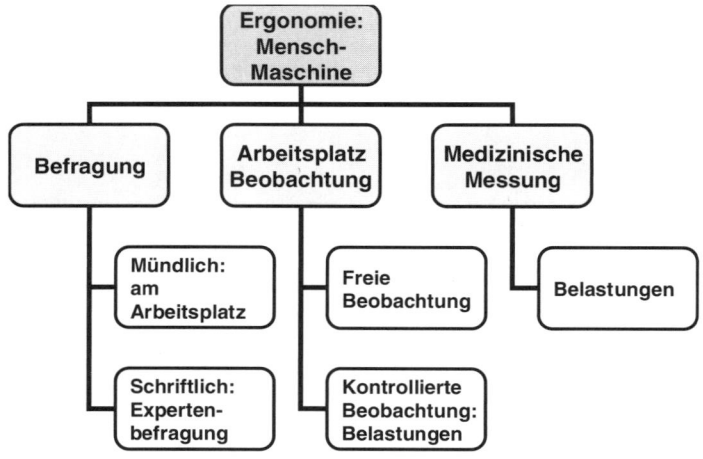

Abb. 19.0-4: Beispiel für ein Organigramm.

Strukturbilder

Wie muss ich das Bild strukturieren?

Viele Prozesse und Sachverhalte können Sie als Strukturbilder darstellen. Moderne Computerprogramme liefern passende Werkzeuge (Autoformen, Zeichenfunktionen usw.). Doch beachten Sie auch hier, dass Strukturbilder in der Regel nur für spezielle Sachverhalte geeignet sind.

■ Eine Pyramide (Abb. 19.0-5) zeigt z.B. Hierarchieebe-   Beispiele
nen.

Abb. 19.0-5: Beispiel für eine Pyramide.

■ Ein Zyklus-Diagramm (Abb. 19.0-6) bildet einen Prozess ab.

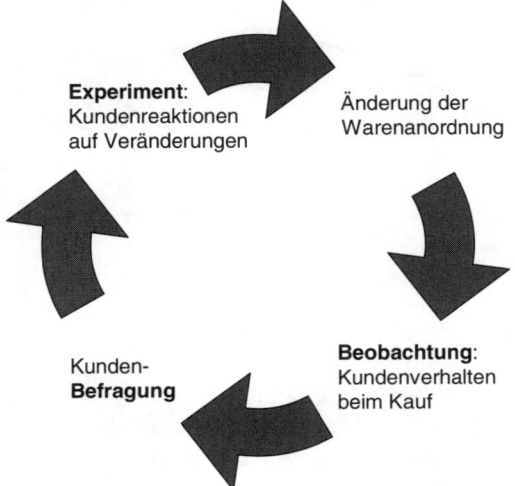

Abb. 19.0-6: Beispiel für ein Zyklusdiagramm.

■ In Venn-Diagrammen (Abb. 19.0-7) können Sie Schnitt-
   stellen visualisieren.

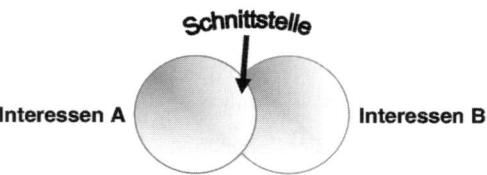

Abb. 19.0-7: Beispiel für ein Venn-Diagramm.

■ In Radialdiagrammen (Abb. 19.0-8) verbinden Sie Elemente mit einem Zentrum.

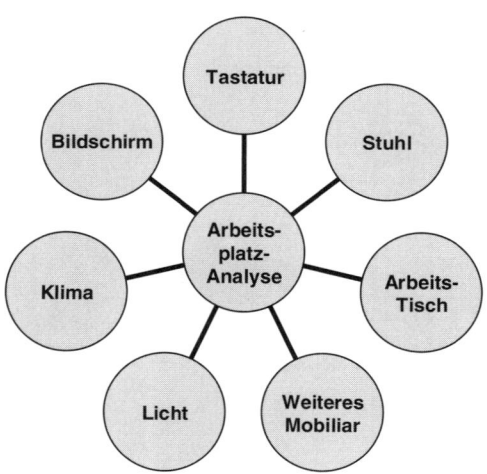

Abb. 19.0-8: Beispiel für ein Radialdiagramm.

 Bei selbsterstellten Strukturbildern müssen alle verwendeten Symbole, Linien, Pfeile usw. in einer Legende mit ihrer
Semantik erklärt werden. Nur bei standardisierten Darstellungen – die in der jeweiligen Wissenschaftsdisziplin bekannt sein müssen – kann darauf verzichtet werden.

Fotos

Natürlich können Sie auch einfach Fotos in Ihre Texte einfügen. Dabei ist es wichtig, dass Sie wirklich den Kern Ihrer Aussage abbilden. Außerdem sollten Sie auf eine ausreichende Beschriftung achten. Nicht jedes technische Objekt
erklärt sich von selbst und in manchen Fällen schafft eine
selbst erstellte Zeichnung und Beschriftung der einzelnen
Bestandteile mehr Klarheit als das schönste Foto.

> Um welches Industrieobjekt handelt es sich bei der visua-
> lisierten »Lösung 2« der Abb. 19.0-9?

Foto oder Zeichnung?

Beispiel

Lösung 2

Im hier angeführten Beispiel wird eine
besondere, technische Lösung mit Hilfe eines Fotos veranschaulicht. Das Bild
zeigt einen Industrieschornstein. Ohne
dieses Foto hätte sich der Betrachter nur
schwer eine Vorstellung vom Aussehen
des Objekts machen können. Mit Hilfe des Fotos wird ihm das Objekt klar
vor Augen geführt und seine Neugier ge-
weckt.

Abb. 19.0-9: Was ist
denn das?

Visualisierungen in wissenschaftlichen Arbeiten sollen dem
Betrachter helfen, die Textinformationen schnell, möglichst
leicht und richtig zu erfassen. Auch die fotografische Darstellung muss sich auf das Wesentliche konzentrieren und
sollte nicht mit allerlei unnötigen Bildinhalten überfrachtet
sein. Prüfen Sie: Was leistet das Foto? Welche Assoziationen
weckt es? Welche Fragen löst es aus?

Grafiken und Zeichnungen

Schließlich gibt es unzählige Möglichkeiten, Sachverhalte
durch eigene Grafiken zu veranschaulichen. Oft existiert
kein Bild, das Sie verwenden können. Ihre Aufgabe ist es
dann, geeignete Grafiken passgenau zu entwickeln. Begeben
Sie sich dabei in die Betrachtersicht und prüfen Sie, welche
Botschaft ein spezielles Bild tatsächlich transportiert. Das
kann bei ähnlichen Bildern sehr unterschiedlich sein.

Wie kann ich den Sachverhalt darstellen?

> ▪ Wenn Sie zum Beispiel darstellen wollen, welche Aus-
> wirkungen Bildschirmarbeit haben kann, so reicht

Beispiele Betrachtersicht

meistens bereits eine schlichte, sachliche Textliste aus (Abb. 19.0-10).

Bildschirmarbeit
- Augenrötungen
- Doppeltsehen
- Augenflimmern

Abb. 19.0-10: Liste.

■ Fügen sie die Texte in ein Bild ein (Abb. 19.0-11), so verringert sich die Wahrscheinlichkeit, dass verschiedene Betrachter jeweils etwas anderes verstehen. Jeder kann den Bildschirm sehen bzw. hat das gleiche Bild vor Augen. Außerdem wird die Aussage verstärkt, dass die Probleme *im* Bildschirm stecken. (Prüfen Sie hier bitte nur die Wirkung auf den Betrachter, nicht die Richtigkeit der Aussage!)

Bildschirmarbeit
- Augenrötungen
- Doppeltsehen
- Augenflimmern

Abb. 19.0-11: Text in Grafik plaziert.

■ Steckten die Probleme bislang scheinbar vor allem *in* der Technik, so wird dem Leser nun vor Augen geführt, dass ein Bildschirm gefährliche Auswirkungen auf den Menschen hat (Abb. 19.0-12). Hier kann man fragen, ob die Dramatisierung des Sachverhalts gerechtfertigt ist.

Abb. 19.0-12: Bildschirmgefahr visualisiert.

■ In dieser Darstellung (Abb. 19.0-13) ist der Mensch dagegen offensichtlich selbst schuld.

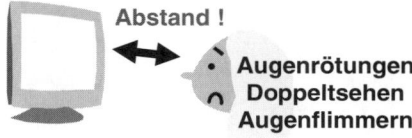

Abb. 19.0-13: Abstand visualisiert.

■ Das Fehlverhalten der Bildschirmbenutzerin kann man auch in dieser Weise aufzeigen (Abb. 19.0-14).

Abb. 19.0-14: Zu geringer Abstand visualisiert.

■ Schließlich können Sie durch einfaches Kopieren einer Grafik verdeutlichen, dass viele Menschen von einem Problem betroffen sind (Abb. 19.0-15).

Piktogramme sind einfache Bildzeichen zur Vermittlung von Informationen (z. B. Verkehrszeichen, Warnzeichen vor Gefahren usw.). In wissenschaftlichen Arbeiten sollten Sie in der Regel auf Piktogramme verzichten – anders als in Lehrbüchern.

Tipp

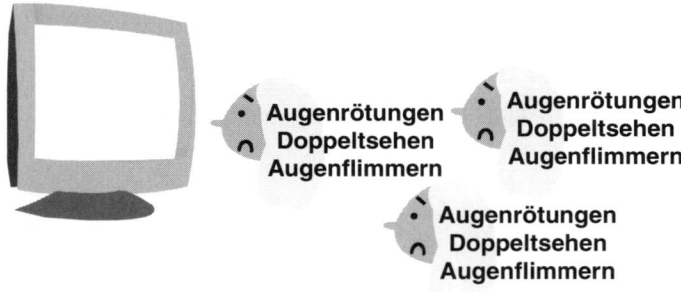

Abb. 19.0-15: Anzahl der Betroffenen visualisiert.

Teil IV Präsentation der Ergebnisse *

Die zunehmende Anzahl von mündlichen Prüfungssituationen mit Präsentation der Ergebnisse erfordert entsprechende **rhetorische Fähigkeiten** und den **souveränen Einsatz von Präsentationstechniken**. Diese besondere Prüfungssituation führt oft zu Nervosität und kann dadurch das Prüfungsergebnis schmälern. Schon durch sorgfältige Planung und durch den Einsatz weniger Techniken lassen sich nicht nur eine höhere Sicherheit herstellen, sondern auch die Ergebnisqualität erheblich verbessern. Insbesondere das eigentliche Präsentieren sollte durch praktische Übungen erlernt werden. Dabei ist natürlich insbesondere der Besuch von Rhetorik-Veranstaltungen mit Videotraining sehr sinnvoll.

Johann Wolfgang von Goethe[1] soll einmal gesagt haben: »Ich schreibe dir einen langen Brief, weil ich keine Zeit habe, einen kurzen zu schreiben.« Genauso ist es bei einer wissenschaftlichen Präsentation. Die Prüfer erwarten eine kompakte Darstellung wesentlicher Erkenntnisse in einem sehr knappen Zeitfenster (z. B. 10 Minuten). Dieser kompakte Vortrag ist also sorgfältig zu planen und nicht durch ein paar Kopien aus dem Text in ein Präsentationsprogramm alleine zu erledigen.

Die folgenden Ausführungen können und wollen kein Rhetorikbuch[2] oder ein Präsentationsbuch[3] oder entsprechende Kurse ersetzen. Wichtige Aspekte beider Themengebiete werden jedoch behandelt, damit Sie grobe Fehler vermeiden. Eine Präsentation erfordert folgende Vorgehensweise:

- »Vorbereitung«, S. 263
- »Ausarbeitung«, S. 279
- »Vortrag«, S. 305

Um Ihnen ein konkretes Beispiel zu vermitteln, wird anhand einer **Fallstudie** gezeigt, wie ein Seminarvortrag vorbereitet, ausgearbeitet und gehalten werden kann.

---

[1] Nicht eindeutig belegbar.
[2] Zu empfehlen ist folgendes Buch mit Online-Kurs: »Besser und erfolgreicher kommunizieren« von Stoica-Klüver, Klüver und Schmidt.
[3] Zu empfehlen ist folgendes Buch mit Online-Kurs: »Präsentieren, Moderieren, Faszinieren« von Petra Motte.

20 Vorbereitung *

Eine gute Vorbereitung ist der halbe Erfolg. Am Anfang der Vorbereitung müssen die Rahmenbedingungen geklärt werden:

- »Rahmenbedingungen«, S. 263

Anhand der Fallstudie »Seminarvortrag« wird gezeigt, wie solche Rahmenbedingungen konkret aussehen können:

- »Seminarvortrag: Rahmenbedingungen«, S. 270

Sind die Rahmenbedingungen geklärt, dann kann mit der Konzeption des Vortrags begonnen werden:

- »Konzeption und Aufbau «, S. 266

Soll ein Seminarvortrag vorbereitet werden, dann muss zunächst eine Stoffsammlung erfolgen:

- »Seminarvortrag: Stoffsammlung«, S. 271

Eine Stoffsammlung für einen Seminarvortrag ist vergleichbar mit einer Stoffsammlung für die Erstellung einer wissenschaftlichen Arbeit, aber vom Umfang her beschränkter. Nach der Stoffsammlung müssen für einen Seminarvortrag Informationen beschafft werden – analog wie für andere wissenschaftliche Arbeiten (siehe »Materialsuche für wissenschaftliche Arbeiten«, S. 86):

- »Seminarvortrag: Informationsbeschaffung«, S. 273

Danach folgt die Konzeption des Seminarvortrags:

- »Seminarvortrag: Konzeption«, S. 274

20.1 Rahmenbedingungen *

Die Vortragsdomäne, der Freiheitsgrad beim Thema, das Ziel, das Vorwissen der Zuhörer sowie die Formalien sind bei der Vorbereitung zu klären.

Bevor Sie mit der Konzeption Ihres eigenen Vortrags beginnen, sollten Sie folgende Randbedingungen klären:

- **Vortragsdomäne**: In welchem Umfeld findet der Vortrag statt?
  Beispiele: Im Rahmen eines Seminars, vor einer Prüfungskommission, nur vor den Gutachtern.

Die Vortragsdomäne bestimmt ganz wesentlich die Art und Weise des Vortrags. Die mündliche Prüfung im Rahmen einer Dissertation ist anders vorzubereiten als ein Seminarvortrag.

- **Freiheitsgrad beim Thema**: Ist das Thema vorgegeben, beeinflussbar oder können Sie es selbst vorgeben?
Beispiele: Wenn Sie das Ergebnis Ihrer Masterarbeit vortragen, dann liegt das Thema durch die Arbeit bereits fest. Halten Sie einen Seminarvortrag, dann wird das Thema i. Allg. vorgegeben, wobei Schwerpunktsetzungen u. U. Ihnen überlassen werden. Präsentieren Sie die Forschungsergebnisse Ihrer Dissertation, dann sind sowohl das Thema als auch der inhaltliche Aufbau der Präsentation vorgegeben.

- **Ziel**: Welche Ziele sollen mit dem Vortrag erreicht werden?
Beispiele: Ergebnisse vermitteln oder wissenschaftliche Erkenntnisse zu einem Gebiet referieren oder eine Dissertationsschrift »verteidigen«.
Soll beispielsweise im Rahmen eines Seminars Wissen an die Teilnehmer vermittelt werden, dann muss der Vortrag so aufgebaut sein, dass die Teilnehmer alles verstehen, nachvollziehen und Fragen stellen können. Sollen eigene Ergebnisse präsentiert werden, dann sind die Zielsetzung, die Vorgehensweise und die gewonnenen Erkenntnisse zu vermitteln.

- **Vorwissen**: Über welches Vorwissen verfügen die Zuhörer?
Beispiele: Bei der Vorstellung einer Masterarbeit im Rahmen eines Kolloquiums wissen die Hochschullehrer und Betreuer mehr als der Vortragende zu dem Thema, die zuhörenden Studierenden wahrscheinlich weniger. Bei einer Promotionsprüfung weiß der Dokorand auf seinem Gebiet mehr als alle Zuhörer und Prüfer.

Tipp   Findet die Präsentation vor Publikum statt – insbesondere bei einer Promotionskommission – dann sollten Sie versuchen, eine Zuhöreranalyse durchzuführen, um zu klären welche Inhalte und welche Sprache angemessen sind. Dabei ist insbesondere darauf zu achten, dass die Zuhörer weder unterfordert, z. B. durch Darstellung von Inhalten, die bereits jeder kennt, noch überfordert werden, z. B. durch die Verwendung von Fachbegriffen oder eine Sprache, die nicht bekannt ist. In manchen Situationen ist sogar auf weitere Differenzierungskriterien im Auditorium zu achten (z. B. kulturelle Herkunft, Vermeidung von emotional oder politisch problematischen Themen).

- **Formalien**: Gibt es Bestimmungen über die Gestaltung, die erlaubten oder vorhandenen Medien und die Zeitdauer des Vortrags, die eingehalten werden müssen? Kann der Redner Fragen während des Vortrags erlauben oder nicht oder sind keine Fragen erwünscht?
  Beispiel: Seminarvorträge sollen 30 Minuten dauern plus 15 Minuten anschließende Diskussion. Ein PC und ein Beamer stehen zur Verfügung. Folien sind auf einem Speicherstick mitzubringen.

Die Promotionsordnung der Fakultät für Elektrotechnik und Informationstechnik der Ruhr-Universität Bochum legt für die mündliche Prüfung u. a. Folgendes fest: *Beispiel*

2 »In der mündlichen Prüfung soll die Doktorandin bzw.   *Zitat*
der Doktorand nachweisen, dass sie bzw. er in der Lage ist, die von ihr bzw. ihm in der Dissertation erarbeiteten Ergebnisse vorzutragen, sie gegenüber Fragen und Einwänden zu begründen, sie wissenschaftlich zu diskutieren und sie in den wissenschaftlichen Kontext des Faches Elektrotechnik und Informationstechnik einzuordnen.

3 Die mündliche Prüfung dauert 60 bis 75 Minuten. Sie beginnt mit einem Vortrag der Doktorandin bzw. des Doktoranden von 20 bis 25 Minuten Dauer über die wichtigsten Ergebnisse der Dissertation. Der Vortrag soll dem Prüfungscharakter Rechnung tragen; die Verwendung technischer Hilfsmittel ist auf das notwendige Maß zu beschränken. [...]

6 Frageberechtigt bei der mündlichen Prüfung sind die Mitglieder der Promotionskommission und deren Stellvertreterinnen und Stellvertreter.«

20.2 Konzeption und Aufbau *

Im Vortrag werden die Zielsetzung der Arbeit, die gewählte Vorgehensweise und die Ergebnisse der Arbeit vorgestellt.

Grundaufbau

Wenn es darum geht, die Ergebnisse einer wissenschaftlichen Arbeit zu präsentieren, dann ist folgender Grundaufbau anzustreben:

1 **Zielsetzung**: Berichten, welche Zielsetzung mit der wissenschaftlichen Arbeit verfolgt wurde.

2 **Vorgehensweise**: Berichten, welche wissenschaftliche Vorgehensweise gewählt wurde, um das Ziel zu erreichen.

3 **Gewonnene Erkenntnisse**: Berichten, welche Ergebnisse die Arbeit erbracht hat.

Auswahl

Sie sollten – insbesondere bei längeren wissenschaftlichen Arbeiten – *nicht* das Ziel haben, alles was in Ihrer Arbeit steht, auch zu präsentieren. Das werden Sie in der Regel bei der Kürze der Vortragszeit nicht schaffen. Überlegen Sie daher sorgfältig, was z.B. die wichtigste Erkenntnis Ihrer Arbeit war und konzentrieren Sie sich dann darauf, um diese Erkenntnis herum Ihren Vortrag aufzubauen.

Spannungs-
bogen

Auch bei der Präsentation wissenschaftlicher Ergebnisse ist es wichtig, dass Sie sich am Anfang überlegen, wie Sie einen Spannungsbogen erzeugen können. Der Zuhörer sollte auf ein Ziel hingeführt werden und dann einen Aha-Effekt haben, nach dem Motto: »Jetzt habe ich es verstanden« oder »Das hätte ich nicht gedacht« oder »Das habe ich bisher nicht gewusst«.

Auch wenn man im wissenschaftlichen Bereich es nicht so deutlich sagt: Das Präsentieren der Ergebnisse einer wissenschaftlichen Arbeit ist vergleichbar mit einer »Verkaufsveranstaltung«. Sie müssen Ihre Erkenntnisse so gut und so überzeugend wie möglich »verkaufen«!

Gliederung

Wenn Sie sich die zu vermittelnden Inhalte grob überlegt haben, dann sollten Sie eine Gliederung vornehmen. Sie können sich dabei an der Gliederung Ihrer schriftlichen Arbeit orientieren. Als Hilfsmittel stellen einige Präsentationswerkzeuge Gliederungsfunktionen zur Verfügung. *Mind Map*-Werkzeuge sind ebenfalls dazu geeignet (siehe »Exkurs: Mind Maps «, S. 148).

Liegt die Grundstruktur fest, dann sollten Sie sich um die Details Ihrer Vortragskonzeption kümmern. Der Start ist entscheidend. Stellen Sie sich richtig vor: *Details*

Vorstellung

▓ Vorstellung des Vortragsthemas
▓ Vorstellung mit Ihrem Vornamen und Nachnamen

Wie Sie Ihr Publikum anreden, hängt davon ab, in welchem Rahmen Ihr Vortrag stattfindet und wie Ihr Verhältnis zum Publikum ist. Die neutralste Anrede ist sicher: »Meine sehr geehrten Damen und Herren!«. Befinden sich keine Frauen unter den Zuhörern, dann lautet die Anrede: »Meine sehr geehrten Herren!« und umgekehrt. Halten Sie einen Vortrag in einem Hochschulseminar mit Professoren, Mitarbeitern und Kommilitonen, dann eignet sich die Anrede: »Meine sehr geehrten Damen und Herren, liebe Kommilitonen.«   *zur Anrede*

> Meine sehr geehrten Damen und Herren, liebe Kommilitonen!
> Das Thema meines Vortrags lautet:
> »Rhetorik – immer wichtiger in unserer Mediengesellschaft!«
> Mein Name ist Martin Münster.
> Ich stelle hier als Student im Studiengang »Kommunikationswissenschaften« die Ergebnisse meiner Bachelorarbeit vor.

Beispiel 1a

Überblick

▓ Erläuterung der Zielsetzung des Vortrags

> Ziel meines Vortrags ist es, Ihnen die Notwendigkeit überzeugender Rhetorik in der heutigen Mediengesellschaft zu vermitteln.

Beispiel 1b

▓ Übersicht über die Struktur des Vortrags (Inhaltsverzeichnis)

In der Regel ist es sinnvoll, am Anfang des Vortrags zu sagen, wie der Vortrag gegliedert ist, so dass die Zuhörer sich auf das Kommende einstellen können. Es sollten aber nur wenige Gliederungspunkte genannt werden. Auf keinen Fall darf auf einer Folie/Tafel oder einem Flipchart eine hierarchisch gegliederte Übersicht stehen. Der Zuhörer verliert bei einer stark strukturierten Gliederung den Überblick. Denken Sie immer daran: eine Präsentation ist keine 1:1-Darstellung Ihrer schriftlichen Ausarbeitung.

Einführung in das Thema bzw. Hinführung zum Thema

Der Anfang stellt häufig ein großes Problem dar. Fangen Sie daher zunächst einfach mit einem Punkt an, den Sie sofort aufschreiben können, auch wenn das nicht der eigentliche Anfang ist bzw. sein soll. Der »richtige« Anfang ergibt sich dann im Laufe der Vorbereitung fast natürlich, vor allem wenn der Inhalt immer mehr Kontur annimmt und die Übersicht der Thematik immer deutlicher wird.

Bedeutung der Einleitung

Die Einleitung dient nicht nur dazu, den Zuhörern zu vermitteln, worum es genau in der Präsentation geht, sondern auch dazu, deren **Gedanken** zu »**lenken**«, unabhängig davon, ob die Zuhörer mit dem Thema vertraut sind oder nicht. Es ist sogar zu beachten, dass insbesondere bei den Zuhörern, die sehr viel zu dem Thema wissen, viele unterschiedliche Assoziationen freigesetzt werden können. Falls ein Zuhörer ein völlig anderes Assoziationsraster hat, als von dem Redner beabsichtigt, dann kann der Zuhörer trotz seines Wissens dem Thema zunächst nicht folgen. Es ist notwendig, dass die Zuhörer wissen, welche Schwerpunkte Sie setzen werden, welche Methoden und Mittel Sie verwenden wollen, um das Gesagte nachvollziehen zu können.

Tipp

Die Einleitung, ob zu einer Rede oder Arbeit, sollten Sie immer zuletzt schreiben. Erst dann haben Sie die Übersicht über die Gliederung der Inhalte, über Schwerpunkte, Ergebnisse usw. und können in der Einleitung entsprechend darauf verweisen.

Vermittlung der Kernbotschaft(en)

Sie sollten sich sorgfältig überlegen, welche Kernbotschaften Sie dem Zuhörer vermitteln wollen. Beachten Sie, dass Sie ihn nicht mit Informationen überfordern, so dass er hinterher vielleicht verwirrt zurückbleibt.

Quellen

Vor dem Ende des Vortrags sollte noch deutlich auf die wichtigsten verwendeten Quellen hingewiesen werden, die man für die Arbeit verwendet hat. Ein Experte kann dann Ihre Aussagen besser einordnen. Wenn Sie sich stark an einer Quelle orientiert haben, kann es auch sinnvoll sein, diese Quelle am Anfang des Vortrags zu nennen.

Zusammenfassung und Ausblick

Am Ende des Vortrags sollten Sie eine kurze Zusammenfassung und einen Ausblick geben – selbst wenn er nur aus wenigen Sätzen besteht. Den Zuhörer können Sie dadurch nochmals auf die Essenz Ihres Vortrags hinweisen.

Abschluss

Was halten Sie als Zuhörer von folgendem Ende eines Vortrags: »Das ist das Ende meines Vortrags. Ich danke Ihnen für Ihre Aufmerksamkeit und stehe für Fragen zur Verfügung.«   *Frage*

Sie haben sicher den Eindruck, dass der Redner sich keine Gedanken über das Ende gemacht hat. Es handelt sich um Floskeln ohne jede inhaltliche Aussage. Sie sollten sich einen besseren Abgang verschaffen, z. B. durch das Zitat eines berühmten Forschers, das zum Thema passt.   *Antwort*

Achten Sie grundsätzlich auf den »roten Faden«: Springen Sie nicht ungeordnet zwischen verschiedenen Punkten hin und her. Weisen Sie deutlich auf Beziehungen und Querverbindungen hin, damit die Zuhörer sich zurechtfinden und einzelne Aussagen in den Gesamtzusammenhang einordnen können.   *Tipp*

Es ist eine Überlegung wert, den Zuhörern eine schriftliche Ausarbeitung Ihres Vortrags – neudeutsch **Handout** genannt – zu überreichen.   *Handout*

Was spricht Ihrer Meinung nach für und gegen ein Handout?   *Frage*

Dafür spricht, dass Ihre Zuhörer die Möglichkeit haben, nach dem Vortrag noch etwas nachzulesen und sich das Quellenverzeichnis anzusehen. Außerdem macht es sicher für die Beurteilung des Vortrags einen positiven Eindruck, wenn Sie noch ein Handout vorbereitet haben.   *Antwort*

Dagegen spricht, dass Sie – wenn Sie nicht nur eine Kopie Ihrer Folien verwenden – zusätzlichen Aufwand haben.

Frage   Wenn Sie ein Handout verteilen wollen, tun sie es vor dem Vortrag oder nach dem Vortrag?

Antwort   Wenn Sie es vor dem Vortrag verteilen, dann können die Zuhörer Notizen in dem Handout machen. Allerdings können die Zuhörer dann auch vorwärts blättern und wissen schon, was Sie als nächstes erzählen. Das könnte die Aufmerksamkeit Ihrer Zuhörer senken. Überlegen Sie daher sorgfältig, welche Strategie Sie anwenden wollen.

20.3 Seminarvortrag: Rahmenbedingungen **

Frau Andrea Anders besucht eine Hochschule und muss im Rahmen Ihres Studiums ein Seminar belegen. Ziel eines Seminars ist es, die Studierenden zu selbstständiger wissenschaftlicher Arbeit anzuleiten. Sie sollen sich in ein vorgegebenes Thema selbständig einarbeiten und darüber einen Vortrag halten. Seminare mit einführendem Charakter, wie sie im Bachelorstudium angeboten werden, nennt man Proseminare.

Zum Abschluss Ihres Bachelorstudiums fehlt Frau Anders noch ein Proseminar. Sie wählt ein Proseminar, das das Ziel hat, auf das Berufsleben vorzubereiten. Aus der Liste der vorgegebenen Themen wählt Sie das Thema »Richtig diktieren!« aus.

Bei der Besprechung mit Ihrem Betreuer klärt Sie folgende Rahmenbedingungen für Ihren Vortrag:

- **Vortragsdomäne**: Es handelt sich um einen wissenschaftlichen Vortrag. Der Betreuer weist darauf hin, dass am Ende des Vortrags die verwendete Literatur angegeben werden muss. Außerdem sollte am Ende des Vortrags den Teilnehmern eine schriftliche Fassung des Vortrags überreicht werden (Handout).

- **Freiheitsgrad beim Thema**: Das Thema ist relativ frei vorgegeben. Die Themenbreite und die inhaltlichen Schwerpunkte kann der Studierende bestimmen.

▨ **Ziele**: Die Teilnehmer am Proseminar sollen nach dem Vortrag folgendes über das Thema gelernt haben:

☐ Sie sollen den Nutzen eines modernen Diktiergerätes erkennen.

☐ Sie sollen wissen, wie sie es handhaben können und welche Möglichkeiten es bietet.

☐ Sie sollen erkennen, dass sie mit Hilfe eines modernen Diktiergerätes viel Zeit sparen können.

▨ **Vorwissen**: Einige Teilnehmer können Vorwissen zu dem Thema haben. Die Mehrzahl wahrscheinlich nicht.

▨ **Formalien**: Der Vortrag soll 30 Minuten dauern. 15 Minuten sind zusätzlich für Diskussionen und Fragen vorgesehen. Der Vortragende entscheidet, ob er Fragen während des Vortrags zulässt. Alle Medien sind zugelassen und auch die gesamte Medientechnik kann zur Verfügung gestellt werden.

20.4 Seminarvortrag: Stoffsammlung **

Nachdem Frau Anders das Thema für das Proseminar erhalten hat, macht sie sich daran, eine Stoffsammlung zum Thema zusammenzustellen. Spontan fallen Ihr folgende Stichworte ein, die Sie schnell auf einen Zettel schreibt:

Stichworte

Diktiergeräte, Zeitersparnis, nur für Manager?, nur mit Sekretärin?, Spracherkennung, nur für Routine?, jederzeit Gedanken aufnehmen.

Beim Nachdenken über die nächsten Stichworte fällt Ihr auf, dass es doch schwierig ist, auf handschriftlichen Notizen eine Sortierung und Gruppierung vorzunehmen. Sie entscheidet sich daher dazu, nicht mit handschriftlichen Notizen weiter zu arbeiten, sondern alle Einfälle, die Sie zu dem Thema hat, als *Mind Map* zu organisieren (siehe »Exkurs: Mind Maps «, S. 148). Als erstes recherchiert Sie im Internet, welche kostenlosen *Mind Map*-Programme es gibt. Sie findet das Programm FreeMind (`http://freemind.sourceforge.net/wiki/index.php/Main_Page`) und lädt es auf Ihr Computersystem. In mehreren Schritten erstellt Sie eine *Mind Map* für Ihren Vortrag (Abb. 20.4-1).

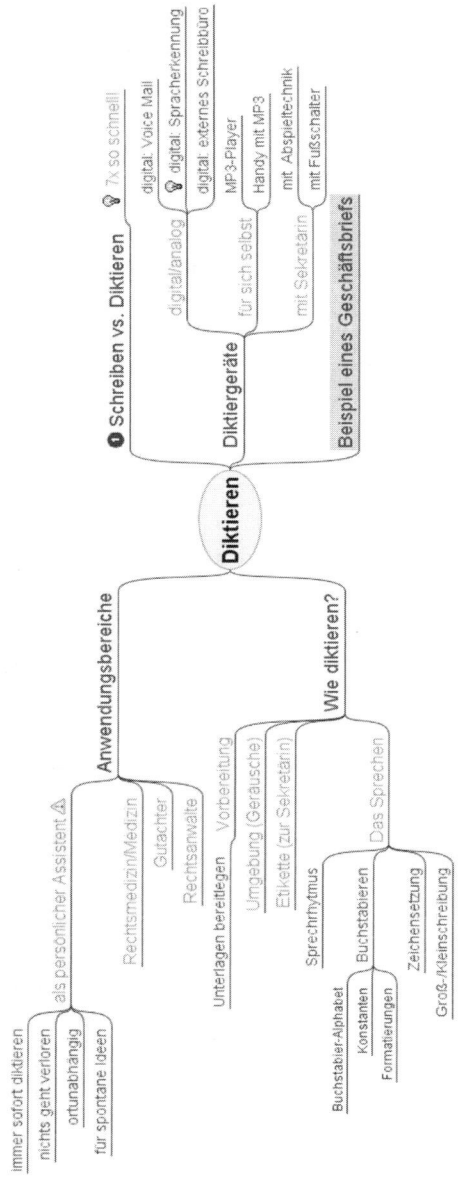

Abb. 20.4-1: MindMap für den Vortrag Diktieren.

Nach dem Abschluss der Stoffsammlung stellt Frau Anders fest, dass Sie noch folgende Informationen und Materialien besorgen muss:

○ Buchstabieralphabet
○ Infos zu Konstanten
○ Diktieren von Formatierungen
○ Diktiergerät

Besonders interessant scheint Frau Anders die Möglichkeit der Spracherkennung zu sein. Eine Demonstration in ihrem Vortrag wäre sicher sehr wirkungsvoll. Daher will sie sich noch über Spracherkennungssoftware schlau machen.

20.5 Seminarvortrag: Informationsbeschaffung **

Nach Fertigstellung Ihrer Stoffsammlung stellt Frau Anders fest, dass sie noch viele Wissenslücken hat. Sie entscheidet sich dazu, zunächst im Internet zu recherchieren, um weitere Informationen zu erhalten. Sie hat sich bei der Stoffsammlung notiert, dass sie noch folgende Informationen benötigt:

○ Buchstabieralphabet
○ Infos zu Konstanten
○ Diktieren von Formatierungen

Außerdem benötigt sie ein Diktiergerät und evtl. eine Spracherkennungssoftware.

Als erstes recherchiert Frau Anders in Online-Buchshops, um relevante Bücher zu finden. Erstaunlicherweise gibt es keine aktuellen Bücher zu diesem Thema.

Bücher

Sie findet im Internet das deutsche und internationale Buchstabieralphabet und speichert es in einem Ordner auf ihrem Computersystem.

Sie stellt bei ihren Recherchen fest, dass es eine DIN-Norm 5009 gibt, die für schreibgerechte Phonodiktate gilt. Dort lernt sie auch, was Konstanten sind und wie Formatierungen angesagt werden. Sie speichert sich die recherchierten Unterlagen ab.

Ein modernes digitales Diktiergerät leiht sich Frau Anders bei einem Händler aus (Abb. 20.5-1).

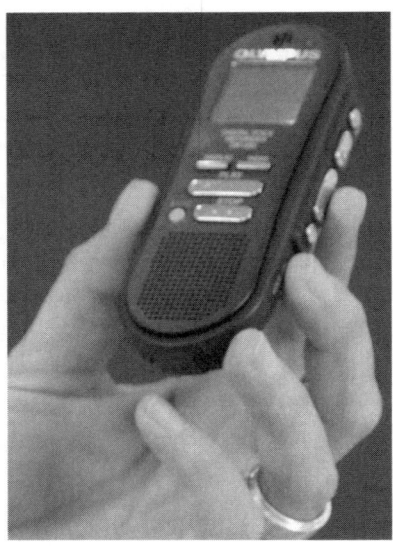

Abb. 20.5-1: Beispiel für ein modernes digitales Diktiergerät.

Um Erfahrungen mit einer Spracherkennungssoftware zu sammeln, lädt sie eine Demosoftware auf ihr Computersystem.

Damit hat Frau Anders alle wichtigen Informationen, Materialien sowie Software besorgt und kann sich an die Konzeption des Vortrags machen. Vorher macht sie sich noch mit der Bedienung und den Möglichkeiten des Diktiergeräts und der Spracherkennungssoftware vertraut.

20.6   Seminarvortrag: Konzeption **

Nach der Informations-, Material- und Softwarebeschaffung überlegt sich Frau Andres nun die Konzeption und den Aufbau Ihres Vortrags.

Damit der Vortrag interessant wird, möchte sie einen Spannungsbogen aufbauen. Da die meisten wahrscheinlich nicht wissen, welche Zeitersparnis diktieren mit sich bringt, möchte Sie mit einer Frage an die Zuhörer beginnen und sie in ein Experiment einbinden.

Der Höhepunkt des Vortrags soll die Demonstration einer Spracherkennungssoftware sein.

Das ursprüngliche Thema »Richtig diktieren!« möchte sie umwandeln in das Thema: »Diktieren – Effektiv auch ohne Sekretärin«. Frau Anders glaubt, dass sie dadurch die Zuhörer besser erreicht und mehr Interesse weckt.

Als Anfängerin möchte sie »auf Nummer sicher gehen« und den Vortrag genau ausarbeiten. Sie notiert in einem Textsystem folgende Texte:

Meine sehr geehrten Damen und Herren! Liebe Kommilitonen!
Als Thema meines Seminarvortrags habe ich folgenden Titel gewählt:
»Diktieren – Effizient auch ohne Sekretärin?!«
Mein Name ist Andrea Anders.
Ich halte diesen Seminarvortrag im Rahmen meines Bachelorstudiums.

Vorstellung

Frau Anders möchte ihre Zuhörer von Anfang an zum Mitdenken und Mitmachen ermuntern und möchte daher am Anfang – vor dem Überblick über ihren Vortrag – folgende Fragen stellen:

○ Wer hat schon einmal etwas diktiert?
○ Wer besitzt und benutzt ein Diktiergerät?

Damit bekommt sie gleichzeitig einen Überblick über die Zuhörer, die vielleicht bereits Expertenwissen zu dem Thema haben. Die nächste Frage soll den Wissensstand der Zuhörer noch weiter eruieren:

○ Was verstehen Sie unter dem Begriff diktieren?

Frau Anders hofft, dass durch die Antworten folgende Unterschiede zu Tage treten:

○ Diktieren mit einem Diktiergerät für eigene Notizen oder Gedanken.
○ Diktieren mit einem Diktiergerät, das z. B. von einer Sekretärin abgehört und getippt wird (transkripieren).
○ Diktieren ohne Diktiergerät und direktes Mitschreiben z. B. durch eine Sekretärin in Steno.
○ Diktieren mit Diktiergerät und automatische Transkription durch eine Spracherkennungssoftware.

Frau Anders ist sich als Anfängerin darüber im klaren, dass sie mit den Fragen an das Auditorium ein Risiko eingeht.

Sie kennt im Voraus die Antworten nicht und muss spontan reagieren.

Sie ist aber der Meinung, dass sie sich durch dieses Vorgehen von anderen Vorträgen positiv abheben kann. Sie hat die möglichen Antworten durchdacht und überlegt, die Antworten evtl. auf eine Tafel oder einen Flipchart festzuhalten.

Überblick

Von den vier genannten Möglichkeiten des Diktierens möchte ich mich in meinem Vortrag auf folgende Bereiche konzentrieren:

○ Diktieren mit einem Diktiergerät für eigene Notizen oder Gedanken
○ Diktieren mit Diktiergerät und automatische Transkription durch eine Spracherkennungssoftware.

Ich habe diese beiden Bereiche ausgewählt, da sie für uns Studierende am Wichtigsten sind. Ein Studierender hat ja noch keinen Sekretär oder Sekretärin. (Mit dieser Formulierung möchte Frau Anders auf die heute noch übliche Rollenverteilung hinweisen). Meinen Vortrag habe ich wie folgt gegliedert:

1 Schreiben vs. Diktieren
2 Diktiergerät als persönlicher Assistent?!
3 Digitale Diktiergeräte: Vom MP3-Player bis zum Profi-Gerät
4 Automatische Spracherkennung – eine Demo
5 Resümee

Einstieg

Als weiteren Einstieg in das Thema möchte Frau Anders den Teilnehmern folgende Frage stellen:

○ »Was glauben Sie? Wieviel Zeit sparen Sie, wenn Sie etwas diktieren im Vergleich zum handschriftlichen Aufschreiben? Wie sieht das Verhältnis Diktieren vs. Schreiben aus?«

Die Ergebnisse möchte sie an die Tafel oder auf ein Flipchart schreiben.

Experiment

Frau Anders erwartet unterschiedliche Antworten. Daher plant sie die Durchführung eines Experiments. Sie möchte einem Zuhörer eine kurzen Text vorlesen und auf ein Diktiergerät aufzeichnen lassen. Alle anderen, die etwas zu schreiben dabei haben, sollen anschließend den Text handschriftlich aufschreiben. Zur Sicherheit – falls niemand etwas zum Schreiben dabei hat – nimmt sie einige Blocks und Stifte mit. Außerdem benötigt sie eine Stoppuhr. Damit sie nichts vergisst, fängt sie an eine **Checkliste** zu führen.

Als Kernbotschaften möchte Frau Anders Folgendes vermitteln:

Kern-
botschaften

- Ein Diktiergerät ist ein persönlicher Assistent:
  - ☐ Man kann immer sofort diktieren – Gerät sollte man immer dabeihaben.
  - ☐ Keine Gedanken gehen mehr verloren – spontane Ideen werden gespeichert.
  - ☐ Diktieren ist ortsunabhängig.

Im Zusammenhang mit der letzten Aussage plant Frau Anders noch folgende Frage den Zuhörern zu stellen:

- ○ Darf man sein Handy – falls es eine Diktierfunktion besitzt – im Auto benutzen?

Die Antwort lautet:

- ○ Nein, wenn man das Handy dazu in die Hand nehmen muss. Laut §23 STVO (1a) ist [...] »Dem Fahrzeugführer [...] die Benutzung eines Mobil- oder Autotelefons untersagt, wenn er hierfür das Mobiltelefon oder den Hörer des Autotelefons aufnimmt oder hält«. Dabei ist es unerheblich, welche Funktionen des Gerätes er nutzt, ob nun Telefon, Uhr oder Diktiergerät. Ein Diktiergerät, mit dem man *nicht* telefonieren kann, dürfte danach erlaubt sein.

Sie möchte anhand eines digitalen Diktiergeräts diese Möglichkeiten demonstrieren und dabei gleichzeitig die Funktionen eines solchen Geräts erklären.

Als Ausblick möchte Sie den von einem Zuhörer am Anfang vorgelesenen Text vom Diktiergerät auf ein Computersystem übertragen und per Spracherkennung in Text umsetzen lassen. Die Ergebnisse möchte sie dann mit den Zuhörern diskutieren. Ihre Bewertung möchte sie dann an das jeweilige Demonstrationsergebnis anpassen.

Ausblick

Zum Abschluss möchte Frau Anders ihre Zuhörer darüber abstimmen lassen, wer in Zukunft plant ein Diktiergerät einzusetzen. Sie kann das Ergebnis dann mit ihrer Eingangsfrage »Wer benutzt bereits ein Diktiergerät?« vergleichen.

Abschluss

 Frau Anders möchte ihren Vortrag mit einem Zitat von Henry Ford beenden: »Zeitverschwendung ist die leichteste aller Verschwendungen.«

21 Ausarbeitung *

Ist die Vorbereitung des Vortrags abgeschlossen, dann kann die konkrete Ausarbeitung beginnen. Da die Konzeption des Vortrags bereits festliegt, kann und sollte nun entschieden werden, welche Vortragsform am besten geeignet ist, um die Inhalte zu vermitteln:

▪ »Vortragsformen«, S. 280

Die Fallstudie zeigt ein konkretes Beispiel:

▪ »Seminarvortrag: Vortragsform«, S. 281

Haben Sie sich für eine Vortragsform entschieden, dann sind organisatorische Fragen zu klären:

▪ »Organisatorische Vorbereitung auf den Vortrag«, S. 282

Die Fallstudie zeigt wieder ein konkretes Beispiel:

▪ »Seminarvortrag: Organisation«, S. 283

Am schwierigsten – zumindest für einen Anfänger – ist ein freier Vortrag ohne Hilfsmittel:

▪ »Vortrag ohne visuelle Unterstützung«, S. 284

In der Regel werden heute bei wissenschaftlichen Vorträgen aber visuelle Hilfsmittel ergänzend zur Rede eingesetzt:

▪ »Vortrag mit visueller Unterstützung«, S. 290

Verwendet man einen Overhead-Projektor, kann man handgeschriebene oder bedruckte Klarsicht-Folien einsetzen:

▪ »Exkurs: Gestaltung von Klarsicht-Folien«, S. 293

Ein Notebook in Verbindung mit einem Beamer ist die heutige Standard-Präsentationsform:

▪ »Vortrag mit PC und Beamer«, S. 295

Digitale Folien erlauben eine Vielzahl von Möglichkeiten:

▪ »Exkurs: Gestaltung von digitalen Folien«, S. 297

Wenn es darum geht, Interaktion und Spontanität in einen Vortrag zu bekommen, dann eignen sich Tafel, Flipchart und/oder Plakatwände zur Präsentation:

▪ »Vortrag mit Tafel, Flipchart und Plakatwänden«, S. 301

Tafelbilder, Flipchart- und Plakatblätter müssen vorbereitet werden:

▓ »Exkurs: Vorbereitung von Tafelbildern usw.«, S. 303

In der Fallstudie »Seminarvortrag« werden Karteikarten und digitale Folien verwendet:

▓ »Seminarvortrag: Karteikarten & digitale Folien«, S. 304

21.1   Vortragsformen *

Ein Vortrag kann freistehend oder hinter einem Redner-pult erfolgen. Eine visuelle Unterstützung des Vortrags ist durch projizierte digitale oder handgeschriebene Folien und/oder durch den Einsatz von Flipcharts, Plakatwänden und Tafeln möglich.

Es lassen sich verschiedene Vortragsformen unterscheiden:

▓ Vortrag frei stehend vor den Zuhörern
▓ Vortrag frei stehend hinter Rednerpult
▓ Vortrag mit visueller Unterstützung
☐ durch Einsatz eines Notebooks oder PCs und Beamer
☐ durch Einsatz eines Overhead-Projektors mit Folien
☐ durch Einsatz von Flipcharts und Plakatwänden

Frage   Überlegen Sie, welche Vortragsform Ihnen am schwersten und welche Ihnen am leichtesten erscheint und warum.

Antwort   In der Regel dürfte ein Vortrag frei stehend vor den Zuhö-rern am schwersten fallen, da man »nichts« hat, an dem man »sich festhalten« kann. Außerdem fallen die Körperhaltung und die Gestik besonders stark auf. Ein Vortrag mit visueller Unterstützung ist am leichtesten, wenn die Unterstützung gut vorbereitet ist. Der Zuhörer konzentriert sich nicht nur auf den Redner, sondern auch auf die visuellen Darbietun-gen. Als Redner sieht man die visuellen Darstellungen und hat dadurch eine Gedächtnisunterstützung für das, was man sagen will.

Wenn Sie die Wahl haben, sich die Vortragsform auszusu-chen, welche Vortragsform würden Sie wählen und warum?

Wenn Sie also die Möglichkeit haben, visuelle Hilfsmittel ein-zusetzen, dann sollten Sie es tun – falls dies bei Ihrem The-ma sinnvoll möglich ist. Wollen Sie, dass Ihre Zuhörer mög-lichst viel von Ihrem Vortrag behalten, dann sollten Sie Ih-re Zuhörer zu Fragen und Diskussionsbeiträgen animieren – soweit dies für die Zielsetzung Ihres Vortrags nützlich ist.

In Abhängigkeit von der Vortragsform sollten Sie entscheiden, ob Sie visuelle Hilfsmittel einsetzen, um die Inhalte Ihres Vortrags besser und abwechslungsreicher zu vermitteln. Oft haben Sie aber auch keine Alternative. Sollen Sie beispielsweise die Funktionsweise einer neuen Software vorstellen, dann müssen Sie mit Notebook und Beamer arbeiten. Andererseits: Wenn Sie einen Vortrag über Rhetorik halten, dann sollten Sie vielleicht nur Ihre Stimme, Mimik und Gestik verwenden.

Sonderfall Gruppenpräsentation

Eine besondere Form der Präsentation ist die Gruppenpräsentation. Hier müssen mehrere Teilnehmer einer Arbeitsgruppe ihr Ergebnis als gemeinsame Präsentation vorstellen, wobei der Vortrag arbeitsteilig erfolgt. Besonders zu berücksichtigen sind hierbei:

- Klare inhaltliche Abstimmung bzw. Arbeitsteilung des Vortrags.
- Aufbau des Vortrags und Arbeitsteilung zu Beginn des Vortrags den Zuhörern erklären.
- Zwischen den Vortragsteilen darf kein Umbau der Präsentationstechnik nötig sein. Der Übergang zwischen den Rednern muss ohne Bruch vonstatten gehen.
- Das Teamwork deutlich machen und nicht den Eindruck von mehreren Einzelarbeiten vermitteln.
- Alle Beteiligten sollten gleich souverän präsentieren.
- Der Vortragende steht jeweils zentral, die temporär passiven Teammitglieder halten sich etwas seitlich vom Auditorium auf und gehen erst in Zentrum, wenn das Wort übergeben wird.

21.2 Seminarvortrag: Vortragsform **

Die Vortragskonzeption von Frau Anders erfordert den Einsatz folgender Medien:

- Fragen an das Auditorium und Notieren von Antworten: Tafel oder Flipchart
- Demonstration eines Spracherkennungssystems: Notebook auf Rednerpult

Frau Anders bittet ihren Betreuer daher um ein Rednerpult, einen Beamer und ein Flipchart. Das Rednerpult sollte horizontal zu stellen sein, um ein Notebook mit Maus plazieren zu können. Einen Internet-Anschluss benötigt sie nicht. Sie wird ihr eigenes Notebook mitbringen, da sie vorher das Spracherkennungsprogramm installieren und ausprobieren muss.

Da Frau Anders ein Notebook benötigt, entschließt sie sich dazu, den Ausblick und den Abschluss des Vortrags in Form von digitalen Folien zu präsentieren.

21.3 Organisatorische Vorbereitung auf den Vortrag *

Größe, Architektur und Bestuhlung des Vortragssaals, vorhandene technische Hilfsmittel, die Schätzung der Zuhöreranzahl sowie die Einbettung des Vortrags in andere Vorträge müssen geklärt werden.

Um nicht von der Vortragssituation überrascht zu werden, sollten Sie – sofern möglich – folgende Informationen im Voraus einholen:

- Wie groß ist der **Vortragssaal**?
  Bei einem Vortrag mit visueller Unterstützung bestimmt die Größe des Saals die Schriftgröße auf Folien, Tafel usw. Ist der Saal sehr groß, dann sollten Sie fragen, ob ein Mikrofon zur Verfügung steht oder nicht. Wenn nicht, müssen Sie Ihre Lautstärke entsprechend erhöhen.
- Welche technischen **Hilfsmittel** stehen zur Verfügung?
  Davon hängt ab, ob die Vortragsart, die Sie verwenden wollen, realisierbar ist (siehe »Vortragsformen«, S. 280). Fragen Sie nach: Rednerpult, Mikrofon, Tafel, Flipchart, Plakatwand, Beamer, Internet-Anschluss (mit Netzwerkkabel oder WLAN), Overhead-Projektor.
- Wie sieht die **Sitzanordnung** bzw. die Bestuhlung aus?
  Die Abb. 21.3-1 zeigt verschiedene Bestuhlungsarten.

Frage   Überlegen Sie, welche Bestuhlungsarten welche Vor- und Nachteile für einen Vortrag haben.

Antwort   Die U-Form hat für den Redner den Vorteil, dass er sich während des Vortrags in das U bewegen kann, um Zuhörer direkt anzusprechen oder zur Diskussion anzuregen. Haben die Zuhörer Tische vor sich, dann können sie sich Notizen machen, sonst nicht.

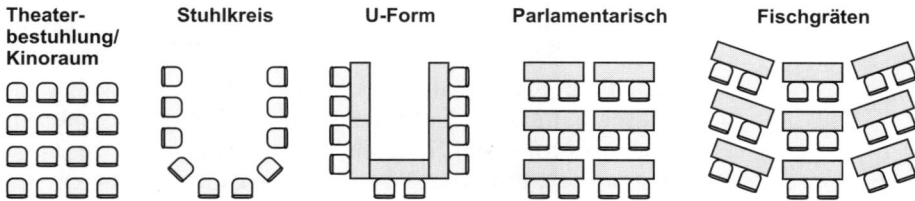

Abb. 21.3-1: Bestuhlungsarten.

- Mit wie vielen **Zuhörern** ist zu rechnen?
  Wichtig, wenn Sie z. B. Handouts verteilen wollen.
- Wie viel **Zeit** haben Sie für Ihren Vortrag?
  Ist der Zeitrahmen genau einzuhalten oder haben Sie etwas Spielraum? Signalisiert Ihnen der Moderator, wenn Ihre Zeit zu Ende geht?
- Wie ist Ihr Vortrag **in andere Vorträge eingebettet**, d. h. wie viele Vorträge kommen vor und nach Ihrem Vortrag? Ist es der erste oder der letzte Vortrag? Wann liegt Ihr Vortrag zeitlich? Liegt Ihr Vortrag beispielsweise nach der Mittagspause, dann ist es für den Redner besonders schwierig, die Aufmerksamkeit der Zuhörer zu gewinnen. Dasselbe gilt, wenn nach vielen Vorträgen Ihr Vortrag der letzte ist.

21.4 Seminarvortrag: Organisation **

Mit ihrem Betreuer klärt Frau Anders folgende organisatorischen Punkte ab:

- **Größe des Vortragssaals**: Es handelt sich um einen Seminarraum, der ca. 50 qm groß ist. Die maximale Entfernung zur Projektionsfläche beträgt 10 m.
- **Technische Hilfsmittel**: Frau Anders bringt ihr eigenes Notebook mit, benötigt einen Beamer sowie ein Rednerpult mit waagrechter Auflagefläche und ein Flipchart.
- **Bestuhlung**: Damit Frau Anders mit den Teilnehmern des Seminars gut interagieren kann, bittet sie den Betreuer darum, die Sitzanordnung in U-Form vorzunehmen.
- **Anzahl der Teilnehmer**: An dem Seminar nehmen 10 Teilnehmer, drei wissenschaftliche Mitarbeiter sowie der Professor teil.

- **Vortragsdauer**: Der Vortrag soll 30 Minuten plus 15 Minuten für Fragen und Diskussionen dauern. Frau Anders entschließt sich dazu, Fragen während ihres Vortrags zuzulassen, um die Teilnehmer möglichst gut einzubinden – obwohl dies für sie als Anfängerin schwierig ist.
- **Vortragseinbettung**: Frau Anders erfährt von ihrem Betreuer, dass immer zwei Vorträge hintereinander stattfinden. Der erste Vortrag beginnt direkt nach der Mittagspause um 14.00 Uhr. Obwohl Frau Anders weiß, dass es schwierig ist, die Teilnehmer direkt nach der Mittagspause zu aktivieren, bittet sie Ihren Betreuer um den ersten Termin, damit sie genügend Zeit für den Aufbau und den Test der Technik hat.

21.5   Vortrag ohne visuelle Unterstützung *

Ein Vortrag ohne visuelle Unterstützung ist besonders für Anfänger schwer. Die Rede sollte daher auf Karteikarten wörtlich oder in Stichpunkten notiert werden. Eine Audio- und Videoaufzeichnung beim Üben des Vortrags hilft Stärken und Schwächen zu erkennen.

Ein Vortrag ohne visuelle Unterstützung ist gerade für den Anfänger besonders schwer, da er sich an keinen Texten oder Grafiken orientieren kann. Als Gedankenstütze bleibt dann nur die Möglichkeit, den **Redetext auf Papier** vorzubereiten und während des Vortrags das Papier als Gedankenstütze zu verwenden. Steht ein Rednerpult zur Verfügung, dann kann der Redetext auf DIN A4-Papier vorbereitet werden. Steht Ihnen kein Rednerpult zur Verfügung, dann sind DIN-A4-Blätter ungeeignet, da man sie schlecht in der Hand halten kann. Als Alternative bieten sich DIN-A5- oder DIN-A6-Karteikarten an. DIN-A6-Karteikarten haben den Vorteil, dass man sie ins Jackett stecken kann und dann direkt vor dem Vortrag »herausziehen« kann. Diese **Karteikarten** kann man in der Hand halten und – nachdem der Inhalt einer Karte erzählt wurde – kann die Karte nach hinten gelegt werden. Steht ein Rednerpult zur Verfügung, dann kann die Karte zur Seite gelegt werden.

Tipp

Als Karteikarten kann DIN A5-Papier gekauft werden, das eine Stärke von 160 Gramm bis 200 Gramm haben sollte, damit es sich gut in der Hand halten lässt.

Auch bei der Verwendung eines Rednerpults empfiehlt es sich, Karteikarten zu verwenden und keine DIN-A4-Blätter. Fehlt nämlich überraschenderweise das Rednerpult im Vortragssaal, dann können Sie die Karten in der Hand halten. Rechnen Sie immer mit Unvorhergesehenem und versuchen Sie durch Ihre Vorbereitung das Risiko zu minimieren.

Übrigens: Ein Rednerpult ist besonders bequem, wenn es eine Fußstütze besitzt. Bei längeren Reden werden Sie dies zu schätzen wissen. Außerdem sollte die Ablagefläche für das Redemanuskript schräg stellbar sein, so dass Sie das Manuskript bzw. die Karteikarten besser ablesen können. Eine Beleuchtung ist sinnvoll, wenn der Vortragssaal abgedunkelt ist (siehe Abb. 21.5-1).

Redemanuskript

Wie umfangreich und ausführlich ein Redemanuskript sein muss, hängt von Ihren Vortragserfahrungen ab. Außerdem spielt es eine Rolle, ob Sie den Vortrag zum selben oder einem ähnlichen Thema schon öfters gehalten haben oder nicht. Wesentlich ist auch, ob Sie einen Vortrag auf einem Gebiet halten, auf dem Sie kompetent sind, oder ob Sie im Rahmen von Prüfungssituationen einen Vortrag halten, dessen Thema Ihnen vorgeben wurde und in das Sie sich erst eingearbeitet haben, z. B. bei einem Seminarvortrag im Rahmen eines Studiums.

zur Form

Sie sollten – wenn möglich – Ihr Redemanuskript mit Hilfe eines Textverarbeitungsprogramms auf einem PC vorbereiten. Stellen Sie die Schriftgröße des Textprogramms so ein, dass Sie den Text auf dem Redemanuskript bei der Rede bequem ablesen können und wählen Sie einen großen Zeilenabstand. Eine Schriftgröße von 14 Punkt und ein 1 1/2facher Zeilenabstand sind gut geeignet. Nummerieren Sie jede Karte rechts oben durch. Achten Sie auf einen breiten linken Rand, so dass Sie die Karten gut in der linken Hand halten können. Beachten Sie, dass Sie möglichst Sätze auf einer

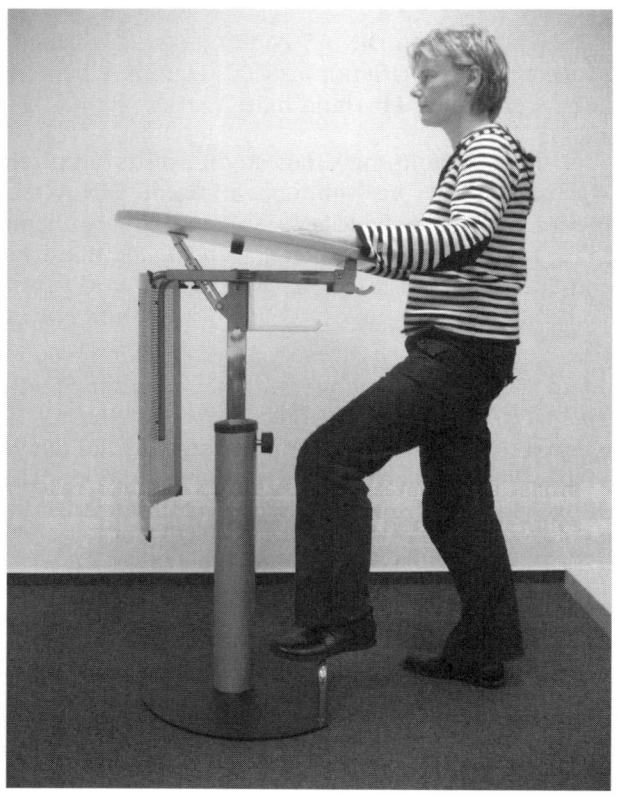

Abb. 21.5-1: Beispiel für ein Rednerpult mit verstellbarer Lesefläche und
Fußstütze aber ohne Beleuchtung.

Karte abschließen, so dass Sie Zeit haben, die Karte weg zu
legen. Ein Beispiel zeigt die Abb. 21.5-2.

Im E-Learning-Kurs zu diesem Buch können Sie ein entsprechendes Word-Dokument zur eigenen Verwendung herunterladen.

zum Inhalt Als Anfänger – insbesondere wenn es sich um Ihren ersten
Vortrag handelt – sollten Sie zunächst jeden Satz, den Sie
sprechen wollen, aufschreiben. Sind Sie erfahrener, dann genügen **Stichwortzettel** bzw. Stichworte auf Karteikarten.

Aber: Gewöhnen Sie sich von vornherein an, die Sätze so auf-
zuschreiben, wie Sie sie auch sprechen. Es gibt einen großen

1

Meine sehr geehrten Damen und Herren,

ich begrüße Sie zu meinem Vortrag
„Der Kunde – Maßstab aller Dinge ? !"

Mein Name ist Anton Hilbert.

Ich bin Vertriebsleiter der Firma WebSoft und stehe tagtäglich
in Kontakt mit unseren Kunden.

Ich möchte zu Beginn die Frage stellen:
„Ist der Kunde der Maßstab aller Dinge?"

2

Oder übertreiben wir hier – wie so oft, wenn etwas In ist?

Viele Firmen haben inzwischen ja Plakate in jedem Zimmer auf
denen steht:
Zitat:
„Unser Kunde ist die wichtigste Person für unser Unternehmen,
gleich, ob er uns schreibt oder mit uns spricht?"

Abb. 21.5-2: Beispiel für ein Redemanuskript auf Karteikarten.

Unterschied zwischen der geschriebenen Sprache und der
gesprochenen Sprache.

Wichtig: Kurze und einfach strukturierte Sätze. Bei Sätzen
mit vielen Nebensätzen werden Sie sich beim Sprechen »ver-
haken« oder den Satz nicht richtig zum Ende bringen.

Verwenden Sie gebräuchliche Wörter. Spezielle Fachwörter bzw. Fremdwörter müssen entsprechend erklärt werden.

Hinweis für Anfänger Als Anfänger können Sie den Text auch vorlesen. Er muss jedoch so gut einstudiert sein, dass niemand merkt, dass Sie *nicht* frei reden. Das bedeutet aber, dass Sie den Text mit Artikulation, Stimmvariation, Intonalität und Sprechtempo einüben. Wenn Sie von Ihrem Redemanuskript ablesen, dann denken Sie daran, dass Sie zu schnell und/oder zu monoton vortragen können. Außerdem besteht die Gefahr, dass Sie den Blickkontakt mit den Zuhörern verlieren bzw. gar nicht erst aufgebaut haben.

Wenn Sie einen Blickkontakt mit dem Publikum herstellen, achten Sie darauf, dass Sie z. B. einen Stift unauffällig dort auf das Papier legen, wo Sie stehen geblieben sind, damit Sie den Anschluss nicht verpassen. Oder – wenn Sie Karteikarten benutzen – lassen Sie Ihren Finger auf dem Satz, den Sie gerade vorgelesen haben. Wenn Sie allerdings den Text sehr genau einstudieren, werden Sie feststellen, dass Sie den vorgeschriebenen Text nicht mehr unbedingt benötigen.

 Im E-Learning-Kurs finden Sie einen Videoclip, der die Verständlichkeit eines Vortrags verdeutlicht.

Die Verständlichkeit eines Vortrages hängt *nicht* nur davon ab, ob sein Inhalt leicht oder schwierig ist, sondern auch davon, wie der Inhalt vermittelt wird. Grundsätzlich wirken Sie natürlich anregender auf die Zuhörer, wenn Sie **frei sprechen**. Beim Einsatz visueller Hilfsmittel können Sie diese so geschickt gestalten, dass Sie diese als Stichwörter verwenden können, um frei zu reden.

eigene Audio-Überprüfung Haben Sie das Redemanuskript ganz oder teilweise fertig, dann drucken Sie es auf Karteikarten aus und halten Sie Ihre Rede stehend zunächst für sich allein. Hilfreich ist es, Ihre Rede mit einem Diktiergerät oder einem MP3-Player aufzunehmen. Man selbst hat oft einen ganz anderen Eindruck von sich als die objektive Aufzeichnung auf einem Diktiergerät. Beim Reden werden Sie merken, welche Sätze holprig oder zu lang oder zu verschachtelt sind. Korrigieren Sie dann Ihr Redemanuskript entsprechend. Versehen Sie jede Karteikarte mit einem oder mehreren Stichworten. Wenn Sie die Rede dann mehrmals für sich halten, dann werden Sie merken, dass Ihnen nach und nach die Stichworte reichen, um darüber zu reden. Zu Ihrer eigenen Beruhigung sollten Sie aber die vollständigen Sätze noch auf den Karteikarten beibehalten. Bei der echten Rede kommt das Lampenfieber noch hinzu – da vergisst man dann leicht etwas.

Sprechen Sie so langsam, dass Ihre Zuhörer mitdenken können, und machen Sie nach jeder wichtigen Aussage eine kurze Pause, damit die Zuhörer Zeit zum Denken haben. Es ist besonders wichtig auf das **Sprechtempo** zu achten. Während des Vortrags werden Sie auf Grund von fast immer vorhandener Nervosität tendenziell immer sehr schnell sprechen – obwohl Sie dies natürlich nicht so wahrnehmen. Auch die **Pausen** zwischen wichtigen Absätzen kommen Ihnen unendlich lang vor. Sie werden aber feststellen, z. B. bei der Analyse der eigenen Rede durch eine Videoaufnahme, dass die Pause höchstens einem eiligen Atemzug entspricht.

Sprechtempo

Nachdem Sie den Vortrag für sich selbst gehalten und durch Audioaufzeichnungen überprüft haben, sollten Sie als nächstes Ihre Gestik und Körperhaltung überprüfen und gezielt verbessern. Wenn möglich, stellen Sie sich vor eine weiße Wand und filmen Ihren Vortrag mit einer Videokamera oder einer Digitalkamera mit Videofunktion.

eigene Video-Überprüfung

Sind Sie mit sich zufrieden, dann sollten Sie Ihren Vortrag im Freundes- oder Bekanntenkreis halten und anschließend um Kritik bitten.

Vortrag vor Bekannten

Wenn Sie mit der Zeit routinierter beim Reden werden, dann können Sie Ihr Redemanuskript schrittweise auf Stichworte reduzieren.

Aber: Sie sollten sich zur Sicherheit immer die **ersten drei Sätze vollständig** notieren, damit Sie immer einen guten Einstieg in Ihren Vortrag haben.

Und: Notieren Sie sich die Sätze zum Abschluss Ihres Vortrags – damit Sie einen optimalen Abgang haben und die Zuhörer Sie mit Applaus verabschieden.

Auch wenn Sie vorhaben, visuelle Medien einzusetzen, sollten Sie zunächst Ihren Vortrag so vorbereiten, als wenn Sie ohne Medien arbeiten. Erst dann sollten Sie überlegen, welche Informationen Sie visuell zusätzlich präsentieren.

Tipp

21.6   Vortrag mit visueller Unterstützung *

Visuelle Unterstützungen können in Form von Folien oder dem Anschreiben von Texten oder Grafiken auf Papier oder Tafeln vorbereitet werden. Flipcharts, Plakatwände und Tafeln eignen sich besonders gut für das interaktive Erstellen von Texten und Grafiken während des Vortrags.

Visuelle Unterstützungen lassen sich in zwei Kategorien gliedern:

- Visuelle Unterstützung durch Projektionen (PC und Beamer, Overhead-Projektor, Dia-Projektor)
- Visuelle Unterstützung durch Tafel (Schultafel, *Whiteboard*), Flipchart und/oder Plakatwände

Der Hauptunterschied zwischen beiden Kategorien besteht in der Regel darin, dass in der ersten Kategorie die Inhalte fertig vorbereitet sind, während bei der zweiten Kategorie Inhalte während des Vortrags angeschrieben werden.

Ausnahmen | Allerdings gibt es auch Ausnahmen von dieser Regel: Bei der Live-Präsentation von Software-Programmen erfolgen während des Vortrags Eingaben in den PC. Tablet-PCs ermöglichen auf der Bildschirmoberfläche die Bedienung mit Stift oder Finger. Der Stift kann auch dazu benutzt werden, handschriftliche Eingaben zu machen. So ist es z. B. möglich vorbereitete Folien während des Vortrags um handschriftliche Bemerkungen zu ergänzen. Overhead-Folien können bereits beschriftet sein oder auch erst während des Vortrags beschriftet werden.

Umgekehrt können auch Tafeln und Flipcharts bereits vorbereitete Informationen enthalten, auf die dann während des Vortrags eingegangen wird.

Projektionen

Frage | Überlegen Sie, welche Vor- und Nachteile Projektionen für den **Redner** haben.

Antwort | + Der Redner hat den Leitfaden vor Augen und muss sich kein zusätzliches Redemanuskript anlegen.

− Es besteht die Gefahr, dass der Redner den Text auf den Folien nur abliest. Daher: Auf den Folien nur Stichworte angeben oder Inhalte durch Grafiken verdeutlichen.

- Der Zuhörer erfasst schnell die Informationen auf der Projektion und langweilt sich dann über die Ausführungen des Redners. Abhilfe: Informationen nur schrittweise einblenden.

Überlegen Sie, welche Vor- und Nachteile Projektionen für den **Zuhörer** haben.

Frage

+ Der Inhalt des Vortrags prägt sich besser ein – insbesondere für grafisch veranlagte Zuhörer.

Antwort

+ Der Vortrag wird abwechslungsreicher und anschaulicher.

- Steht der Redner an einem Rednerpult und befindet sich seitlich hinter ihm eine visuelle Projektion (Beamer oder Overhead-Projektor), dann kann der Zuhörer zu einem Zeitpunkt entweder nur den Redner anschauen oder auf die Projektion schauen. Abhilfe: Rednerpult nahe an der Projektionsfläche positionieren.

- Stellt sich der Redner neben die Projektionsfläche und zeigt mit einem Laserpointer, einem Zeigestock oder einem Finger auf die Punkte, die er gerade erläutert, dann besteht die Gefahr, dass er dem Publikum oft den Rücken zu kehrt.

Im E-Learning-Kurs finden Sie einen Videoclip, der einen schlechten Vortrag zeigt, und einen Videoclip, der einen mittelmäßigen Vortrag zeigt.

Will man vermeiden sich von den Zuhören abzuwenden, um z. B. mit dem Laserpointer etwas auf der Projektionsfläche zu zeigen, dann bleibt als Alternative nur, mit Hilfe der Maus etwas auf dem Bildschirm zu zeigen. Der Mauszeiger ist aber oft schlecht zu sehen. Eine Abhilfe schafft das kostenlose Programm Pointofix (http://www.pointofix. de/), das es ermöglicht, den aktuellen Bildschirminhalt »einzufrieren« und ihn dann mit Text, Linien oder Symbolen zu beschriften.

Tipps

Das kostenlose Programm Zoomlt von Microsoft ermöglicht es, Bildschirmstellen zu vergrößern, zu verkleinern und zu verschieben. Außerdem sind Texteingaben möglich und Bildschirmstellen können farbig markiert werden.

Tafeln, Flipchart, Plakatwände

Frage Überlegen Sie, welche Vor- und Nachteile Tafeln usw. für den **Redner** haben.

Antwort
- Es ist anstrengend leserlich zu schreiben und gleichzeitig zu reden.
- Das Anschreiben kostet Zeit. Abhilfe: Auf Flipchart Informationen bereits vorbereiten und dann nur aufklappen.
- Der Redner muss die Informationen, die er anschreiben will, im Kopf haben oder auf einer Manuskriptkarte in der Hand halten.

Frage Überlegen Sie, welche Vor- und Nachteile Tafeln usw. für den **Zuhörer** haben.

Antwort
+ Der Zuhörer kann den Gedankengang des Redners gut verfolgen.
- Der Redner kehrt längere Zeit dem Zuhörer den Rücken zu.
- Die Schrift auf der Tafel ist evtl. schlecht lesbar.

Medienmix Natürlich kann man auch mehrere Medien parallel einsetzen. Dem Anfänger ist das jedoch *nicht* zu empfehlen, da ein unprofessioneller Umgang leicht zu Hektik und Unsicherheiten führt.

visuelle Hilfsmittel In der heutigen Zeit stehen Ihnen viele **visuelle Hilfsmittel** zur Verfügung, die eine unglaubliche Sicherheit darstellen, vorausgesetzt man beherrscht diese Mittel. Es ist mittlerweile fast Standard, dass Redner PowerPoint-Präsentationen vorziehen, weil man hier den Vorteil mehrerer Medien miteinander verbinden kann:

- Folien, für wichtige Kernaussagen,
- »Tafelbilder«, die nacheinander aufgebaut werden,
- Bilder zur Illustration,
- Animationen, damit die Struktur erkennbar ist, etc.

Da jedoch nicht jeder damit vertraut ist (was sich aber gewiss in sehr naher Zukunft verändern wird), werden hier mehrere Möglichkeiten der Visualisierung aufgezeigt und Sie werden feststellen, dass alle visuellen Medien eines gemeinsam haben:

Die einfache, klare, übersichtliche Darstellung als visuelle Unterstützung dessen, was in dem Moment gesagt wird.

Tipp

In PowerPoint 2003 und 2007 ist es möglich, über den Beamer die PowerPoint-Präsentation zu zeigen, gleichzeitig auf dem Notebook aber eine verkleinerte PowerPoint-Folie mit zusätzlichen Notizen zu sehen. Die zusätzlichen Notizen stellen das Redemanuskript dar, das nur der Redner sieht, aber nicht das Publikum. Außerdem ist es möglich, live die Präsentation mit Kommentaren zu versehen.

21.7 Exkurs: Gestaltung von Klarsicht-Folien **

Klarsichtfolien können handschriftlich beschrieben (ca. 1 bis 2 cm Schriftgröße) oder bedruckt werden (mindestens 24 Punkte Schriftgröße).

Folien können handschriftlich beschrieben oder mit Text und/oder Grafik bedruckt werden. Grundsätzlich gilt:

- Wenige Sätze auf einer Folie und in einer angemessenen Schriftgröße (mindestens 24 pt). pt ist die Abkürzung für **Punkte**. 1 Punkt entspricht 0,353 mm, 24 Punkte also 0,85 cm.
- Schreiben Sie mit Handschrift auf Folien, dann ist eine Schriftgröße zwischen 1 cm und 2 cm gut lesbar. Schreiben Sie in Druckbuchstaben.

In einem großen Raum ist es *nicht* mehr möglich, eine kleinere Schrift zu lesen. Im Allgemeinen ist davon auszugehen, dass die Projektionsfläche bezogen auf die Raumgröße so groß ist, dass die angegebenen Schriftgrößen gut lesbar sind.

Achten Sie darauf, dass die Folien **lediglich zur Hilfestellung** genommen werden sollen: Als Leitfaden für Sie und als kleine Orientierung für die Zuhörer. Es wird häufig der Fehler gemacht, dass eine Folie überladen ist. Zusätzlich sagt der Vortragende etwas anderes als auf der Folie steht und ein Zuhörer kann sich weder auf den Vortrag noch auf das Lesen der Folien richtig konzentrieren. Damit wird das Ziel verfehlt, die Zuhörer zu erreichen.

Folien

Empfehlungen
- Kurze, prägnante Sätze.
- Hervorhebung wichtiger Begriffe.
- Farbe nur sparsam einsetzen.

Technik
Um Folien einsetzen zu können, muss ein entsprechender Projektor im Vortragssaal vorhanden sein. Fragen Sie rechtzeitig nach, ob dies der Fall ist. Die Abb. 21.7-1 zeigt, wie eine gedruckte Folie aussieht, die Abb. 21.7-2, wie eine handgeschriebene Folie wirkt.

Abb. 21.7-1: Präsentation mit einem Overhead-Projektor mit gedruckter Folie. Wichtig ist, dass der Redner nicht im Lichtstrahl steht.

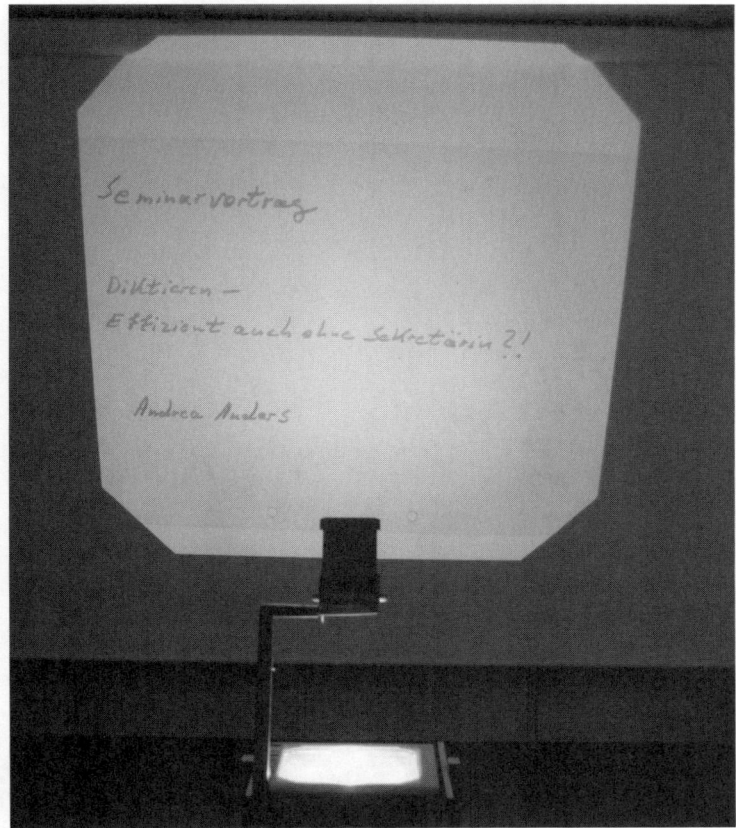

Abb. 21.7-2: Präsentation mit einem Overhead-Projektor mit handgeschrie-
bener Folie.

21.8 Vortrag mit PC und Beamer **

**Wird ein Notebook in Kombination mit einem Beamer ver-
wendet, dann sollte ein Rednerpult mit waagrechter Ablagefläche zur Verfügung stehen. Möglichst keinen Laserpointer
einsetzen, sondern die Maus zum Zeigen verwenden. Die
Technik – insbesondere bei der Verwendung des Internet –
rechtzeitig klären und testen.**

Vorträge im wissenschaftlichen Bereich, z. B. auf Konferenzen, und in Firmen werden heute überwiegend mit PC und
Beamer gehalten. Dabei ist auf Folgendes zu achten:

richtiges
Rednerpult
■ Sie benötigen ein Rednerpult mit **waagrechter großer Auflage**, so dass Sie Ihr Notebook abstellen können und die Maus eine Bedienungsfläche hat. So haben Sie auch die Möglichkeit, Texte einzugeben und nicht nur Folien vor- und rückwärts zu aktivieren (siehe Abb. 21.8-1).

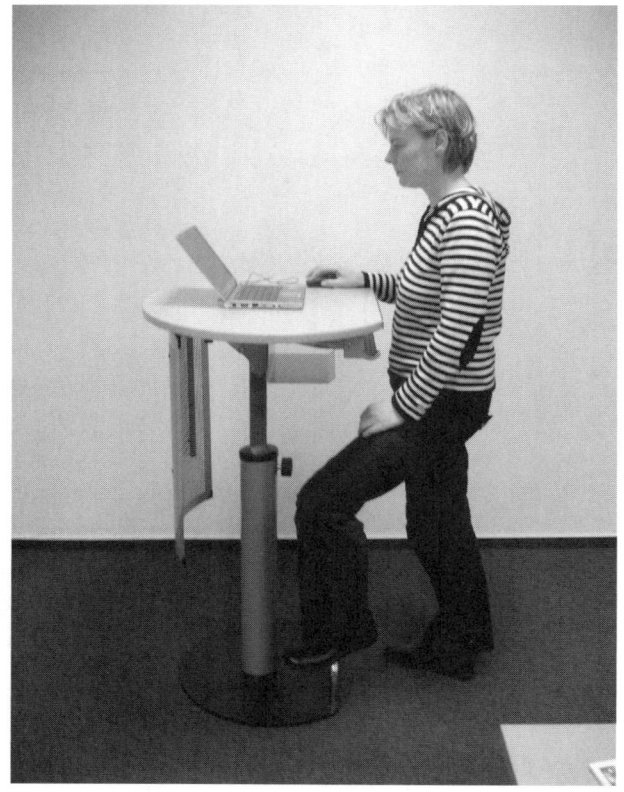

Abb. 21.8-1: Beispiel für ein Rednerpult mit waagrechter Ablagefläche (ideal für die Nutzung eines Notebooks) und einer Fußstütze.

problematisch
Vermeiden Sie folgende Situationen:

kein Rednerpult
Sie sollten Ihr Notebook *nicht* auf einen Tisch stellen und dann stehend vortragen. Sie werden dann dazu verführt alles an der Projektionsfläche zu zeigen, da Ihr Notebook zu weit weg ist, um alles darauf zu lesen. Zum Weiterschalten von Folien müssen Sie sich bücken oder eine Fernbedienung benutzen. Zum Eingeben von Texten müssen Sie sich setzen.

Zum Zeigen auf die Projektionsfläche können Sie einen Laserpointer verwenden – gibt es auch kombiniert mit einer Fernbedienung. Aber: Moderne Beamer erzeugen heute sehr helle Projektionen. Der Laserpunkt eines normalen Laserpointers ist oft auf der Projektionsfläche *nicht* mehr zu erkennen. Abhilfe: Grüner Laserpointer, aber teuer.

kein starker Laserpointer

Sie sollten sich mit Ihrem Notebook nur dann an einen Tisch setzen und im Sitzen reden und vorführen, wenn nur wenige Zuhörer teilnehmen und Sie von allen Zuhören im Sitzen gesehen werden können, z. B. bei einer U-förmigen Sitzanordnung.

Der technische Aufbau kostet Zeit. Seien Sie daher rechtzeitig vor Ihrem Vortrag da und bereiten Sie alles vor und testen es.

Wenn Sie einen Internet-Anschluss benötigen, dann klären Sie vorher mit dem Verantwortlichen, ob ein Netzwerkanschluss oder ein WLAN zur Verfügung. Im zweiten Fall muss Ihr Notebook über eine WLAN-Möglichkeit verfügen. Wichtig ist, die Zugriffsberechtigungen bei Nutzung des Internets zu klären!

Internet

Wenn Sie keine eigene Software benötigen, können Sie auch fragen, ob im Vortragsraum ein Notebook zur Verfügung steht und ob Sie Ihre Präsentationsunterlagen auf einem Speicherstick mitbringen können. Benötigen Sie Ihr eigenes Notebook mit Internetzugriff, dann klären Sie, ob Sie ohne Beschränkungen ins Internet kommen oder welche Einstellungen vorgenommen werden müssen.

Speicherstick

Rechnen Sie mit dem Schlimmsten: Haben Sie als Alternative immer eine Präsentation dabei, die ohne das Internet auskommt! Denken Sie an Murphy's Gesetz: »Wenn etwas schief gehen kann, dann geht es auch schief«.

Risiko-management

21.9 Exkurs: Gestaltung von digitalen Folien **

Die Redezeit geteilt durch 3 ergibt die Anzahl der Folien, die für einen Vortrag eingesetzt werden sollen. Bei der Foliengestaltung gilt: Weniger ist Mehr. Die Schriftgröße sollte zwischen 22 und 28 Punkten liegen.

Digitale Folien werden auf einem PC mit einem Programm erstellt und mit Hilfe eines Programms präsentiert *(Viewer)*. Am meisten verbreitet und benutzt wird das Programm PowerPoint von Microsoft. Daneben gibt es aber auch noch die Möglichkeit HTML-Folien zu erstellen und über einen Web-Browser anzuzeigen. Manche Redner benutzen auch PDF-Dokumente für die Präsentation.

Analog wie bei Klarsicht-Folien wird auch bei digitalen Folien vorgegangen. Natürlich bieten sich Ihnen viel mehr Möglichkeiten, da Sie mit zusätzlichen Effekten arbeiten können:

zur Folienge-staltung

- Einsatz aussagefähiger Grafiken statt komplexer Zahlenkolonnen oder langem Text.
- Überschriften vermitteln Grundinformationen und Botschaften.
- So wenig Informationen wie möglich, soviel wie nötig:
  - Informationen stichwortartig.
  - Pro Folie nur ein Thema.
  - Pro Thema nicht mehr als 6 bis 8 Zeilen.
  - Pro Zeile nicht mehr als 3 bis 5 Worte.
- Einheitliche Grundgestaltung der Folien.
- Richtige Gestaltungselemente (sachlich / emotional).
- Nicht nur Schrift, sondern auch Grafiken, Fotos und Animationen verwenden.

Effekte

Wenn Sie besondere Effekte einsetzen, dann bedenken Sie: Was auf den ersten Blick interessant ist und die Aufmerksamkeit erregt, ist bei zu häufiger Wiederholung störend.

Anzahl der Folien

Achten Sie auf die Anzahl Ihrer Folien. Haben Sie zu viele Folien, dann werden Sie dazu neigen, immer schneller zu reden, um alle Ihre Folien zu zeigen, oder – was noch schlimmer ist – Sie müssen Ihren Vortrag mittendrin beenden, da die Zeit zu Ende ist, oder Sie überziehen die Zeit, was sich negativ auf Ihre Note auswirkt.

Faustregel

Redezeit durch 3 = Folienanzahl
Haben Sie 15 Minuten Zeit für Ihren Vortrag, dann sollten Sie nicht mehr als 5 Folien erstellen. Man rechnet, dass Sie zu jeder Folie etwa 3 Minuten etwas erzählen! Prüfen Sie bei der Vorbereitung, ob Sie zu jeder Folie 3 Minuten reden können.

Achten Sie insbesondere auf den Hintergrund. Sehr häufig ist die Schrift *nicht* mehr lesbar, da nicht genügend **Kontrast zwischen Schriftfarbe und Hintergrund** vorhanden sind. Das Problem entsteht insbesondere dadurch, dass der nötige Kontrast auf Ihrem Computersystem vorhanden ist und Sie also der Meinung sind, dass die Schrift gut lesbar ist. Bei der Projektion durch den Beamer werden aber die Farben anders umgesetzt. Daher sollten Sie unbedingt *vor* dem Vortrag rechtzeitig die Präsentation **mit dem entsprechenden Beamer testen**, damit Sie keine bösen Überraschungen erleben.

zur Foliengestaltung

Falls Sie zum Beispiel eine Videosequenz oder ein Computerprogramm zeigen möchten, sollten Sie beachten, dass die Anzeige auf dem Display anders aussieht als sonst. Dies kann sehr irritierend sein – nicht nur für Anfänger. So können Sie auf Grund der vergrößerten Darstellung den Startknopf nicht finden, um die Videosequenz zu zeigen. Problematisch ist es erst recht bei Computerprogrammen, wenn sie nicht auf einen Mausklick reagieren. Tipp: Klicken Sie in diesem Fall über bzw. unter den Eingabefeldern, dann reagiert das Programm. Auch hier vorher testen, damit Sie keine Überraschung erleben.

Videos & Programme mit dem Beamer testen

Falls Sie keine farbig gestalteten Folien oder Vorlagen verwenden können oder wollen, dann verwenden Sie schwarze Schrift auf hellgrauem Hintergrund oder auf einem beige getönten. Weiß ist meistens *nicht* empfehlenswert, da dies bei der Betrachtung schnell anstrengend ist. Der Kontrast ist für das Auge zu groß.

Gestaltungshinweise

Im Druckbereich wird die Schriftgröße in Punkten *(points, pt)* gemessen. Ein **Punkt** ist 1/72 eines Zolls *(inch)* oder 0,3528 mm. Die Schriftgröße sollte der Raumgröße angepasst sein. Wer hinten im Raum sitzt, sollte noch alles auf der Projektionsfläche lesen können. Achten Sie insbesondere darauf, dass in Grafiken die Schriftgröße von 20 Punkten *nicht* unterschritten wird.

Schrift

Bei einer Seminarraumtiefe von 8 Metern und einer Projektfläche von 2 Metern ist eine Schriftgröße **zwischen 20 und 28 Punkt** (Schrift Verdana) gut lesbar. Diese Schriftgröße ist

Schriftgröße

Schriftart

auch ausreichend, wenn in einem größeren Raum die Projektionsfläche entsprechend vergrößert wird.

Es werden serifenlose und serifenbehaftete Schriften unterschieden (siehe »Schriftart, Schriftgröße und Zeilenabstand«, S. 176). Für Folien sollten generell serifenlose Schriften verwendet werden, da diese Schriften bei großen Schriftgrößen besser zu lesen sind. Beispiele für serifenlose Schriften sind Arial und Verdana, wobei Verdana für das Lesen auf dem Bildschirm entworfen wurde.

Werbestil

Auf Folien sollten Sie in der Regel *keine* vollständigen Sätze schreiben (außer bei Zitaten). Sätze oder Aussagen sollten auch nicht mit einem Punkt abgeschlossen werden. Folien sollten sich an Werbung orientieren. Auch dort sind Abweichungen von der korrekten Zeichensetzung üblich. Aufzählungen mit Aufzählungspunkten nur sparsam einsetzen! Besser sind Grafiken, die Zusammenhänge aufzeigen.

Beispiel

Die Abb. 21.9-1 zeigt eine gut gestaltete (PowerPoint-)Folie.

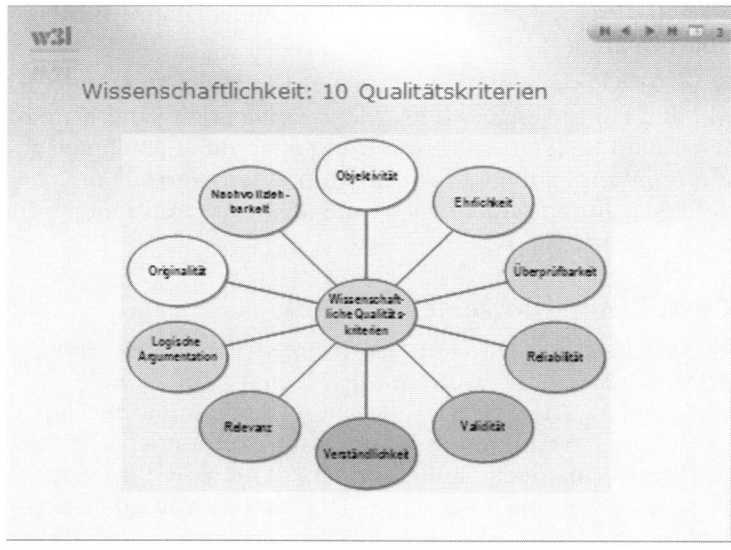

Abb. 21.9-1: Beispiel für eine gut gestaltete Folie: Anstelle von Text dient eine Grafik zur Informationsvermittlung.

Die Abb. 21.9-2 zeigt, wie eine Folie noch nicht optimal gestaltet ist.

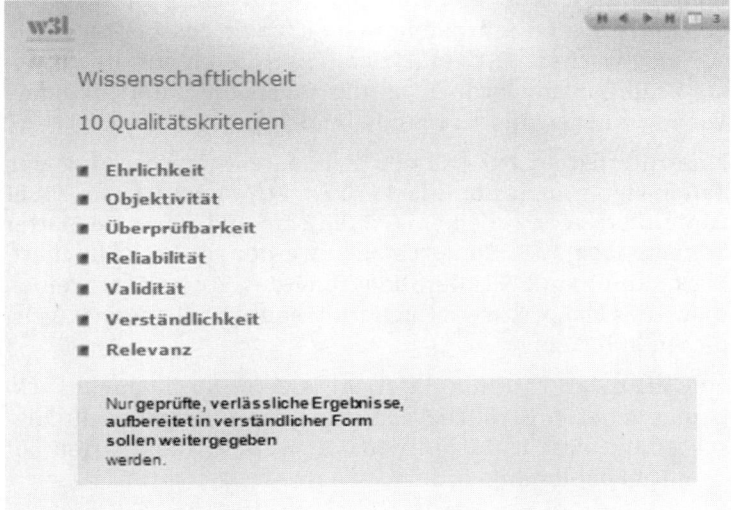

Abb. 21.9-2: Beispiel für eine nicht optimal gestaltete Folie: Nur Text anstelle einer Grafik.

Das Programm PowerPoint von Microsoft stellt standardmäßig eine ganze Reihe von Masterfolien mit verschiedenen Layouts zur freien Verfügung. Aber denken Sie daran: Weniger ist mehr.

Tipp

21.10 Vortrag mit Tafel, Flipchart und Plakatwänden **

Tafeln, Flipchart-Blätter und Plakatwände können vor dem Vortrag oder während des Vortrags beschriftet werden. Flipchart-Blätter können umgeschlagen werden, so dass vorbereiteter Text nicht gleich sichtbar sein muss.

Vorträge unter Verwendung der klassischen grünen **(Schul-) Wandtafeln**, die mit Kreide beschrieben werden, werden im Hochschulbereich zwar noch oft in der Lehre verwendet,

Tafeln

sind für wissenschaftliche Vorträge aber heute eher die Ausnahme.

In Seminarräumen stehen oft **Whiteboards**, d. h. weiße Tafeln, auf die mit speziellen Filzstiften geschrieben wird. Mit einem trockenen Schwamm lässt sich eine Beschriftung wieder wegwischen. Oft sind *Whiteboards* auch auf einem Gestell fahrbar angeordnet, so dass man die Tafel für einen Vortrag wie gewünscht räumlich positionieren kann.

Papier   Eine Alternative zur (wieder löschbaren) Beschriftung von Tafeln sind große Papierflächen. Ein **Flipchart** ist ein großer Papierblock, der auf einem Gestell befestigt ist. Seine Blätter können nach oben umgeschlagen werden. Auf ein Flipchart-Blatt kann man z. B. die Gliederung des Vortrags schreiben und jedes Mal, wenn ein Gliederungspunkt behandelt wurde, diesen abhaken.

Eine **Pinnwand** ist eine Tafel, auf die mit Stecknadeln Packpapier geheftet wird. Dieses Packpapier kann dann mit Filzschreibern beschriftet werden. Oft werden auch Karten auf dem Packpapier angeordnet.

Bei der **Metaplan-Technik** werden Pinnwände, Flipcharts, verschiedenartig geformte, farbige Karten (Rechtecke, Ovale, Kreise, Wolken), Stecknadeln, Klebepunkte und Filzstifte eingesetzt, um Ideen zu visualisieren, zu strukturieren, zu gewichten usw. Ein Metaplan- oder Moderatoren-Koffer enthält alle notwendigen Materialien. In der Industrie werden diese Hilfsmittel insbesondere für Teambesprechungen und **Brainstorming**-Sitzungen intensiv eingesetzt. Für klassische Vorträge sind in der Regel nur Flipcharts und Plakatwände sinnvoll verwendbar.

Frage   Welche Vor- und Nachteile haben diese Hilfsmittel?

Antwort   Tafeln sind oft fest in einem Raum montiert, so dass sie nicht flexibel entsprechend der Vortragssituation positioniert werden können. Bei einer Beschriftung mit Kreide, bekommt man schmutzige Hände und oft noch eine schmutzige Kleidung. Bei allen anderen Hilfsmitteln benutzt man einen Filzstift, der in der Regel angenehmer zu handhaben ist.

Ein Problem besteht jedoch darin, dass man immer eine Hand für das Schreibgerät benötigt. Benötigt man als Gedächtnisstütze noch Karten (siehe »Vortrag ohne visuelle Unterstützung«, S. 284), dann hat man beide Hände belegt, was insbesondere die Gestik behindert.

Beide Nachteile fallen weg, wenn man die Tafeln bzw. das Papier vor dem Vortrag beschriftet und nur zur Präsentation verwendet.

21.11 Exkurs: Vorbereitung von Tafelbildern usw. ***

Dem Publikum darf beim Beschreiben nicht der Rücken zu-gedreht werden. Der Blickkontakt muss bestehen bleiben. Es muss deutlich geschrieben und dabei gesprochen wer-den.

Vorbereitung der Tafelbilder

Bei der Verwendung von Tafelbildern sollte man im Umgang mit der Tafel geübt sein. In der Regel werden folgende Fehler gemacht:

- Dem Publikum wird der Rücken zugedreht.
- Es wird langsam etwas angeschrieben und dabei ge-schwiegen.

In diesen Sekunden hat das Publikum meistens beschlossen, sich Gedanken über das anschließende Essen zu machen, von einem Glas Wein oder Bier zu träumen – die Meisten sind somit überall woanders, nur nicht mehr bei Ihnen.

Es gehört **viel Übung** dazu, um seitwärts zur Tafel und zum Publikum zu stehen, damit das, was Sie sagen, auch ankommt. Dadurch traut sich das Publikum nämlich gar nicht, gedanklich abzuschweifen, denn Sie könnten immer noch den **direkten Blickkontakt herstellen**. Zusätzlich kann das, was Sie sagen, auch gut verstanden werden und so-mit behalten Sie den Kontakt zum Publikum. Der Schriftzug ist allerdings lange zu üben, da die Handhaltung entspre-chend sehr verschieden ist im Vergleich zu der normal übli-chen. Zusätzlich ist darauf zu achten, dass die Kreide nicht quietscht, denn spätestens dann erinnern sich manche Zu-hörer, dass sie einen Termin bei ihrem Zahnarzt wahrneh-men sollten.

Druckschrift   Zur Beschriftung einer Tafel sollte immer Druckschrift verwendet werden, die gut lesbar sein muss.

Vorbereitung von Flipcharts und Plakaten

Hier gelten dieselben Regeln, nur dass Sie auf Papier schreiben. Ein Flipchart ist in der Regel leichter zu beschreiben, da es etwas schräg steht, während Plakatwände auf Pinwänden senkrecht angeordnet sind.

Haltung

Abb. 21.11-1: Die Haltung vor dem Flipchart auf dem linken Foto ist richtig. Auf dem rechten Foto wird die Schrift verdeckt und die Referentin dreht dem Publikum den Rücken zu. Diese Haltung ist unbedingt zu vermeiden.

Frage   Vergleichen Sie in Abb. 21.11-1 das linke und das rechte Foto. Was fällt Ihnen auf?

Antwort   Es ist wichtig, dass Sie seitwärts zum Flipchart oder Plakat stehen, um die Schrift *nicht* zu verdecken (siehe linkes Foto). Hingegen wird in dem rechten Foto die Schrift verdeckt. Daher ist diese Haltung zu vermeiden.

Im E-Learning-Kurs befinden sich dazu zwei Videoclips.

21.12 Seminarvortrag: Karteikarten und digitale Folien **

Frau Anders entschließt sich als Anfängerin die ersten Sätze und den Abschluss des Vortrags wortwörtlich auf Karteikarten zu notieren. Den Ausblick und den Abschluss möchte sie als PowerPoint-Folien projizieren. Sie hofft, dass sie durch die PowerPoint-Folien genügend Stichworte hat, um die verbindenden Sätze spontan zu formulieren. Sie will aber erst bei einem Probevortrag feststellen, ob dies funktioniert oder nicht. Evtl. wird sie weitere Redekarten anlegen, um »im Notfall« darauf zugreifen zu können.

22 Vortrag *

Ist der Vortrag ausgearbeitet, sind alle Randbedingungen geklärt und ist alles organisiert, dann sollten Sie sich einige
Tage vor dem Vortrag auf Ihre Rede selbst konzentrieren.

Ihre Stimme spielt eine entscheidende Rolle:

■ »Artikulation, Stimmvariation, Intonalität & Sprechtempo«, S. 305

Werden Sie sich Ihrer Körpersprache bewusst und überlegen
Sie, was Sie zum Vortrag anziehen:

■ »Körpersprache und Kleidung«, S. 310

Ganz wichtig ist Ihre Mimik:

■ »Mimik «, S. 316

Neben Ihrer Mimik wird Ihr Publikum auf Ihre Gestik achten:

■ »Gestik«, S. 317

Mimik und Gestik allein machen noch keine gute Rhetorik.
Auch auf Schwierigkeiten sollten sie sich vorbereiten:

■ »Schwierige Situationen antizipieren«, S. 321

Mit folgenden Hinweisen im Kopf sollten Sie Ihre Präsentation souverän meistern:

■ »Letzte Hinweise zum Vortrag«, S. 326

Anhand der Fallstudie »Seminarvortrag« können Sie sich einige Beispiele für eine gelungene Präsentation ansehen:

■ »Seminarvortrag: Präsentation«, S. 329

22.1 Artikulation, Stimmvariation, Intonalität & Sprechtempo *

**Die eigene Stimme ist das Medium oder das Instrument, das
verwendet wird, um anderen Menschen die eigenen Gedanken zu vermitteln. Ist die Stimme eintönig, zu leise oder
wirkt sie unsicher, hören andere nicht gern zu – da mag der
Inhalt noch so wichtig und interessant sein.**

Jeder, der einen Rhetorikkurs besucht hat, ist wahrscheinlich schon damit vertraut, dass die **Artikulation** richtig hart
trainiert wird, manchmal mit Gesang, da es in jedem guten
Chor beispielsweise dazu gehört, artikuliert zu singen – der

Text soll schließlich auch verstanden werden (das ist jedoch nicht Jedermanns Sache). Die Artikulation gehört zu den wichtigsten Fähigkeiten, da niemand gerne zuhört, wenn er sich zu sehr anstrengen muss. Sie kennen sicherlich auch Menschen in Ihrer Umgebung, die den Mund beim Sprechen kaum auseinander nehmen. Es ist ungemein anstrengend, diesen Leuten zuzuhören und sie zu verstehen, obwohl sie in unmittelbarer Nähe sind.

Artikulation

Warum sollte man sich als Zuhörer aber anstrengen, wenn es dem Redner – anscheinend oder scheinbar – nicht wichtig ist, dass er verstanden wird. Somit gilt grundsätzlich: **Die Vokale müssen mit offenem Mund artikuliert werden**. Auch wenn Sie schnell sprechen, weil es Ihrem Temperament entspricht, so sind Sie erst recht darauf angewiesen, dass **jedes Wort klar und deutlich** überkommt. Nicht umsonst haben manche Redner mit Murmeln oder Kieselsteinen im Mund geübt, so zu reden, dass man sie trotzdem sehr gut versteht; das wird z. B. von dem größten Redner der Antike, nämlich Demosthenes, berichtet, der seine rhetorische Karriere mit einem Sprachfehler begann.

Achten Sie jedoch darauf, dass Sie nicht zu monoton werden. Es lässt sich oft beobachten, dass eine Person, die eigentlich sehr schnell geredet hat, sich nach einem Rhetorikkurs bemüht, sehr langsam und artikuliert zu sprechen: das passt dann schlicht nicht mehr zu der temperamentvollen Persönlichkeit. Daher gewöhnen Sie sich nichts an, was nicht zu Ihrer Persönlichkeit passt. Wenn Sie nämlich umgekehrt eine eher ruhige Person sind, können Sie nicht wider Ihre Natur sehr schnell und temperamentvoll sprechen. Es muss aber nochmals betont werden: Man muss Sie auch in einem mittelgroßen Saal, ohne Mikrofon verstehen können – dann haben Sie die richtige Artikulation.

Dafür sind auch heute noch die klassischen Sprechübungen sehr nützlich, wie z. B. »Fischers Fritze fischte frische Fische« oder »Der Potsdamer Postkutscher putzte seinen Potsdamer Postkutschkasten« oder »Abraham saß nah am Abhang«. Versuchen Sie sich einmal daran, diese Beispiele in Ihrem üblichen Sprechtempo zu sprechen und zwar möglichst vor Publikum.

Audioaufnahmen können sehr hilfreich sein, bedenken Sie aber bitte, dass Ihnen die eigene Stimme sehr fremd vorkommen wird. Das ist völlig natürlich, kann einen jedoch durchaus so erschrecken, dass man kaum noch zu reden wagt.

Tipp

Die **Stimmvariation**, Intonalität und Tempo werden als sog. »paralinguistische Phänomene« bezeichnet.[1] Paralinguistisch bezieht sich auf das, was *neben* der Sprache passiert. Dazu gehören auch Pausen, Stimmlage, Effekte wie Seufzen, Lachen etc.

Stimmvariation

Die Stimmvariation umfasst streng genommen Intonalität (Tonlage) und Tempo. Ist eine Stimme sehr monoton, ermüdet und langweilt sie die Zuhörer. Die **Sprachmelodie**, die jeder Sprache eigen ist, muss berücksichtigt werden. Bei einer Tagung in Kanada haben die Autoren eine Spanierin erlebt, die den Vortrag in Englisch gehalten hat – zumindest glaubte man das, da sich die einzelnen Vokabeln englisch anhörten und auch englische Begriffe auf der Folie zu sehen waren. Die Sprachmelodie – und z.T auch die Aussprache – entsprach jedoch absolut dem Spanischen; damit war es praktisch unmöglich, ihrem Vortrag zu folgen, ganz zu schweigen davon, dass die Konzentration sich bald darauf verlagerte, ein Lachen zu unterdrücken.

Dies gilt jedoch auch für die eigene Muttersprache. Sie haben gewiss auch Situationen erlebt, in denen, insbesondere durch Aufregung, sich die »Tonlage« verschoben hat. Sie reden plötzlich höher oder tiefer, bei Frauen gerät die Stimmlage sehr schnell ins Schrille oder wie es bei den Amerikanern heißt: *high pitched*. Je nach Situation wird diese Tonlage sehr unpassend sein, da die Sprachmelodie sich verändert und die Zuhörer entsprechend viel Interpretationsraum haben. Problematisch ist es z.B., wenn die Stimme als aggressiv empfunden wird. Fast reflexartig wehren sich die Zuhörer, wenn auch nur innerlich, und die Wirkung des Vortrages bekommt eine andere Wendung, die Sie nicht unbedingt wollen.

Mit Ihrer Stimme können Sie auch eine unglaubliche **Spannung erzeugen**. Vielleicht geht es Ihnen beim Lesen von

Spannung erzeugen

---

[1] Vgl. dazu [WBJ85]

Krimis manchmal so, dass Sie, bei sehr spannenden Passagen, anfangen immer schneller zu lesen. Damit erzeugen Sie für sich selbst einen Spannungsbogen. Das müssen Sie auch in der Rede berücksichtigen: Möchten Sie, dass die Zuhörer mitgehen, erzählen Sie spannend. Werden Sie schneller und auch lauter, bis Sie zu dem Punkt angelangt sind, der beim Publikum ankommen soll. Achten Sie aber darauf, dass es nicht künstlich wirkt – das kann nämlich sehr leicht passieren. Die Stimme kann zu laut werden und »überdrehen«, daher gilt es wie in der Musik: Unmerklich zurückgehen und dann wieder ansetzen, so hat man das Gefühl der ständigen Steigerung, obwohl dies physikalisch natürlich nicht möglich ist. Dies ist allerdings auch themenabhängig: Es ist immer der Inhalt, der die Stimmvariation bestimmt.

Atmung

Die **Atmung** spielt in diesem Zusammenhang eine wesentliche Rolle: Wenn Sie sehr tief einatmen (immer in den Bauch), dann schaffen Sie es, einen Satz in aller Ruhe auszusprechen. Da Sie anschließend wieder sehr tief einatmen müssen, haben Sie die nötige Pause, die der Zuhörer braucht, um Ihnen folgen zu können und Sie haben eine kleine innere Bremse, um aufgrund der Nervosität nicht zu schnell zu sprechen. Sie werden nämlich, wie schon mehrfach betont, immer dazu tendieren, sehr schnell fertig sein zu wollen, also treibt Sie die Nervosität auch sprachlich. Die richtige Atemtechnik wird Sie daran hindern.

Pausen

Pausen

Wie bereits erwähnt sind Pausen wichtig, damit der Zuhörer den Gedanken folgen kann. Außerdem sind sie äußerst effektvoll z. B. bei den sog.»rhetorischen Fragen«. Das sind Fragen, auf die keine Antwort erwartet wird – dennoch muss jeder die Gelegenheit erhalten, die Frage für sich selbst beantworten zu können. Damit wird eine gemeinsame gedankliche Ebene geschaffen, die für die Wirkung eines Vortrages sehr wichtig ist.

Es ist hilfreich zu bedenken, dass Ihre Ausführungen für die Zuhörer meistens neu sind. Sie kennen natürlich jedes Wort, Komma und Gedankenstrich, ja Sie fragen sich vielleicht nach der Vorbereitungszeit, wer sich überhaupt noch für diese Gedanken interessieren soll. Je unerwarteter Argumentationen oder Schlussfolgerungen sind, desto mehr Zeit brauchen die Zuhörer, um Ihre Gedanken zu verstehen und einzuordnen.

Nutzen Sie die (Atem-)Pausen, um einen intensiven Kontakt zu ihrem Publikum aufzunehmen, die Stimmungen einzufangen; damit kann man während eines Vortrages schon die Wirkung analysieren. Natürlich sind diese Überlegungen für einen Anfänger eher erschreckend. Worauf soll man sonst noch alles achten? (Und das ist noch längst nicht alles!) Mit der Zeit werden Sie aber feststellen, dass auch Pausen, die eher unwesentlich erscheinen, Ihnen gute Dienste bei der Überzeugung der Zuhörer leisten können.

Blickkontakt

Der Blickkontakt ist notwendig und gefährlich zugleich. Haben Sie keinen Blickkontakt zum Publikum, so fühlt es sich auch nicht angesprochen – Sie reden praktisch an den Menschen vorbei und werden Sie auch nicht überzeugen können. Auch wenn Sie vor lauter Angst das Publikum nicht sehen – Sie werden es fühlen. Denken Sie an die Worte von Tucholsky: Eine Rede ist wie ein Orchesterstück. Die »Wellen«, die vom Publikum kommen, erreichen Sie vorne, ob Sie es möchten oder nicht. Also muss man sich dem Publikum stellen.

Blickkontakt

Nehmen Sie das Publikum wahr, dann wissen Sie als Anfänger plötzlich was Selbstzweifel sind, auch wenn Sie sonst nicht darunter leiden.

Jeder weiß, dass die Menschen gähnen, wenn sie sich langweilen. Andere Körperhaltungen sind ebenfalls ein Indiz für Langeweile: Lässig zurückgelehnt, Beine übereinander geschlagen etc. Gespräche unter Nachbarn zeugen auch nicht gerade davon, dass die Zuhörer von dem eigenen Reden sehr angetan sind. Und Sie interpretieren diese Haltungen aus der selbstbezogenen Sicht: Sie sind derjenige/diejenige der/die langweilt. Man nimmt Sie nicht ernst, man möchte Ihnen nicht zuhören. Damit können Sie sich bereits von der angenommenen Überzeugungsfähigkeit verabschieden.

So einfach ist es aber nicht: Wenn Sie sich richtig vorbereitet haben, wenn Sie wissen, dass Sie etwas Wichtiges zu sagen haben, dann brauchen Sie das, was Sie wahrnehmen,

Wahrnehmungen nicht überbewerten

nicht unreflektiert auf sich selbst beziehen. Der Grund für das Gähnen muss nicht immer Langeweile sein: Müdigkeit, schlechte oder sehr warme Luft im Raum sorgen auch für dieses ansteckende Phänomen – und denken Sie daran, es ist ansteckend!

Das ist nur ein Beispiel für alle Interpretationen, die ausgerechnet dann einem durch den Kopf gehen, wenn man es am wenigsten gebrauchen kann. Daher ist es sehr hilfreich, wenn Sie nicht alle Verhaltenweisen als Reaktion auf Ihre Person sehen.

Für Anfänger – aber nicht nur für diese – bietet es sich daher häufig an, einen »Pseudoblickkontakt« zu haben: Das Gesicht ist natürlich dem Publikum zugewandt, Sie nehmen aber keine einzelnen Gesichter wahr. Sie können sich auf einen Punkt am Ende des Raumes konzentrieren, so dass es nur so aussieht, als ob Sie die einzelnen Personen wahrnehmen, tatsächlich aber durch die Mimik der einzelnen Personen nicht irritiert werden können. Daher ist es manchmal leichter vor einem großen als vor einem kleinen Publikum zu reden. Dies gilt auch, wenn Sie sehr konzentriert einen Gedanken ausführen möchten und durch die Mimik der Zuhörer abgelenkt werden können. In diesen Situationen muss man praktisch ausblenden, was um einen geschieht, damit der Faden nicht verloren geht.

Sonst gilt grundsätzlich: Suchen Sie sich eine Person im Publikum, die Ihnen interessiert zuhört und schauen Sie diese Person häufiger an – das hilft ebenfalls sehr und häufig findet man mehr als nur einen Zuhörer, die einem Mut machen, weiter zu sprechen.

22.2 Körpersprache und Kleidung *

Die Interpretation der Körpersprache setzt eine reflektierte Beobachtung voraus. Einzelne Merkmale, wie zum Beispiel die Handhaltung, reichen nicht aus, um den gesamten Ausdruck zu deuten. Die Wirkung der Körperhaltung und der Persönlichkeit insgesamt wird von der Kleidung maßgeblich beeinflusst. Daher soll diese mit Bedacht gewählt werden.

Körpersprache

Stellen Sie sich die Frage, wie versiert Sie tatsächlich sind, die Körpersprache anderer Menschen richtig zu interpretieren. Genauso wichtig ist es, die eigene Wirkung zu analysieren. Wie genau können Sie Ihren Körper, jede Ihrer Haltungen kontrollieren?

Wie interpretieren Sie es, wenn jemand mit verschränkten Armen vor Ihnen steht? *Frage*

Die Interpretation hängt von der gesamten Körperhaltung ab. Sind Sie auch der Ansicht, dass dies ein Zeichen von Introvertiertheit ist oder gar eine ablehnende Haltung dem Anderen gegenüber bedeutet? Nun, dann beobachten Sie sich selbst wie Sie stehen, wenn Sie beispielsweise frieren. Beobachten Sie die Menschen, die besonders »cool« wirken möchten: Ihre Arme sind auch sehr häufig verschränkt – und man selbst nimmt auch schlicht aus Bequemlichkeit diese Haltung an. Manche Menschen verschränken ihre Arme bei Rückenschmerzen, da so ein Gefühl der Entspannung entsteht. Wie kann man aber nun unterscheiden, um welche innere Haltung es sich handelt? *Antwort*

Wenn Sie frieren, versuchen Sie die gesamte Körperfläche zu »minimieren«; d. h. der Hals ist kaum zu sehen, die Schultern sind nach vorne gebeugt, der Kopf nach unten geneigt und die gesamte Körperhaltung ist eher gebeugt, die Beine und Knie sehr eng beieinander. Dies gilt auch, wenn man angegriffen wird, und somit tatsächlich eine eher abweisende Haltung angenommen wird – es ist ein automatischer Schutzmechanismus.

Anders verhält es sich, wenn man aus Bequemlichkeit oder vielleicht Provokation so steht: Der Kopf ist eher geradeaus und/oder nach oben gerichtet, die Schultern sind gerade, die Beine stehen locker, vielleicht ist ein Bein leicht angewinkelt.

Damit soll illustriert werden, dass bei der **Analyse der Körpersprache** nicht einfach nur auf ein Merkmal geachtet werden darf.

Betrachten Sie die beiden Fotos in der Abb. 22.2-1. Wie wirken die Körperhaltungen auf Sie? *Frage*

Abb. 22.2-1: Das linke Foto zeigt eine lockere Haltung, insbesondere durch die Mimik. Hingegen muss bei dem Foto rechts die Mimik interpretiert werden.

Antwort   Trotz der Verschränkung der Arme wirkt die Körperhaltung im linken Foto locker. Im rechten Foto ist die Körperhaltung nicht eindeutig. Es muss erst die Mimik interpretiert werden. Die Haltung wirkt eher angespannt.

Die eigene Körperhaltung sollte daher aufrecht sein, **das Körpergewicht auf beiden Füßen gleichmäßig verteilt**. Die Füße sollten schulterbreit voneinander entfernt stehen, damit Sie das Gleichgewicht nicht verlieren. Anders läuft man Gefahr, das Gleichgewicht zu verlieren, und der Kampf um die Erhaltung des Gleichgewichts ist vielleicht für die Zuhörer erheiternd, aber bestimmt nicht für den Vortragenden. Das Gesicht sollte man gerade halten, mit einem ständigen Blickkontakt zum Publikum.

Dies können Sie sehr gut im stillen Kämmerlein einüben, auf jeden Fall mit Hilfe eines Spiegels, in dem Sie die gesamte Körperhaltung sehen können. Ideal ist natürlich nach Möglichkeit die Überprüfung mit einer Videokamera. Bedenken Sie aber bitte, dass die Aufnahme wesentlich gnadenloser ist, als Sie in einer Vortragssituation tatsächlich wirken.

Haben Sie ein Rednerpult mit Fußstütze zur Verfügung, dann können Sie bei einem längeren Vortag einen Fuß abwechselnd auf die Fußstütze stellen, um Ihre Körperhaltung zu entlasten.

Kleidung

Die Körperhaltung ist bei vielen Menschen davon abhängig, was sie für eine Kleidung tragen. Je nach Kontext, in dem Sie sich bewegen und einen Vortrag halten oder präsentieren sollen, wird die **Kleiderregelung** mehr oder weniger streng sein. Bedenken Sie aber dabei, dass die Kleidung grundsätzlich nicht zu eng sein darf, da sonst die richtige Atmung behindert wird (dazu mehr unter »Artikulation, Stimmvariation, Intonalität & Sprechtempo«, S. 305).

Hinsichtlich Kleidung gilt generell, dass Sie grelle Farben – bei Frauen Pailletten, Applikationen etc. – oder unruhige Muster vermeiden sollten. Da die Kleidungsfrage oftmals problematisch ist, folgen einige Tipps für Herren und Damen.

Falls erwartet wird, dass Sie einen Anzug mit Krawatte tragen, sollten Sie darauf achten, dass die Krawatte eher dezent ist. Bedenken Sie bitte, sofern Sie nicht jeden Tag einen Anzug tragen, dass Sie sich sehr unwohl darin fühlen können, und das wird man Ihnen ansehen. Man muss sich tatsächlich »selbstverständlich« darin bewegen können. Oftmals ziehen einige Männer – wenn sie sich unbeobachtet fühlen – an ihrer Krawatte herum, weil sie sich zu sehr am Hals eingeengt fühlen. Das wirkt natürlich nicht nur komisch; das wesentliche Problem ist, dass Sie sich kaum in Ihrer Rede frei fühlen können, wenn Sie etwas tragen, worin Sie sich nicht wohl fühlen. Für Promotionsprüfungen ist ein Anzug mit Krawatte Pflicht, für Kolloquien zu Abschlussarbeiten und für Seminararbeiten ist eine sportliche elegante Kleidung dem Anlass angemessen.

Kleidungstipps
für Herren

Obwohl es eine Selbstverständlichkeit ist, vergessen viele, dass die Schuhe sowie die Socken auch zu sehen sind. Es gilt nach wie vor, dass die Socken dunkelfarbig sein sollen – die berühmten Tennissocken sollten also im Schrank bleiben. Auch die Wahl der Schuhe hängt von dem Anzug ab. Dies ist für viele ein Problem, die eher gewohnt sind, sehr bequeme Straßenschuhe zu tragen.

Falls Sie unsicher sind, was Sie anziehen sollen, können Sie mit einem (dunklen) Sakko und einer entsprechenden Stoffhose kaum etwas falsch machen. In diesem Fall können Sie häufig sogar auf eine Krawatte verzichten, die Hemden müssen aber passend geschnitten sein. Auch hier gilt: Dezente Farben und klassische Formen.

Für Männer, die gewöhnlich keinen Anzug tragen: Ziehen Sie die Kleidung am Tag vor dem Vortrag probeweise an, in der Sie den Vortrag halten wollen. Sie haben dann Gelegenheit zu erproben, wie Sie sich in dieser Kleidung fühlen.

Müssen Sie in einer eher informellen Runde einen Vortrag halten, so gilt: Ziehen Sie an, was für Sie bequem ist und worin Sie sich wohl fühlen.

Kleidungstipps für Damen

Glauben wir den Vorurteilen, so haben es die Damen grundsätzlich schwerer, sich für die richtige Kleidung zu entscheiden. Zumindest kann man davon ausgehen, dass die Vorgabe bzw. Erwartung, dass Frauen grundsätzlich ein Kostüm, Kleid oder Rock tragen sollen, heutzutage obsolet ist. Hosenanzüge, bzw. Blazer und eine entsprechende Stoffhose sind ebenfalls eine adäquate Kleidung.

Bedenken Sie aber ebenfalls, dass die Kleidung nicht zu eng oder zu körperbetont sein darf. Die Zuhörer sollten sich nicht zu sehr mit Ihrer Figur beschäftigen (müssen). Miniröcke, so sehr sie vielleicht Ihrem persönlichen Stil entsprechen, sollten Sie auch nach Möglichkeit vermeiden, insbesondere dann, wenn Ihnen das Publikum völlig unbekannt ist.

Dann bleibt noch das Problem mit den Absatzschuhen. Sofern Sie sich nicht selbstverständlich darin bewegen können, sollten Sie eine lange Übungsphase einlegen, damit Sie sich natürlich darin bewegen können – sonst wirkt dies eher belustigend, auf jeden Fall nicht sehr günstig. Sind die Absätze sehr hoch, kann dies je nach Kontext erstens sehr unpassend sein und zweitens grundsätzlich problematisch, wenn Sie die Beschaffenheit des Fußbodens nicht genau kennen. Die Ausrutschgefahr oder das Umknicken sind gerade, durch die Nervosität bedingt, schon fast vorprogrammiert.

Falls Sie sich schminken möchten, so gilt auch hier: lieber sehr dezent. Der Zuhörer möchte sich auf Ihr Gesicht konzentrieren und nicht auf die Farbenpracht, die insbesondere bei nichtprofessionellem Umgang für Gesprächsstoff sorgen kann (denken Sie immer daran, dass gerade andere Frauen solche Dinge sehr genau registrieren).

Die Kleidung sollte immer dezent gehalten werden, sie sollte zu Ihrer Persönlichkeit sowie zu dem Anlass passen. Falls derartige Kleidungsstücke nicht zu den Alltagskleidern gehören (was wahrscheinlich überwiegend der Fall ist), denken Sie daran, dass sich Ihre Figur bereits im Laufe von Monaten verändern kann. Daher rechtzeitig die Kleidung probieren und auf Flecken etc. untersuchen, damit Sie nicht erst am Tag X, wenn es darauf ankommt, eine böse Überraschung erleben.

Fazit

Die Kleidung kann Ihre Körperhaltung unterstützen oder hemmen – daher sollte man diesem Problem durchaus einige Überlegungen widmen.

Abb. 22.2-2: Körperhaltung und Kleidung wirken auf das Publikum.

Betrachten Sie die Abb. 22.2-2 und vergleichen Sie Körperhaltung und Kleidung. Was wirkt wie auf Sie?

Frage

Im linken Bild stimmen sowohl Körperhaltung als auch Kleidung. Das mittlere sowie das rechte Bild zeigen eine zu lockere Haltung und die Kleidung ist zu aufreizend.

Antwort

22.3 Mimik *

Die Mimik umfasst den gesamten Gesichtsausdruck mit den unterschiedlichen Facetten.

Ist Ihnen Ihre Mimik bekannt? Versuchen Sie genau zu diesem Zeitpunkt Ihre Mimik zu beschreiben: Wie sehen wohl Ihre Augen, Stirn und Mundpartie aus? Sind die Augen vielleicht aufgrund der Konzentration leicht zusammengedrückt? Sind Ihre Mundwinkel eher in Richtung eines Lächelns oder nach unten gerichtet, da Sie bereits ahnen, dass die Beherrschung der Redekunst doch nicht so einfach ist? Besteht die Stirnpartie vielleicht deshalb schon aus einer einzigen Sorgenfalte? Darauf müssen Sie achten, wenn Sie die Mimik – sozusagen von innen heraus – kontrollieren möchten.

Hier hilft der Spiegel: Sehen Sie sich genau an und überlegen Sie sich nacheinander unterschiedliche Szenarien und beobachten Sie dabei Ihr Gesicht. Wie verändert es sich, je nach dem ob Sie versuchen irritiert, wütend, entspannt, lachend, auszusehen. Beobachten Sie dabei ganz bewusst, was sich außer dem Erscheinungsbild verändert. Welche Gesichtsmuskeln sind jeweils angespannt? Das gibt Ihnen dann die Möglichkeit, sich selbst zu überprüfen. Nur ein offenes und freundliches Gesicht kann Menschen ansprechen.

Es kann nämlich durchaus passieren, dass andere Menschen sich Ihnen gegenüber reserviert verhalten und dieses Verhalten irritiert Sie nicht nur, sondern wird als Ablehnung interpretiert. Tatsächlich ist aber Ihr eigenes Erscheinungsbild dafür verantwortlich, dass genau diese Reserviertheit bei den anderen produziert wird. Dadurch, dass Ihre Mimik von den anderen nicht eindeutig interpretiert werden kann, kommt es zu Missverständnissen, die zu einer unglücklichen Rückkopplung führen können: Ihre Mimik wird durch dieses zusätzliche Empfinden noch düsterer, die Anderen sind noch reservierter etc.

Im E-Learning-Kurs finden Sie einen Videoclip zur Mimik.

Daher ist es notwendig, sich selbst zu überprüfen: Entspannt sich nämlich Ihre Mimik, zeigen Sie ein freundliches Lächeln, führt dies zu einer entsprechenden Reaktion bei den Zuhörern. Bereits in alltäglichen Interaktionen könnte so manches Missverständnis, das häufig zu Konflikten führt, von vornherein vermieden werden, wenn lediglich darauf geachtet wird, was wohl die eigene Mimik dem Gegenüber als Signal vermittelt.

Aber natürlich hängt die Mimik (wie auch die Gestik) von dem Thema ab. Die Beherrschung der Mimik ist insbesondere dann wichtig aber auch schwierig, wenn der Inhalt der Rede konträr zu der eigenen Stimmung ist. Stellen Sie sich folgende Situation vor: Sie müssen eine Grabrede halten, aber Sie haben keine sehr enge Beziehung zu dem Verstorbenen gehabt. Am gleichen Tag haben Sie aber eine unglaublich positive Nachricht erhalten und Sie laufen die ganze Zeit mit einem strahlenden Gesicht und lächelnd durch die Gegend. Dann ist es ungemein schwierig, die Mimik auf eine Trauersituation einzustellen: Das Mitgefühl muss sich in Ihrem Gesicht widerspiegeln. Wenn Sie das können, dann beherrschen Sie die Mimik.

Natürlich gilt es auch umgekehrt: Wenn grundsätzlich davon ausgegangen wird, dass eine positive Ausstrahlung, ein freundliches und offenes Gesicht für die Rede sehr wichtig ist, Sie aber z. B. mit dem berühmten »linken Bein« aufgestanden sind, so darf es niemand sonst merken. In gewisser Weise ermöglicht eine kontrollierte Mimik zu verbergen, wie man sich wirklich fühlt; eine hilfreiche Fähigkeit in Situationen, in denen nicht erwünscht wird, dass viele Fragen gestellt werden.

positive Ausstrahlung

Die Mimik sollte dem Thema angepasst sein, aber grundsätzlich **Offenheit** und **Freundlichkeit** vermitteln. Es ist wichtig, die eigene Mimik von »innen« anhand der Muskelanspannung zu prüfen, um sich der möglichen Wirkung bewusst zu sein. Allein durch eine strenge Mimik können beispielsweise laute oder sich unterhaltende Zuhörer ermahnt werden, sich dem Vortrag zuzuwenden.

Fazit

22.4 Gestik *

Eine Geste bedeutet im Allgemeinen eine spontane oder bewusst eingesetzte Bewegung der Hände oder des Kopfes, um bestimmte Aussagen zu unterstreichen.

Es ist sehr schwierig, die eigene Gestik genau zu beschreiben, aber es ist sehr wahrscheinlich, dass Sie automatisch die **Hände zur Unterstützung der Sprache** nehmen. Daher muss die eigene Gestik einmal sehr genau studiert werden (auch hier hilft eine Videokamera oder auch ein entsprechender Spiegel).

Bewegungen

Wenn jemand vorne wie eine erstarrte Säule steht, ist das nicht sehr ansprechend. Bewegen sich aber z. B. die Hände ziemlich unkontrolliert hin und her, sind die Bewegungen zu breit oder wird eine für die Zuhörer komische Haltung angenommen, so wirken Sie eher verkrampft und unnatürlich. Auch das Hin- und Herlaufen mit entsprechender Gestikulierung kann zu viel Unruhe führen.

Haltung der Hände

Die Hände sind eigentlich das größte Problem. Gerade wenn man sehr nervös ist, weiß man beim besten Willen nicht, wohin damit. In der Hosentasche dürfen Sie sie nicht halten, sie zittern aber fürchterlich und sind einem mehr oder weniger ständig im Weg. Was also tun?

Eine Möglichkeit ist es, einen Stift in der Hand zu halten. Damit ist zumindest eine Hand schon beschäftigt. Achten Sie allerdings darauf, dass Sie *nicht* nervös ständig damit rumspielen – das erhöht nicht gerade die Freude, Ihnen zuzuhören. Sie können den Stift aber nutzen, um die überschüssige Energie, die sich durch die Nervosität breit macht, in einem leichten Druck auf den Stift zu übertragen (Leicht! Sonst haben Sie sehr schnell mindestens zwei Teile, die natürlich durch die Gegend fliegen).

Anspannung konstruktiv nutzen

Diese **Technik der leichten bewussten Anspannung** funktioniert übrigens auch mit den Fußspitzen und mit dem Gesäß; dies hat den Vorteil, dass das niemand sieht, man selbst aber ein Gefühl der Erleichterung hat, da die Anspannung auf andere Körperteile verteilt werden kann. Spannen Sie dazu jeweils leicht die genannten Körperteile an und lockern die Haltung sofort wieder. Das kann Wunder bewirken, muss jedoch eingeübt werden.

Da die Hände am meisten die Nervosität widerspiegeln, sollten Sie versuchen, die Hände locker neben dem Körper zu lassen bzw. zur Illustration und zur Unterstützung der Sprache vor dem Bauch bzw. Solarplexus, allerdings *nicht* ineinander verschränkt. Vermeiden Sie, sich am Pult oder Sonstigem festzuhalten: Ihre Knöchel werden weiß (das sehen die Zuhörer) und anschließend werden die Hände schmerzen. Die Abb. 22.4-1 zeigt derartig verkrampfte Haltungen.

 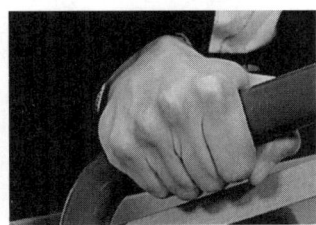

Abb. 22.4-1: Die Hände umfassen auf dem linken Bild die Tischkante; der unsichere Eindruck wird verstärkt. Auf dem rechten Bild hält sich die Referentin sehr verkrampft am Pult fest wodurch die Knöchel weiß werden.

Im E-Learning-Kurs werden die Situationen durch Videoclips veranschaulicht.

Möchten Sie mit dem Laserstift etwas vorführen bzw. mit einem Stift auf den Folien etwas hervorheben, denken Sie daran, dass insbesondere in diesem Fall Ihre Nervosität für alle wunderbar sichtbar wird.

Wenn Sie mit dem Stift vor dem Overheadprojektor stehen, achten Sie darauf, dass die Hand nicht »frei schwebend« ist – der Projektor wird das Zittern der Hände noch verstärkt projizieren (wie der Name schon sagt). Legen Sie die Hand zur Sicherheit *auf* den Projektor am Rande der Folie – natürlich so, dass Sie nichts verdecken – und bewegen Sie lediglich den Stift. Das reduziert den Effekt des Zitterns und es wird kaum auffallen.

Hand aufstützen

Verwenden Sie einen Laserstift, stützen Sie Ihren Ellenbogen auf der Hüfte bzw. dem Bauch. Auch das wird die Übertragung des Zitterns mindern und zusätzlich haben Sie eine bessere Kontrolle darüber, da die Lichtstrahlen sonst sehr unruhig sind (das sogar ohne Nervosität).

Laserstift abstützen

Es gibt also Möglichkeiten, die Hände daran zu hindern, dass sich Ihre Konzentration zu sehr auf sie richtet. Aber auch das sollte rechtzeitig eingeübt werden, denn während eines Vortrags werden Sie noch genug andere Probleme haben, als daran zu denken.

Will man **das Gesagte durch eine Gestik unterstreichen**, so soll die Hand- oder Kopfbewegung effektvoll eingesetzt werden. Sie können z. B. eine bestimmte Geste bei den Politikern beobachten: Wenn sie etwas besonders betonen möchten, formen sie Zeigefinger und Daumen zu einem »O« und die Bewegung deutet ein »Staccato« an, um jedes einzelne Wort zu betonen (ein Begriff, der in der klassischen Musik bekannt ist und angibt, dass jeder Ton deutlich von einem anderen abgesetzt wird). Diese Handbewegung wirkt bei zu häufiger Verwendung einstudiert und unnatürlich und nicht selten beschleicht einen Zuhörer das Gefühl, dass die Handbewegung lediglich davon ablenken soll, dass die Politiker eigentlich nichts inhaltlich zu sagen haben. Achten Sie daher darauf, dass die Gestik natürlich erscheint und dass diese Ihrer Persönlichkeit entspricht (Abb. 22.4-2). Jemand, der insgesamt sehr temperamentvoll ist, wird die Hände häufiger zur Unterstützung nehmen, als eine Person, die eher zurückhaltend ist.

Die Kopf- sowie Handbewegungen dürfen nicht zu »ausladend« sein (Abb. 22.4-3), wie es ab und zu bei Kabarettisten zu beobachten ist, wenn sie ganz bewusst eine Situation übertrieben darstellen wollen. In einem Vortrag wirkt dies eher überheblich, die Zuhörer fühlen sich nicht mehr ernst genommen und nicht selten können sich Aversionen dem Vortragenden gegenüber entwickeln.

Abb. 22.4-2: Die Gestik ist sparsam und passend.

Abb. 22.4-3: Die Gestik ist zu ausladend.

Die Gestiken sollten sparsam sein und Ihrer Persön- Fazit
lichkeit entsprechen. Die Hände »sprechen« immer mit,
aber wie die gesprochene Sprache müssen diese mitunter
kontrolliert werden.

22.5 Schwierige Situationen antizipieren *

**Schwierige Situationen können und sollen antizipiert wer-
den. Es können dennoch Pannen passieren, an die Sie vorher nicht gedacht haben. Die Kunst besteht in diesem Fall
darin, ruhig zu bleiben und die Situation souverän zu meistern.**

Stellen Sie sich vor, dass Sie Ihr Notebook unmittelbar vor   Frage
dem Vortrag am Beamer anschließen möchten, es ist aber
kein Bild zu sehen. Wie reagieren Sie?

Gute Reaktion: Antwort

○ Sie bitten jemanden um Hilfe.
○ Zeigen Humor, in dem Sie auf die Vorzüge der Technik
  hinweisen.

Unglückliche Reaktion:

○ Sie geraten in Panik.
○ Versuchen selbst das Problem zu beheben, auch wenn es
  beim zweiten Versuch nicht klappt.
○ Sie schimpfen über den technischen Stand.

Seit Murphy ist es bekannt: »Alles was schief gehen kann,   Pannen und
geht auch schief« – und in jeder Livesendung kann dies be-   andere
obachtet werden. Das kann leider auch für Ihre Rede gelten.   Probleme
Daher gilt prinzipiell: **ruhig bleiben, zeigen Sie Humor,**

reagieren Sie gelassen, wenn die Technik nicht auf Anhieb funktioniert. Alle Zuhörer kennen das Problem; sie haben aber lieber eine Person vor sich, die nicht gleich in Panik ausbricht und sich umständlich entschuldigt. Bitten Sie lieber jemanden um Hilfe – das macht Sie sympathisch. Dennoch ist es wichtig, technische Geräte vorher zu prüfen und gegebenenfalls Alternativen zu überlegen, falls doch etwas schief geht.

rhetorische
Pannen

Dann gibt es noch die gefürchteten rhetorischen Pannen: Sie fangen einen Satz an, den Sie nie im Leben zu Ende bringen können. Kommentieren Sie das ebenfalls humorvoll und beginnen Sie den Satz von vorne. Falls Sie sich aber nur versprechen, gehen Sie elegant darüber hinweg. Niemand wird es Ihnen ankreiden.

Viele Anfänger machen den Fehler, den Text auswendig zu lernen, um auf den geschriebenen Text dann verzichten zu können[2]. Das kann gefährlich sein, denn im entscheidenden Augenblick fehlt ein Wort und dann weiß man nicht wie es weitergeht. Daher vermeiden Sie komplizierte Sätze, Wortkonstruktionen oder Ihnen nicht gebräuchliche Wörter. Kreuzworträtsel helfen auch, wenn sie regelmäßig gelöst werden, denn da haben Sie die beste Übung, einzelne Wörter anders, nämlich durch Synonyme darzustellen. Wenn nichts mehr klappt, bitten Sie das Publikum um Hilfe – insbesondere wenn Sie in einer Fremdsprache reden; das Publikum macht meistens gerne mit. Das funktioniert zuweilen sogar in Prüfungen, falls Sie es nicht zu häufig machen.

Gliederungs-
punkt
vergessen?

Haben Sie einen Gliederungspunkt vergessen, müssen Sie überlegen, ob es absolut notwendig ist, diesen Teil nachzuholen. Sonst einfach weglassen. Das ist der Vorteil eines Redners: Nur Sie allein wissen, was Sie tatsächlich sagen wollten. Andere merken es gar nicht, wenn Sie es nicht explizit thematisieren. Das gilt auch für gedankliche Blockaden. Konzentrieren Sie sich in diesem Fall auf den nächsten Punkt, den Sie ansprechen wollten und leiten Sie darin

---

[2] Zur Erinnerung: Wir haben weiter oben empfohlen, einen Text so lange einzuüben, bis man ihn fast auswendig kennt, wenn man sich nicht einen freien Vortrag zutraut. Der geschriebene Text sollte aber dann immer präsent sein, um Unsicherheiten zu vermeiden; es handelt sich in dem von uns empfohlenen Fall ja eher um ein Vorlesen, das sehr häufig in freie Rede übergehen kann.

ein. Auch hier gilt es, dass das Publikum es meistens nicht merkt, wenn Sie es sich nicht anmerken lassen.

Probleme zu antizipieren bedeutet auch, dass Sie mit möglichen Zwischenbemerkungen der Zuhörer rechnen müssen, mit Provokationen, gemeinen Fragen etc. Eigentlich ist dies der Punkt, vor dem die meisten unsicheren Redner Angst haben. Hier gibt es verschiedene Strategien: Wenn Sie darauf achten, Sympathie auszustrahlen, dann können Sie sich darauf verlassen, dass Sie nicht alleine gelassen werden. Erfahrungsgemäß ergreift immer jemand im Publikum die Verteidigung, so dass man da nicht völlig alleine steht.

Werden Zwischenfragen gestellt, so müssen Sie entscheiden, ob Sie darauf eingehen – keinem Anfänger zu empfehlen – oder darum bitten, die Fragen erst am Ende des Vortrags zu stellen. Lediglich Verständnisfragen sollten sofort beantwortet werden. Denken Sie immer daran, dass Sie Zwischenbemerkungen aus dem Konzept bringen können. Daher sollte man sich nicht *während* des Vortrages auf das Publikum inhaltlich einlassen, denn da kann es passieren, dass Sie in eine völlig andere Richtung gelenkt werden und dann nicht mehr zu Ihrer Gliederung finden können.

Umgang mit Zwischen-fragen

Das Überhören von Zwischenbemerkungen ist für die eigene Konzentration am besten geeignet. Sind jedoch Personen anwesend, die ständig Privatgespräche führen und Sie dadurch abgelenkt werden, hilft es meistens, diese Störer freundlich anzusehen bzw. kurz zu reden aufhören. Sind diese Personen jedoch resistent gegen solche nonverbalen Hinweise, kann man auch höflich fragen, ob ein Problem vorhanden sei, oder schlicht um Ruhe bitten.

Ist, wie z. B. bei Tagungen oder Seminaren, ein Diskussionsleiter – eine sog. *Chairman* – vorhanden, so kann man sich bei permanenten Zwischenfragen auch an den Leiter wenden mit dem Hinweis, dass man **erst am Ende des Vortrags auf Fragen eingehen** möchte. Dann stellt nämlich der Leiter die Ruhe her, was für einen selbst angenehm ist und wodurch man eine kleine Erholungspause erhält.

Die eigentlichen Probleme entstehen für viele bei der Vorstellung des Diskussionsverlaufs. Hier sei zunächst erneut darauf hingewiesen, dass die Erwartungen nicht dazu führen dürfen, dass man sich alle möglichen schwierigen Situationen vorstellt und sich dann richtig hineinsteigert. Dennoch sollten auch schwierige Situationen antizipiert werden, z. B. Einwände oder ein aggressives Verhalten seitens der Zuhörer, das häufig als »Giftpfeile« beschrieben wird.

Experten-verhalten

Für Experten dienen Einwände der Zuhörer als Möglichkeit, die eigene Argumentation erneut und empfängerorientiert zu vertiefen und zu erweitern – also das detaillierter ausführen, was im Rahmen des Vortrags nicht möglich war. Schwierig sind die Einwände von Zuhörern, von denen man weiß, dass sie sozial höher gestellt sind als man selbst, oder wenn es sich um Prestigeeinwände handelt. Damit sind Einwände gemeint, die nur dazu dienen sollen, die überlegene Fachkompetenz des Fragenden zu dokumentieren.

Entsprechendes gilt für die allseits gefürchteten »Koreferate«, also Fragen, in denen der Fragende seine Meinung zur Welt insgesamt ausdrückt. In diesen Fällen sollte man sich nicht ernsthaft damit auseinandersetzen sondern darauf verweisen, dass man zu diesem Zeitpunkt lediglich die oder jene Argumentationen anbringen kann bzw. dass die Inhalte nach dem jetzigen Wissensstand präsentiert wurden. Häufig spielen sich die Zuhörer lediglich auf, um ihre Stellung innerhalb der Gruppe zu dokumentieren, damit sollten sich aber Vortragende nicht beschäftigen. An dieser Stelle wird aber erneut deutlich, dass die Fachkompetenz eine entscheidende Rolle spielt.

Ein Punkt, der für viele schwierig ist, ist das Empfangen der berühmten »Giftpfeile«. Diese werden z. B. durch eine ironische Untermalung des Gesagten oder durch eine aggressive Stimmlage sowie die entsprechende Wortwahl deutlich. Von Experten der Vortragskunst kann man auf diesem Gebiet sehr viel lernen: **Sie bleiben gelassen** und bei einem gleichen oder höheren Status erlauben sie sich ebenfalls einen ironischen Unterton. Anfängern, Studierenden, und generell sozial niedriger Gestellten ist dieses Verhalten nicht zu empfehlen, da die Zuhörer sofort mit ihrem Status das Verhalten des Redners kritisieren können. Die Gelassenheit sollte aber unbedingt beibehalten werden. Nicht ganz einfach, wenn Sie langsam regelrecht fühlen, wie Ihnen das Blut in den Kopf schießt, die Füße und der Bauch anfangen zu kribbeln und sich die Hände langsam zu Fäusten ballen.

Im E-Learning-Kurs finden Sie zwei Videoclips zu diesem Thema.

> Am Ende eines Vortrages wird die Referentin kritisiert, dass die Einleitung des Vortrages nicht die wesentlichen Punkte beinhaltet, wodurch das Resümee nicht nachvollziehbar ist. Die Referentin kann den Kritiker unterbrechen und sich damit entschuldigen, dass die Zeit für eine ausführlichere Darstellung nicht ausreicht. Oder sie hört ruhig zu und bedankt sich anschließend bei dem Kritiker für die konstruktiven Hinweise. Sie wissen nicht, ob die Kritik berechtigt ist oder nicht. Wie sollte man wohl in dieser Situation reagieren?

Beispiel

Die Zuhörer sollten nicht merken, dass es jemand geschafft hat, Sie zu provozieren. **Die innere Empfindung darf nicht nach außen dringen**, daher insbesondere in solchen Situationen sofort die Mimik, Gestik und Körperhaltung überprüfen. Erstens lenkt Sie das ein wenig von dem Ärger ab und zweitens haben Sie die Möglichkeit, eine souveräne Haltung beizubehalten oder einzunehmen. Das werden viele registrieren und Sie erhöhen die Chance, dass andere Zuhörer Ihre Partei ergreifen.

Bei jüngeren Damen ist in derartigen Situationen zuweilen zu beobachten, dass sie sich in die Rolle des armen kleinen Mädchens flüchten, um durch Mitleid sich Hilfestellung zu verschaffen. Diese Strategie ist manchmal erfolgreich, sollte aber nicht zur Regel werden, da man anschließend nicht mehr ernst genommen wird.

Wenn Sie also schwierige Situationen antizipieren, so denken Sie sofort an Lösungsmöglichkeiten. Steigern Sie sich nicht in albtraumhafte Vorstellungen hinein, sondern versuchen Sie grundsätzlich positiv zu denken. Erstens ist es nicht grundsätzlich der Fall, dass Diskussionen unangenehm verlaufen, zweitens sind Sie nicht völlig alleine da vorne, wenn Sie nicht selbst durch ein unangemessenes Verhalten das Publikum provoziert haben.

Fazit

22.6   Letzte Hinweise zum Vortrag *

An ein Glas Wasser oder Salztabletten denken. Die Einleitung und der Schluss sind die wichtigsten Teile des Vortrags. Die erlaubte Zeit ist unbedingt einzuhalten.

Nachdem Sie sich sorgfältig auf den Vortrag und Ihre Rede vorbereitet haben, kann eigentlich nichts mehr schiefgehen.

Tipp   Beim Reden, insbesondere wenn man laut reden muss, kann sehr schnell der Mund und der Hals trocken werden. Sie sollten daher ein Glas Wasser zum Vortrag mitbringen. Alternativ können Sie sich auch mit Salztabletten versorgen und lutschen (z. B. Emser Salztabletten aus der Apotheke oder Drogerie). Das hilft.

Folgende Hinweise zum Schluss, damit Ihr Vortrag ein Erfolg wird:

Voraussetzungen für eine erfolgreiche Präsentation

1 **Blickkontakt zum Publikum halten**
Sie sollten immer direkt zum Publikum sprechen. Wenn Sie sich abwenden, weil Sie sich beispielsweise zur Präsentationsfläche drehen, zeigen Sie dem Auditorium die »kalte Schulter« oder sogar den Rücken. So entsteht keine effektive Kommunikation.

2 **Kontrollierter Einsatz von Zeigestäben und Laserpointern**
Beim Einsatz moderner Präsentationssoftware ist es heute normalerweise *nicht* mehr nötig mit Zeigestäben oder Laserpointern auf die Präsentationen zu zeigen. Die Animationseffekte in der Software sind dafür normalerweise sehr gut geeignet. Oft ist es sogar nachteilig solche zusätzlichen Zeigeinstrumente zu benutzen, insbesondere wenn diese nicht souverän beherrscht werden. So wird der Zeigestab sehr schnell zum »Schwert«, das drohend gegen das Publikum eingesetzt wird oder der Laserpointer durch das Zittern der Hand zu einem unmittelbaren Indikator für Ihre Nervosität an der Präsentationsfläche.

3 Einleitung und Schluss sind die wichtigsten Teile

Diese Regel sollten Sie beachten. Eine Eröffnung, von der ein Teil des Auditoriums gar nichts mitbekommt, führt nicht nur zu Unruhe im Publikum, sondern verunsichert normalerweise auch Sie. Analoges gilt für den Schluss einer Präsentation. Einfach aufhören zu reden reicht normalerweise nicht aus und verunsichert wieder das Publikum und Sie.

Lernen Sie die Eröffnung und den Schluss Ihrer Präsentation auswendig und sprechen Sie gerade hier sehr deutlich und betont.

Tipp

4 Zeit einhalten

Normalerweise werden für wissenschaftliche Präsentationen klare Zeitvorgaben gesetzt. Diese sind unbedingt einzuhalten, weil einerseits hierdurch ein Maß für Breite und Tiefe eines Vortrags vorgegeben wird, andererseits es durchaus zu Abwertungen in der Leistungsbeurteilung kommen kann. Daher sollte auch dieser Aspekt nicht nur im Rahmen der Planung beachtet werden, sondern vor allem auch bei der Durchführung eingehalten werden.

Üben Sie den Vortrag, um ein Gefühl für die Zeit zu bekommen. Gehen Sie während des Vortrags genauso vor, wie Sie es geplant hatten. Dadurch vermeidet man »Zeit fressendes Gerede«.

Tipp

Eröffnung

Im Rahmen der Eröffnung ist es insbesondere wichtig, das Interesse und die Aufmerksamkeit der Zuhörer zu wecken. Dies kann beispielsweise durch folgende Mittel erfolgen:

Aufmerksamkeit der Zuhörer

- Bezug zu aktuellem Thema herstellen.
- Praktische Relevanz an einem Beispiel erläutern.
- Interessante Eröffnungsfolie verwenden (Bild, Zeitungsausschnitt, Zitat etc.).
- Kräftige und deutliche sprachliche Eröffnung und Blickkontakt zum Publikum.

Hauptteil

fachlich fundiert
in der Sache

Im Rahmen des Hauptteils besteht die Kunst vor allem darin, einerseits fachlich fundiert in der Sache vorzutragen, andererseits durch rhetorische Mittel auch immer wieder die Aufmerksamkeit des Publikums einzufordern. Wichtige Hilfen dabei sind:

- Betonungen und Sprechpausen einbauen.
- Klarer Satzbau und einfache Wortwahl.
- Visualisierung und Präsentationstechnik souverän einsetzen.
- Ständiger Kontakt zum Publikum, nicht »mit der Wand sprechen«.

Schluss

Der bereits angesprochene klare Schlusssatz sollte auch mit Hilfe der Präsentationstechnik unterstützt werden. Dies kann beispielsweise durch eine Folie mit einem knappen Schlusssatz erfolgen. Natürlich müssen dann Vortrag und Präsentationstechnik absolut synchron funktionieren.

Fragen und fachliche Diskussionen

Sofern seitens des Betreuers nicht eine andere Vorgabe gemacht wurde, sollte unbedingt Raum für Fragen und fachliche Diskussionen eingeräumt werden. Auch hier sind dem Publikum dann entsprechender Respekt und Aufmerksamkeit zu schenken. Sollten Fragen aufkommen, die nicht beantwortet werden können, ist es in jedem Fall ratsam ehrlich zu sagen, dass man sich mit dem Angesprochenen nicht beschäftigt hat, statt etwas zu erzählen, das keine inhaltliche Basis hat. Gerade im wissenschaftlichen Diskurs sind Sachorientierung und inhaltliche Ehrlichkeit von hoher Bedeutung (siehe »Ehrlichkeit«, S. 10).

22.7 Seminarvortrag: Präsentation **

Gut vorbereitet findet sich Frau Anders bereits eine Stunde vor Vortragsbeginn im Seminarraum ein, um die Technik vorzubereiten und auszuprobieren. Sie stellt mit Hilfe eines Kommilitonen die Tische in U-Form auf. Um Mundtrockenheit zu verhindern, hat sie eine Flasche Wasser und ein Glas mitgebracht. Nach dem Test von Beamer und Notebook beschriftet sie die Flipchartblätter.

Und dann ist es auch schon soweit. Die ersten Zuhörer kommen. Nachdem alle da sind, gibt der betreuende Professor noch eine kurze Einleitung und übergibt dann Frau Anders das Wort. Mit leichtem Herzklopfen beginnt Frau Anders ihren Vortrag, indem sie ihr Vortragsthema auf dem Flipchart vorstellt (Abb. 22.7-1).

Abb. 22.7-1: Vorstellung des Themas und eigene Vorstellung.

Da sie aber die ersten Sätze alle auf Karteikarten notiert hat, wird sie schnell ruhiger und stellt ihre ersten Fragen an das Publikum (Abb. 22.7-2).

Abb. 22.7-2: Eintrag der Ergebnisse der Fragen an das Publikum.

Danach zeigt sie die vorbereitete Vortragsgliederung auf dem Flipchart. Nachdem sie die Spracherkennung demonstriert hat, fasst sie die Erkenntnisse ihres Vortrags in einer Folie zusammen.

 Im E-Learning-Kurs finden Sie einige Videoclips, die Ausschnitte aus dem Vortrag von Frau Anders zeigen.

Anhang A   Tabellen zur Zitierweise **

Unterschiedliche Zitierweisen stellen unterschiedliche Anforderungen an den Aufbau des Kurzverweises, der entweder direkt im laufenden Text oder in einer Fußnote auf die Originalquelle verweist. Je nach Art der Veröffentlichung unterscheiden sich auch die Angaben im Literatur- und Quellenverzeichnis.

Vor dem Eintrag der Quelle wird der Verweis exakt so eingetragen, wie er an der Zitatstelle verwendet wurde, jedoch ohne Angabe zur Seitennummer in der Originalquelle. In den folgenden Tabellen gilt folgende Notation: {...} = nur falls erforderlich, _ = Leerzeichen

Eintrag für Monografien

Notation	Eintrag	Anmerkung
{;_}	Nachname, Vorname Autor	Alle Autoren aufführen, zweite Vornamen abgekürzt, »o. V.« falls keine Verfasserangaben oder »Anonymous« bei Zitierweise mit Index oder Namenskürzel
;_	Nachname, Vorname Herausgeber	Zusatz »(Hrsg.)«, zweite Vornamen abgekürzt
;_	Nachname, Vorname Mitarbeiter	Zusatz »(Mitarb.)«, zweite Vornamen abgekürzt
;_	Institutionen	Zusatz »(Hrsg.)«
:_	Titel	
:_	Untertitel	
,_	Nachname, Vorname Bearbeiter	Zusatz »(Bearb.)« oder »(Übers.)«, zweite Vornamen abgekürzt
,_	Auflage	Nur, wenn mindestens auch eine 2. Auflage vorhanden ist
,_	Verlag	Ansonsten »ohne Verlagsangaben«
,_	Erscheinungsort	Ansonsten »o. O.« (ohne Ortsangabe)
_	Erscheinungsjahr	Ansonsten »o. J.« (ohne Jahresangabe)
,_ISBN_	ISB-Nummer	falls vorhanden

Tab. 1.0-1: Eintrag für Monografien.

332

Mustermann (2003)	Mustermann, Manfred: Grundlagen der Informationstechnologie: Eine Einführung für Studenten der Wirtschaftsinformatik, 6. Auflage, Musterverlag, München 2003
Mustermann (2007a)	Mustermann, Manfred; Neumann, Norbert (Hrsg.); Becker, Bend (Mitarb.): Globalisierung aus Sicht des elektronischen Handels, 2. Auflage, Musterverlag, München 2007
Mustermann (2007b)	Mustermann, Manfred: Fundamentals of Information Technology: A brief introduction for students, O'Neill, R. (Übers.), 2. Auflage, Example Press, New York 2007
Mustermann; Neumann (2004)	Mustermann, Manfred; Neumann, Norbert; Obermeier, Otto (Hrsg.): New Economy: Wenn die Blase platzt, Musterverlag, München 2004
Mustermann et al. (2007)	Mustermann, Manfred; Neumann, Norbert; Obermeier, Otto: E-Commerce: Weg aus der Absatzkrise?, Musterverlag, München 2005
FOM (1997)	Fachhochschule für Oekonomie & Management (Hrsg.): Diplom-Prüfungsordnung für den Studiengang Wirtschaftsinformatik, Essen 19.12.1997

Eintrag für Fachzeitschriften

Notation	Eintrag	Anmerkung
{;_}	Nachname, Vorname Autor	Alle Autoren aufführen, zweite Vornamen abgekürzt, »o. V.« falls keine Verfasserangaben oder »Anonymous« bei Zitierweise mit Index oder Namenskürzel
:_	Titel	
:_	Untertitel	
,_in:_	Name der Fachzeitschrift	
,_	Jahrgang	
,_	Band oder Heftnummer	Ggf. Erscheinungsdatum
,_	Seitenangabe	Erste und letzte Seite des Artikels

Tab. 1.0-2: Eintrag für Fachzeitschriften.

Mustermann (2004)	Mustermann, Manfred: Eine Zeitreise durch die Betriebssysteme, in: Computer-Geschichte, 2004, Ausgabe 04, S. 112 bis 114
Mustermann; Neumann (2003)	Mustermann, Manfred; Neumann, Norbert: Regeln des M-Commerce, in: Elektronisches Handelsblatt, 11.12.2003, S. 64 ff.
Mustermann et al. (2005)	Mustermann, Manfred; Neumann, Norbert; Obermeier, Otto: Elektronische Welten: Eine Betrachtung aus philosophischer Sicht, in: IT Magazine, 2005, Heft 04, S. 32

Eintrag für Sammelwerke

Notation	Eintrag	Anmerkung
{;_}	Nachname, Vorname Autor	Alle Autoren des Artikels aufführen, zweite Vornamen abgekürzt, »o. V.« falls keine Verfasserangaben oder »Anonymous« bei Zitierweise mit Index oder Namenskürzel
/_	Nachname, Vorname Mitarbeiter	Zusatz »(Mitarb.)«, zweite Vornamen abgekürzt
:_	Titel	
:_	Untertitel	
,_	Nachname, Vorname Bearbeiter	Zusatz »(Bearb.)« oder »(Übers.)«, zweite Vornamen abgekürzt
,_in:_		
{;_}	Nachname, Vorname Autor	Alle Autoren des Sammelwerks aufführen, zweite Vornamen abgekürzt
/_	Nachname, Vorname Herausgeber	Zusatz »(Hrsg.)«, zweite Vornamen abgekürzt
/_	Nachname, Vorname Mitarbeiter	Zusatz »(Mitarb.)«, zweite Vornamen abgekürzt
/_	Institutionen	Zusatz »(Hrsg.)«
:_	Titel	
:_	Untertitel	
,_	Nachname, Vorname Bearbeiter	Zusatz »(Bearb.)« oder »(Übers.)«, zweite Vornamen abgekürzt
,_	Auflage	Nur, wenn mindestens auch eine 2. Auflage vorhanden ist
,_	Verlag	

Notation	Eintrag	Anmerkung
,_	Erscheinungsort	Ansonsten »o. O.« (ohne Ortsangabe)
_	Erscheinungsjahr	Ansonsten »o. J.« (ohne Jahresangabe)
,_	Seitenangabe	Erste und letzte Seite des Aufsatzes
,_ISBN:_	ISB-Nummer	falls vorhanden

Tab. 1.0-3: Eintrag für Sammelwerke.

Mustermann (2005)	Mustermann, Manfred: Moderne Mikroprozessoren: Aufbau und Verwendung, in: Neumann, Norbert: Aufsätze zur Architektur von Rechnersystemen: Vom 8088 zum Pentium, Musterverlag, München 2005, S. 56–65
Mustermann et al. (2004)	Mustermann, Manfred; Neumann, Norbert; Obermeier, Otto: Brennender Sand: Besondere Anforderungen an Rechnersysteme in heißen Klimazonen, in: Petermann, Paul: Schriften zum Klimawandel: Eine alternative Betrachtung, Quatermain, Albert (Bearb.), 3. Auflage, Sahara Press, Kairo 2004, S. 127 ff.

Eintrag für reine Internetquellen

Notation	Eintrag	Anmerkung
{;_}	Nachname, Vorname Autor	Alle Autoren aufführen, zweite Vornamen abgekürzt, »o. V.« falls keine Verfasserangaben oder »Anonymous« bei Zitierweise mit Index oder Namenskürzel
;_	Nachname, Vorname Herausgeber	Zusatz »(Hrsg.)«, zweite Vornamen abgekürzt
;_	Nachname, Vorname Mitarbeiter	Zusatz »(Mitarb.)«, zweite Vornamen abgekürzt
;_	Institutionen	Zusatz »(Hrsg.)«
:_	Titel	
:_	Untertitel	
;_	Nachname, Vorname Bearbeiter	Zusatz »(Bearb.)« oder »(Übers.)«, zweite Vornamen abgekürzt
,_	Erscheinungsdatum oder Versionsnummer	Ansonsten »o.J.« (ohne Jahresangaben)
,_	Protokoll	»http« oder »ftp«
://	Serveradresse	z. B.. www.W3L.de

Notation	Eintrag	Anmerkung
.	Pfad	
.	Dokumentenname	
.	Suffix	z. B. PDF, DOC oder JPG
_(	Zugriffsdatum	z. B. 01.07.2006
,_	Zugriffszeit	z. B. 14:57
)		

Tab. 1.0-4: Eintrag für reine Internetquellen.

Mustermann (2002)	Mustermann, Manfred: Funktionsweise des USB-Busses: Aufbau des USB-Kabels, Version 2.0, http://www.servername.com/ mustermann/usb/kabel/index.html (03.12.2006, 14:56)
Mustermann; Neumann (2005)	Mustermann, Manfred; Neumann, Norbert: Spamfighting: Vom einsamen Kampf gegen die E-Mailflut, 12.02.2005, http://www.servername.com/mustermann /blog/2005_02_12.html (14.07.2005, 12:34)

Eintrag für traditionelle Quellen, welche über das Internet verfügbar sind

Der Eintrag beginnt mit der traditionellen Quellenangabe entsprechend der für Monografien, Sammelwerke, Artikel in Fachzeitschriften etc. zuzüglich der Internetadresse in der hier gezeigten Form.

Notation	Eintrag	Anmerkung
,_	Protokoll	»http« oder »ftp«
://	Serveradresse	z. B. www.W3L.de
.	Pfad	
.	Dokumentenname	
.	Suffix	z. B. PDF, DOC oder JPG
_(	Zugriffsdatum	z. B. 01.07.2006
,_	Zugriffszeit	z. B. 14:57
)		

Tab. 1.0-5: Eintrag für traditionelle Quellen aus dem Internet.

| Mustermann (2007c) | Mustermann, Manfred; Neumann, Norbert (Hrsg.); Becker, Bernd (Mitarb.): Globalisierung aus Sicht des elektronischen Handels, 2. Auflage, Musterverlag, München 2007, http://www.servername.com/ mustermann/buch/globalisierung.pdf (23.05.2007, 23:45) |
| Mustermann et al. (2005) | Mustermann, Manfred; Neumann, Norbert; Obermeier, Otto: Elektronische Welten: Eine Betrachtung aus philosophischer Sicht, in: IT Magazine, 2005, Heft 04, S. 32, http://www.servername.com/ mustermann/artikel/elektronische_welten.txt (16.09.2005, 01:23) |

Eintrag für Dokumente mit DOI-Nummer

Der Eintrag beginnt mit der traditionellen Quellenangabe entsprechend der für Monografien, Sammelwerke, Artikel in Fachzeitschriften etc. zuzüglich der DOI-Adresse in der hier gezeigten Form.

Notation	Eintrag	Anmerkung
‚_http://	Protokoll	
dx.doi.org	Serveradresse der *International DOI Foundation*	
/	Dokumentennummer Präfix	z. B. 10.1000
/	Dokumentennummer Suffix	z. B. 123456

Tab. 1.0-6: Eintrag für Dokumente mit DOI-Nummer.

| Mustermann (2007c) | Mustermann, Manfred; Neumann, Norbert (Hrsg.); Becker, Bernd (Mitarb.): Globalisierung aus Sicht des elektronischen Handels, 2. Auflage, Musterverlag, München 2007, http://dx.doi.org/10.1000/123456 |
| Mustermann et al. (2005) | Mustermann, Manfred; Neumann, Norbert; Obermeier, Otto: Elektronische Welten: Eine Betrachtung aus philosophischer Sicht, in: IT Magazine, 2005, Heft 04, S. 32, http://dx.doi.org/10.1000/123456 |

Eintrag für Gesetzestexte

Der Eintrag wird ohne Stellenangabe im Gesetzestext eingetragen.

Notation	Eintrag	Anmerkung
	Gesetz	Vollständige Bezeichnung des Gesetzestextes
,–	Datum der Fassung	Abgekürzter Zusatz »idF v.« für »in der Fassung vom« möglich
_(	Fundstelle	i. d. R. Bundesgesetzblatt
)		
,–	Datum der letzten Änderung	Zusatz »zuletzt geändert am«
_(	Fundstelle	i. d. R. Bundesgesetzblatt
)		

Tab. 1.0-7: Eintrag für Gesetzestexte.

Anmerkung: Die Daten für Fassung und Änderung eines
Gesetzestextes können der Website des Bundesministerium
der Justiz (http://bundesrecht.juris.de/aktuell.html) entnommen werden.

Bundesdatenschutzgesetz in der Fassung der Bekanntmachung vom
14. Januar 2003 (BGBl. I S. 66), zuletzt geändert durch Artikel 1 des
Gesetzes vom 22. August 2006 (BGBl. I S. 1970)

Bürgerliches Gesetzbuch in der Fassung der Bekanntmachung vom
2. Januar 2002 (BGBl. I S. 42, 2909; 2003 I S. 738), zuletzt geändert durch Artikel 3 des Gesetzes vom 23. November 2007 (BGBl. I
S. 3631)

Urheberrechtsgesetz vom 9. September 1965 (BGBl. I S. 1273), zuletzt geändert durch Artikel 1 des Gesetzes vom 26. Oktober 2007
(BGBl. I S. 2513)

Eintrag für Urteile

Der Eintrag wird ohne Stellenangabe im Urteil eingetragen.

Notation	Eintrag	Anmerkung
	Name des Gerichts	Vollständige Bezeichnung des Gerichts inkl. Kammer etc.
,_	Datum des Urteils	Zusatz »Urteil v.«
_(	Aktenzeichen des Urteils	Zusatz »Az.«
)		
,_	Fundstelle	Falls gegeben, z. B. »veröffentlicht in [...]«

Tab. 1.0-8: Eintrag für Urteile.

Bundesgerichtshof V. Zivilsenat, Urteil v. 24.01.2007 (Az. V ZB 166/05)

Landgericht München I, Urteil v. 21.08.2003 (Az. 22 O 302/03)

Oberlandesgericht Düsseldorf, Urteil v. 20.02.2001 (Az. 20 U 194/00)

Harvard-Zitierweise mit Verweis auf die Originalquelle im laufenden Text

Notation	Eintrag	Anmerkung
(	{vgl._}	Hinweis »vgl.« bei indirektem Zitat einfügen
{_&_}	Nachname Autor	Bis zu zwei Autoren aufführen, ansonsten Zusatz »et al.«, »o. V.« falls keine Verfasserangaben
_	Jahr	bei mehreren Publikationen pro Jahr mit Buchstaben »a, b, c...z« indiziert, »o. J.« falls keine Jahresangabe
,_	Seitenangabe	Erste und letzte Seite des Zitats (im Original mit »p.« für »page«)
)		

Tab. 1.0-9: Harvard-Zitierweise mit Verweis auf die Originalquelle im laufenden Text.

So verwies bereits (Mustermann 2007b, S. 154) auf dieses Manko.

Dies findet sich auch bei (Mustermann & Neumann 2004, S. 45 ff.).

Dies gilt als allgemein anerkannt (vgl. Mustermann et al. 2007, S. 123).

»Die Besonderheit liegt hier im Detail« (Mustermann et al. 2007, S. 148).

Modifizierte Harvard-Zitierweise mit Verweis in der Fußnote

Notation	Eintrag	Anmerkung
	Nummer der Fußnote	Hochgestellt
_	{Vgl._}	Hinweis »Vgl.« bei indirektem Zitat einfügen
{_/_} oder {;_}	Nachname Autor	Bis zu zwei Autoren aufführen, ansonsten Zusatz »et al.«, »o. V.« falls keine Verfasserangaben.
_(	Jahr	bei mehreren Publikationen pro Jahr indiziert, »o. J.« falls keine Jahresangabe
),_	Seitenangabe	Erste und letzte Seite des Zitats

Tab. 1.0-10: Modifizierte Harvard-Zitierweise mit Verweis in der Fußnote.

Anmerkung: Wenn Sie sich für ein Trennzeichen zwischen Autorennamen (»;« oder »/«) entschieden haben, so müssen Sie diese Form für die gesamte Arbeit strikt einhalten. Eine wechselnde Verwendung ist nicht zulässig!

[23] Vgl. Mustermann (2007b), S. 154

[27] Mustermann / Neumann (2004), S. 45 ff.

[29] Neumann; Obermann (2007), S. 128 f.

[32] Vgl. Mustermann et al. (2007), S. 123

Autor-Stichwort-Jahr-Zitierweise mit Verweis in der Fußnote

Notation	Eintrag	Anmerkung
	Nummer der Fußnote	Hochgestellt
_	{Vgl._}	Hinweis »Vgl.« bei indirektem Zitat einfügen
{_/_} oder {;_}	Nachname Autor	Bis zu zwei Autoren aufführen, ansonsten Zusatz »et al.«, »o. V.« falls keine Verfasserangaben
_(	Stichwort	
_	Jahr	»o. J.« falls keine Jahresangabe
),_	Seitenangabe	Erste und letzte Seite des Zitats

Tab. 1.0-11: Autor-Stichwort-Jahr-Zitierweise mit Verweis in der Fußnote.

Anmerkung: Wenn Sie sich für ein Trennzeichen zwischen Autorennamen (»;« oder »/«) entschieden haben, so müssen Sie diese Form für die gesamte Arbeit strikt einhalten. Eine wechselnde Verwendung ist nicht zulässig!

[23] Vgl. Mustermann (IT Fundamentals 2007), S. 154

[27] Mustermann / Neumann (New Economy 2004), S. 45 ff.

[29] Neumann; Obermann (Softwarekrise 2005), S. 128 f.

[32] Vgl. Mustermann et al. (E-Commerce 2007), S. 123

Verweis mit Namenskürzel im laufenden Text

Notation	Eintrag	Anmerkung
{(}	{vgl._}	Hinweis »vgl.« bei indirektem Zitat einfügen und Verweis einklammern
[	Namenskürzel Autor	Ein Autor mit vier Buchstaben, zwei Autoren mit jeweils zwei Buchstaben, drei Autoren nur mit jeweiligen Anfangsbuchstaben, vier oder mehr Autoren mit den Anfangsbuchstaben der drei erstgenannten Autoren und einem »+« aufführen, Erster Buchstabe eines Namens groß, Autor heißt »Anonymous« falls keine Verfasserangaben.
	Jahr	Zweistellig abgekürzt
{_}	Seitenangabe	Erste und letzte Seite des Zitats
]		
{)}		

Tab. 1.0-12: Verweis mit Namenskürzel im laufenden Text.

Dies belegt der Autor nachvollziehbar (vgl. [Must07, S. 154]).

»Informationstechnik ist eine besondere Wissenschaft.« [MNO07, S. 123].

Darauf verweist bereits [Anon02b, S. 32 f.] in seinem Werk.

Verweis mit Namenskürzel in der Fußnote

Notation	Eintrag	Anmerkung
	Nummer der Fuß-note	Hochgestellt
_	{Vgl._}	Hinweis »vgl.« bei indirektem Zitat einfügen
[	Namenskürzel Autor	Ein Autor mit vier Buchstaben, zwei Autoren mit jeweils zwei Buchstaben, drei Autoren nur mit jeweiligen Anfangsbuchstaben, vier oder mehr Autoren mit den Anfangsbuchstaben der drei erstgenannten Autoren und einem »+« aufführen, Erster Buchstabe eines Namens groß, Autor heißt »Anonymous« falls keine Verfasserangaben
	Jahr	Zweistellig abgekürzt
{,_}	Seitenangabe	Erste und letzte Seite des Zitats
]		

Tab. 1.0-13: Verweis mit Namenskürzel in der Fußnote.

[27] Vgl. [Must07, S. 154]
[34] [MNO07, S. 123]

Verweis mit numerischem Index im laufenden Text

Notation	Eintrag	Anmerkung
{(		Eingeklammert, falls mehr Angaben, als die reine Indexnummer angegeben werden
	{vgl._}	Hinweis »vgl.« bei indirektem Zitat einfügen
[	Nummer des Indexeintrags	
]		
{,_}	Seitenangabe	Erste und letzte Seite des Zitats
)}		

Tab. 1.0-14: Verweis mit numerischem Index im laufenden Text.

Dies wird bei Mustermann besonders deutlich (vgl. [18], passim).

»Festplattenausfälle sind die häufigste Fehlerursache« ([32], S. 123).

Auch Neumann [24] beschäftigte sich mit diesen Themen.

Verweis mit numerischem Index in der Fußnote

Notation	Eintrag	Anmerkung
	Nummer der Fußnote	Hochgestellt
_	{Vgl._}	Hinweis »Vgl.« bei indirektem Zitat einfügen
[	Nummer des In-dexeintrags	
]		
{,_}	Seitenangabe	Erste und letzte Seite des Zitats

Tab. 1.0-15: Verweis mit numerischem Index in der Fußnote.

[23] Vgl. [18], S. 154

[27] [19], S. 45 ff.

Glossar

Absatz *(paragraph)*
»[...] Teil eines Textes, der vorwiegend durch Gliederung eines Abschnitts entsteht und grundsätzlich keine Überschrift enthält, gegebenenfalls aber durch eine Absatznummer gekennzeichnet ist« [DIN 1421, S. 1]

Abschnitt *(section)*
»[...] Teil eines Textes, der durch Gliederung eines Textes entsteht und durch eine Abschnittsnummer und/oder eine Abschnittsüberschrift gekennzeichnet ist« [DIN 1421, S. 1].

Akronym *(acronym)*
Unter einem Akronym wird ein Kunstwort verstanden, das aus den Anfangsbuchstaben mehrerer Wörter gebildet wird (z. B. FAQ oder NASA).

Artefakt *(artefact)*
Ein durch das menschliche Können geschaffenes Produkt oder Phänomen. (Syn.: Arbeitsprodukt, Werk)

Brainstorming *(brainstorming)*
Kreativitätstechnik, um durch Sammeln und wechselseitiges Assoziieren von spontanen, verbal vorgetragenen Einfällen von Mitarbeitern in einer Gruppensitzung die beste Lösung eines Problems zu finden.

Dauer
Zeitspanne, die für die Fertigstellung eines →Vorgangs erforderlich ist. (Syn.: Vorgangsdauer)

DOI *(Digital Object Identifier)*
Eindeutige und dauerhafte Identifizierungsnummer für digitale Publikationen.

Durchschuss *(leading)*
Leerraum zwischen zwei Zeilen. Bei Zeilen ohne Durchschuss berühren sich Unter- und Oberlänge. Jeder zusätzliche Zwischenraum wird als Durchschuss bezeichnet. Der Begriff hat seinen Ursprung in der Bleisatzzeit.

Empirische Untersuchung *(empirical survey)*
Eine empirische Untersuchung beruht auf Erfahrungswissen und Beobachtungen (grch. empeiria: Erfahrung).

Flipchart *(flipchart)*
Ein Flipchart ist ein Gestell, das meistens auf drei Standbeinen steht und einem Papierblock von circa 68 x 100 cm Größe eine Unterlage bietet. Am oberen Ende wird der Flipchart-Block aufgehängt und auch häufig von einer Klemmschiene gehalten. Die ausgefüllten Papierseiten kann man über das Kopfende nach hinten wenden.

Gantt-Diagramm *(Gantt Chart)*
Balkendiagramm, das die Zuordnung von →Vorgängen zu Personen oder die Zuordnung von Personen zu Vorgängen zeigt. Vorgänge bzw. Personen werden entlang einer Zeitachse dargestellt.

Hypothese *(hypothesis)*
Eine noch nicht bewiesene Annahme (grch. hypothesis: Unterstellung)

Meilenstein *(milestone)*
Signal für das Erreichen eines Teilzieles. In der Regel dargestellt als →
Vorgang mit einer →Dauer von null Tagen.

Mittellänge *(lowercase height)*
Gibt die Höhe des kleinen x in einer Schrift an. Synonym: x-Höhe

Monospace-Schrift *(monospace font)*
Bei dieser Schrift besitzen alle Zeichen die gleiche Breite. Schmale (z. B. i)
und breite Buchstaben (z. B. w) benötigen gleich viel Platz. Eine häufig
verwendete Monospace-Schrift ist Courier. Siehe auch →Proportional-
schrift.

Oberlänge *(ascender)*
Länge, um die Buchstaben über die →x-Höhe hinausragen. Eine Oberlänge besitzt z. B. der Buchstabe b.

Objektivität *(objectivity)*
Vorurteilslosigkeit, Sachlichkeit, Neutralität

originell *(original)*
Neuartig, ursprünglich, wie das Original beschaffen, von einer besonderen Eigenart.

Phase *(phase)*
Zusammenfassung von Aktivitäten nach zeitlichen, begrifflichen, technischen und/oder organisatorischen Kriterien.

Pinnwand *(pin board)*
Eine Pinnwand ist eine Visualisierungsfläche, die entweder an einer
Wand fest angebracht ist oder auf Standbeinen bzw. einem Rollständer
steht. Bewegliche Pinnwände sind etwa 190 cm hoch und haben eine Fläche von circa 123 x 150 cm. Die Visualisierungsfläche besteht aus einem
korkähnlichen Material, aus Hartschaum oder ist mit Filz bezogen, so
dass man Moderationskarten leicht anheften kann.

Projektplan *(project schedule)*
Ein Projektplan beschreibt auf der Grundlage der Ziele und Durchfüh-
rungsbedingungen eines Projekts die durchzuführenden Aktivitäten einschließlich erforderlicher Ressourcen (Mitarbeiter, Hardware, Software)
und Zeitaufwand, Abhängigkeiten zwischen den Aktivitäten sowie Meilensteine (überprüfbare Zwischenergebnisse) einschließlich Terminen.
Ein weiterer Bestandteil eines Projekts kann die Identifikation und Be-
wältigung möglicher Risiken sein.

Proportionalschrift *(proportional font)*
Bei dieser Schrift besitzt jedes Zeichen eine individuelle Breite. Beispielsweise ist das i schmaler als das w. Times ist die am weitesten
verbreitete Proportionalschrift. Siehe auch →Monospace-Schrift.

Punkt *(point)*
Maßeinheit für die Schriftgröße, die insbesondere im Druckbereich verwendet wird. Ein Punkt (Abkürzung: pt) entspricht 1/27 Zoll, d. h.
0,353 mm.

relevant *(relevant)*
belangvoll, wichtig

Ressource *(resource)*
Alle für die Durchführung eines →Vorgangs erforderlichen Einsatzmittel wie Personal oder Betriebsmittel (Maschinen, Materialien).

Schriftlinie *(baseline)*
Gedachte Basislinie, auf der eine Schrift ausgerichtet ist.

Serifen *(serifs)*
Kleine Häkchen an den Buchstaben-Enden. Man unterscheidet generell zwischen Schriften mit (z. B. Times) und ohne Serifen (z. B. Arial).

Theorie *(theory)*
Gut durchdachtes, widerspruchfreies System von in Beziehung stehenden Aussagen und Sätzen, das es in gewissem Umfang erlaubt Phänomene zu beschreiben, zu erklären und vorherzusagen.

Unterlänge *(descender)*
Buchstabenlänge unter der →Schriftlinie. Eine Unterlänge besitzt z. B. der Buchstabe g.

URL *(uniform ressource locator)*
Im Web verwendete standardisierte Darstellung von Internetadressen. Eine URL enthält das verwendete Zugriffsprotokoll (z. B. HTTP) und den Ort der Ressource. Aufbau: `protokoll://domain-Name/Dokumentpfad`. URLs sind genau genommen eine Unterart der URIs *(Uniform Ressource Identifier)*. Die Begriffe werden aber häufig synonym verwendet. (Syn.: Adresse, Web-Adresse)

Versalien *(capital letters)*
Großbuchstaben einer Schrift.

Vorgang *(activity)*
Eine Aktivität, die im Laufe des Projekts abgeschlossen werden muss. Wird von →Ressourcen bearbeitet. (Syn.: task)

Wissen *(knowledge)*
Kenntnisse, die auf Forschen, Erfahrung, Beobachtung und Lernen beruhen

Wissenschaft *(science)*
die Erforschung ausgewählter Gegenstandsbereiche, Erzeugung neuen Wissens sowie Sammlung und Auswertung von vorhandenen Kenntnissen (nach Pfeifer: Etymologisches Wörterbuch, dtv, München 5. Auflage 2000, S.1575)

x-Höhe *(x height)*
Gibt die Höhe des kleinen x in einer Schrift an. (Syn.: Mittelhöhe)

Zeilenabstand *(line spacing)*
Wird von einer →Schriftlinie zur direkt darunter stehenden Schriftlinie gemessen. Ergibt sich aus der Summe von Schriftgröße und →Durchschuss.

Literatur

[Balz08]
Balzert, Helmut; *Lehrbuch der Softwaretechnik: Softwaremanagement*, 2. Auflage, Heidelberg, Spektrum Akademischer Verlag, 2008.

[Börd02]
Bördlein, Christoph; *Das sockenfressende Monster in der Waschmaschine*, Aschaffenburg, Alibri Verlag, 2002.

[Broc08]
Der Brockhaus in 15 Bänden. Permanent aktualisierte Online-Auflage, Leipzig, Mannheim, F. A. Brockhaus, 2008, http://www.xipolis.net/login/login.php.

[Broc88]
Brockhaus Enzyklopädie in 24 Bänden, Mannheim, F. A. Brockhaus, 1988.

[Cram88]
Cramer, Friedrich; *Chaos und Ordnung. Die komplexe Struktur des Lebendigen.*, 3. Auflage 1989, Stuttgart, Deutsche Verlagsanstalt, 1988.

[DFG98]
DFG; *Kommission Selbstkontrolle in der Wissenschaft: Vorschläge zur Sicherung guter wissenschaftlicher Praxis*, Bonn, Deutsche Forschungsgemeinschaft e.V., 1998, http://www.dfg.de/aktuelles_presse/reden_stellungnahmen/download/empfehlung_wiss_praxis_0198.pdf.

[Eco05]
Eco, Umberto; *Wie man eine wissenschaftliche Abschlussarbeit schreibt*, 11. Auflage 2005, Heidelberg, Müller Verlagsgruppe UTB, 2005.
Originaltitel der Erstausgabe: Come si fa una tesi d laurea, Milano, Gruppo Editoriale Fabbri-Bompiani, 1977.

[F&E07]
Erhebung über Forschung und experimentelle Entwicklung (F&E) 2007 im Unternehmenssektor, firmeneigener Bereich – Erläuterungen, Hrsg. Statistik Austria – Die Informationsmanager, 2007, http://www.ooe.gv.at/cps/rde/xbcr/SID-3DCFCFC3-1EBB511A/ooe/stat_ErlaeuterungenFE.pdf.
Abgerufen am 23.12.2007.

[Fras02]
Frascati Manual – Proposed Standard Practice for Surveys on Research and Experimental Development, Hrsg. OECD, Paris, OECD Publications Service, 2002.
http://213.253.134.43/oecd/pdfs/browseit/9202081E.PDF.

[Gehr07]
Gehrmann, Anna-Lena; *Was Geldscheine über Epidemien verraten können*, 2007.
Gehrmann über den Bericht von Dirk Brockmann et al. vom Max-

Planck-Institut für Dynamik und Selbstorganisation, Göttingen. Brockmann et. al. berichteten in Nature, Online-Vorabveröffentlichung, DOI:10.1038/nature04292.

[GHJ+96]
Gamma, Erich; Helm, Richard; Johnson, Ralph; Vlissides, John; *Entwurfsmuster: Elemente wiederverwendbarer objektorientierter Software*, Bonn, Addison-Wesley, 1996.

[Goet1829]
Goethe, Johann Wolfgang von; *Goethe, Werke in acht Bänden, Dritter Band*, Hrsg. Paul Stapf, Wiesbaden, Emil Vollmer Verlag, 1829.
Dritter Band, Wanderjahre, Buch ohne Jahresangabe, erster Druck 1829.

[Kräm00]
Krämer, Walter; *So lügt man mit Statistik*, 9. Auflage 2007, München, Piper Verlag GmbH, 2000.

[Nill04]
Niller, H.-P.; *Wissenschaftstheoretische und methodologische Grundprobleme der Geographie, Empirischer Forschungsprozess – allgemeine Grundzüge*, Universität Regensburg, 2004, http://www.uni-regensburg.de/Fakultaeten/phil_Fak_III/Geographie/phygeo/downloads/nille03wt04_05.pdf.
Abgerufen am 25.12.2007.

[Pfei95]
Pfeifer, Wolfgang; *Etymologisches Wörterbuch des Deutschen*, 5. Auflage 2000, München, Deutscher Taschenbuchverlag, 1995.
Originalausgabe: Akademie Verlag GmbH, Berlin 1989.

[Popp04]
Popper, Karl R.; *Alles Leben ist Problemlösen*, München, Piper Verlag, 2004.

[Popp84]
Popper, Karl R.; *Auf der Suche nach einer besseren Welt* , 12. Auflage 2003, München, Piper Verlag, 1984.

[Rech06]
Rechenberg, Peter; *Technisches Schreiben. (Nicht nur) für Informatiker.*, 3. Auflage, München, Wien, Carl Hanser Verlag, 2006.

[Salm83]
Salmon, Wesley C.; *Logik*, Stuttgart, Philipp Reclam jun. GmbH & Co, 1983.
Engl. Originalausgabe: Logic. Englewood Cliffs, Prentice-Hall Inc., 2. Edition, 1973.

[Schn84]
Schneider, Wolf; *Deutsch für Profis. Wege zum guten Stil.*, 12. Auflage, Hamburg, Goldmann Taschenbuch Verlag, 1984.

[Schu81]
Schulz von Thun, Friedemann; *Miteinander reden 1. Störungen und Klärungen. Allgemeine Psychologie der Kommunikation.*, Reinbek bei Hamburg, Rowohlt Taschenbuch Verlag GmbH, 1981.

[Thei06]

Theisen, Manuel R.; *Wissenschaftliches Arbeiten*, 12. Auflage, München, Verlag Vahlen, 2005.

[ThRo72]

Thomas, Ellen L.; Robinson, H. Alan; *Improving Reading in Every Class: A sourcebook for teachers*, Boston, Allyn & Bacon, 1972.

[UrHG07]

Urheberrechtsgesetz vom 9. September 1965 (BGBl. I S. 1273), zuletzt geändert durch Artikel 1 des Gesetzes vom 26. Oktober 2007 (BGBl. I S. 2513).

[WBJ85]

Watzlawick, P.; Beaven, J.H.; Jackson, D.D.; *Menschliche Kommunikation*, Bern, Hans Huber, 1985.

[WiHe07]

Wilde, Thomas; Hess, Thomas; *Forschungsmethoden der Wirtschaftsinformatik – Eine empirische Untersuchung*, in: Wirtschaftsinformatik, 49(2007), 2007, S. 280–287.

Sachindex